LAW&BUSINESS

法商丛书

建设工程法律实务100问

京品律师事务所　编著

主　编

董　勋

副主编

李　娟

编　委

何　乐　姜　娜　王年茹　郑明珠　谷文慧

法律出版社 LAW PRESS · CHINA

北京

图书在版编目(CIP)数据

建设工程法律实务100问 / 京品律师事务所编著. --
北京:法律出版社,2023
ISBN 978-7-5197-7515-5

Ⅰ.①建… Ⅱ.①京… Ⅲ.①建筑法-中国-问题解
答 Ⅳ.①D922.297.5

中国国家版本馆CIP数据核字(2023)第015080号

建设工程法律实务100问
JIANSHE GONGCHENG FALÜ SHIWU 100 WEN

京品律师事务所 编著

策划编辑 薛 晗 田 浩
责任编辑 薛 晗 田 浩
装帧设计 汪奇峰

出版发行 法律出版社
编辑统筹 法商出版分社
责任校对 王 丰 郭艳萍
责任印制 胡晓雅
经　　销 新华书店

开本 710毫米×1000毫米 1/16
印张 29.25 **字数** 434千
版本 2023年3月第1版
印次 2023年3月第1次印刷
印刷 固安华明印业有限公司

地址:北京市丰台区莲花池西里7号(100073)
网址:www.lawpress.com.cn
投稿邮箱:info@lawpress.com.cn
举报盗版邮箱:jbwq@lawpress.com.cn

销售电话:010-83938349
客服电话:010-83938350
咨询电话:010-63939796

书号:ISBN 978-7-5197-7515-5　　**定价**:118.00元
凡购买本社图书,如有印装错误,我社负责退换。电话:010-83938349

序　言

京品律师事务所从创办之初，就怀抱着“专注为客户解决问题”的使命，坚定地走一体化、专业化的发展道路，建筑工程是我们耕耘时间最久、团队最成熟的领域。

建筑业在国民经济中占有重要的地位，建筑业的发展也引发了大量建设工程合同纠纷。因建设工程周期长，参与人较多，不同阶段、不同方面存在不同当事人，有承包、转包、分包、借用资质、挂靠等多种形式，涉及发包人、承包人、转包人、分包人、挂靠单位、挂靠人、实际施工人、下游小包工头和劳动者等多方主体，各责任主体间的纠纷频有发生，诸多疑难问题及新情况、新问题也层出不穷，给建设工程合同纠纷案件的办理带来诸多困难。

建设工程合同纠纷案件的裁判依据，既有全国人大及其常委会、国务院颁布的法律法规，也有最高人民法院发布的司法解释，各地高级人民法院等还发布了数量较多的有关建设工程合同纠纷案件审理的指导意见，还有部门规章以及各种行业规范。此外，2020 年 9 月 14 日，最高人民法院发布《关于完善统一法律适用标准工作机制的意见》（以下简称《意见》）。《意见》的第九部分提到完善类案和新类型案件强制检索报告工作机制，具体为两个方面：一是规范和完善类案检索工作。按照《最高人民法院关于统一法律适用加强类案检索的指导意见（试行）》要求，承办法官应当做好类案检索和分析。对于拟提交专业法官会议或者审判委员会讨论决定的案件、缺乏明确裁判规则或者尚未形成统一裁判规则的案件、院庭长根据审判监督管理权限要求进行类案检索的案件，应当进行类案检索。对于应当类案检索的案件，承办法官应当在合议庭评议、专业法官会议讨论及审理报告中对类案检索情况予以说明，或者制作类案检索报告，并随案流转归档备查。二是规范类案检索结果运用。法官在类案检索时，检索到的类案为指导性案例的，应当参照作出裁判，但与新的法律、行政法规、司法解释相冲突或者为新的指导性案例所取代的除外；检索到其他类案的，可以作为裁判的参考；检索到的类案存在法律适用标准不统一的，可以综合法院层级、裁判时间、是否经审判委员会讨论决定等因素，依照法律适用分歧解决机制予以解决。各级人民法院应当定期归纳整理类案检索情况，通过一定形式在本院或者辖区内法院公开，供法官办案参考。《意见》的出台又完善了案件裁判的依据，为建设工程案件的处理提供新的思路。如何能够快速在众多的法律规范、法院指导意见、会议纪要及裁判案例中找到解决问题的依据就显得尤为重要。

京品律师事务所建工团队十多年来深耕建筑行业的法律服务，代理工程相关案件近千件。日常工作中，大家非常重视对办案遇到的法律问题进行研讨、梳理与总结，供同事们参考与学习，减轻其他同事查找法条和案例的工作。经过长期的坚持，竟然有了不少的积累，这些就是本书的素材与雏形。在此基础上，团队又精心挑选出工程实务中 100 个常见疑难问题进行分析解答，内容不仅有现行法律规范、指导意见，还有相关案例，案例也是直接提取了法院的判决理由，重点突出，切合《意见》。此次集结出版，希望不仅能帮助本团队提高工作效率，也能为律师同行及建筑业法律人士提供一本实用的建设工程法律实务的参考资料；更希望这本书能作为媒介，得到更多建筑工程专业人员的指导与建议，在交流与实践中共同助力未来建筑工程行业的高质量发展。

李　娟*

2023 年 3 月 22 日

* 李娟，京品律师事务所主任。

简　目

目录

Contents

第三章　建设工程价款问题　137

第五章　建设工程违约损失赔偿问题　287

第六章　建设工程期限问题　333

第一章

建设工程主体问题

001. 违法转包、分包如何认定？

1. 问题解读及相关法律规定

违法转包，是指承包人在承包工程后，又将其承包的工程建设任务转让给第三人，转让人退出现场承包关系，受让人成为承包合同的另一方当事人的违法行为。由于转包容易使不具有相应资质的承包者进行工程建设，以致造成工程质量低下、建设市场混乱，所以中国法律、行政法规均作了禁止转包的规定。

违法分包，是指在分包过程中的违法行为，包括总承包单位将建设工程分包给不具备相应资质条件的单位的；建设工程总承包合同中未有约定，又未经建设单位认可，承包单位将其承包的部分建设工程交由其他单位完成的；施工总承包单位将建设工程主体结构的施工分包给其他单位的；分包单位将其承包的建设工程再分包的。

· 现行法律中的相关规定 ·

《民法典》

第一百五十三条第一款　违反法律、行政法规的强制性规定的民事法律行为无效。但是，该强制性规定不导致该民事法律行为无效的除外。

第七百九十一条第二款　总承包人或者勘察、设计、施工承包人经发包人同意，可以将自己承包的部分工作交由第三人完成。第三人就其完成的工作成果与总承包人或者勘察、设计、施工承包人向发包人承担连带责任。承包人不得将其承包的全部建设工程转包给第三人或者将其承包的全部建设工程支解以后以分包的名义分别转包给第三人。

第三款　禁止承包人将工程分包给不具备相应资质条件的单位。禁止分包单位将其承包的工程再分包。建设工程主体结构的施工必须由承包人自行完成。

《最高人民法院关于审理建设工程施工合同纠纷案件适用法律问题的解释（一）》

第一条第二款　承包人因转包、违法分包建设工程与他人签订的建设工程施工合同，应当依据民法典第一百五十三条第一款及第七百九十一条第二款、第三款的规定，认定无效。

《建筑法》（2019 年修正）

第二十八条　禁止承包单位将其承包的全部建筑工程转包给他人，禁止承包单位将其承包的全部建筑工程肢解以后以分包的名义分别转包给他人。

第二十九条　建筑工程总承包单位可以将承包工程中的部分工程发包给具有相应资质条件的分包单位；但是，除总承包合同中约定的分包外，必须经建设单位认可。施工总承包的，建筑工程主体结构的施工必须由总承包单位自行完成。

建筑工程总承包单位按照总承包合同的约定对建设单位负责；分包单位按照分包合同的约定对总承包单位负责。总承包单位和分包单位就分包工程对建设单位承担连带责任。

禁止总承包单位将工程分包给不具备相应资质条件的单位。禁止分包单位将其承包的工程再分包。

《住房和城乡建设部关于印发建筑工程施工发包与承包违法行为认定查处管理办法的通知》

第四条　建设单位与承包单位应严格依法签订合同，明确双方权利、义务、责任，严禁违法发包、转包、违法分包和挂靠，确保工程质量和施工安全。

第七条　本办法所称转包，是指承包单位承包工程后，不履行合同约定的责任和义务，将其承包的全部工程或者将其承包的全部工程肢解后以分包的名义分别转给其他单位或个人施工的行为。

第八条　存在下列情形之一的，应当认定为转包，但有证据证明属于挂靠或者其他违法行为的除外：

（一）承包单位将其承包的全部工程转给其他单位（包括母公司承接建筑工程后将所承接工程交由具有独立法人资格的子公司施工的情形）或个人施工的；

（二）承包单位将其承包的全部工程肢解以后，以分包的名义分别转给其他单位或个人施工的；

（三）施工总承包单位或专业承包单位未派驻项目负责人、技术负责人、质量管理负责人、安全管理负责人等主要管理人员，或派驻的项目负责人、技术负责人、质量管理负责人、安全管理负责人中一人及以上与施工单位没有订立劳动合同且没有建立劳动工资和社会养老保险关系，或派驻的项目负责人未对该工程的施工活动进行组织管理，又不能进行合理解释并提供相应证明的；

（四）合同约定由承包单位负责采购的主要建筑材料、构配件及工程设备或租赁的施工机械设备，由其他单位或个人采购、租赁，或施工单位不能提供有关采购、租赁合同及发票等证明，又不能进行合理解释并提供相应证明的；

（五）专业作业承包人承包的范围是承包单位承包的全部工程，专业作业承包人计取的是除上缴给承包单位“管理费”之外的全部工程价款的；

（六）承包单位通过采取合作、联营、个人承包等形式或名义，直接或变相将其承包的全部工程转给其他单位或个人施工的；

（七）专业工程的发包单位不是该工程的施工总承包或专业承包单位

的，但建设单位依约作为发包单位的除外；

（八）专业作业的发包单位不是该工程承包单位的；

（九）施工合同主体之间没有工程款收付关系，或者承包单位收到款项后又将款项转拨给其他单位和个人，又不能进行合理解释并提供材料证明的。

两个以上的单位组成联合体承包工程，在联合体分工协议中约定或者在项目实际实施过程中，联合体一方不进行施工也未对施工活动进行组织管理的，并且向联合体其他方收取管理费或者其他类似费用的，视为联合体一方将承包的工程转包给联合体其他方。

第十一条　本办法所称违法分包，是指承包单位承包工程后违反法律法规规定，把单位工程或分部分项工程分包给其他单位或个人施工的行为。

第十二条　存在下列情形之一的，属于违法分包：

（一）承包单位将其承包的工程分包给个人的；

（二）施工总承包单位或专业承包单位将工程分包给不具备相应资质单位的；

（三）施工总承包单位将施工总承包合同范围内工程主体结构的施工分包给其他单位的，钢结构工程除外；

（四）专业分包单位将其承包的专业工程中非劳务作业部分再分包的；

（五）专业作业承包人将其承包的劳务再分包的；

（六）专业作业承包人除计取劳务作业费用外，还计取主要建筑材料款和大中型施工机械设备、主要周转材料费用的。

《建设工程质量管理条例》（2019年修正）

第七十八条第二款　本条例所称违法分包，是指下列行为：

（一）总承包单位将建设工程分包给不具备相应资质条件的单位的；

（二）建设工程总承包合同中未有约定，又未经建设单位认可，承包单位将其承包的部分建设工程交由其他单位完成的；

（三）施工总承包单位将建设工程主体结构的施工分包给其他单位的；

（四）分包单位将其承包的建设工程再分包的。

第三款　本条例所称转包，是指承包单位承包建设工程后，不履行合同约定的责任和义务，将其承包的全部建设工程转给他人或者将其承包的全部建设工程肢解以后以分包的名义分别转给其他单位承包的行为。

2. 参考案例

案例一　**孙某春与于某峰、庄某德建筑工程转包合同纠纷二审民事判决书**

（2019）吉01民终466号

一审法院认为，本案系建设工程转包合同纠纷，根据《最高人民法院关于审理建设工程施工合同纠纷案件适用法律问题的解释》（已失效）第1条“建设施工合同具有下列情形之一的，应当根据合同法第五十二条第（五）项的规定，认定无效：（一）承包人未取得建筑施工企业资质或者超越资质等级的；（二）没有资质的实际施工人借用有资质的建筑施工企业名义的；（三）建设工程必须进行招标而未招标或者中标无效的”。第4条“承包人非法转包、违法分包建设工程或者没有资质的实际施工人借用有资质的建筑施工企业名义与他人签订建设的建设施工合同的行为无效”的规定，于某峰与孙某春于2012年10月31日签订的工程转包合同无效。

二审法院认为，于某峰自述其与庄某德及案外人李某锋合伙承包案涉工程后，孙某春找到于某峰要求承包该工程，且于某峰与孙某春签订的《工程转包合同》中明确记载了“甲方因在……澳德森特能源开发有限公司承包能发电工程项目，经甲方双方协商，把此项目转给乙方……”于某峰据此收取孙某春50万元保证金，故应当认定于某峰与孙某春之间属转包关系。

综上，原判决认定事实清楚，适用法律正确，依法应予维持。

案例二 **长春市启升劳务有限公司与侯某旗、朱某建筑工程分包合同纠纷一审民事判决书**（2020）吉0104民初2052号

法院认为，《最高人民法院关于审理建设工程施工合同纠纷案件适用法律问题的解释》第4条规定："承包人非法转包、违法分包建设工程或者没有资质的实际施工人借用有资质的建筑施工企业名义与他人签订建设工程施工合同的行为无效……"启升劳务有限公司将案涉工程分包给没有资质的实际施工人朱某、侯某旗，双方于2017年5月18日签订的《长春万科繁荣里项目劳务分包合同》无效。

002. 劳务分包是建设工程专业分包吗?

1. 问题解读及相关法律规定

劳务分包，是指施工总承包企业或者专业承包企业将其承包工程中的劳务作业发包给具有相应资质的劳务承包企业。

专业分包，是指施工总承包企业将其所承包工程中的专业工程发包给具有相应资质的其他建筑企业。

劳务分包企业在从事劳务分包工程中虽然也应当具有劳务资质，但该资质仅有一种，并不分类别，而在从事专业分包工程中，企业应当具备相应工程的专业承包资质，该资质共包含36种。劳务分包中分包人可自行进行管理，只对总包或者分包人负责，然后总包和工程分包人对发包人负责。在这个过程中，劳务分包人对发包人不直接承担责任。企业在进行专业分包时，总承包单位要对分包工程实行管理，双方都要对分包的工程以及质量问题承担连带责任。劳务分包合同指向的是工程施工的劳务，计取的是人工费，表现形式主要体现为包工不包料，俗称"包清工"，专业分包合同指向的标的是分部分项目的工程，计取的是工程款，其表现形式主要体现为包工包料。

·现行法律中的相关规定·

《建筑法》（2019年修正）

第二十九条　建筑工程总承包单位可以将承包工程中的部分工程发包给具有相应资质条件的分包单位；但是，除总承包合同中约定的分包外，必须经建设单位认可。施工总承包的，建筑工程主体结构的施工必须由总承包单位自行完成。

建筑工程总承包单位按照总承包合同的约定对建设单位负责；分包单位按照分包合同的约定对总承包单位负责。总承包单位和分包单位就分包工程对建设单位承担连带责任。

禁止总承包单位将工程分包给不具备相应资质条件的单位。禁止分包单位将其承包的工程再分包。

《最高人民法院关于审理建设工程施工合同纠纷案件适用法律问题的解释（一）》

第五条　具有劳务作业法定资质的承包人与总承包人、分包人签订的劳务分包合同，当事人请求确认无效的，人民法院依法不予支持。

《房屋建筑和市政基础设施工程施工分包管理办法》

第五条　房屋建筑和市政基础设施工程施工分包分为专业工程分包和劳务作业分包。

本办法所称专业工程分包，是指施工总承包企业（以下简称专业分包工程发包人）将其所承包工程中的专业工程发包给具有相应资质的其他建筑业企业（以下简称专业分包工程承包人）完成的活动。

本办法所称劳务作业分包，是指施工总承包企业或者专业承包企业（以下简称劳务作业发包人）将其承包工程中的劳务作业发包给劳务分包企业（以下简称劳务作业承包人）完成的活动。

本办法所称分包工程发包人包括本条第二款、第三款中的专业分包工程发包人和劳务作业发包人；分包工程承包人包括本条第二款、第三款中的专业分包工程承包人和劳务作业承包人。

《北京市高级人民法院关于审理建设工程施工合同纠纷案件若干疑难问题的解答》

4. 劳动分包合同的效力如何认定？

同时符合下列情形的，所签订的劳务分包合同有效：

（1）劳务作业承包人取得相应的劳务分包企业资质等级标准；

（2）分包作业的范围是建设工程中的劳务作业（包括木工、砌筑、抹灰、石制作、油漆、钢筋、混凝土、脚手架、模板、焊接、水暖、钣金、架线）；

（3）承包方式为提供劳务及小型机具和辅料。

合同约定劳务作业承包人负责与工程有关的大型机械、周转性材料租赁和主要材料、设备采购等内容的，不属于劳务分包。

《河北省高级人民法院关于印发〈建设工程施工合同案件审理指南〉的通知》

5. 以下情形可以认定为非法劳务分包：（1）总承包人、专业分包企业将建筑工程的劳务作业分包给不具备相应资质条件的企业和个人；（2）总承包人、专业分包企业将建筑工程的劳务作业分包给具备相应资质条件的企业，但分包的内容包括提供大型机械、周转性材料租赁和主要材料、设备采购等；（3）劳务作业承包人将承包的劳务作业再分包的。

《四川省高级人民法院关于审理建设工程施工合同纠纷案件若干疑难问题的解答》

7. 如何认定劳务分包？

劳务分包是指建设工程的总承包人或者专业承包人将其包工程中的劳务作业（包括木工、砌筑、抹灰、石制作、油漆、钢筋、混凝土、脚手架、模板、焊接、水暖、钣金、架线等）发包给具有相应劳务资质的劳务作业承包人完成的行为。

审判实践中，可以结合下列情形综合认定是否属于劳务分包：

（一）劳务作业承包人具有劳务分包企业资质；

（二）分包内容是劳务作业而不是工程本身；

（三）劳务作业承包人一般仅提供劳务作业，施工技术、工程主要材料、大型机械、设备等均由总承包人或者专业承包人负责；

（四）劳务费用一般是通过工日的单价和工日的总数量进行费用结算，不发生主要材料、大型机械、设备等费用的结算，不收取管理费。

《安徽省高级人民法院关于审理建设工程施工合同纠纷案件适用法律问题的指导意见》（2018年）

6. 同时符合下列情形的，应认定为劳务分包，所签订的合同有效：

（1）实际施工人具备劳务分包企业资质等级标准规定的一种或几种项目的施工资质，承包的施工任务仅是整个工程的一道或几道工序，而不是工程的整套工序；

（2）承包的方式为提供劳务，而非包工包料。

2. 参考案例

案例一 **吉林金岩建筑安装工程有限公司与张某、吉林市安华置业有限公司建设工程施工合同纠纷二审民事判决书**（2016）吉02民终1592号

一审法院认为，劳务分包是指施工总承包企业或者专业承包企业将其承包工程的劳务作业发包给劳务分包企业完成的活动。吉林金岩建筑安装工程有限公司（以下简称金岩公司）将承包工程的部分劳务作业交由张某组织施工，并由该公司组织人员进行施工管理，二者之间系劳务分包关系。但由于张某系自然人，并非具有劳务分包资质的企业，违反《合同法》（已废止）、《建筑法》、《房屋建筑和市政基础设施工程分包管理办法》、《建筑业企业资质管理规定》等相关法律法规的规定，二者间的劳务分包合同无效。

二审法院认为，本案中，金岩公司将其承包的松花江新城6#地块高层、复式高层、部分独立商业及地下室工程项目中的喷锚、孔桩、降水工程分包给张某，双方尽管没有书面的分包合同，但因金岩公司对张某组织施工并完成了约定的施工项目并无异议，故双方形成了事实上的分包合同关系。

但是，根据《建筑法》第 29 条第 3 款“禁止总承包单位将工程分包给不具备相应资质条件的单位。禁止分包单位将其承包的工程再分包”之规定，金岩公司将其承包工程中的部分工程分包给不具备任何施工资质条件的张某个人，违背了法律的强制性、禁止性规定，故金岩公司与张某间的分包合同无效。

案例二 **福建六建集团有限公司、漳州福晟钱隆房地产开发有限公司建设工程分包合同纠纷二审民事判决书**（2017）闽 06 民终 1130 号

二审法院认为，根据一审查明的双方无异议的事实，福晟公司系古雷新港城龙港社区 A 地块 1－8 栋限价商品房的业主，其将该工程承包给福建六建建设，福建六建将该工程包括脚手架在内的部分项目分包给杨某，之后杨某又将脚手架搭建工程再分包给源春发公司进行实际施工。而杨某并不具备脚手架劳务作业资质，因此，福建六建与杨某之间的劳务分包合同无效，而杨某在承包脚手架劳务作业后又将该劳务分包给源春发公司违反了法律的强制性规定，故杨某与源春发公司签订的《外墙脚手架（包工包料）承包合同》也无效。

003. 什么是实际施工人?

1. 问题解读及相关法律规定

实际施工人是一个统称，是指合同无效情形下的承包人，主要包括转包的转承包人、违法分包的承包人、挂靠情形下的挂靠人等情形。关于“实际施工人”的定义，我国现行法律上并没有明确规定。

最初采用“实际施工人”表述的规范性文件是 2005 年 1 月 1 日施行的《最高人民法院关于审理建设工程施工合同纠纷案件适用法律问题的解释》（已失效），其第 1 条规定，“建设工程施工合同具有下列情形之一的，应当根据合同法第五十二条第（五）项的规定，认定无效：……（二）没有资质

的实际施工人借用有资质的建筑施工企业名义的……”第4条规定，“承包人非法转包、违法分包建设工程或者没有资质的实际施工人借用有资质的建筑施工企业名义与他人签订建设工程施工合同的行为无效……”第25条规定，“因建设工程质量发生争议的，发包人可以以总承包人、分包人和实际施工人为共同被告提起诉讼”；第26条规定，“实际施工人以转包人、违法分包人为被告起诉的，人民法院应当依法受理。实际施工人以发包人为被告主张权利的，人民法院可以追加转包人或者违法分包人为本案当事人。发包人只在欠付工程价款范围内对实际施工人承担责任”。

此后2019年2月1日施行的《最高人民法院关于审理建设工程施工合同纠纷案件适用法律问题的解释（二）》（已失效）、现行有效的司法解释为2021年1月1日起施行的《最高人民法院关于审理建设工程施工合同纠纷案件适用法律问题的解释（一）》，虽对原司法解释关于“实际施工人”的规定作出些许修改与补充，但均未给“实际施工人”下一个明确的定义。因此，司法实践中，在实际施工人的认定上，各地出现了不同的细化性规定。

· 现行法律中的相关规定 ·

《北京市高级人民法院关于审理建设工程施工合同纠纷案件若干疑难问题的解答》

第十八条指出，《解释》中“实际施工人”的范围如何确定？

《解释》中的“实际施工人”是指无效建设工程施工合同的承包人，即违法的专业工程分包和劳务作业分包合同的承包人、转承包人、借用资质的施工人（挂靠施工人）；建设工程经数次转包的，实际施工人应当是最终实际投入资金、材料和劳力进行工程施工的法人、非法人企业、个人合伙、包工头等民事主体。法院应当严格实际施工人的认定标准，不得随意扩大《解释》第二十六条第二款的适用范围。对于不属于前述范围的当事人依据该规定以发包人为被告主张欠付工程款的，应当不予受理，已经受理的，应当裁定驳回起诉。

《四川省高级人民法院关于审理建设工程施工合同纠纷案件若干疑难问题的解答》

第十二条指出，“实际施工人”的范围如何确定？

《建工司法解释》中的“实际施工人”是指转包、违法分包以及借用资质的无效建设工程施工合同的承包人。建设工程经数次转包或分包的，实际施工人应当是实际投入资金、材料和劳力进行工程施工的企业或个人。对于不属于前述范围的当事人依据《建工司法解释》第二十六条第二款规定以发包人为被告主张欠付工程款的，应当不予受理，已经受理的，应当裁定驳回起诉。

建筑工人追索欠付工资或劳务报酬的，按照劳动关系或雇佣关系妥善处理。

《河北省高级人民法院关于印发〈建设工程施工合同案件审理指南〉的通知》

第二十九条　实际施工人与名义上的承包人相对，一般是指非法转包合同、违法分包合同、借用资质（挂靠）签订合同的承包人。具有下列情形可认定为实际施工人：（一）存在实际施工行为，包括在施工过程中购买材料、支付工人工资、支付水电费等行为；（二）参与建设工程承包合同的签订与履行过程；（三）存在投资或收款行为。具有下列情形的，不能认定为实际施工人：（一）属于施工企业的内部职工；（二）与非法转包人、违法分包人无施工合同关系的农民工、建筑工人或者施工队、班组成员。上述人员不能直接向发包人主张权利，只能依据劳动关系或劳务关系向实际施工人（承包人）主张权利。建设工程经数次转包的，实际施工人为最终的承包人。

《山东高院民一庭关于审理建设工程施工合同纠纷案件若干问题的解答》

第七条　施工班组以实际施工人身份主张权利，如何处理？

建设工程承包人与其雇佣的施工班组之间是劳务合同法律关系，施工班组不属于法律意义上的实际施工人。

《山东省高级人民法院关于审理建设工程施工合同纠纷案件若干问题的解答》

第一条　建设工程施工合同纠纷案件中，实际施工人如何认定？

实际施工人是指依照法律规定被认定为无效的施工合同中实际完成工程建设的施工主体，包括转承包人、违法分包的承包人等。当事人以实际施工人身份主张权利的，应当对其实际投入工程的资金、设备、材料、人工等事实进行举证。

2. 参考案例

案例一　姚某广、广西建工集团第一建筑工程有限责任公司建设工程施工合同纠纷再审民事判决书（2020）最高法民再176号

法院认为，本案再审审理的焦点问题是：姚某广是否为案涉工程的实际施工人。

2012年10月25日，一建公司与华盛公司签订《建设工程施工协议书》，将案涉项目发包给一建公司承包施工。2014年7月9日，一建第九分公司与姚某广签订《责任书》，约定姚某广作为案涉项目的直接承包人，对项目负全部经济责任，一建第九分公司扣留管理费6.5%。经查，《建设工程施工协议书》和《责任书》在工程名称、工程地点、合同工期、工程造价方面的约定均一致，可初步证明一建公司将全部案涉工程，而非部分案涉工程交由姚某广承包施工。一建公司、一建第九分公司主张，因姚某广未按照《责任书》的约定筹集项目所需资金，也未以自己的名义对外签订合同，案涉工程的人工、主要材料的采购均由一建公司、一建第九分公司与供应方签订合同并付款，《责任书》并未实际履行。

判断建设工程的实际施工人应视其是否签订转包、挂靠或者其他形式的合同承接施工工程，是否对施工工程的人工、机器设备、材料等投入相应的物化成本，并最终承担该成本等综合因素确定。一建公司、一建第九分公司主张其自行组织实施并完成案涉工程的施工管理、停工、协调、结算，并举

证证明其与元都劳务公司、中意混凝土公司、筑巢物资公司签订合同，分别支付了210万元劳务费、512万元混凝土款和971万元材料款、违约金等。经查，案涉工程于2015年3月1日停工，而一建公司、一建第九分公司主张其支付的各项费用，均发生在案涉工程停工之后。根据建设工程施工需要前期大量投资的常识判断，在案涉项目停工前应当存在大量支出，该事实与姚某广关于案涉项目停工之后，一建公司、一建第九分公司因作为合同签订主体，因涉诉才支付材料款、工程款的主张相印证，且一建公司、一建第九分公司支付的款项并不能涵盖案涉工程的整体施工费用，不足以证明案涉工程由一建公司自行组织施工。

从案涉工程的实际支出情况看：在工程劳务方面，判决查明，姚某广以一建公司的名义与张某水签订了《建筑施工劳务分包合同》，将案涉工程的部分劳务分包给张某水，并与张某水作为劳务队签订了结算单。在工程材料方面，姚某广向供货商中意混凝土公司支付混凝土款250 760元，该款项在一建第九分公司与中意混凝土公司签订的《债务处理协议》中予以确认；姚某广向供货商筑巢物资公司支付100万元，该款项在一建公司、一建第九分公司与筑巢物资公司签订的《调解协议》中予以确认。本案再审期间，姚某广还提交了其与李某、蔡某刚2019年签署的《结算协议书》，确认姚某广尚欠的土石方款801 680元。如果姚某广不是案涉工程的实际施工人，其无理由为案涉工程支付上述款项。一建公司、一建第九分公司辩称1707号案①所涉劳务部分仅为案涉工程项目的一项分包工程，不能证明姚某广为案涉项目的实际施工人，但对姚某广除劳务费之外的支出，一建公司、一建第九分公司未提出反驳证据。值得注意的是，一审、二审期间，姚某广提供了案涉工程施工质量全部验收材料的原件以及案涉项目工程施工过程中所产生的工程联系单、签证单、工程预算表、水电费支付凭证，施工过程中需要的砂石、水泥砖、试验费用支付凭证，机械台班费用支付凭证等材料的原件，而一建公司、一建第九分公司称因发生农民工打砸抢事件，相关资料被抢夺，但其未提供证据证明。另外，姚某广的委托诉讼代理人、姚某广之子姚某能清楚地说明项目栋数、各栋楼房施工的具体进度、项目所涉及的相对方主体情况

---

① 与本案相关的另一案件。

及相关资料内容，而一建公司、一建第九分公司对工程施工情况表述模糊。以上可为姚某广为案涉工程的实际施工人提供佐证。

建设工程施工合同纠纷案件中，普遍存在实际施工人以违法违规或者不规范的形式对外签订合同及付款的情形，致使实际施工人支出的款项无法准确查明。根据《最高人民法院关于适用〈中华人民共和国民事诉讼法〉的解释》第108条第1款规定："对负有举证证明责任的当事人提供的证据，人民法院经审查并结合相关事实，确信待证事实的存在具有高度可能性的，应当认定该事实存在。"《最高人民法院关于民事诉讼证据的若干规定》（已失效）第73条第1款规定："双方当事人对同一事实分别举出相反的证据，但都没有足够的依据否定对方证据的，人民法院应当结合案件情况，判断一方提供证据的证明力是否明显大于另一方提供证据的证明力，并对证明力较大的证据予以确认。"综合考虑各方当事人提交的证据并结合案件相关事实，根据高度盖然性的证明标准来看，尽管姚某广提交的关于案涉工程支出的款项的证据，无相关合同等证据进行印证，但其提供的证据证明力仍明显大于一建公司、一建第九分公司提供的证据。在一建公司、一建第九分公司无证据证明案涉工程系其自行组织施工以及本案还有其他实际施工人的情况下，姚某广系案涉工程实际施工人的事实具有高度盖然性。综上，一审判决认定姚某广为案涉工程的实际施工人，并无不当，本院予以维持。

案例二　郑某文、临高县城镇建设投资有限公司建设工程施工合同纠纷再审审查与审判监督民事裁定书（2021）最高法民申1676号

法院认为，本案争议焦点为郑某文是否为案涉工程的实际施工人。

判断实际施工人应从其是否签订转包、挂靠或者其他形式的合同承接施工工程，是否对施工工程的人工、机器设备、材料等投入物化为相应成本，并最终承担该成本等综合因素确定。本案中，郑某文提交了《施工项目经营、管理责任承包合同》《项目安全生产目标责任书》及河南高速公司出具的情况说明来证实其为实际施工人。经审查，郑某文提交的证据仅能证明其与河南高速公司存在合同关系，并不能证明其在签订合同后，其就案涉工程自行组织施工、购买材料、发放工人工资等事实，亦未提供证据证明其与河

南高速公司之间关于案涉工程款的资金往来情况。本案案涉工程的施工资料及工程签证中也未出现郑某文的姓名，故一审认定现有证据尚不足以证实郑某文系案涉工程的实际施工人，并无不当，本院予以维持。因郑某文并非案涉工程的实际施工人，不具备向临高城投公司主张剩余工程款的主体资格，但其若有合法权益受到损害，可通过合法途径向河南高速公司主张。

004. 如何认定建设工程中的挂靠?

1. 问题解读及相关法律规定

挂靠行为在建设工程领域非常普遍，挂靠的实质就是借用资质，挂靠人用的是被挂靠人的名义，在施工组织管理的全过程中产生经济往来的民事行为往往都是以被挂靠人的名义实施的，一旦发生纠纷或不能清偿对外债务等，因涉及主体众多、法律关系复杂，处理起来非常麻烦。由于挂靠人的硬性指标没有经过国家相关部门的审批，因而会存在技术装备落后，施工经验不足，施工管理水平低下等隐患。建筑业不同于其他行业，它直接关系到人民群众的生命安全。很多时候挂靠人的安全意识淡薄，更容易从利益的角度出发，对施工质量没有进行严格的质量把关，容易出现豆腐渣工程或是工程事故，危害性极大，所以法律对挂靠是严格禁止的。《建筑工程施工发包与承包违法行为认定查处管理办法》第9条规定，本办法所称挂靠，是指单位或个人以其他有资质的施工单位的名义承揽工程的行为。前款所称承揽工程，包括参与投标、订立合同、办理有关施工手续、从事施工等活动。

关于挂靠的认定，《建筑工程施工发包与承包违法行为认定查处管理办法》第10条规定："存在下列情形之一的，属于挂靠：（一）没有资质的单位或个人借用其他施工单位的资质承揽工程的；（二）有资质的施工单位相互借用资质承揽工程的，包括资质等级低的借用资质等级高的，资质等级高的借用资质等级低的，相同资质等级相互借用的；（三）本办法第八条第一款第（三）至（九）项规定的情形，有证据证明属于挂靠的。"

现行法律中的相关规定

《北京市高级人民法院关于审理建设工程施工合同纠纷案件若干疑难问题的解答》

第二条 具有下列情形之一的，应当认定为《解释》规定的“挂靠”行为：（1）不具有从事建筑活动主体资格的个人、合伙组织或企业以具备从事建筑活动资格的建筑施工企业的名义承揽工程；（2）资质等级低的建筑施工企业以资质等级高的建筑施工企业的名义承揽工程；（3）不具有施工总承包资质的建筑施工企业以具有施工总承包资质的建筑施工企业的名义承揽工程；（4）有资质的建筑施工企业通过名义上的联营、合作、内部承包等其他方式变相允许他人以本企业的名义承揽工程。

《安徽省高级人民法院关于审理建设工程施工合同纠纷案件适用法律问题的指导意见》

第四条 同时符合下列情形的，应认定为挂靠经营，所签订的建设工程施工合同无效：（1）实际施工人未取得建筑施工企业资质或者超越资质等级；（2）实际施工人以建筑施工企业的分支机构、施工队或者项目部等形式对外开展经营活动，但与建筑施工企业之间没有产权联系，没有统一的财务管理，没有规范的人事任免、调动或聘用手续；（3）实际施工人自筹资金，自行组织施工，建筑施工企业只收取管理费，不参与工程施工、管理，不承担技术、质量和经济责任。

《安徽省高级人民法院关于审理建设工程施工合同纠纷案件适用法律问题的指导意见（二）》

第一条 建筑施工企业的内部人员对外以企业名义承包工程，对内与企业签订承包协议，企业只收取管理费，不在资金、技术、设备、人力等方面提供支持，不承担技术、质量监管和经济责任的，应当认定为借用资质，以建筑施工企业名义与发包人签订的建设工程施工合同无效。

《江苏省高级人民法院建设工程施工合同案件审理指南》

2. 没有资质的实际施工人借用有资质的建筑施工企业名义的。这种行为在实务中常被称为“挂靠行为”。其特征为：第一，挂靠人没有从事建筑活动的主体资格，或者虽有从事建筑活动的主体资格但没有具备其承揽的建设工程项目所要求的相应的资质等级。第二，挂靠人向被挂靠企业交纳一定数额的“管理费”，这是挂靠的最重要的特征。第三，被挂靠人对挂靠人和其所承揽的工程不实施任何管理行为。第四，形式上合法，容易逃避建设行政主管部门和发包人的审查和监督。实践中判断是否是挂靠行为，可以从三个方面考察：（1）有无产权联系，即其资产是否以入股或合并等方式转入现单位；（2）有无统一的财务管理，不能以承包等名义搞变相的独立核算；（3）有无严格、规范的人事任免、调动聘用手续等。具体说来，有下列情形之一，应当认定为没有资质的实际施工人借用有资质的建筑施工企业名义承揽建设工程，其签订的建设工程施工合同应当属于无效合同：（1）不具有从事建筑活动主体资格的个人、合伙组织或企业以具备从事建筑活动资格的建筑企业的名义承揽工程；（2）资质等级低的建筑企业以资质等级高的建筑企业的名义承揽工程；（3）不具有工程总包资格的建筑企业以具有总包资格的建筑企业的名义承揽工程；（4）有资质的建筑企业通过其他违法方式允许他人以本企业的名义承揽工程的情形。

《四川省高级人民法院关于审理建设工程施工合同纠纷案件若干疑难问题的解答》

5. 对如何认定挂靠进行了解答。该条指出：“借用资质（挂靠）是指没有建筑施工资质的企业或个人以其他建筑施工企业的名义，资质等级低的建筑施工企业以资质等级高的建筑施工企业名义，没有施工总承包资质的建筑施工企业以具有施工总承包资质的建筑施工企业名义承揽工程的行为，或者有资质的建筑施工企业通过名义上的联营、合作、内部承包等其他违法方式允许他人以本企业的名义承揽工程的行为。前述所称承揽工程，包括参与投标、订立合同、办理有关施工手续、从事施工等活动。审判实践中，可以结合下列情形综合认定是否属于借用资质（挂靠）：（一）借用资质（挂靠）人通常以出借资质（被挂靠）人的名义参与招投标、与发包人签订建筑施工合同，借用资质（挂靠）人与出借资质（被挂靠）人之间没有产权联系，没有劳动关系，没有财务管理关系的；（二）借用资质（挂靠）人在施工现场派驻的项目负责人、技术负责人、质量管理负责人、安全管理负责人中一人以上与出借资质（被挂靠）人没有订立劳动合同，或没有建立劳动工资或社会养老保险关系的；（三）借用资质（挂靠）人承揽工程经营方式表现为自筹资金，自行组织施工，自主经营，自负盈亏。出借资质（被挂靠）人只收取管理费（包括为确保管理费收取为目的的出借账户），不参与工程施工、管理，不承担工程技术、质量和经济责任的；（四）出借资质（被挂靠）人与发包人之间没有实质上工程款收付关系，均是以‘委托支付’‘代付’等其他名义进行工程款支付，或者仅是过账转付关系的；（五）施工合同约定由出借资质（被挂靠）人负责采购主要建筑材料、构配件及工程设备或租赁施工机械设备，实际并非由出借资质（被挂靠）人进行采购、租赁，或者出借资质（被挂靠）人不能提供有关采购、租赁合同及发票等证明，又不能进行合理解释并提供证据证明的；（六）法律、行政法规规定的其他借用资质（挂靠）情形。”

《建筑法》（2019年修正）

第二十六条　承包建筑工程的单位应当持有依法取得的资质证书，并在其资质等级许可的业务范围内承揽工程。禁止建筑施工企业超越本企业资质等级许可的业务范围或者以任何形式用其他建筑施工企业的名义承揽工程。禁止建筑施工企业以任何形式允许其他单位或者个人使用本企业的资质证书、营业执照，以本企业的名义承揽工程。

《最高人民法院关于审理建设工程施工合同纠纷案件适用法律问题的解释（一）》

第一条　建设工程施工合同具有下列情形之一的，应当依据民法典第一百五十三条第一款的规定，认定无效：……（二）没有资质的实际施工人借用有资质的建筑施工企业名义的……

根据上述规定，因挂靠属于借用资质承揽工程，违反法律规定，签订的建设工程施工合同无效。

对于挂靠行为的处罚，《建筑工程施工发包与承包违法行为认定查处管理办法》第15条规定，对认定有挂靠行为的施工单位或个人，依据《招标投标法》第54条（投标人以他人名义投标或者以其他方式弄虚作假，骗取中标的，中标无效，给招标人造成损失的，依法承担赔偿责任；构成犯罪的，依法追究刑事责任。依法必须进行招标的项目的投标人有前款所列行为尚未构成犯罪的，处中标项目金额0.5%以上1%以下的罚款，对单位直接负责的主管人员和其他直接责任人员处单位罚款数额5%以上10%以下的罚款；有违法所得的，并处没收违法所得；情节严重的，取消其1年至3年内参加依法必须进行招标的项目的投标资格并予以公告，直至由工商行政管理机关吊销营业执照）、《建筑法》第65条（超越本单位资质等级承揽工程的，责令停止违法行为，处以罚款，可以责令停业整顿，降低资质等级；情节严重的，吊销资质证书；有违法所得的，予以没收。未取得资质证书承揽工程的，予以取缔，并处罚款；有违法所得的，予以没收）和《建设工程质量管理条例》第60条规定（违反本条例规定，勘察、设计、施工、工程监理单位超越本单位资质等级承揽工程的，责令停止违法行为，对勘察、设计单位或者工程监理单位处合同约定的勘察费、设计费或者监理酬金1倍以上2倍以下的罚款；对施工单位处工程合同价款2%以上4%以下的罚款，可以责令停业整顿，降低资质等级；情节严重的，吊销资质证书；有违法所得的，予以没收。未取得资质证书承揽工程的，予以取缔，依照前款规定处以罚款；有违法所得的，予以没收。以欺骗手段取得资质证书承揽工程的，吊销资质证书，依照本条第1款规定处以罚款；有违法所得的，予以没收）进行处罚。

对认定有转让、出借资质证书或者以其他方式允许他人以本单位的名义承揽工程的施工单位，依据《建筑法》第66条（建筑施工企业转让、出借资质证书或者以其他方式允许他人以本企业的名义承揽工程的，责令改正，没收违法所得，并处罚款，可以责令停业整顿，降低资质等级；情节严重的，吊销资质证书。对因该项承揽工程不符合规定的质量标准造成的损失，建筑施工企业与使用本企业名义的单位或者个人承担连带赔偿责任）、《建设工程质量管理条例》第61条规定（违反本条例规定，勘察、设计、施工、工程监理单位允许其他单位或者个人以本单位名义承揽工程的，责令改正，没收违法所得，对勘察、设计单位和工程监理单位处合同约定的勘察费、设计费和监理酬金1倍以上2倍以下的罚款；对施工单位处工程合同价款2%以上4%以下的罚款；可以责令停业整顿，降低资质等级；情节严重的，吊销资质证书）进行处罚。

2. 参考案例

案例一 常州市华江建筑工程有限公司、丹阳南雄房地产开发有限公司与上海南雄房地产开发有限公司建设工程施工合同纠纷二审民事判决书（2019）苏民终245号

法院认为，《建筑法》规定，禁止建筑施工企业以任何形式允许其他单位或者个人使用本企业的资质证书、营业执照，以本企业的名义承揽工程。本案一审、二审审理过程中，丹阳南雄公司、华江公司均认可，双方之间订立的多份施工合同陈某国均参与磋商订立，陈某国还在施工合同上签名。现有证据还可以证明，陈某国还在廉洁承诺书、通用报审表、施工管理人员名单及资格证、工程联系单及进度计划、施工联系单、工地例会记录等一系列工程施工资料上代表华江公司签名，代表华江公司对外订立材料采购等合同并支付部分款项，代表华江公司全权处理工地民工欠薪信访事宜，以华江公司的名义与丹阳南雄公司订立多份以房抵款协议、向部分施工班组支付款项等。上述一系列事实表明，陈某国在合同订立、履行过程中所实施的行为远远超出了居间人身份、权限的范围；而且，华江公司也未能提供诸如居间合同以及其他足以证明陈某国系居间人的证据；加之除本案所涉工程之外，陈某国还另行承接了丹阳南雄公司的桩基工程、内墙涂料等工程。因此，一审法院依据现有证据认定陈某国系借用华江公司的资质与丹阳南雄公司订立合同，实际进行涉案工程的施工，双方之间系挂靠法律关系，有相应的事实和法律依据。

案例二 **南通四建集团有限公司、获嘉县岚世纪房地产开发有限公司建设工程施工合同纠纷二审民事判决书**（2020）最高法民终1269号

法院认为，南通四建公司不能提供其与黄某荣存在劳动关系的劳动合同及社会保障证明，也未向黄某荣发放工资，因此南通四建公司上诉主张其与黄某荣存在劳动关系的理由不能成立。在黄某荣并非南通四建公司员工的情况下，其实施的接洽案涉工程、组织实施案涉工程的施工等行为，不能视为南通四建公司员工的职务行为，南通四建公司与岚世纪公司签订书面《建设工程施工合同》及《补充协议》，后又与黄某荣签订的《内部经济责任承包书》中，要求黄某荣充分了解公司与业主方签订的工程施工合同全部条款，严格按照工程施工合同履约，承包全部的合同风险和经济责任，实际为授权黄某荣履行南通四建公司与岚世纪公司《建设工程施工合同》的权利义务；南通四建公司还出具授权委托书，授权黄某荣对项目实行管理，提供了南通四建公司的银行账户供黄某荣使用，为黄某荣履行其与岚世纪公司之间合同的权利义务提供条件。上述行为应视为黄某荣借用南通四建公司的资质承揽案涉工程，黄某荣与南通四建公司之间为挂靠关系。因此，南通四建公司主张其与黄某荣为内部承包关系的主张缺乏证据证明。

005. 实际施工人能否以转包人、违法分包人或者发包人为被告主张权利？

1. 问题解读及相关法律规定

“实际施工人”，是指依照法律规定被认定为无效的施工合同中实际完成工程建设的主体，包括施工企业、施工企业分支机构、包工头等法人和非法人组织、公民个人等，是为区别于合法承包人、施工人而创设的概念。《最高人民法院关于审理建设工程施工合同纠纷案件适用法律问题的解释（一）》第1条规定：“建设工程施工合同具有下列情形之一的，应当依据民法典第一

百五十三条第一款的规定，认定无效：（一）承包人未取得建筑业企业资质或者超越资质等级的；（二）没有资质的实际施工人借用有资质的建筑施工企业名义的；（三）建设工程必须进行招标而未招标或者中标无效的。承包人因转包、违法分包建设工程与他人签订的建设工程施工合同，应当依据民法典第一百五十三条第一款及第七百九十一条第二款、第三款的规定，认定无效。”第4条规定：“承包人超越资质等级许可的业务范围签订建设工程施工合同，在建设工程竣工前取得相应资质等级，当事人请求按照无效合同处理的，人民法院不予支持。”

· 现行法律中的相关规定 ·

《最高人民法院关于审理建设工程施工合同纠纷案件适用法律问题的解释（一）》

第四十三条　实际施工人以转包人、违法分包人为被告起诉的，人民法院应当依法受理。实际施工人以发包人为被告主张权利的，人民法院应当追加转包人或者违法分包人为本案第三人，在查明发包人欠付转包人或者违法分包人建设工程价款的数额后，判决发包人在欠付建设工程价款范围内对实际施工人承担责任。

第四十四条　实际施工人依据民法典第五百三十五条规定，以转包人或者违法分包人怠于向发包人行使到期债权或者与该债权有关的从权利，影响其到期债权实现，提起代位权诉讼的，人民法院应予支持。

《北京市高级人民法院关于审理建设工程施工合同纠纷案件若干疑难问题的解答》

第十九条　实际施工人以违法分包人、转包人为被告要求支付工程款的，法院不得依职权追加发包人为共同被告；实际施工人以发包人为被告要求支付工程款的，应当追加违法分包人或转包人作为共同被告参加诉讼，发包人在其欠付违法分包人或转包人工程款范围内承担连带责任。发包人以其未欠付工程款为由提出抗辩的，应当对此承担举证责任。

《安徽省高级人民法院关于审理建设工程施工合同纠纷案件适用法律问题的指导意见》

第一条　因转包、分包建设工程发生纠纷，实际施工人起诉承包人索要工程款的，一般不追加发包人为案件当事人，但为查明案件事实需要，人民法院可追加发包人为第三人。因建设工程质量发生纠纷，发包人仅起诉承包人或仅起诉实际施工人的，人民法院可依当事人申请，将实际施工人或承包人追加为共同被告。

第二条　实际施工人以被挂靠单位名义签订建设工程施工合同，实际施工人或被挂靠单位单独起诉发包人索要工程款的，发包人可申请人民法院追加被挂靠单位或实际施工人为案件当事人；发包人起诉实际施工人或被挂靠单位的，人民法院可依被挂靠单位或实际施工人的申请，追加被挂靠单位或实际施工人为案件当事人。

《河北省高级人民法院关于印发〈建设工程施工合同案件审理指南〉的通知》

第三十一条　实际施工人向与其没有合同关系的转包人、分包人、总承包人、发包人提起的诉讼，发包人与承包人就工程款问题尚未结算的，原则上仍应坚持合同相对性，由与实际施工人有合同关系的前手承包人给付工程款。如果发包人与承包人已就工程款进行结算或虽尚未结算，但欠款范围明确，可以确定发包人欠付承包人的工程款数额大于承包人欠付实际施工人的工程款数额，可以直接判决发包人对实际施工人在承包人欠付实际施工人的工程款数额范围内承担连带给付责任。欠付工程款范围明确是指判决中必须明确发包人承担连带责任的范围和数额，不能简单表述为发包人在欠付工程款范围内承担连带责任。

《山东高院民一庭关于审理建设工程施工合同纠纷案件若干问题的解答》

第八条　在多层转包或者违法分包情况下，实际施工人原则上仅可以要求与其有直接合同关系的转包人或者违法分包人对工程欠款承担付款责任。实际施工人向发包人主张权利的，为查明发包人欠付转包人或者违法分包人工程款的数额，人民法院可以追加与其无合同关系的转包人或者违法分包人为第三人。

《山东省高级人民法院关于审理建设工程施工合同纠纷案件若干问题的解答》

第十五条　没有施工资质的施工主体借用有资质的建筑施工企业名义签订的建设工程施工合同无效，借用资质人以自己名义将工程分包、转包他人施工，实际施工人原则上仅可以向借用资质人主张工程价款。

《最高人民法院民事审判第一庭2021年第20次专业法官会议纪要》中，也对层层转包或者违法分包事项进行了明确："可以突破合同相对性原则请求发包人在欠付工程款范围内承担责任的实际施工人不包括借用资质及多层转包和违法分包关系中的实际施工人。"《最高人民法院关于审理建设工程施工合同纠纷案件适用法律问题的解释（一）》第43条的规定涉及三方当事人两个法律关系：一是发包人与承包人之间的建设工程施工合同关系；二是承包人与实际施工人之间的转包或者违法分包关系。原则上，当事人应当依据各自的法律关系，请求各自的债务人承担责任。本条解释为保护农民工等建筑工人的利益，突破合同相对性原则，允许实际施工人请求发包人在欠付工程款范围内承担责任。对该条解释的适用应当从严把握。该条解释只规范转包和违法分包两种关系，未规定借用资质的实际施工人以及多层转包和违法分包关系中的实际施工人有权请求发包人在欠付工程款范围内承担责任。因此，可以依据《最高人民法院关于审理建设工程施工合同纠纷案件适用法律问题的解释（一）》第43条的规定突破合同相对性原则请求发包人在欠付工程款范围内承担责任的实际施工人不包括借用资质及多层转包和违法分包关系中的实际施工人。

会议纪要认为《最高人民法院关于审理建设工程施工合同纠纷案件适用法律问题的解释（一）》第43条第2款的规定原则上不适用于挂靠情形的实际施工人，其主要原因在于，转包和挂靠隐蔽性强，现实中不易区分。一般挂靠发生在项目承揽前，即通过审查挂靠人是否参与工程项目投标、是否对订立合同有决定权、是否实际缴纳投标保证金及费用等方面认定是否属于挂靠。而实际施工人借用有资质的建筑施工企业与发包人签订建设工程施工合同，实际包含两个法律行为：一是以虚假的意思表示实施的民事法律行为，即出借资质的建筑施工企业与发包人签订的建设工程施工合同；二是以虚假的意思表示隐藏的民事法律行为，即借用资质的实际施工人与发包人之间就建设工程施工合同之标的产生了实质性的建设工程施工合同关系。根据《民法典》第146条“行为人与相对人以虚假的意思表示实施的民事法律行为无效。以虚假的意思表示隐藏的民事法律行为的效力，依照有关法律规定处理”规定及《最高人民法院关于审理建设工程施工合同纠纷案件适用法律问题的解释（一）》第1条的规定，发包人在订立建设工程施工合同时知道或者应当知道实际施工人借用资质的，上述建设工程施工合同无效。

因此，发包人与实际施工人事实上围绕订立、履行建设工程施工合同而形成一系列法律关系，双方当事人之间会基于这些法律关系产生债法上的请求权。在建设工程施工合同关系无效，但建设工程经竣工验收合格情形下，实际施工人可直接向发包人请求参照合同关于工程价款的约定支付工程价款。

会议纪要还讨论了实践中的另一种情形，即发包人对实际施工人借用建筑施工名义并不知情时，应当如何处理。因为转包行为和挂靠施工行为难以区分，根据《建筑工程施工发包与承包违法行为认定查处管理办法》第7条的规定，有证据证明属于挂靠或者其他违法行为的，不认定为转包。当事人无法证明实际施工人与承包人系挂靠的，一般认定为转包，并依照本条之规定处理。

2. 参考案例

案例一　崔某发申请再审案（2019）最高法民申5724号

再审申请人崔某发因与被申请人洛阳路桥建设集团第二工程有限公司（以下简称路桥集团二公司）、洛阳路桥建设集团有限责任公司（以下简称路桥集团）、中铁隧道集团一处有限公司（以下简称中铁隧道集团一处）、山西平榆高速公路有限责任公司（以下简称平榆高速公路公司）建设工程施工合同纠纷一案，不服河南省高级人民法院（2018）豫民终869号民事判决，向最高人民法院申请再审。

崔某发申请再审称，原审判决认定本案不存在违法转包，缺乏证据证明；原审法院未判决路桥集团、中铁隧道集团一处承担连带责任和平榆高速公路公司在未付款范围内承担付款责任系法律适用错误。

最高人民法院认为，平榆高速公路公司将涉案工程发包给中铁隧道集团一处，中铁隧道集团一处将涉案工程分包给路桥集团，路桥集团又将该工程交由其子公司路桥集团二公司，路桥集团二公司与崔某发签订合作协议书，将案涉工程转包给崔某发，并由崔某发实际施工建设。依据上述规定，崔某发有权请求发包人平榆高速公路公司在欠付工程款的范围内承担责任。如果平榆高速公路公司已经向中铁隧道集团一处支付全部工程款，不存在欠付工程款的情况，则中铁隧道集团一处应当在欠付工程款范围内向崔某发承担责任，依次类推，确定案涉工程的发包人、分包人、转包人应向实际施工人崔某发承担责任的范围。二审判决以不能突破合同相对性、崔某发无证据证明本案其他被申请人之间存在违法转包的情形为由，认定路桥集团、中铁隧道集团一处、平榆高速公路公司不应向崔某发承担责任，缺乏事实和法律依据。

案例二　**天恒基公司与蒋某红《工程内部承包合同》，蒋某红与许某斌《建设工程施工内部承包合同》效力认定案**（2021）最高法民申1358号

本案争议焦点为在工程多次分包后实际施工人可否向与其无合同关系的承包人主张工程款？

最高人民法院认为，本案应审查的主要问题是：二审判决免除天恒基公司应承担工程款5 863 482.57元及相应利息的损失赔偿责任是否正确。

原审查明，2013年9月25日，汇龙天华公司作为发包人与天恒基公司签订《建设工程施工合同》，将新疆恒汇机电城工程建设项目（二期F型机电超市）承包给天恒基公司施工建设。合同工期总天数360天，合同价款115 043 050元。之后，天恒基公司与蒋某红签订《工程内部承包合同》，将上述工程以内部承包的方式交给蒋某红施工建设，蒋某红全额垫资，按照工程竣工结算价7%上缴公司经济指标，按工程竣工结算价3.39%缴纳各项税金。同时还约定蒋某红如有分包、转包行为的，除赔偿天恒基公司损失外还应当承担该项目总造价30%的违约金并且天恒基公司有权单方解除合同。2013年8月22

日，蒋某红以天恒基公司机电城项目部项目负责人的名义与许某斌签订《建设工程施工内部承包合同》，双方约定将总承包的新疆恒汇机电城二期33号F型机电超市工程水电暖安装部分承包给许某斌施工。2015年7月6～12日，该工程竣工验收。2017年11月26日，蒋某红与许某斌就工程进行结算，确认蒋某红尚欠许某斌工程款4 720 874.79元未支付。截至2018年汇龙天华公司尚欠天恒基公司7 664 251.90元工程款未支付。《最高人民法院关于审理建设工程施工合同纠纷案件适用法律问题的解释（二）》第24条规定："实际施工人以发包人为被告主张权利的，人民法院应当追加转包人或者违法分包人为本案第三人，在查明发包人欠付转包人或者违法分包人建设工程价款的数额后，判决发包人在欠付建设工程价款范围内对实际施工人承担责任。"

法院认为，根据司法解释的规定，承包人非法转包、违法分包建设工程或者没有资质的实际施工人借用有资质的建筑施工企业名义与他人签订建设施工合同的行为无效。天恒基公司与蒋某红签订的《工程内部承包合同》、蒋某红与许某斌签订的《建设工程施工内部承包合同》，均因违反上述法律规定，应属无效合同，原审认定正确。

本案中，汇龙天华公司将案涉工程发包给天恒基公司，天恒基公司将工程转给蒋某红内部承包，蒋某红又将部分工程转给许某斌施工。依照上述法律规定，许某斌将汇龙天华公司、天恒基公司与蒋某红作为共同被告起诉，二审法院认定蒋某红作为违法分包人，汇龙天华公司作为发包人，判决承担支付工程款及利息的处理结果，亦无不妥。天恒基公司作为承包人，其与许某斌之间并没有合同关系，因此许某斌无法依照合同主张案涉工程款及利息，二审法院免除天恒基公司的民事责任，具有法律依据。

006. 在挂靠情况下，因工程质量发生争议，发包人可以将挂靠人和被挂靠人作为共同被告起诉吗？

1. 问题解读及相关法律规定

在挂靠情况下，因工程质量发生争议，发包人能否将挂靠人和被挂靠人作为共同被告起诉，对这一问题的解答涉及对“诉权”两个维度的理解，即民事诉讼中的诉权，有实体意义和程序意义之分。实体意义上的诉权，是当事人提请法院运用审判这一特殊手段，强制实现其民事权益请求；程序意义上的诉权，即通常所称的“起诉权”，是当事人提起诉讼的条件。

《民事诉讼法》第122条规定了提起民事诉讼必须满足的4个条件：（1）原告是与本案有直接利害关系的公民、法人和其他组织；（2）有明确的被告；（3）有具体的诉讼请求和事实、理由；（4）属于人民法院受理民事诉讼的范围和受诉人民法院管辖。符合这4个条件，人民法院就必须受理并予以立案。由此看来，在立案阶段法院仅作形式意义上的审查，诉讼启动程序在先，对当事人诉求的实质审理在后，如此才可以在保障当事人起诉权的基础上，进而使法院在查清事实后依法判决，使当事人实体意义上的诉权得以实现。

据此，在程序意义上，发包人无疑可以将挂靠人与被挂靠人一同列为被告，向其主张权利。我国法律亦明确了此种情形下共同诉讼的相关规定。

· 现行法律中的相关规定 ·

《民事诉讼法》

第五十五条　当事人一方或者双方为二人以上，其诉讼标的是共同的，或者诉讼标的是同一种类、人民法院认为可以合并审理并经当事人同意的，为共同诉讼。

共同诉讼的一方当事人对诉讼标的有共同权利义务的，其中一人的诉讼行为经其他共同诉讼人承认，对其他共同诉讼人发生效力；对诉讼标的没有共同权利义务的，其中一人的诉讼行为对其他共同诉讼人不发生效力。

《最高人民法院关于适用〈中华人民共和国民事诉讼法〉的解释》

第五十四条　以挂靠形式从事民事活动，当事人请求由挂靠人和被挂靠人依法承担民事责任的，该挂靠人和被挂靠人为共同诉讼人。

《最高人民法院关于审理建设工程施工合同纠纷案件适用法律问题的解释（一）》

第十五条　因建设工程质量发生争议的，发包人可以以总承包人、分包人和实际施工人为共同被告提起诉讼。

在实体意义上，挂靠人是否与被挂靠人一同承担民事责任，则需要寻求实体法上的法律依据。

《民法典》

第八百零一条　因施工人的原因致使建设工程质量不符合约定的，发包人有权请求施工人在合理期限内无偿修理或者返工、改建。经过修理或者返工、改建后，造成逾期交付的，施工人应当承担违约责任。

《建筑法》

第六十六条　建筑施工企业转让、出借资质证书或者以其他方式允许他人以本企业的名义承揽工程的，责令改正，没收违法所得，并处罚款，可以责令停业整顿，降低资质等级；情节严重的，吊销资质证书。对因该项承揽工程不符合规定的质量标准造成的损失，建筑施工企业与使用本企业名义的单位或者个人承担连带赔偿责任。

《最高人民法院关于审理建设工程施工合同纠纷案件适用法律问题的解释（一）》

第七条　缺乏资质的单位或者个人借用有资质的建筑施工企业名义签订建设工程施工合同，发包人请求出借方与借用方对建设工程质量不合格等因出借资质造成的损失承担连带赔偿责任的，人民法院应予支持。

挂靠的实质就是借用资质。根据上述规定，在挂靠情形下，因工程质量发生争议，发包人可以将挂靠人和被挂靠人一同起诉，要求其承担连带赔偿责任，以维护发包人的合法权益。

2. 参考案例

案例一　无锡市钱桥慈云寺、苏州太湖古典园林建筑有限公司等建设工程施工合同纠纷民事一审民事判决书（2020）苏0206民初1154号

法院认为，季某军挂靠在苏州古典园林公司，以苏州古典园林公司的名义与慈云寺签订《建设工程施工合同》，借用苏州古典园林公司的资质承接慈云寺大雄宝殿工程，该《建设工程施工合同》属无效合同。

季某军、苏州古典园林公司一致确认慈云寺大雄宝殿屋面结构层以上部

分存在质量问题，导致屋面瓦脱落。虽然慈云寺对案涉工程未经竣工验收即接收使用，但慈云寺的使用并不会造成屋面瓦脱落，屋面瓦脱落属于建筑主体严重质量问题，故承包人应当在建设工程的合理使用寿命内承担责任。缺乏资质的单位或者个人借用有资质的建筑施工企业名义签订建设工程施工合同，发包人请求出借方与借用方对建设工程质量不合格等因出借资质造成的损失承担连带赔偿责任的，应予支持。故季某军、苏州古典园林公司应对屋面瓦脱落质量问题造成的损失承担连带赔偿责任。

案例二　高某胜、大连鑫圆重工有限公司建设工程施工合同纠纷再审审查与审判监督民事裁定书（2020）辽民申2823号

法院认为，高某胜在一审庭审时，明确认可其系挂靠光明山公司进行案涉工程施工的实际施工人，且鑫圆重工公司提交的证据证明，高某胜亦实际领取了部分工程款。据此，原审认定高某胜与光明山公司之间存在案涉工程施工挂靠关系有事实依据，判决高某胜与光明山公司对案涉工程质量问题承担连带责任正确。基于案涉工程的特殊要求，合同签订时，鑫圆重工公司、光明山公司对案涉工程保温苯板的等级进行了明确约定，经司法鉴定，案涉工程施工时所使用的保温苯板等级不符合合同约定和使用要求。原审综合考虑双方合同履行的实际情况，认定鑫圆重工公司与高某胜、光明山公司对保温苯板修复费用损失各承担50%的责任及费用并无不当。原审期间，双方当事人均认可鑫圆重工公司提出案涉工程3#和6#厂房屋面防水工程中两道工序未按合同约定予以施工的主张，且没有证据证明该两道工序未施工系按鑫圆重工公司的要求进行，由于案涉工程设计图和施工合同中已包含了防水工程相应施工工序的价款，故二审认定鑫圆重工公司已付工程款中包含了防水工程两道工序的施工费用，高某胜、光明山公司应当对防水工程承担保修责任，并以司法鉴定意见为依据，判决由高某胜、光明山公司按50%的责任比例承担该防水工程的修复费用，亦无不当。本案司法鉴定程序系为查清事实而启动，鉴定费系必要花费，原审依据双方当事人的责任比例，对本案鉴定费用负担的分配有事实依据。再审审查期间，高某胜未提供新的证据证明其主张，其申请再审理由，缺乏事实和法律依据，本院不予支持。

007. 在建筑行业的挂靠经营中，挂靠者以被挂靠者的名义从事对外经济活动的，被挂靠者是否承担民事责任？

1. 问题解读及相关法律规定

《最高人民法院新建设工程施工合同司法解释（一）理解与适用》中指出，建筑行业中的挂靠经营行为，主要是指没有相应资质或建筑资质较低的企业、个体工商户、个人合伙、自然人以营利为目的，借用其他相应建筑资质或者资质较高的建筑施工企业的名义承揽建设工程的行为。在建筑行业的挂靠经营中，挂靠者以被挂靠者的名义从事对外经济活动的，被挂靠者需要承担民事责任，其具体责任的承担主要分为两大类：对发包方的责任承担；对合同相对人民事责任的承担。

· 现行法律中的相关规定 ·

《最高人民法院关于适用〈中华人民共和国民事诉讼法〉的解释》（2022 年修正）

第五十四条　以挂靠形式从事民事活动，当事人请求由挂靠人和被挂靠人依法承担民事责任的，该挂靠人和被挂靠人为共同诉讼人。

《最高人民法院关于审理建设工程施工合同纠纷案件适用法律问题的解释（一）》

第七条　缺乏资质的单位或者个人借用有资质的建筑施工企业名义签订建设工程施工合同，发包人请求出借方与借用方对建设工程质量不合格等因出借资质造成的损失承担连带赔偿责任的，人民法院应予支持。

《建筑法》

第六十六条　建筑施工企业转让、出借资质证书或者以其他方式允许他人以本企业的名义承揽工程的，责令改正，没收违法所得，并处罚款，可以责令停业整顿，降低资质等级；情节严重的，吊销资质证书。对因该项承揽工程不符合规定的质量标准造成的损失，建筑施工企业与使用本企业名义的单位或者个人承担连带赔偿责任。

《北京市高级人民法院审理民商事案件若干问题的解答之五（试行）》

问题解答47　在建筑行业的挂靠经营中，挂靠者以被挂靠者的名义从事对外经济活动的，被挂靠者是否承担民事责任？合同相对人同时起诉挂靠者和被挂靠者的，如果合同相对人对于挂靠事实不明知，由挂靠者与被挂靠者承担连带民事责任；如果合同相对人对于挂靠事实明知，首先由挂靠者承担责任，被挂靠者承担补充的民事责任。合同相对人只起诉被挂靠者的，被挂靠者对外应先行承担民事责任。在被挂靠者对外承担责任的范围内，被挂靠者对挂靠者享有追偿权。

《江苏省高级人民法院关于审理建设工程施工合同纠纷案件若干问题的意见》

第二十五条　挂靠人以被挂靠人名义订立建设工程施工合同，因履行该合同产生的民事责任，挂靠人与被挂靠人应当承担连带责任。

《福建省高级人民法院关于审理建设工程施工合同纠纷案件疑难问题的解答》

问答3　挂靠人以自己的名义将工程转包或者与材料设备供应商签订购销合同，实际施工人或者材料设备供应商起诉要求被挂靠单位承担合同责任的，不予支持；挂靠人以被挂靠单位的名义将工程转包或者与材料设备供应商签订购销合同的，一般应由被挂靠单位承担合同责任，但实际施工人或者材料设备供应商签订合同时明知挂靠的事实，并起诉要求挂靠人承担合同责任的，由挂靠人承担责任。

2. 参考案例

案例一　**中青建设集团建安工程有限公司、肖某禄等建设工程施工合同纠纷民事再审民事判决书**（2021）青民再140号

一审法院认为，中青公司与第三人张某委系挂靠关系。第三人张某委没有建设工程资质借用青海金安建设工程有限公司名义（现名称为中青公司）

与没有劳务作业资质的肖某禄签订《建筑业劳务分包合同》，该劳务合同应认定为无效。但肖某禄按照合同约定完成了劳务作业工作量，且涉案工程已交付使用，第三人张某委理应与肖某禄进行结算并支付全部劳务费，虽双方未结算，但依据审理查明的工程量核实的劳务费数额，第三人张某委实际欠付肖某禄劳务费480 097.60元。中青公司明知第三人张某委没有资质而与张某委签订《挂靠协议书》，将与傅家寨村委会签订的合同项下的新村建设工程转包给没有资质的第三人张某委实际施工，应对第三人张某委欠付肖某禄的劳务费承担连带给付责任。对肖某禄不主张第三人张某委承担付款责任，予以确认。据此，肖某禄诉求中青公司承担付款责任之主张，予以支持；对肖某禄主张的利息，因双方未进行结算，实际付款时间不能确定，且双方对签订《建筑业劳务分包合同》归为无效，均有过错，故对肖某禄主张的利息之诉求不予支持；傅家寨村委会与中青公司对发包的合同项下新村建设工程没有结算，所欠付工程款欠付数额不明，肖某禄主张傅家寨村委会承担连带责任之诉求，不予支持。依照《最高人民法院关于适用〈中华人民共和国民事诉讼法〉的解释》第54条，《民法总则》第3条、第178条第1款，《合同法》第60条、第109条，《建筑法》第26条、第29条之规定，判决中青公司于判决生效后10日内连带给付肖某禄劳务费480 097.60元，驳回肖某禄的其他诉讼请求。

肖某禄与中青公司均不服一审判决，上诉请求撤销一审判决。二审中，各方当事人均未提交新的证据。二审对一审法院查明的事实予以确认并维持原判。中青公司申请再审，再审认为案涉《建筑业劳务分包合同》属无效合同，双方当事人均未提出异议，予以确认。2013年5月傅家寨村委会因傅家寨新村建设二标段工程与青海金安建设工程有限公司签订《协议书》，合同总价款为12 421 486.55元，开工日期为2013年5月23日，竣工日期为2014年5月23日。协议签订后，该工程由张某委施工，张某委将该工程土建劳务部分分包给肖某禄，中青公司与张某委于2013年5月19日签订《挂靠协议书》，双方系挂靠关系。2013年5月30日，肖某禄与青海金安建设工程有限公司签订了《建筑业劳务分包合同》。该协议约定，肖某禄承建由傅家寨村委会发包给中青公司的傅家寨村新村建设工程10号、12号、14号、16号楼的土建工程。后肖某禄按照合同约定完成了合同中所有施工内容以及合同外增加的施工内容，并向傅家寨村委会进行交付。一审判决依据肖某禄完成的劳务工程量计算劳务费，并对增加的工程量核实后确认实际欠付肖某禄劳务费 480 097.60 元。肖某禄及中青公司对此节事实均无异议。因中青公司与张某委系挂靠关系。挂靠人以被挂靠人的名义与实际施工人订立合同，肖某禄有理由相信或认为张某委具有代理权。故一审、二审判决认定事实清楚，判决结果并无不当。中青公司的再审理由不成立，不予支持。

案例二　江西兆华建筑劳务有限公司、丁某刚等建设工程施工合同纠纷民事二审民事判决书（2021）云 01 民终 11400 号

一审法院认为，《建筑法》第 26 条规定："承包建筑工程的单位应当持有依法取得的资质证书，并在其资质等级许可的业务范围内承揽工程。禁止建筑施工企业超越本企业资质等级许可的业务范围或者以任何形式用其他建筑企业的名义承揽工程。禁止建筑施工企业以任何形式允许其他单位或者个人使用本企业的资质证书、营业执照，以本企业的名义承揽工程。"《最高人民法院关于审理建设工程施工合同纠纷案件适用法律问题的解释（一）》第 1 条规定："建设工程施工合同具有下列情形之一的，应当依据民法典第一百五十三条第一款的规定，认定无效：（一）承包人未取得建筑业企业资质或者超越资质等级的；（二）没有资质的实际施工人借用有资质的建筑施工企业名义的；（三）建设工程必须进行招标而未招标或者中标无效的。承包人因转包、违法分包建设工程与他人签订的建设工程施工合同，应当依据民法典第一百五十三条第一款及第七百九十一条第二款、第三款的规定，认定无效。"根据上述法律规定，本案中原告丁某刚与被告魏某玉系自然人，均无用工资质，其借用云南正翰建筑工程有限公司及江西兆华公司承揽工程，其行为均是法律明确禁止的，从本案查明的事实及被告云南公投公司提供的武倘寻 TJ1 三分部（2020）66 号文件来看，在云南正翰建筑工程有限公司退场后，被告江西兆华公司将其资质借用给被告魏某玉，然后原告丁某刚继续带着施工队跟着被告魏某玉施工，其所完成的工程通过被告魏某玉与被告江西兆华公司结算，后因原告丁某刚施工队追讨报酬发生纠纷，被告江西兆华公司于 2018 年 5 月 25 日向原告丁某刚支付劳务费 996 756 元。因原告丁某刚施工队的劳务费未结清，被告魏某玉于 2019 年 8 月 24 日向原告丁某刚出具

《承诺书》，确认欠原告丁某刚工程尾款300 000元，承诺于2019年3月31日前付清。后因被告魏某玉仅给付50 000元，剩余250 000元至今未付，原告诉至一审法院，故一审法院判令被告魏某玉、江西兆华公司连带支付原告丁某刚250 000元，并自起诉之日按中国人民银行同期贷款利率计算至款项实际清偿之日止的利息。

关于被告云南公投公司是否应承担责任的问题，一审法院认为，《最高人民法院关于审理建设工程施工合同纠纷案件适用法律问题的解释（一）》第43条规定："实际施工人以转包人、违法分包人为被告起诉的，人民法院应当依法受理。实际施工人以发包人为被告主张权利的，人民法院应当追加转包人或者违法分包人为本案第三人，在查明发包人欠付转包人或者违法分包人建设工程价款的数额后，判决发包人在欠付建设工程价款范围内对实际施工人承担责任。"本案中，被告江西兆华公司具有劳务资质，被告云南公投公司将劳务分包给被告江西兆华公司不违反法律规定，且在工程竣工验收合格以后，与被告江西兆华公司将工程款结清，故对原告丁某刚要求被告云南公投公司在欠付工程款范围内对上述款项承担连带责任的诉求，一审法院不予支持。据此，一审法院依据相关规定，判决由被告魏某玉、江西兆华建筑劳务有限公司连带支付原告丁某刚250 000元，并以250 000元为基数自2021年1月4日起按中国人民银行同期贷款利率计算至款项实际清偿之日止的利息；驳回原告丁某刚的其他诉讼请求。

二审中认定的事实与一审法院认定的事实一致，二审认为此案的争议焦点是：上诉人江西兆华公司对本案所涉款项是否应当承担连带支付义务。本案中原告丁某刚与被告魏某玉系自然人，均无用工资质，其借用云南正翰建筑工程有限公司及上诉人江西兆华公司的资质承揽工程，其行为均是法律明确禁止的。在云南正翰建筑工程有限公司退场后，上诉人江西兆华公司将其资质出借给被上诉人魏某玉，后被上诉人丁某刚继续带领施工队跟着被上诉人魏某玉施工，相关工程完成后，被上诉人丁某刚通过被上诉人魏某玉与上诉人江西兆华公司结算，确认前工程尾款300 000元，后因被上诉人魏某玉仅支付了50 000元，剩余250 000元至今未付，故而引发纠纷二审法院认为一审判决正确并予以维持原判。

008. 建设工程施工合同纠纷中有哪些需承担连带责任的情形？

1. 问题解读及相关法律规定

连带责任，是指依照法律规定或者当事人约定，两个或者两个以上当事人对其共同债务全部承担或部分承担，并能因此引起其内部债务关系的一种民事责任。当责任人为多人时，每个人都负有清偿全部债务的责任，各责任人之间有连带关系，承担连带责任的前提是必须有法律明文规定或者当事人明确约定。

· 现行法律中的相关规定 ·

《民法典》

第一百七十八条　二人以上依法承担连带责任的，权利人有权请求部分或者全部连带责任人承担责任。连带责任人的责任份额根据各自责任大小确定；难以确定责任大小的，平均承担责任。实际承担责任超过自己责任份额的连带责任人，有权向其他连带责任人追偿。

第七百八十六条　共同承揽人对定作人承担连带责任，但是当事人另有约定的除外。

第七百九十一条　发包人可以与总承包人订立建设工程合同，也可以分别与勘察人、设计人、施工人订立勘察、设计、施工承包合同。发包人不得将应当由一个承包人完成的建设工程支解成若干部分发包给数个承包人。总承包人或者勘察、设计、施工承包人经发包人同意，可以将自己承包的部分工作交由第三人完成。第三人就其完成的工作成果与总承包人或者勘察、设计、施工承包人向发包人承担连带责任……

第一千二百五十二条　建筑物、构筑物或者其他设施倒塌、塌陷造成他人损害的，由建设单位与施工单位承担连带责任，但是建设单位与施工单位能够证明不存在质量缺陷的除外。建设单位、施工单位赔偿后，有其他责任人的，有权向其他责任人追偿。因所有人、管理人、使用人或者第三人的原因，建筑物、构筑物或者其他设施倒塌、塌陷造成他人损害的，由所有人、管理人、使用人或者第三人承担侵权责任。

《建筑法》

第二十七条　大型建筑工程或者结构复杂的建筑工程，可以由两个以上的承包单位联合共同承包。共同承包的各方对承包合同的履行承担连带责任。

第二十九条　建筑工程总承包单位可以将承包工程中的部分工程发包给具有相应资质条件的分包单位；但是，除总承包合同中约定的分包外，必须经建设单位认可。施工总承包的，建筑工程主体结构的施工必须由总承包单位自行完成。建筑工程总承包单位按照总承包合同的约定对建设单位负责；分包单位按照分包合同的约定对总承包单位负责。总承包单位和分包单位就分包工程对建设单位承担连带责任。禁止总承包单位将工程分包给不具备相应资质条件的单位。禁止分包单位将其承包的工程再分包。

第五十五条　建筑工程实行总承包的，工程质量由工程总承包单位负责，总承包单位将建筑工程分包给其他单位的，应当对分包工程的质量与分包单位承担连带责任。分包单位应当接受总承包单位的质量管理。

《招标投标法》

第三十一条　两个以上法人或者其他组织可以组成一个联合体，以一个投标人的身份共同投标。联合体各方均应当具备承担招标项目的相应能力；国家有关规定或者招标文件对投标人资格条件有规定的，联合体各方均应当具备规定的相应资格条件。由同一专业的单位组成的联合体，按照资质等级较低的单位确定资质等级。联合体各方应当签订共同投标协议，明确约定各方拟承担的工作和责任，并将共同投标协议连同投标文件一并提交招标人。联合体中标的，联合体各方应当共同与招标人签订合同，就中标项目向招标人承担连带责任。

……

第四十八条 中标人应当按照合同约定履行义务，完成中标项目。中标人不得向他人转让中标项目，也不得将中标项目肢解后分别向他人转让。中标人按照合同约定或者经招标人同意，可以将中标项目的部分非主体、非关键性工作分包给他人完成。接受分包的人应当具备相应的资格条件，并不得再次分包。中标人应当就分包项目向招标人负责，接受分包的人就分包项目承担连带责任。

《建设工程质量管理条例》

第二十七条 总承包单位依法将建设工程分包给其他单位的，分包单位应当按照分包合同的约定对其分包工程的质量向总承包单位负责，总承包单位与分包单位对分包工程的质量承担连带责任。

《最高人民法院关于审理建设工程施工合同纠纷案件适用法律问题的解释（一）》

第七条 缺乏资质的单位或者个人借用有资质的建筑施工企业名义签订建设工程施工合同，发包人请求出借方与借用方对建设工程质量不合格等因出借资质造成的损失承担连带赔偿责任的，人民法院应予支持。

第四十三条 实际施工人以转包人、违法分包人为被告起诉的，人民法院应当依法受理。实际施工人以发包人为被告主张权利的，人民法院应当追加转包人或者违法分包人为本案第三人，在查明发包人欠付转包人或者违法分包人建设工程价款的数额后，判决发包人在欠付建设工程价款范围内对实际施工人承担责任。

《北京市高级人民法院关于审理建设工程施工合同纠纷案件若干疑难问题的解答》

第十九条 实际施工人以违法分包人、转包人为被告要求支付工程款的，法院不得依职权追加发包人为共同被告；实际施工人以发包人为被告要求支付工程款的，应当追加违法分包人或转包人作为共同被告参加诉讼，发包人在其欠付违法分包人或转包人工程款范围内承担连带责任。发包人以其未欠付工程款为由提出抗辩的，应当对此承担举证责任。

第二十条 不具有资质的实际施工人（挂靠施工人）挂靠有资质的

建筑施工企业（被挂靠人），并以该企业的名义签订建设工程施工合同，被挂靠人怠于主张工程款债权的，挂靠施工人可以以自己名义起诉要求发包人支付工程款，法院原则上应当追加被挂靠人为诉讼当事人，发包人在欠付工程款范围内承担给付责任。因履行施工合同产生的债务，被挂靠人与挂靠施工人应当承担连带责任。

第二十九条　承包人具有下列情形之一的，应当认定其对建设工程质量缺陷存在过错：（1）承包人明知发包人提供的设计图纸、指令存在问题或者在施工过程中发现问题，而没有及时提出意见和建议并继续施工的；（2）承包人对发包人提供或指定购买的建筑材料、建筑构配件、设备等没有进行必要的检验或经检验不合格仍然使用的；（3）对发包人提出的违反法律法规和建筑工程质量、安全标准，降低工程质量的要求，承包人不予拒绝而进行施工的。前述情形下，因工程质量存在缺陷造成第三人损失的，由发包人与承包人承担连带责任。

第三十九条　两个以上的法人、其他组织或个人合作开发房地产项目，其中合作一方以自己名义与承包人签订建设工程施工合同，承包人要求其他合作方对欠付工程款承担连带责任的，应予支持。

《河北省高级人民法院关于印发〈建设工程施工合同案件审理指南〉的通知》

第十六条　合作开发房地产合同中的一方当事人作为发包人与承包人签订建设工程施工合同，承包人要求合作开发的各方当事人对欠付的工程款承担连带责任的，人民法院应予支持。

第三十一条　实际施工人向与其没有合同关系的转包人、分包人、总承包人、发包人提起的诉讼，发包人与承包人就工程款问题尚未结算的，原则上仍应坚持合同相对性，由与实际施工人有合同关系的前手承包人给付工程款。如果发包人与承包人已就工程款进行结算或虽尚未结算，但欠款范围明确，可以确定发包人欠付承包人的工程款数额大于承包人欠付实际施工人的工程款数额，可以直接判决发包人对实际施工人在承包人欠付实际施工人的工程款数额范围内承担连带给付责任。欠付工程款范围明确是指判决中必须明确发包人承担连带责任的范围和数额，不能简单表述为发包人在欠付工程款范围内承担连带责任。

《四川省高级人民法院关于审理建设工程施工合同纠纷案件若干疑难问题的解答》

第十五条 承包人经发包人同意将自己承包的部分工程交由第三人完成，因建设工程质量发生争议的，发包人可以以承包人、第三人为共同被告主张权利，承包人和第三人对工程质量向发包人承担连带责任。承包人转包，违法分包建设工程，因建设工程质量发生争议的，发包人可以以转包人、违法分包人和实际施工人为共同被告主张权利，转包人、违法分包人和实际施工人对工程质量向发包人承担连带责任。

2. 参考案例

案例一 **庄浪县宏达建筑安装工程有限责任公司、静宁县建筑集团房地产开发有限责任公司等建设工程施工合同纠纷民事再审民事判决书** （2021）最高法民再178号

再审认为，关于工程款支付责任主体的认定问题，静建公司出借资质与宏达公司签订《建设工程施工合同》，李某勤、刘某借用静建公司开发资质，静建公司作为名义上的发包人基于其出借资质签订合同的事实，应当承担支付工程款的责任。李某勤、刘某不仅借用资质以静建公司名义与宏达公司签订《建设工程施工合同》，同时还与实际施工人就案涉工程签订了《施工合同书》，李某勤、刘某作为合同的实际履行主体，亦应当承担支付工程款的责任。

案例二 **李某万、潘某建设工程施工合同纠纷二审民事判决书** （2020）最高法民终287号

法院认为，关于利贞公司应否对案涉工程款债务承担连带责任的问题。《最高人民法院关于审理建设工程施工合同纠纷案件适用法律问题的解释》第26条第2款（最新规定为《最高人民法院关于审理建设工程施工合同纠

纷案件适用法律问题的解释（一）》第43条）规定，发包人只在欠付工程款范围内对实际施工人承担责任。上述条款已经被利贞公司与旭生公司签订的《2013年广东省建设工程施工合同》所认可，暂定项目工程造价5亿元，利贞公司与建穗公司签订的《梅州凯旋门花园项目土建总包工程结算框架协议书》及《凯旋门花园项目审核结算汇总表》显示，项目工程的初步结算价为35 034.12万元。按合同暂定价或上述证据所反映的结算价，扣减利贞公司所主张的已付工程款数额抑或以建穗公司、郭某林所确认的利贞公司已付工程款数额，计算得出的利贞公司欠付工程款总额均超过建穗公司、郭某林拖欠李某万、潘某工程款的数额。在本案中，利贞公司作为发包方，其提供的已付及代付工程款支付凭证均未载明对应的案涉工程，实际上由于案涉工程仅为项目工程的一部分，且存在项目工程的其他工程与案涉工程同时施工及同时段支付工程进度款的事实，客观上无法查清利贞公司已付款项所对应的具体施工工程。因此，根据整体项目工程欠款情况，利贞公司应对建穗公司、郭某林拖欠李某万、潘某的工程款及利息承担连带清偿责任。旭生公司并非案涉工程的发包人，建穗公司、郭某林亦未以旭生公司的名义与李某万、潘某签订合同，故李某万、潘某主张旭生公司对建穗公司、郭某林拖欠的工程款及利息承担连带责任缺乏事实和法律依据，不予支持。

009. 无资质单位或个人冒用他人名义承接分包工程，可否按实际施工人主张权利?

1. 问题解读及相关法律规定

在建设工程施工领域，一些单位或者个人能够承接一些工程但是没有相应的资质，有些会出于利益考虑，冒用有资质的公司名义或者用之前挂靠过的公司的名义签订建设工程施工合同，实际上是无权代理，无权代理合同在被冒名人进行追认之前，为效力待定合同。无权代理所形成的民事法律责任，在被冒名人进行追认之前，对被冒名人不发生法律责任。在发包人拖欠工程款的情况下，冒用人只能以自己的名义进行起诉，如果冒用人施工的工程质量合格，可以按照实际施工人主张权利，要求发包人支付工程款。

现行法律中的相关规定

《民法典》

第一百七十一条　行为人没有代理权、超越代理权或者代理权终止后，仍然实施代理行为，未经被代理人追认的，对被代理人不发生效力。相对人可以催告被代理人自收到通知之日起三十日内予以追认。被代理人未作表示的，视为拒绝追认。行为人实施的行为被追认前，善意相对人有撤销的权利。撤销应当以通知的方式作出。行为人实施的行为未被追认的，善意相对人有权请求行为人履行债务或者就其受到的损害请求行为人赔偿。但是，赔偿的范围不得超过被代理人追认时相对人所能获得的利益。相对人知道或者应当知道行为人无权代理的，相对人和行为人按照各自的过错承担责任。

第七百九十三条　建设工程施工合同无效，但是建设工程经验收合格的，可以参照合同关于工程价款的约定折价补偿承包人。建设工程施工合同无效，且建设工程经验收不合格的，按照以下情形处理：（一）修复后的建设工程经验收合格的，发包人可以请求承包人承担修复费用；（二）修复后的建设工程经验收不合格的，承包人无权请求参照合同关于工程价款的约定折价补偿。发包人对因建设工程不合格造成的损失有过错的，应当承担相应的责任。

《最高人民法院关于审理建设工程施工合同纠纷案件适用法律问题的解释（一）》

第一条　建设工程施工合同具有下列情形之一的，应当依据民法典第一百五十三条第一款的规定，认定无效：

（一）承包人未取得建筑业企业资质或者超越资质等级的；

（二）没有资质的实际施工人借用有资质的建筑施工企业名义的；

（三）建设工程必须进行招标而未招标或者中标无效的。

《江苏省高级人民法院建设工程施工合同案件审理指南》（2010年）

一、审理建设工程纠纷应当坚持的基本原则

（三）建设工程施工合同的无效情形。1. 承包人未取得建筑施工企业资质或者超越资质等级的。比较典型的表现形式主要有以下几种情况：（1）个体施工队伍在没有资质的情况下违法承揽建设工程的；（2）施工单位冒用、盗用营业执照、资质证书承揽工程的；（3）建筑施工企业的分支机构以自己的名义对外承揽工程的；（4）非建筑施工企业超越经营范围对外承揽建设工程的。此外，承包人在工程竣工前未取得相应资质，竣工验收合格后才取得资质的，建设工程施工合同也应认定为无效……

2. 参考案例

案例一 董某、四川新科汇农业投资开发有限公司建设工程施工合同纠纷再审民事判决书（2020）川民再426号

法院认为，根据再审阶段的诉辩意见，本案争议焦点为：案涉施工合同的效力；剩余工程款的支付条件是否成就及剩余工程款的金额；履约保证金的退还条件是否成就。

案涉施工合同是董某以正岩公司名义与新科汇公司签订，但董某自认与正岩公司终止了挂靠关系，原审也已查明正岩公司与董某、案涉合同及案涉工程均无关，董某系无资质的实际施工人。根据《最高人民法院关于审理建设工程施工合同纠纷案件适用法律问题的解释》第1条规定，案涉施工合同无效。

董某主张自己已于2014年12月4日提交《分项竣工验收申请报告》，根据案涉施工合同第11.7条，承包方承包范围内分部分项工程全部验收合格即达到本合同建筑工程约定的竣工条件。在承包方向甲方提出竣工验收申请后，甲方应积极组织验收；在承包方提出申请10个工作日后若甲方未组织验收，从承包方提出申请第11个工作日起视为本合同建筑工程竣工验收合格。根据约定和《最高人民法院关于审理建设工程施工合同纠纷案件适用法律问题的

解释》第 2 条、第 13 条、第 14 条规定，其有权取得剩余工程价款。本院认为，首先，因案涉施工合同无效，双方不受上述约定的约束。其次，案涉工程实际未能办理竣工验收的原因，董某称系因施工图未过审，新科汇则主张系因施工单位不明，但双方均未举证证明。客观分析，本案特殊之处在于董某借用名义和资质的正岩公司、荣慧公司、梓珂公司均与案涉工程无法律关系。董某自认正岩公司不同意以其名义承建；荣慧公司、梓珂公司虽在申请报告、资料清单上挂名，但董某明确表示二公司与自己无关，也未与新科汇公司签订合同。董某称安泰公司是案涉工程的施工单位，但仅能提供竣工验收备案资料复印件予以证明，但该证据不能采信，也无其他证据证明安泰公司与案涉工程，与董某、荣慧公司、梓珂公司的关系，因此该诉称不能成立。现案涉工程的施工单位无法确定，质量保障责任主体不明，而此情况会造成案涉工程无法验收、无法办理施工许可证。董某称新科汇公司安排荣慧公司、梓珂公司挂名，不利后果应由新科汇公司承担，但并未举证证明，新科汇公司也不予认可。本院认为，建设工程须由具有资质的建筑施工企业承揽系法律强制性规定，董某应明知。董某在正岩公司已退出、与荣慧公司和梓珂公司关系不明的情况下就使用上述公司名义，严重违法，对造成施工单位不明的结果负有责任。新科汇公司对施工单位变更未提出异议，也未要求完善手续，也负有责任。同时，案涉工程于 2014 年就已实际建成，于 2017 年才取得建设用地规划许可证和建设工程规划许可证，此时办理报建手续确存在实际使用的施工图无法满足 2017 年标准和要求的可能，从而造成竣工验收不能，新科汇公司对此负有不可推卸的责任。但董某明知案涉工程无三证的违法情况，仍施工修建，也应当承担由此产生的风险。综上，董某和新科汇公司对案涉工程无法办理竣工验收都有过错和责任，均应承担不利后果。最后，《最高人民法院关于审理建设工程施工合同纠纷案件适用法律问题的解释》第 14 条规定的是如何确定实际竣工日期，与竣工验收合格不是同一概念，不能直接将该条规定作为认定工程竣工验收合格的依据。因案涉工程系无施工许可证、无施工单位承担质量瑕疵担保和保修责任的特殊工程，在无专业认定的情况下，司法机关不宜根据使用情况直接推定该工程已经竣工验收。董某还称案涉工程实际已经验收合格，但因报建手续不齐、施工图未获图审，相关验收单位未出具书面验收报告。因董某未提供证据证明，本院无法认定案涉工程已实际验收合格的事实存在。综上，剩余工程款的支付条件和履约保证金的退还条件尚未成就，董某的诉请目前无法得到支持。但董某作为实际施工人，待案涉工程完善手续、验收合格后有权依法主张相应工程款，工程款金额届时再予确定。

案例二 **曹某平与王某生、黄某友建设工程施工合同纠纷申诉、申请民事裁定书**（2017）湘民申 1304 号

法院经审查认为，本案系建设工程施工合同纠纷，至本案二审审理终结，涉案消防工程未经消防部门验收合格，属于不合格工程；申请人无消防设施施工资质而冒用他人名义签订了消防设施安装工程合同，致该合同无效，申请人未按合同要求向被申请人提供经消防部门验收合格的消防工程，也未对该工程进行修复，一审、二审法院在修复费用无法鉴定的情况下，依据双方的过错程度、工程量的实际履行情况判决申请人按比例返还被申请人已支付的部分工程款，并无不当。王某生、黄某友的再审申请与本案基本事实不符，应予驳回。

010. 施工合同中的表见代理如何认定？

1. 问题解读及相关法律规定

表见代理是对无权代理行为赋予有权代理法律后果的一项法律制度，其目的是保护善意相对人的信赖利益和交易安全，将代理行为的法律后果归属于被代理人。在建筑领域，以项目经理为名进行的挂靠、转包、违法分包层出不穷，而项目经理通常会以项目部或施工企业名义采购建筑材料、办理签证、再分包或转包，甚至借款，该等行为在何种程度上归属于施工企业是司法实践迫切需要解决的问题。

根据《民法典》第 172 条的规定：行为人没有代理权、超越代理权或者

代理权终止后，仍然实施代理行为，相对人有理由相信行为人有代理权的，代理行为有效。

上海市高级人民法院于2012年11月10日发布的《商事合同案件适用表见代理要件指引（试行）》，其中明确规定，适用表见代理须同时符合两项要件：（1）权利外观要件，即行为人无权代理行为在客观上形成具有代理权的表象；（2）主观因素要件，即合同相对人善意且无过失地相信行为人有代理权。

可见构成表见代理的前提是“无权代理”，要件为“有代理权外观”和“相对人善意无过失”。简言之，根据民法典的规定，认定是否构成表见代理，需要从以上两个因素进行分析。但是在司法实务中，有法院在将如上两个因素认定表见代理外，还从被代理人归责性这一方面考虑。

根据项目经理职务行为认定表见代理：建筑施工企业项目经理是指受企业法定代表人委托，对工程项目施工过程全面负责的项目管理者，是建筑施工企业法定代表人在工程项目的代表人。

原建设部《建筑施工企业项目经理资质管理办法》第2条规定：“本办法所称建筑施工企业项目经理（以下简称项目经理），是指受企业法定代表人委托对工程项目施工过程全面负责的项目管理者，是建筑施工企业法定代表人在工程项目上的代表人。”由此，项目经理具有以下特点：（1）是企业法定代表人的代表；（2）对项目施工过程全面负责的项目管理者；（3）管理职权的范围是项目工程施工过程。以上三个方面确定了项目经理的职务内涵，但“对工程项目施工过程全面负责”的职权外延并不明确，对此，需要结合该办法第八条进行解读。第8条规定：“项目经理在承担工程项目施工的管理过程中，应当按照建筑施工企业与建设单位签订的工程承包合同，与本企业法定代表人签订项目承包合同，并在企业法定代表人授权范围内，行使以下管理权力：（一）组织项目管理班子；（二）以企业法定代表人的代表身份处理与所承担的工程项目有关的外部关系，受委托签署有关合同；（三）指挥工程项目建设的生产经营活动，调配并管理进入工程项目的人力、资金、物资、机械设备等生产要素；（四）选择施工作业队伍；（五）进行合理的经济分配；（六）企业法定代表人授予的其他管理权力。”

经过对项目经理的内涵和外延的梳理，可以得知，项目经理是施工企业履行与建设方施工合同的代表，是把进入工程项目的人力、资金、物资、机械设备等生产要素物化为合格建筑物的组织管理者，未经企业的特别授权，项目经理无权签订合同。

司法实践中，由于建筑市场的需求，各种以项目经理为名的挂靠、转包、违法分包层出不穷。因此，除了企业职务授权、委托授权的项目经理外，还存在挂靠、转包、违法分包等关系中的项目经理。无论是与建筑企业有行政隶属关系的项目经理，还是挂靠、转包或违法分包等关系中的项目经理，其在外观上都具有代表施工企业从事特定工程项目管理的代理权表象。在该表象中，通常外在证明形式为任命文件、授权委托书、建设工程合同中明确的项目经理职务等。此类代理权外观的证明力最强，在没有较强的阻却事由的情况下，应对构成表见代理持肯定态度。

· 现行法律中的相关规定 ·

《最高人民法院印发〈关于当前形势下审理民商事合同纠纷案件若干问题的指导意见〉的通知》

第四部分

1. 合同当事人采用转包、分包、转租方式，出现了大量以单位部门、项目经理乃至个人名义签订或实际履行合同的情形，并因合同主体和效力认定问题引发表见代理纠纷案件。人民法院应当正确适用关于表见代理制度的规定，严格认定表见代理行为。

2. 人民法院在判断合同相对人主观上是否属于善意且无过失时，应当结合合同缔结与履行过程中的各种因素综合判断合同相对人是否尽到合理注意义务，此外还要考虑合同的缔结时间、以谁的名义签字、是否盖有相关印章及印章真伪、标的物的交付方式与地点、购买的材料、租赁的器材、所借款项的用途、建筑单位是否知道项目经理的行为、是否参与合同履行等各种因素，作出综合分析判断。

《江苏省高级人民法院建设工程施工合同案件审理指南》

根据《合同法解释一》第 14 条的规定，认定构成表见代理的，应当以被代理人的行为与权利外观的形成具有一定的牵连性即被代理人具有一定的过错为前提，以“相对人有理由相信行为人有代理权”即相对人善意无过失为条件。第15条规定，在衡量相对人是否构成善意无过失时，应结合代理原理和经验法则以及案件的具体情况等因素综合作出判断，下列情形下不应当认定为属于合同法第49条所称的“相对人有理由相信行为人有代理权”：（1）被代理人授权明确，行为人越权代理的；（2）行为人与相对人订立的合同内容明显损害被代理人利益的；（3）基于经验法则，行为人的代理行为足以引起相对人合理怀疑的。通常，实际承包人在赊购物资或者融资时加盖项目经理部的印章，凭此一般可以认定相对人有理由相信实际承包人的行为系职务行为，要求相对人举证证明实际承包人与其发生交易时持有施工企业的授权委托书不符合实际，过于苛刻。

但是不能一概而论，根据实务中的一些具体情况，以下情形中不应认定实际承包人的行为构成表见代理：

（1）授权委托书载明的授权明确，相对人与实际承包人发生的交易属无权代理权；

（2）相对人应对涉及工程项目上的“项目经理”身份进行必要的审查，如其未尽合理的审查义务而与实际没有“项目经理”身份的人、没有“项目经理”授权的人或者在工程项目终止后无权代表施工企业的“项目经理”发生交易；

（3）相对人将实际承包人采购的物资、租赁的设备根据实际承包人的指示，运送至施工企业“承包”工程项目以外的工地的，或者相对人将实际承包人所借款项汇至与施工企业或工程项目无关的银行账户的，也即无证据证明交易与施工企业“承包”的工程项目有关；

（4）相对人与实际承包人订立的合同明显损害施工企业的合法利益，可按照当事人恶意串通损害他人利益的原则处理；

（5）实际承包人以自己作为交易主体与相对人订立、履行合同，但未经施工企业授权而以施工企业名义出具债务凭证；

（6）实际承包人加盖私刻（或伪造）的印章与相对人发生交易或者

向相对人出具债务凭证，相对人又没有证据证明该印章曾在施工企业“承包”的工程项目中使用过或者施工企业知道或应当知道实际承包人利用该印章从事相关行为，又不能证明相关资金、物质、设备用于施工企业“承包”的工程项目的。虽然，相对人可能无法辩明实际承包人加盖的印章与施工企业的关联性，但如果加盖的印章确为实际承包人私刻，且没有证据证明相关资金、物质、设备用于施工企业“承包”的工程项目的，让施工企业承担责任没有法律和事实依据，按合同相对性原则予以处理最为妥当。

因此司法实务中，挂靠形式下的项目经理以施工企业名义对外经营，无论是根据“合同相对性”原理，还是从施工企业权利、义务统一、保证建设工程质量、维护发包人等合法权益或是制裁挂靠经营的角度，施工企业仍应对挂靠的实际施工人在工程项目的行为负责。但是，实务中也存在以施工企业名义赊购物资、租赁设备、举债甚至私自占有、挪用，或者在工程项目终止后再以施工企业的名义赊购物资、举债等，对此，在无其他事实佐证或强化的情况下，其原有的项目经理身份不宜认为具有表见外观。

2. 参考案例

案例一　安徽绿宝房地产开发集团有限公司泾县分公司、安徽绿宝房地产开发集团有限公司建设工程施工合同纠纷再审审查与审判监督民事裁定书（2020）最高法民申4793号

法院认为，湖北长安建筑股份有限公司《关于增加“安徽江南春天住宅小区（二期）一组团工程”项目部管理人员的通知》明确了贾某为项目经理，聘期为工程开工至工程验收，其岗位工作内容如下：全面主持项目施工组织；负责协调业主以及建设单位等各方面外部关系；报送工程进度款，协助收取工程进度款；负责协助工程结算工作；协助项目经理开展工作。项目执行经理开展工作要求如下：所有与项目相关的资金必须进入公司指定账户；

涉及经济或法律责任的文件必须加盖公司行政印章后有效。上述文件中贾某作为项目经理的岗位工作内容有协助收取工程进度款、协助工程结算工作等，还明确所有与项目相关的资金必须进入公司指定账户，涉及经济或法律责任的文件必须加盖公司行政印章后方为有效，且在2016年3月17日湖北长安建设公司向绿宝集团泾县分公司发函亦要求绿宝集团泾县分公司将案涉剩余工程款支付至合同约定的指定账户。贾某作为项目经理的权力明确具体，其加盖变造的印章出具委托书的行为不符合表见代理的构成要件。

案例二 **云南景升建筑工程有限公司、岳某建设工程施工合同纠纷再审审查与审判监督民事裁定书**（2020）最高法民申5204号

法院认为，原审查明，景升公司设立案涉工程项目部，张某清为项目经理，陈某军为项目部工作人员。经与张某清口头协商，岳某对案涉项目进行施工。后案涉项目因资金不足停工，岳某多次找到景升公司协商工程款支付及复工事宜。2015年8月24日，景升公司副总经理张某洪书面承诺向岳某支付相关款项。2015年11月13日，岳某与陈某军对岳某完成的工程量及价款进行核实，陈某军签字确认岳某所完成的工程价款为8 668 288.77元。一审中，证人出庭作证称，陈某军为景升公司指派到案涉项目的工作人员，景升公司副总经理张某洪让岳某联系陈某军进行结算。根据以上事实，虽然景升公司未书面授权陈某军与岳某进行结算，但景升公司未提供证据证明岳某与陈某军存在恶意串通，结合证人证言等其他在案证据，岳某有理由相信陈某军有代理权，其主观上善意且无过失，应认定陈某军的签字行为构成表见代理，其法律后果应由景升公司承担。同时，原审中，景升公司有义务通知其工作人员陈某军、张某清到庭说明相关情况，其无正当理由未通知二人到庭作证，应承担举证不能的不利后果。故景升公司称不能以陈某军签字的《完成工程量及价款》作为结算依据的主张不能成立，不予支持。

案例三 **珠海市晶艺玻璃工程有限公司建设工程施工合同纠纷再审审查与审判监督民事裁定书**（2020）最高法民申6400号

法院认为，晶艺公司主张，欧某武在多份结算文件上签字的行为构成表见代理。经查，晶艺公司提供的《工程结算书》中，欧某武在《工程结算申

请表》上建设单位项目部意见栏签字，在《结算资料审核表》《结算资料交接清单》上，欧某武在甲方经办工程师栏签字。合同明确约定，“本工程的业主代表是孙某龙。在整个合同期内，除非本合同另有约定，业主代表（代表业主）应是业主唯一的合法代理人，并应受理与其有关的所有通知、指示、同意、批准、证书、决定等”。原《合同法》第49条规定：“行为人没有代理权、超越代理权或者代理权终止后以被代理人名义订立合同，相对人有理由相信行为人有代理权的，该代理行为有效。”合同明确约定了双方认可的业主唯一合法代理人，晶艺公司对此应当明知，当该代理人离职需由他人代为履行职责时，橘韵公司应当出具授权委托材料，并重新得到双方的认可和确认，方能视为代理人的变更。欧某武在相关结算文件上签字，并未出具橘韵公司的授权委托材料，晶艺公司对此亦当明知。晶艺公司还主张，对于工程量变更及价款确认等特别事项，合同未约定具体授权代理人，应视为约定不明。经查，合同约定“对于本合同中约定了特别签字确认方式的事项和文件等，按照本合同相关约定执行”，晶艺公司亦认可合同并未约定特别签字确认事项的授权代理人，既然合同无相关约定，即应当按照一般约定条款执行。晶艺公司无证据证明孙某龙之外的人员可代表橘韵公司在相关结算文件上签字，橘韵公司也不承认其对欧某武进行过授权，二审判决认定欧某武的签字不能视为双方对案涉合同约定的固定总价进行变更或对工程价款进行了结算，具有事实和法律依据。

011. 建设工程合同的债权人能否将债权转让给第三人？

1. 问题解读及相关法律规定

债权人可以将合同的权利全部或者部分转让给第三人，但根据合同性质不得转让的、按照当事人约定不得转让的、依照法律规定不得转让的除外。法律、法规并不禁止将建设工程施工合同项下的债权转让，只要建设工程施工合同的当事人没有约定合同项下的债权不得转让。

债权人向第三人转让债权并通知债务人的，债权转让合法有效，债权人无须就债权转让事宜取得债务人的同意。

工程施工合同中，一般都会约定合同金额以“最终结算金额”为准。那么在最终结算未完结前，债权人将金额尚未确定的债权转让给第三人是否有效呢？我们认为，虽然债权最终金额尚不确定，但是债权转让人与受让人关于债权转让的意思表示真实、标的额不确定只影响债权转让数额，并不影响债权转让本身。待标的额确定后，受让人还是可以向债务人主张的。

现行法律中的相关规定

《民法典》

第五百四十五条　债权人可以将债权的全部或者部分转让给第三人，但是有下列情形之一的除外：（一）根据债权性质不得转让；（二）按照当事人约定不得转让；（三）依照法律规定不得转让。当事人约定非金钱债权不得转让的，不得对抗善意第三人。当事人约定金钱债权不得转让的，不得对抗第三人。

2. 参考案例

案例一　青岛首尔大酒店有限公司、林某建设工程施工合同纠纷再审民事判决书（2019）最高法民再113号

法院认为，首尔大酒店主张恒源达公司与林某是挂靠关系，与其在原审庭审中认可双方是内部承包关系相矛盾。林某在另案庭审笔录中仅认可其是案涉工程的实际施工人，并主张通过债权转让获得案涉工程的相关权利，与林某和恒源达公司之间是挂靠或内部承包关系不具有关联性。首尔大酒店提供的证据不能达到证明目的，本院不予采信。

再审查明的其他事实与原一审、二审查明的事实一致，本院予以确认。

法院认为，本案争议的焦点问题为：首尔大酒店应支付工程款的数额问题；首尔大酒店已支付工程款的数额问题。

关于首尔大酒店应支付工程款的数额问题。本案中，首尔大酒店与恒源

达公司于2006年10月1日签订《建设工程施工合同》。案涉工程施工后，恒源达公司与首尔大酒店于2007年8月30日签订一份《协议书》，约定首尔大酒店的工程款若2007年9月11日未付清，恒源达公司可以按照合同约定向首尔大酒店索要损失。2011年3月4日，恒源达公司与林某签订《债权转让书》，约定恒源达公司将其对首尔大酒店的全部债权转让给林某。2011年3月10日，首尔大酒店收到该债权转让通知书，且未提出异议。本院认为，即使林某为案涉工程的实际施工人，但林某系通过受让恒源达公司对首尔大酒店的债权，成为首尔大酒店的债权人，并书面通知首尔大酒店，首尔大酒店作为债务人对此并未提出异议。恒源达公司与林某履行了债权让与的通知义务，自通知到达首尔大酒店时，债权的转让行为生效。林某作为债权人，有权根据相关约定向首尔大酒店主张支付案涉工程款。因此，原审认定林某依据债权转让协议取得工程款债权，首尔大酒店应向林某履行债务，并无不当。首尔大酒店主张恒源达公司与林某之间为挂靠关系、案涉建设工程施工合同无效及不应支付违约金等主张，与其原审自认恒源达公司与林某之间为内部承包关系相矛盾，且其提供的证据不能达到证明目的，原审法院不予支持，并无不当。

案例二 **谢某、董某建设工程施工合同纠纷再审民事裁定书**（2017）最高法民再211号

江苏省宿迁市中级人民法院一审认为，本案中，谢某虽主张其从董某处转包案涉脚手架工程，且系案涉脚手架工程的实际施工人，但董某以及案涉工程的总承包人建工集团江苏分公司对此均不予认可，而且依据本案现有证据，尚不足以认定谢某的实际施工人身份，故该院对其以此为由主张工程款及逾期付款利息的请求不予支持。据此，谢某未能提供充分证据证明其与案涉脚手架工程之间存在直接的利害关系，故谢某不能作为本案的原告提起诉讼，本案应驳回谢某的起诉。该法院于2015年12月25日作出（2014）宿中民初字第0078号民事裁定，裁定：驳回谢某的起诉。案件受理费34 891元，退还谢某。

江苏省高级人民法院二审认为，本案中，谢某认为其具有原告诉讼主体

资格的理由有二：一是根据三方《协议书》第2条约定，对于2012年7月6日前梁某伟将从董某处领取款项的权利转让给了谢某，且三方《协议书》上有董某的签名，该债权转让符合法律规定要件，故谢某有权向董某等主张相应款项；二是根据三方《协议书》第7条约定，2012年7月7日后，谢某成为架子工承包合同的实际施工人，且对案涉脚手架进行了看护、拆除等实际施工。该法院认为，2012年7月6日前，梁某伟与谢某之间的债权转让是否成立的问题。根据法律规定，转让的债权必须合法有效。本案中，梁某伟租用谢某的钢管、扣件牵涉犯罪，且案涉钢管、扣件相关的租金已被沭阳公安局经侦大队予以扣押，故谢某提出其与梁某伟之间的债权转让成立缺乏法律依据。同时，由于案涉钢管、扣件牵涉犯罪，且相关租金被沭阳公安局经侦大队扣押的情况下，谢某向董某、建工集团、建工集团江苏分公司主张2012年7月6日前相应款项缺乏法律依据。对于2012年7月7日后，谢某是否成为架子工承包合同中的实际施工人的问题。谢某为证明2012年7月7日后，其已成为架子工承包合同中的实际施工人，一审中提交了三方《协议书》。二审中提交了拆架工资收条、付款凭证10份，收条、销售凭证、付款凭证等48份、沭阳江南枫景拆外架结算单一份，以及项某中、周某华证人证言，以证明其于2012年7月7日后对案涉工地脚手架进行了看管、维护、拆除。该院认为，结合三方《协议书》的内容、三方《协议书》签订的背景、沭阳公安局经侦大队的扣押通知、扣押物品文件清单、该经侦大队于2012年9月1日出具给沭阳江南枫景项目部的《通知》、项某中、周某华的陈述，谢某于二审中提交的一系列支付证明、案涉工程的施工情况等，可以认定谢某于2012年9月至12月对脚手架的拆除等行为是作为杨某林、贾某伟刑事案件的受害人从案涉工地上取回钢管、扣件的行为。谢某依据三方《协议书》第7条，认为其有权依据2010年7月11日梁某伟与董某签订的《施工（架子工）承包合同》，向董某、建工集团、建工集团江苏分公司主张2012年7月7日以后的款项，亦缺乏事实和法律依据。综上，谢某因杨某林、贾某伟、梁某伟刑事犯罪而遭受的损失，应通过刑事案件追赃途径实现权利救济。一审裁定驳回起诉并无不当。谢某的上诉理由不能成立，该院不予支持。一审裁定并无不当，应予维持。江苏省高级人民法院依照《民事诉讼法》第170

条第 1 款第 1 项的规定，裁定驳回上诉，维持原裁定。

法院再审认为，谢某起诉本案的依据是中辰租赁站、梁某伟、董某签订的案涉《协议书》。根据该《协议书》第 2 条、第 7 条约定，自 2012 年 7 月 7 日起，该工程所有款项除梁某伟已领取部分外，其余均由中辰租赁站与董某或项目部结算；董某、中辰租赁站共同与黑龙江建工项目部协商确定 2012 年 7 月 7 日后的工程承包方式（由中辰租赁站直接与项目部承包结算或是继续由董某与项目部按原合同结算、中辰租赁站再和董某结算）。据此，谢某作为个体工商户中辰租赁站的经营者，起诉董某、建工集团江苏分公司、建工集团，是与本案有直接利害关系的诉讼主体，其起诉符合《民事诉讼法》第 119 条之规定，本案应当予以受理。至于《协议书》的性质与效力、《协议书》约定的该协议订立之前梁某伟对董某享有工程款债权的数额，以及协议订立之后谢某是否实际施工等，均涉及谢某的诉讼请求能否成立的实体认定问题，应当在案件进入实体审理后予以查明认定。原审裁定将影响本案诉讼请求能否成立涉及的法律事实，作为本案程序上不应受理的事实依据，认定谢某与本案无直接利害关系，不享有本案诉权，属于适用法律错误。

原审裁定在未查明本案有涉及刑事犯罪事实的情形下，认定谢某因杨某林、贾某伟、梁某伟刑事犯罪而遭受的损失，应通过刑事案件追赃途径实现权利救济，属于认定事实缺乏证据证明。

谢某、董某在本院再审中提交的证据，均涉及案件进入实体审理后谢某的诉讼请求能否成立的事实认定，本案主要解决谢某有无诉权的程序问题，故对双方提交的证据，本院不予以认证，而由一审法院在审理本案中根据审理的具体情况予以认证。

综上，原审裁定认定谢某与本案无直接利害关系，不具有本案原告诉讼主体资格，认定事实缺乏证据证明，适用法律错误，本院予以纠正；谢某的再审请求符合法律规定，本院予以支持。依照《民事诉讼法》第 170 条第 1 款第 2 项、第 207 条第 1 款规定，裁定如下：（1）撤销江苏省高级人民法院（2016）苏民终 513 号民事裁定及江苏省宿迁市中级人民法院（2014）宿中民初字第 0078 号民事裁定；（2）指令江苏省宿迁市中级人民法院对本案进行审理。

案例三　重庆万美建设工程有限公司、铜仁佳诚置业有限公司建设工程施工合同纠纷再审民事判决书（2016）黔06民再29号

法院再审认为，本案争议焦点为：（1）2014年8月21日万美公司、开隆公司、张某江签订的《合同书》约定的债权债务是否可以转让？（2）三被申请人是否有欺诈事实？对于第一个焦点，经查，2014年8月，申请人万美公司与被申请人开隆公司以及张某江签订《合同书》，开隆公司将其在承建农批市场项目中产生的债权债务一并转让给万美公司，开隆公司退出该项目承建，由万美公司与张某江继续承建该项目的全部工程。佳诚公司复函认可了该《合同书》，并与开隆公司、万美公司签订三方协议，作为对《合同书》的补充。此后，佳诚公司重新与万美公司签订建设施工合同。万美公司在再审中认为，本案工程系违法建筑，不能通过竣工验收，因此《合同书》约定的债权债务不具备转让条件，不能转让。从本案事实看，虽然佳诚公司开发的农批市场项目尚未取得《国有土地使用权证》《规划许可证》《施工许可证》等合法建设手续，但该工程系铜仁市碧江区政府招商引资项目，从2013年10月开工建设至今，没有任何政府部门提出系违法建筑而予以阻止、处罚，佳诚公司的建设手续目前仍在办理当中，因此，无论开隆公司与佳诚公司签订的《建设工程合同》是否有效，只要开隆公司承建的工程验收合格，其就有权享有项目工程款。开隆公司将其前期投入建设应该享有的工程款债权，以及在承建工程中产生的债务一并转让给万美公司，该债权债务系合法的债权债务，依法可以进行转让。

第二章

建设工程合同效力问题

012. 法律规定签订的合同中实质性内容背离中标合同，签订的合同无效，合同实质性内容包括什么？

1. 问题解读及相关法律规定

合同实质性内容，是指影响或者决定当事人基本权利义务的条款，在建设工程领域一般指合同约定的工程价款、工程质量和工程期限。

· 现行法律中的相关规定 ·

《民法典》

第四百八十八条　承诺的内容应当与要约的内容一致。受要约人对要约的内容作出实质性变更的，为新要约。有关合同标的、数量、质量、价款或者报酬、履行期限、履行地点和方式、违约责任和解决争议方法等的变更，是对要约内容的实质性变更。

《招标投标法》

第四十六条第一款　招标人和中标人应当自中标通知书发出之日起三十日内，按照招标文件和中标人的投标文件订立书面合同。招标人和中标人不得再行订立背离合同实质性内容的其他协议。

《招标投标法实施条例》

第五十七条第一款　招标人和中标人应当依照招标投标法和本条例的

规定签订书面合同，合同的标的、价款、质量、履行期限等主要条款应当与招标文件和中标人的投标文件的内容一致。招标人和中标人不得再行订立背离合同实质性内容的其他协议。

《最高人民法院关于审理建设工程施工合同纠纷案件适用法律问题的解释（一）》

第二条　招标人和中标人另行签订的建设工程施工合同约定的工程范围、建设工期、工程质量、工程价款等实质性内容，与中标合同不一致，一方当事人请求按照中标合同确定权利义务的，人民法院应予支持。招标人和中标人在中标合同之外就明显高于市场价格购买承建房产、无偿建设住房配套设施、让利、向建设单位捐赠财物等另行签订合同，变相降低工程价款，一方当事人以该合同背离中标合同实质性内容为由请求确认无效的，人民法院应予支持。

第二十二条　当事人签订的建设工程施工合同与招标文件、投标文件、中标通知书载明的工程范围、建设工期、工程质量、工程价款不一致，一方当事人请求将招标文件、投标文件、中标通知书作为结算工程价款的依据的，人民法院应予支持。

第二十三条　发包人将依法不属于必须招标的建设工程进行招标后，与承包人另行订立的建设工程施工合同背离中标合同的实质性内容，当事人请求以中标合同作为结算建设工程价款依据的，人民法院应予支持，但发包人与承包人因客观情况发生了在招标投标时难以预见的变化而另行订立建设工程施工合同的除外。

《安徽省高级人民法院关于审理建设工程施工合同纠纷案件适用法律问题的指导意见（2018）》

9. 承包人就招投标工程承诺对工程价款予以大幅度让利的，属于对工程价款的实质性变更，应认定无效；承包人就非招投标工程承诺予以让利，如无证据证明让利后的工程价款低于施工成本，可认定该承诺有效，按该承诺结算工程价款。

《浙江省高级人民法院民事审判第一庭关于审理建设工程施工合同纠纷案件若干疑难问题的解答》

十五、如何认定“黑白合同”？

认定“黑白合同”时所涉的“实质性内容”，主要包括合同中的工程价款、工程质量、工程期限三部分。对施工过程中，因设计变更、建设工程规划指标调整等客观原因，承、发包双方以补充协议、会谈纪要、往来函件、签证等洽商记录形式，变更工期、工程价款、工程项目性质的书面文件，不应认定为《中华人民共和国招标投标法》第 46 条规定的“招标人和中标人再行订立背离合同实质性内容的其他协议”。

《第八次全国法院民事商事审判工作会议（民事部分）纪要》（2016 年 11 月 12 日）

31. 招标人和中标人另行签订改变工期、工程价款、工程项目性质等影响中标结果实质性内容的协议，导致合同双方当事人就实质性内容享有的权利义务发生较大变化的，应认定为变更中标合同实质性内容。

2. 参考案例

案例一 **新疆华诚安居房地产开发有限公司、中国铁建大桥工程局集团有限公司建设工程施工合同纠纷二审民事判决书**（2019）最高法民终 347 号

法院认为，本案中，华诚房地产公司上诉主张，其与铁建大桥工程局在招投标之前，就施工合同实质性内容进行了谈判磋商，本案属于通过“明招暗定”形式规避《招标投标法》等法律、行政法规规定的行为，本案中标无效，《建设工程施工合同》无效。本院认为，根据相关法律法规的规定，招标人与投标人就合同实质性内容进行谈判的行为影响了中标结果的，中标无效，中标无效将导致合同无效。就招投标过程中的违法违规行为，利害关系人有权提出异议或者依法向有关行政监督部门投诉，对违法违规行为负有直接责任的单位和个人，将受到行政处分。本案中，双方在招投标前进行了谈

判并达成合作意向，签订了《建筑施工合作框架协议书》。该协议书中没有约定投标方案等内容，未载明开工时间，合同条款中还存在大量不确定的约定，如关于施工内容，双方约定“具体规划指标与建设内容以政府相关部门最终的批复文件为准”，关于合同概算，双方约定“项目建筑施工总概算约人民币叁亿元，具体概算数值待规划文件，设计方案确定后双方另行约定”。《建筑施工合作框架协议书》签订后，双方按照《招标投标法》的规定，履行了招投标相关手续，没有证据证明涉案工程在招投标过程中存在其他违法违规行为可能影响合同效力的情形。华诚房地产公司虽称其自身违反《招标投标法》的规定致使中标无效，但该违法违规行为是否影响了中标结果，华诚房地产公司未予以证明。本案亦不存在因招投标活动不符合法律规定，利害关系人提出异议或者依法向有关行政监督部门投诉，致使相关人员被追责的情形。综上，一审法院认定涉案《建设工程施工合同》真实有效，该认定并无不当，本院予以维持。

案例二　杭州中艺生态环境工程有限公司与江苏苏海投资集团有限公司、连云港市赣榆区住房和城乡建设局等建设工程施工合同纠纷二审民事判决书（2018）苏民终873号

法院认为，根据《招标投标法》的规定，全部或者部分使用国有资金投资或者国家融资的项目，必须进行招标。通过招投标方式签订的中标合同经备案后受法律保护，招标人和中标人不得再行订立背离合同实质性内容的协议。但协议变更合同是法律赋予合同当事人的基本权利。建设工程开工后，如由于设计变更、建设工程规划指标调整等客观原因，发包人与承包人通过补充协议、签证、会议纪要等洽商记录形式对工程进行变更的，不能以变更中标合同实质性内容为由认定合同变更无效。本案中，中艺公司与苏海公司通过招投标程序签订了《建设工程施工合同》并进行了备案，该合同为当事人真实意思表示，不违反法律、行政法规的强制性规定，依法应认定为有效。涉案工程在施工过程中施工内容发生变化并形成签证单、会议纪要，此种变更与当事人为了获取不正当利益，在签订中标合同前后、工程内容没有变化的情况下，另行签订变更中标合同实质性内容的“黑合同”有本质区别。因

此，涉案工程在施工过程中增加工程量为当事人真实意思表示，不具有违法目的，涉案《建设工程施工合同》及合同外增加工程约定依法应认定为有效。

案例三 **安徽蚌埠建筑安装工程集团有限公司、蚌埠冠宜置业有限公司建设工程施工合同纠纷再审审查与审判监督民事裁定书**（2021）最高法民申1013号

法院认为，原审查明，冠宜置业公司与蚌埠建安公司于2014年8月25日、2015年1月10日签订了两份《建设工程施工合同》，并均已备案。此外，双方还分别于2014年1月25日签订了《项目合作意向协议》，2014年8月1日签订了《吴湾路安置房建设工程总承包协议》，2014年10月20日、2015年2月21日就上述两份备案合同签订了《吴湾路安置房项目〈建设工程施工合同〉补充协议》。依据相关法律规定，中标合同实质性内容包括工程范围、建设工期、工程质量、工程价款等。上述4份协议主要涉及工期延误责任、工程款支付方式等内容，蚌埠建安公司虽主张工程款支付方式的变更变相降低了工程价款、改变了工程期限，但蚌埠建安公司在与冠宜置业公司签订《项目合作意向协议》时应已预见到工程款支付方式存在不确定性，双方之间支付的工程款亦大部分按照《吴湾路安置房建设工程总承包协议》以及相关补充协议执行，上述4份协议并不足以构成对双方当事人权利义务内容的实质性变更。原判决认定上述4份协议系对备案合同的变更与补充，且未支持蚌埠建安公司以4份协议与《建设工程施工合同》实质性条款相背离为由主张4份协议无效，并无不当。因上述4份协议有效，且对备案合同的资金拨付方式、违约责任等内容进行了变更，原判决未支持蚌埠建安公司要求冠宜置业公司依照《建设工程施工合同》付款节点承担迟延付款违约责任及停窝工损失，亦无不当。

013. 总包合同无效，与总包签订的分包合同效力如何确定？

1. 问题解读及相关法律规定

根据《房屋建筑和市政基础设施项目工程总承包管理办法》（建市规〔2019〕12 号）第 3 条的规定，工程总承包是指承包单位按照与建设单位签订的合同，对工程设计、采购、施工或者设计、施工等阶段实行总承包，并对工程的质量、安全、工期和造价等全面负责的工程建设组织实施方式。施工总承包是指发包人将全部施工任务发包给具有施工总承包资质的建筑业企业，由施工总承包企业按照合同的约定向建设单位负责，承包完成施工任务。根据《房屋建筑和市政基础设施工程施工分包管理办法》第 5 条规定，房屋建筑和市政基础设施工程施工分包分为专业工程分包和劳务作业分包。其中，专业工程分包，是指施工总承包企业将其所承包工程中的专业工程发包给具有相应资质的其他建筑业企业完成的活动；劳务作业分包，是指施工总承包企业或者专业承包企业将其承包工程中的劳务作业发包给劳务分包企业完成的活动。据此，分包合同亦可大致分为专业分包合同和劳务分包合同两大类。建设工程往往关涉重大社会利益，因此《民法典》《建筑法》《招标投标法》等相关法律法规对建工领域的民事行为作出了较多的强制性规定。建工领域的合同一旦违反这些法律、行政法规中的效力性强制性规定，便会归于无效。那么，如果总包合同被认定为无效，分包合同的效力将归于何处？

《民法典》第 143 条规定："具备下列条件的民事法律行为有效：（一）行为人具有相应的民事行为能力；（二）意思表示真实；（三）不违反法律、行政法规的强制性规定，不违背公序良俗。"此条款规定了一个民事法律行为（此处即指合同行为）生效的基本要件，即一般情形下，一个合同行为只要满足以上要件，即产生法律效力。但是在特殊情况下，基于法律、行政法规的规定或者当事人的约定，合同行为还需要具备特别的生效条件，比如《民法典》第 502 条第 2 款规定的"批准等手续"。

《民法典》第 156 条规定："民事法律行为部分无效，不影响其他部分效力的，其他部分仍然有效。"此条文传递出民法的一个立法理念和原则，即民法最大限度地尊重当事人的意思自治，即使一个合同的部分条款无效，只要不影响其他条款，该合同的其他部分依然发生法律效力。民法作为市场交易的基本法，基于维护市场交易安全与秩序的立法倾向，在判断一个合同行为的效力时，一般不轻易否定其效力。

《民法典》第 465 条规定："依法成立的合同，受法律保护。依法成立的合同，仅对当事人具有法律约束力，但是法律另有规定的除外。"该条款是对合同约束力的规定，体现了两个重要的合同法原则：一是合同严守原则，即合同一经产生，合同的当事人即应当按照合同的内容严格履行自己的义务，以使合同所欲追求的目的得以实现，非经协商一致或法定事由，任何一方不得变更或解除；二是合同相对性原则，即合同只在特定的当事人之间发生法律效力，包括合同主体、合同内容以及合同责任的相对性。

对于合同的效力，原则上应逐一判断。只有在两个合同之间存在主从关系时，从合同的效力会受到主合同效力的约束。主合同，即不需要其他合同的存在即可独立存在的合同；从合同，就是以其他合同的存在为存在前提的合同，从合同在成立、消灭和处分上均从属于主合同。担保合同就是典型的从合同。《民法典》第 388 条规定，"……担保合同是主债权债务合同的从合同。主债权债务合同无效的，担保合同无效，但是法律另有规定的除外"。

那么，总包合同与分包合同是否存在主从关系呢？答案显然是否定的。分包合同在其成立、消灭、处分上，均不从属于总包合同。具体而言：首先，在主体上，总包合同是发包人与总包签订的合同，而分包合同是总包人与各分包签订的合同；在内容上，分包合同的标的虽是总承包合同标的的一部分，但分包合同并非依赖总承包合同，其具有独立性，如就分包合同中关于工期、质量、价款、违约责任等内容，当事人可以约定高于或低于总包合同的标准。因此，分包合同虽然在成立时间上晚于总包合同，但二者之间不具有成立上的从属性。其次，总包合同结算完毕、发包人与总包人的债权债务消灭的，分包合同的债权债务并不当然消灭，由此分包合同在消灭上并不从属于总包合同。最后，发包人主体变更的，原则上对分包合同并不造成任何影响，发包人放弃或不主张对总承包人的工期逾期违约金的，亦不影响总包人依据分包合同向分包人主张工期逾期违约金，故二者之间亦不具有处分上的从属性。退一步讲，即使因为总包合同无效而导致分包合同无法履行，也不能仅因此就必然否定分包合同的效力，因为“合同无效”与“合同无法履行”是两个截然不同的概念。

综上，总包合同与分包合同之间不具备主从关系。总包合同无效情形下，对于分包合同的效力，仍应坚守合同的相对性进行单独判断，具体而言，应以《民法典》第143条为基础，结合《建筑法》《建设工程质量管理条例》等法律、法规的相关禁止性规定，予以综合判断。

2. 参考案例

案例一　杭州宏图市政工程有限公司、郑州市公路工程公司建设工程分包合同纠纷二审民事判决书（2019）豫01民终7443号

法院认为，本案二审的争议焦点是：河南林立建筑工程有限公司与杭州宏图市政工程有限公司所签订的劳务协作合同是否有效。《建筑法》第29条第3款规定，禁止总承包单位将工程分包给不具备相应资质条件的单位。禁止分包单位将其承包的工程再分包。《最高人民法院关于审理建设工程施工合同纠纷案件适用法律问题的解释》第7条规定，具有劳务作业法定资质的承包人与总承包人、分包人签订的劳务分包合同，当事人以转包建设工程违反法律规定为由请求确认无效的，不予支持。也就是说，承包人违法分包建设工程的建设工程施工合同无效，但有资质的劳务分包合同属于有效合同。杭州宏图市政工程有限公司具有木工、钢筋、混凝土作业劳务分包的资质。杭州宏图市政工程有限公司与河南林立建筑工程有限公司签订劳务协作合同，约定杭州宏图市政工程有限公司的主要工作内容为承台垫层混凝土施工、下部结构混凝土施工、上部结构混凝土施工、清理及验收等，合同约定现场材料由河南林立建筑工程有限公司提供，根据现有证据，该协议内容为劳务作业部分分包，并不为法律禁止，不能证明双方的劳务协作协议具有法律规定的无效的情形。杭州宏图市政工程有限公司认为河南林立建筑工程有限公司和郑州市公路工程公司之间属于转包行为，违法无效，河南林立建筑工程有限公司将涉案部分劳务分包给杭州宏图市政工程有限公司属于违法分包，劳务协作协议也为无效合同的依据不足，本院不予采纳。

案例二 **陕西商泰建筑工程有限责任公司、四川林峰脉建设工程有限公司安康分公司建设工程分包合同纠纷民事二审民事判决书**（2021）陕09民终1101号

法院认为，林峰脉安康分公司与商泰公司签订的水电分包合同是双方当事人的真实意思表示，内容不违反法律的强制性规定，应属有效合同。商泰公司认为其与发包方签订的总包合同无效，故本案中的水电分包合同属于从合同亦无效，因商泰公司与发包方签订的总包合同和本案中商泰公司与林峰脉安康分公司签订的水电分包合同属不同主体签订的独立合同，虽涉及同一工程项目，但不是法律上的主从合同关系。总包合同因违反法律的强制性规定而无效，并不影响本案中分包合同的效力。故本院对于商泰公司该上诉理由不予采信。

本案中，案涉工程已停工，无法继续履行合同，合同目的无法实现，现林峰脉安康分公司主张解除合同并退还保证金有事实及法律依据。商泰公司已退还保证金10万元，故还应退还剩余70万元保证金。

案例三 **吉林佳建管桩有限公司与白城市隆盛建筑工程有限公司、长春龙府国际大酒店有限公司、梁某明、张某彪建设工程施工合同纠纷二审民事判决书**（2018）吉01民终4544号

法院认为，佳建公司系具备管桩工程施工资质的企业，梁某明代表隆盛公司将该专业工程分包给佳建公司不违反法律禁止性规定。隆盛公司与龙府酒店虽然系后补签的中标通知书暨案涉工程总包合同，且龙府酒店自认其知晓案涉工程系张某彪借用隆盛公司施工资质所承建，其与隆盛公司之间签订的总包施工合同因违反法律强制性规定而无效，但该总包合同无效并不必然影响管桩等专业分包合同的效力，故梁某明代表隆盛公司与佳建公司之间签订的管桩工程专业分包合同应当属于有效合同，一审认定该合同无效错误，应予纠正。

014. 招标前签订的合同是否有效？

1. 问题解读及相关法律规定

建设工程施工领域，招标人与投标人经常签订一份或多份合同，有时在履行法定招标投标程序之前，双方便签订了施工合同，那么，对于必须招标的工程，在中标合同前签订的标前合同的，该合同无效。具体相关法律依据如下。

· 现行法律中的相关规定 ·

《民法典》

第一百五十三条　违反法律、行政法规的强制性规定的民事法律行为无效。

《招标投标法》

第三十二条　投标人不得相互串通投标报价，不得排挤其他投标人的公平竞争，损害招标人或者其他投标人的合法权益。投标人不得与招标人串通投标，损害国家利益、社会公共利益或者他人的合法权益。禁止投标人以向招标人或者评标委员会成员行贿的手段谋取中标。

第四十三条　在确定中标人前，招标人不得与投标人就投标价格、投标方案等实质性内容进行谈判。

第五十五条　依法必须进行招标的项目，招标人违反本法规定，与投标人就投标价格、投标方案等实质性内容进行谈判的，给予警告，对单位直接负责的主管人员和其他直接责任人员依法给予处分。前款所列行为影响中标结果的，中标无效。

《最高人民法院关于审理建设工程施工合同纠纷案件适用法律问题的解释（一）》

第一条第一款　建设工程施工合同具有下列情形之一的，应当依据民法典第一百五十三条第一款的规定，认定无效："……（三）建设工程必须进行招标而未招标或者中标无效的。"

第六条　建设工程施工合同无效，一方当事人请求对方赔偿损失的，应当就对方过错、损失大小、过错与损失之间的因果关系承担举证责任。损失大小无法确定，一方当事人请求参照合同约定的质量标准、建设工期、工程价款支付时间等内容确定损失大小的，人民法院可以结合双方过错程度、过错与损失之间的因果关系等因素作出裁判。

第二十四条　当事人就同一建设工程订立的数份建设工程施工合同均无效，但建设工程质量合格，一方当事人请求参照实际履行的合同关于工程价款的约定折价补偿承包人的，人民法院应予支持。实际履行的合同难以确定，当事人请求参照最后签订的合同关于工程价款的约定折价补偿承包人的，人民法院应予支持。

《中华人民共和国建筑法释义》第一编绪论"立法指导原则"中指出，招标投标应当遵循公开、公正、平等竞争的原则，依法进行。招标投标是市场经济中的一种交易方式，在建筑市场中应当积极推行，买方设定标的，招请卖方通过投标报价进行竞争，然后择优选定承包单位，这个过程应当是透明度较高的，公正地对待各个投标者，保护公平的竞争，否则将难以发挥招标投标的积极作用，所以在建筑法中对招标投标活动作出基本规定是必要的。由于我国制定招标投标法，为了避免重复和便于衔接，所以又规定了建筑法中没有规定的适用有关招标投标法律的规定，这也就是建筑法中有规定的按建筑法执行，没有规定的就要执行招标投标法。

禁止采用不正当手段。建筑法关于此对发包承包双方都作出了规定，目的是维护公平、合法的竞争，保护正当的交易行为，整治发包、承包中的腐败作风，这是有现实意义的，也就是有针对性的。对发包方，建筑法规定：发包单位及其工作人员在建筑工程发包中不得收受贿赂、回扣或者索取其他好处；对承包方则规定，承包单位及其工作人员不得利用向发包单位及其工作人员行贿、提供回扣或者给予其他好处等不正当手段承揽工程。

2. 参考案例

案例一 **德化金龙置业有限公司、中扶建设有限责任公司建设工程施工合同纠纷二审民事判决书**（2020）最高法民终28号

金龙公司与中扶公司进行协商，确定由中扶公司承包涉案商品房及安置房项目。中扶公司于2012年12月进场施工。依当时法律法规的规定，该项目属于必须招投标的建设工程项目。2013年9月与2014年4月，金龙公司分别对涉案项目的两个标段进行招标，均由中扶公司中标。双方均认可该招投标程序，仅是为办理相关证件而进行的形式意义上的招投标。

2015年5月，金龙公司以中扶公司拖延工期为由，通知中扶公司解除施工合同。随后中扶公司诉至法院，请求法院确认合同并未解除。金龙公司提出反诉，主张施工合同无效。一审法院与最高人民法院均认为，当事人在招投标前已经进场施工，后仅为办理相关手续进行了形式招投标，因此属于未招标的情形。

案例二 **中天建设集团有限公司、鹰潭市美亚置业有限公司建设工程施工合同纠纷二审民事判决书**（2019）最高法民终750号

在此案中，案涉工程为依法必须进行招标的项目，中天公司在招标前就签订合同将案涉工程承包给中天公司进行施工，后又补办招标手续由中天公司中标该工程，再行签订合同。因双方在招标前就案涉工程进行实质性谈判的行为，违反了法律的强制性规定，该中标无效，所涉两份合同均应认定为无效。最高人民法院认为，关于案涉施工合同效力问题，根据二审查明的事实，美亚公司与中天公司在签订“9·19”合同后，于2013年11月补办了招投标手续。在签订施工合同时，案涉工程为依法必须进行招标的项目，中天公司与美亚公司在招标前就投标价格、投标方案等实际性内容进行谈判，签订了“9·19”合同，将案涉工程承包给中天公司进行施工，后中天公司顺利中标该工程，并签订“11·28”合同。根据《招标投标法》第43条、第55条，原《合同法》第52条第5项以及《最高人民法院关于审理建设工程施工合同纠纷案件适用法律问题的解释》第1条第3项的规定，双方在招标

前就案涉工程进行实质性谈判的行为，违反了法律的强制性规定，该中标无效，中天公司与美亚公司签订的“9·19”合同和“11·28”合同因此均应认定为无效合同。中天公司在本案一审及二审诉讼过程中，均认为“9·19”合同有效，并依据合同向美亚公司主张违约金，美亚公司一审中亦认可“9·19”合同有效，仅主张违约金约定过高应予以调整。因此，本案当事人主张的案涉施工合同效力与本院根据事实作出的认定不一致。经释明双方当事人，中天公司坚持主张美亚公司按照“9·19”合同给付违约金。因双方签订的两份施工合同均为无效合同，合同中的违约金条款不属于原《合同法》第98条规定的结算条款，亦应无效，中天公司依据该合同主张美亚公司给付违约金，不应支持。一审法院认为“9·19”合同有效并支持中天公司要求支付违约金的诉讼请求不当，予以纠正。

案例三 **远海建工（集团）有限公司、新疆厚德置业有限公司哈密分公司建设工程施工合同纠纷二审民事判决书**（2016）最高法民终736号

远海建工（集团）有限公司（以下简称远海公司）与新疆厚德置业有限公司哈密分公司（以下简称厚德哈密分公司）、新疆厚德置业有限公司建设工程施工合同纠纷一案中，本案争议工程依照法律规定，应当进行招投标。厚德哈密分公司与远海新疆分公司在涉案工程确定中标人之前，对工程实质性内容进行谈判，另行签订《建安工程施工补充协议》，在确定远海新疆分公司为中标人之后，双方订立《建设工程施工合同》，双方签订的《建安工程施工补充协议》及《建设工程施工合同》排挤其他投标人的公平竞争，损害其他投标人的合法权益，违反了法律的禁止性规定，当属无效。厚德哈密分公司与远海新疆分公司虽均不是独立承担民事责任的诉讼主体，但却是具备从事相应民事行为的企业法人的分支机构，双方签订合同的行为并不必然导致合同无效。远海公司以合同订立主体均为分公司为由，要求确认双方订立的《建设工程施工合同》无效，其理由虽不能成立，但该诉讼请求因合同双方存在串标的违法行为而导致合同无效，予以支持。

最高人民法院认为，案涉工程的性质为商品住宅，施工合同估算价超过

200万元，依据《招标投标法》第3条，《工程建设项目招标范围和规模标准规定》第3条、第7条之规定，属于必须进行招标的项目。双方当事人对于必须进行招标的项目，在招标开始前就签订了《建安工程施工补充协议》，确定了远海公司为施工人，并对工程范围、工期、工程价款等做了具体明确的约定，属于就“实质性内容进行谈判”的情形，违反了《招标投标法》第43条规定，故两份《建安工程施工补充协议》应为无效。同时，上述行为影响中标结果，依据《招标投标法》第55条规定，中标应认定无效。中标无效后，根据《最高人民法院关于审理建设工程施工合同纠纷案件适用法律若干问题的解释》第1条规定，中标后签订的《建设工程施工合同》亦应认定无效，一审判决对此认定并无不当。

015. 发包人未取得建设工程规划许可证等规划审批手续，建设工程施工合同是否有效?

1. 问题解读及相关法律规定

建设工程规划许可证，是指经城乡规划主管部门依法审核，确认建设工程符合城乡规划要求的法律凭证。《城乡规划法》第40条第1款规定：“在城市、镇规划区内进行建筑物、构筑物、道路、管线和其他工程建设的，建设单位或者个人应当向城市、县人民政府城乡规划主管部门或者省、自治区、直辖市人民政府确定的镇人民政府申请办理建设工程规划许可证。”该条款规定了建设单位（发包人）申请办理建设工程规划许可证的法律义务，为强制性规定。

《城乡规划法》第64条规定：“未取得建设工程规划许可证或者未按照建设工程规划许可证的规定进行建设的，由县级以上地方人民政府城乡规划主管部门责令停止建设；尚可采取改正措施消除对规划实施的影响的，限期改正，处建设工程造价百分之五以上百分之十以下的罚款；无法采取改正措施消除影响的，限期拆除，不能拆除的，没收实物或者违法收入，可以并处建设工程造价百分之十以下的罚款。”该条款明确了建设单位在相关情形下应承担的行政责任，但是并未提及未取得建设工程规划许可证的民事后果，无法据此判断其是否影响建设工程施工合同的效力。

《民法典》第 153 条第 1 款规定：“违反法律、行政法规的强制性规定的民事法律行为无效。但是，该强制性规定不导致该民事法律行为无效的除外。”根据此条款，导致合同无效的法律行政法规的强制性规定仅限于效力性强制性规定，而不包括管理性强制性规定。

· 现行法律中的相关规定 ·

《最高人民法院关于印发〈全国法院民商事审判工作会议纪要〉的通知》（法〔2019〕254 号）

第三十条第二款　人民法院在审理合同纠纷案件时，要依据《民法总则》第 153 条第 1 款和合同法司法解释（二）第 14 条的规定慎重判断“强制性规定”的性质，特别是要在考量强制性规定所保护的法益类型、违法行为的法律后果以及交易安全保护等因素的基础上认定其性质，并在裁判文书中充分说明理由。下列强制性规定，应当认定为“效力性强制性规定”：强制性规定涉及金融安全、市场秩序、国家宏观政策等公序良俗的；交易标的禁止买卖的，如禁止人体器官、毒品、枪支等买卖；违反特许经营规定的，如场外配资合同；交易方式严重违法的，如违反招投标等竞争性缔约方式订立的合同；交易场所违法的，如在批准的交易场所之外进行期货交易。关于经营范围、交易时间、交易数量等行政管理性质的强制性规定，一般应当认定为“管理性强制性规定”。

在建筑领域，建设工程施工合同的标的金额往往比较巨大，而且往往工期较长、履行涉及多方利益；从城乡规划的立法目的来看，《城乡规划法》第 40 条之所以规定建设工程规划许可证制度，是为了满足具体执行城乡规划的需要；更深层次上，在我国土地属于最基本、最稀缺物质资源的国情下，城乡规划直接关涉土地的合理使用及流转、关涉国民的基本利益，属于社会公共利益的范畴。因此，该条款的规定应定性为“效力性强制性规定”。

《最高人民法院关于审理建设工程施工合同纠纷案件适用法律问题的解

释（一）》第3条对未取得建设工程规划许可证等规划审批手续情形下建设工程施工合同的效力予以明确。该条第1款规定："当事人以发包人未取得建设工程规划许可证等规划审批手续为由，请求确认建设工程施工合同无效的，人民法院应予支持，但发包人在起诉前取得建设工程规划许可证等规划审批手续的除外。"该条第2款规定："发包人能够办理审批手续而未办理，并以未办理审批手续为由请求确认建设工程施工合同无效的，人民法院不予支持。"

据此可以得出：（1）在起诉前，如果发包人已取得建设工程规划许可证等规划审批手续，则建设工程施工合同的效力得到补正，该施工合同有效。（2）在诉讼程序启动后，发包人才取得建设工程规划许可证等规划审批手续，该施工合同的效力无法得到补正，合同无效；由此，发包人始终未取得建设工程规划许可证等规划审批手续的施工合同当然无效。（3）发包人不能从其恶意反悔行为中获利，即发包人故意以此为由主张合同无效的，法院不予支持。

2. 参考案例

案例一　**清镇市站街镇创鑫建材置业有限公司、湖南省花门建筑工程有限公司建设工程施工合同纠纷民事申请再审审查民事裁定书**（2021）最高法民申7374号

法院认为，关于案涉《建设工程承包合同书》是否全部无效的问题。《最高人民法院关于审理建设工程施工合同纠纷案件适用法律问题的解释》第1条规定："建设工程施工合同具有下列情形之一的，应当根据合同法第五十二条第（五）项的规定，认定无效：（一）承包人未取得建筑施工企业资质或者超越资质等级的；（二）没有资质的实际施工人借用有资质的建筑施工企业名义的；（三）建设工程必须进行招标而未招标或者中标无效的。"《最高人民法院关于审理建设工程施工合同纠纷案件适用法律问题的解释（二）》第2条第1款规定："当事人以发包人未取得建设工程规划许可证等规划审批手续为由，请求确认建设工程施工合同无效的，人民法院应予支持，但发包人在起诉前取得建设工程规划许可证等规划审批手续的除外。"案涉《建设工程承包合同书》的签订主体为创鑫公司和花门公司，花门公司具有

建筑施工企业资质，故《建设施工承包合同书》不违反法律法规关于建筑企业施工资质的强制性规定；但因案涉工程仅有部分用地取得规划审批手续，部分用地至诉讼时仍未取得规划审批手续，故合同中关于未取得规划审批手续的部分无效。花门公司将承接的工程转包或违法分包给不具备建筑企业资质的主体施工的，其与转承包或违法分包主体之间的合同无效，但不影响案涉《建设施工承包合同书》的效力。原审认定《建设施工承包合同书》部分有效，适用法律并无不当。

案例二 **裕程物流发展有限公司、上海南汇建工建设（集团）有限公司建设工程施工合同纠纷再审审查与审判监督民事裁定书**（2020）最高法民申4932号

法院认为，《总承包协议书》有效。《最高人民法院关于审理建设工程施工合同纠纷案件适用法律问题的解释（二）》第2条规定："当事人以发包人未取得建设工程规划许可证等规划审批手续为由，请求确认建设工程施工合同无效的，人民法院应予支持，但发包人在起诉前取得建设工程规划许可证等规划审批手续的除外。发包人能够办理审批手续而未办理，并以未办理审批手续为由请求确认建设工程施工合同无效的，人民法院不予支持。"本案南汇公司与裕程公司就案涉洋山国际中转物流园区工程签订的合同和取得的许可证包括：《总承包协议书》及补充协议、《履约保证金补充协议》、4份《建设工程施工合同》；2014年5月20日裕程公司取得案涉工程一期建设用地规划许可证，2016年3月7日裕程公司取得案涉工程一期建设工程规划许可证，2016年8月10日裕程公司取得案涉工程A区建筑工程施工许可证。一审法院于2018年4月12日立案，在本案起诉前案涉工程已经获得一期建设用地规划许可证、一期建设工程规划许可证、A区建筑工程施工许可证，以及土地不动产权证书。至于裕程公司主张案涉建设工程规划许可证等行政审批内容与《总承包协议书》及4个分区《建设工程施工合同》在用地面积、建筑面积等内容不完全吻合、无法形成对应关系的问题，因案涉工程系分期、分区报批建设，相关行政主管部门亦是分期、分区进行的行政审批，行政审批的结果与当事人在合同中约定的相关事项不完全相符，二者不一致则以行政审批

确定的为准，但该情形并不导致案涉合同无效。况且，申请行政许可本为发包人裕程公司的义务，若以此为由让承包人南汇公司承担不利后果，于情于法不符。故二审认为裕程公司以合同无效为由进而希冀按4.35%的年利率计算返还保证金利息，有违程序和契约精神，符合客观事实和法律精神。

016. 签订合同时承包人尚不具备建筑业企业资质，或者承包人超越资质等级签订建设工程施工合同，竣工验收时取得了建筑业企业资质，建设工程施工合同是否有效?

1. 问题解读及相关法律规定

建筑施工领域实行严格的资质准入制度，《建筑法》规定了施工企业实行资质强制管理制度。建设工程质量就是生命，施工企业的施工能力是保证质量的前提，对施工企业的资质管理与审查，是施工建设的基础，无资质和超越资质的企业签订的合同属无效合同。

如果承包人在建设工程竣工前取得相应资质等级的，合同违反建筑法等相关法律的禁止性规定的情形就已经消失，此时符合建设工程施工合同的生效条件，合同可以认定有效，此即为合同效力补正的理论。

但需要注意的是，建设工程施工合同进行效力补正只能是超越资质等级的建设工程施工合同，其他违反法律、行政法规禁止性规定的合同，没有允许进行效力补正；而且补正时间放宽到建设工程竣工前，这一点应牢牢把握住。相关法律规定如下。

· 现行法律中的相关规定 ·

《民法典》

第一百四十三条　具备下列条件的民事法律行为有效：

（一）行为人具有相应的民事行为能力；

（二）意思表示真实；

（三）不违反法律、行政法规的强制性规定，不违背公序良俗。

第一百五十三条　违反法律、行政法规的强制性规定的民事法律行为无效。但是，该强制性规定不导致该民事法律行为无效的除外。

违背公序良俗的民事法律行为无效。

第七百九十一条第三款　禁止承包人将工程分包给不具备相应资质条件的单位。禁止分包单位将其承包的工程再分包。建设工程主体结构的施工必须由承包人自行完成。

第七百九十三条　建设工程施工合同无效，但是建设工程经验收合格的，可以参照合同关于工程价款的约定折价补偿承包人。

建设工程施工合同无效，且建设工程经验收不合格的，按照以下情形处理：

（一）修复后的建设工程经验收合格的，发包人可以请求承包人承担修复费用；

（二）修复后的建设工程经验收不合格的，承包人无权请求参照合同关于工程价款的约定折价补偿。

发包人对因建设工程不合格造成的损失有过错的，应当承担相应的责任。

《最高人民法院关于审理建设工程施工合同纠纷案件适用法律问题的解释（一）》

第一条　建设工程施工合同具有下列情形之一的，应当依据民法典第一百五十三条第一款的规定，认定无效：

（一）承包人未取得建筑业企业资质或者超越资质等级的；

（二）没有资质的实际施工人借用有资质的建筑施工企业名义的；

（三）建设工程必须进行招标而未招标或者中标无效的。

承包人因转包、违法分包建设工程与他人签订的建设工程施工合同，应当依据民法典第一百五十三条第一款及第七百九十一条第二款、第三款的规定，认定无效。

第四条　承包人超越资质等级许可的业务范围签订建设工程施工合同，

在建设工程竣工前取得相应资质等级，当事人请求按照无效合同处理的，人民法院不予支持。

《住房和城乡建设部关于印发建筑工程施工发包与承包违法行为认定查处管理办法的通知》

第五条　本办法所称违法发包，是指建设单位将工程发包给个人或不具有相应资质的单位、肢解发包、违反法定程序发包及其他违反法律法规规定发包的行为。

第六条　存在下列情形之一的，属于违法发包：

……

（二）建设单位将工程发包给不具有相应资质的单位的……

《建筑法》（2019年修正）

第十三条　从事建筑活动的建筑施工企业、勘察单位、设计单位和工程监理单位，按照其拥有的注册资本、专业技术人员、技术装备和已完成的建筑工程业绩等资质条件，划分为不同的资质等级，经资质审查合格，取得相应等级的资质证书后，方可在其资质等级许可的范围内从事建筑活动。

第二十二条　建筑工程实行招标发包的，发包单位应当将建筑工程发包给依法中标的承包单位。建筑工程实行直接发包的，发包单位应当将建筑工程发包给具有相应资质条件的承包单位。

第二十六条　承包建筑工程的单位应当持有依法取得的资质证书，并在其资质等级许可的业务范围内承揽工程。

第六十五条第一款　发包单位将工程发包给不具有相应资质条件的承包单位的，或者违反本法规定将建筑工程肢解发包的，责令改正，处以罚款。

第三款　未取得资质证书承揽工程的，予以取缔，并处罚款；有违法所得的，予以没收。

《天津仲裁委员会建设工程施工合同纠纷案件仲裁指引》

四、合同效力审查

（一）有下列情形之一的，合同绝对无效：

1. 承包人未取得建筑施工企业资质或者超越资质等级的；

2. 没有资质的实际施工人借用有资质的建筑施工企业名义的；

……

《四川省高级人民法院关于审理建设工程施工合同纠纷案件若干疑难问题的解答》

一、建设工程施工合同效力的认定

1. 哪些情形下的建设工程施工合同无效？

具有下列情形之一的建设工程施工合同，人民法院应当根据《中华人民共和国合同法》第五十二条第（五）项的规定，认定无效：（一）承包人未取得建筑施工企业资质或者超越资质等级的；（二）没有资质的实际施工人借用有资质的建筑施工企业名义的；（三）建设工程必须进行招投标而未招投标或者中标无效的；（四）转包、违法分包建设工程的；（五）法律、行政法规规定的其他情形。

承包人超越资质登记许可的业务范围签订建设工程施工合同，在建设工程竣工前取得相应资质等级，当事人请求按照无效合同处理的，不予支持。

《江苏省高级人民法院建设工程施工合同案件审理指南》（2010年）

2. 坚持规范建筑市场秩序原则。一是严格建筑市场主体准入制度。在以下几种情形认定建设工程施工合同无效：承包人未取得建筑施工企业资质或者超越资质等级的；没有资质的实际施工人借用有资质的建筑施工企业名义的；建设工程必须进行招标而未招标或者中标无效的；承包单位将工程进行转包或者违法分包的。

……

（三）建设工程施工合同的无效情形

1. 承包人未取得建筑施工企业资质或者超越资质等级的。

比较典型的表现形式主要有以下几种情况：（1）个体施工队伍在没有资质的情况下违法承揽建设工程的；（2）施工单位冒用、盗用营业执照、资质证书承揽工程的；（3）建筑施工企业的分支机构以自己的名义对外承揽工程的；（4）非建筑施工企业超越经营范围对外承揽建设工程的。此外，承包人在工程竣工前未取得相应资质，竣工验收合格后才取得资质的，建设工程施工合同也应认定为无效。

……

（十）无效建设工程施工合同的效力转化。

根据法释〔2004〕14号的规定，建设工程施工合同无效有下列几种情形：（1）承包人未取得建筑施工企业资质或者超越资质等级的；（2）没有资质的实际施工人借用有资质的建筑施工企业名义的；（3）建设工程必须进行招标而未招标或者中标无效的；（4）承包单位将工程进行转包或者违法分包的。而法释〔2004〕14号第五条规定：承包人超越资质等级许可的业务范围签订建设工程施工合同，在建设工程竣工前取得相应资质等级，当事人请求按照无效合同处理的，不予支持。由此可见，根据法释〔2004〕14号规定合同效力可以转化的情形只有“超越资质等级许可而签订的合同”这一种。从上述规定可以看出，在效力转化的时间点上应为“在建设工程竣工前”，即只有承包人在建设工程竣工前取得相应资质等级的才能发生合同效力的转化。

《福建省高级人民法院关于审理建设工程施工合同纠纷案件疑难问题的解答》

4. 问：发包人与无相应施工资质的承包人签订建设工程施工合同，承包人依合同取得的工程价款超过其实际施工成本的，超过部分是否应予收缴？承包人非法转包、违法分包、出借资质而依合同约定取得的“挂靠费”“管理费”等是否应当收缴？

答：承包人无相应施工资质，所签订的建设工程施工合同虽然无效，但最高人民法院《关于审理建设工程施工合同纠纷案件适用法律问题的解释》第二条规定：“建设工程施工合同无效，但建设工程经竣工验收合格，承包人请求参照合同约定支付工程价款的，应予支持。”因此，对承包人依合同取得的工程价款不应予以收缴。

2. 参考案例

案例一 **吴某柱、冕宁县兴宏矿业有限责任公司建设工程施工合同纠纷民事二审民事判决书**（2021）川34民终1309号

一审法院认为，根据《最高人民法院关于审理建设工程施工合同纠纷案件适用法律问题的解释》第1条第1项“承包人未取得建筑施工企业资质或者超越资质等级的”的规定，本案中吴某柱属自然人，没有相应资质，合同应认定无效。

二审法院认为，根据《最高人民法院关于审理建设工程施工合同纠纷案件适用法律问题的解释》第1条“建设工程施工合同具有下列情形之一的，应当根据合同法第五十二条第（五）项的规定，认定无效：（一）承包人未取得建筑业企业资质或者超越资质等级的；（二）没有资质的实际施工人借用有资质的建筑施工企业名义的；（三）建设工程必须进行招标而未招标或者中标无效的”的规定，兴宏公司将案涉探矿坑道施工工程发包给不具备施工资质的吴某柱，双方签订的《探矿坑道施工承包合同》为无效合同。

案例二 **孙某与沁水县龙港镇马邑村民委员会建设工程施工合同纠纷一审民事判决书**（2021）晋0521民初318号

一审法院认为，原告作为自然人不具备建筑施工资质，故其借用沁水建筑公司的资质与被告签订的补充合同无效。

案例三 **汕头市潮阳第二建筑总公司、惠州市义合建筑劳务有限公司等建设工程分包合同纠纷民事二审民事判决书**（2021）粤13民终705号

一审法院认为，关于案涉《脚手架分包施工合同》的效力问题。潮阳公司辩称义合公司没有相应资质而合同无效，原告提交的惠州市住房和城乡建设局颁发的《建筑业企业资质证书》载明惠州市义合建筑劳务有限公司（统一社会信用代码：91441303MA4UP5L9Y）资质类别及等级：模板脚手架专业承包不分等级，施工劳务不分等级。根据《最高人民法院关于审理建设工程

施工合同纠纷案件适用法律问题的解释》第5条之规定，在建设工程竣工前已取得相应资质，当事人请求按无效处理，一审法院不予支持，案涉《脚手架分包施工合同》是双方当事人的真实意思表示，未违反法律强制性规定，应为有效合同，对各方当事人均具有法律拘束力，各方当事人应按照合同约定履行各自的义务。

二审法院认为，《最高人民法院关于审理建设工程施工合同纠纷案件适用法律问题的解释》第5条的规定："承包人超越资质等级许可的业务范围签订建设工程施工合同，在建设工程竣工前取得相应资质等级，当事人请求按照无效合同处理的，不予支持。"上述规定的超越资质情形，本质也是不具有相应资质，而义合公司之前不具有相应资质，但是在建设工程竣工前取得相应资质，按照上述规定，上诉人主张合同无效，应当不予支持。

案例四　**延边龙井市金海工程服务有限公司、延边龙达路桥建设有限公司建设工程施工合同纠纷民事一审民事判决书**（2021）吉2405民初1391号

一审法院认为，虽然，原告金海公司在成立之前，就开始施工本案工程，但嗣后在公司正式成立并取得相应资质后，与被告龙达公司签订《施工承包合同》，依照《最高人民法院关于审理建设工程施工合同纠纷案件适用法律问题的解释（一）》第4条"承包人超越资质等级许可的业务范围签订建设工程施工合同，在建设工程竣工前取得相应资质等级，当事人请求按照无效合同处理的，人民法院不予支持"之规定，本案原告、被告双方签订的《施工承包合同》，应属有效。

017. 挂靠人与被挂靠人间签订的工程承包合同是否有效？

1. 问题解读及相关法律规定

挂靠人与被挂靠人间签订的工程承包合同无效。

"挂靠"是建筑领域从业者对"用其他建筑施工企业的名义承揽工程"

这一现象约定成俗的概括。挂靠，是指不具备相应资质的单位或个人，借用符合资质的施工企业的名义承揽工程项目并进行实际施工的行为。法律严格禁止挂靠。

· 现行法律中的相关规定 ·

《民法典》

第七百九十一条　发包人可以与总承包人订立建设工程合同，也可以分别与勘察人、设计人、施工人订立勘察、设计、施工承包合同。发包人不得将应当由一个承包人完成的建设工程支解成若干部分发包给数个承包人。

总承包人或者勘察、设计、施工承包人经发包人同意，可以将自己承包的部分工作交由第三人完成。第三人就其完成的工作成果与总承包人或者勘察、设计、施工承包人向发包人承担连带责任。承包人不得将其承包的全部建设工程转包给第三人或者将其承包的全部建设工程支解以后以分包的名义分别转包给第三人。

禁止承包人将工程分包给不具备相应资质条件的单位。禁止分包单位将其承包的工程再分包。建设工程主体结构的施工必须由承包人自行完成。

《最高人民法院关于审理建设工程施工合同纠纷案件适用法律问题的解释（一）》

第一条　建设工程施工合同具有下列情形之一的，应当依据民法典第一百五十三条第一款的规定，认定无效：

（一）承包人未取得建筑业企业资质或者超越资质等级的；

（二）没有资质的实际施工人借用有资质的建筑施工企业名义的；

（三）建设工程必须进行招标而未招标或者中标无效的。

承包人因转包、违法分包建设工程与他人签订的建设工程施工合同，应当依据民法典第一百五十三条第一款及第七百九十一条第二款、第三款的规定，认定无效。

《住房和城乡建设部关于印发建筑工程施工发包与承包违法行为认定查处管理办法的通知》

第九条 本办法所称挂靠，是指单位或个人以其他有资质的施工单位的名义承揽工程的行为。

前款所称承揽工程，包括参与投标、订立合同、办理有关施工手续、从事施工等活动。

第十条 存在下列情形之一的，属于挂靠：

（一）没有资质的单位或个人借用其他施工单位的资质承揽工程的；

（二）有资质的施工单位相互借用资质承揽工程的，包括资质等级低的借用资质等级高的，资质等级高的借用资质等级低的，相同资质等级相互借用的；

（三）本办法第八条第一款第（三）至（九）项规定的情形，有证据证明属于挂靠的。

第十三条 任何单位和个人发现违法发包、转包、违法分包及挂靠等违法行为的，均可向工程所在地县级以上人民政府住房和城乡建设主管部门进行举报。

第十五条 县级以上人民政府住房和城乡建设主管部门对本行政区域内发现的违法发包、转包、违法分包及挂靠等违法行为，应当依法进行调查，按照本办法进行认定，并依法予以行政处罚。

……

（三）对认定有挂靠行为的施工单位或个人，依据《中华人民共和国招标投标法》第五十四条、《中华人民共和国建筑法》第六十五条和《建设工程质量管理条例》第六十条规定进行处罚。

……

（六）对认定有转包、违法分包、挂靠、转让出借资质证书或者以其他方式允许他人以本单位的名义承揽工程等违法行为的施工单位，可依法限制其参加工程投标活动、承揽新的工程项目，并对其企业资质是否满足资质标准条件进行核查，对达不到资质标准要求的限期整改，整改后仍达不到要求的，资质审批机关撤回其资质证书。

对2年内发生2次及以上转包、违法分包、挂靠、转让出借资质证书或者以其他方式允许他人以本单位的名义承揽工程的施工单位，应当依法按照情节严重情形给予处罚。

（七）因违法发包、转包、违法分包、挂靠等违法行为导致发生质量安全事故的，应当依法按照情节严重情形给予处罚。

第十六条　对于违法发包、转包、违法分包、挂靠等违法行为的行政处罚追溯期限，应当按照法工办发〔2017〕223号文件的规定，从存在违法发包、转包、违法分包、挂靠的建筑工程竣工验收之日起计算；合同工程量未全部完成而解除或终止履行合同的，自合同解除或终止之日起计算。

第十七条　县级以上人民政府住房和城乡建设主管部门应将查处的违法发包、转包、违法分包、挂靠等违法行为和处罚结果记入相关单位或个人信用档案，同时向社会公示，并逐级上报至住房和城乡建设部，在全国建筑市场监管公共服务平台公示。

《安徽省高级人民法院关于审理建设工程施工合同纠纷案件适用法律问题的指导意见》

二、建设工程施工合同效力的认定

4. 同时符合下列情形的，应认定为挂靠经营，所签订的建设工程施工合同无效：

（1）实际施工人未取得建筑施工企业资质或者超越资质等级；

（2）实际施工人以建筑施工企业的分支机构、施工队或者项目部等形式对外开展经营活动，但与建筑施工企业之间没有产权联系，没有统一的财务管理，没有规范的人事任免、调动或聘用手续；

（3）实际施工人自筹资金，自行组织施工，建筑施工企业只收取管理费，不参与工程施工、管理，不承担技术、质量和经济责任。

《北京市高级人民法院关于审理建设工程施工合同纠纷案件若干疑难问题的解答》

2. 《最高人民法院关于审理建设工程施工合同纠纷案件适用法律问题

的解释》（以下简称《解释》）第一条第（二）项规定的“没有资质的实际施工人借用有资质的建筑施工企业名义”承揽建设工程（挂靠）具体包括哪些情形？

具有下列情形之一的，应当认定为《解释》规定的“挂靠”行为：

（1）不具有从事建筑活动主体资格的个人、合伙组织或企业以具备从事建筑活动资格的建筑施工企业的名义承揽工程；

（2）资质等级低的建筑施工企业以资质等级高的建筑施工企业的名义承揽工程；

（3）不具有施工总承包资质的建筑施工企业以具有施工总承包资质的建筑施工企业的名义承揽工程；

（4）有资质的建筑施工企业通过名义上的联营、合作、内部承包等其他方式变相允许他人以本企业的名义承揽工程。

2. 参考案例

案例一　张某贵、贵州仁博贵建设工程有限公司确认合同无效纠纷二审民事判决书（2020）黔27民终2986号

一审法院认为，违反法律、行政法规的强制性规定的合同应为无效。本案中，仁博贵公司作为独山县第二中学项目工程建设的总承包人，又将所承包的该工程由自然人张某贵以挂靠仁博贵公司名义进行施工，并签订《建筑工程挂靠合同》，根据《建筑法》第26条“禁止建筑施工企业以任何形式允许其他单位或者个人使用本企业的资质证书、营业执照，以本企业的名义承揽工程”的规定，仁博贵公司与张某贵双方所签订的《建筑工程挂靠合同》，应为无效合同。

二审法院认为，上诉人张某贵作为自然人，由于没有承建工程的建筑资质，其与被上诉人仁博贵公司签订《建筑工程挂靠合同》，以被上诉人名义对独山县第二中学项目进行施工，双方存在建设工程挂靠与被挂靠合同关系，一审根据《建筑法》第26条“禁止建筑施工企业以任何形式允许其他单位

或者个人使用本企业的资质证书、营业执照，以本企业的名义承揽工程”的规定，认定双方签订的《建筑工程挂靠合同》违反国家法律的强制性规定，为无效合同，于法有据，且上诉人对该认定亦无异议，本院予以确认。

案例二 **肖某泵、雷某桥建设工程施工合同纠纷二审民事判决书**（2019）湘12民终666号

一审法院认为，本案系建设工程施工合同纠纷。被告怀化华万公司将建设工程发包给没有资质的实际施工人即原告肖某泵、雷某桥、张某文、唐某明、葛某俭施工，根据《最高人民法院关于审理建设工程施工合同纠纷案件适用法律问题的解释》第1条第2项“建设工程施工合同具有下列情形之一的，应当根据合同法第五十二条第（五）项的规定，认定无效：（一）承包人未取得建筑施工企业资质或者超越资质等级的；（二）没有资质的实际施工人借用有资质的建筑施工企业名义的；（三）建设工程必须进行招标而未招标或者中标无效的”的规定，双方签订的《施工承包合同》《合同补充协议》《第二次补充协议》均系无效合同。

二审法院认为，本案系建设工程施工合同纠纷。华万开发公司将建设工程发包给没有资质的实际施工人即肖某泵、雷某桥、张某文、唐某明、葛某俭施工，根据法律规定，本案双方所签订的建设工程施工合同应认定无效协议。

018. 被挂靠人与发包人签订的工程施工合同是否有效?

1. 问题解读及相关法律规定

挂靠人借用被挂靠人的名义与发包人签订施工合同，因被挂靠人与发包人之间没有真实的意思表示，双方没有真实的施工合同关系，被挂靠人与发包人签订的工程施工合同因违反法律规定，所以是无效的。

· 现行法律中的相关规定 ·

《最高人民法院关于审理建设工程施工合同纠纷案件适用法律问题的解释（一）》

第一条第一款　建设工程施工合同具有下列情形之一的，应当依据民法典第一百五十三条第一款的规定，认定无效：

（一）承包人未取得建筑业企业资质或者超越资质等级的；

（二）没有资质的实际施工人借用有资质的建筑施工企业名义的；

（三）建设工程必须进行招标而未招标或者中标无效的。

《江苏省高级人民法院建设工程施工合同案件审理指南》（2010年）

二、建设工程施工合同的效力

（三）建设工程施工合同的无效情形

2. 没有资质的实际施工人借用有资质的建筑施工企业名义的。

这种行为在实务中常被称为“挂靠行为”。其特征为：第一，挂靠人没有从事建筑活动的主体资格，或者虽有从事建筑活动的主体资格但没有具备其承揽的建设工程项目所要求的相应的资质等级。第二，挂靠人向被挂靠企业交纳一定数额的“管理费”，这是挂靠的最重要的特征。第三，被挂靠人对挂靠人和其所承揽的工程不实施任何管理行为。第四，形式上合法，容易逃避建设行政主管部门和发包人的审查和监督。实践中判断是否是挂靠行为，可以从三个方面考察：（1）有无产权联系，即其资产是否以入股或合并等方式转入现单位；（2）有无统一的财务管理，不能以承包等名义搞变相的独立核算；（3）有无严格、规范的人事任免、调动聘用手续等。

具体来说，有下列情形之一，应当认定为没有资质的实际施工人借用有资质的建筑施工企业名义承揽建设工程，其签订的建设工程施工合同应当属于无效合同：（1）不具有从事建筑活动主体资格的个人、合伙组织或企业以具备从事建筑活动资格的建筑企业的名义承揽工程；（2）资质等级低的建筑企业以资质等级高的建筑企业的名义承揽工程；（3）不具有工程总包资格的建筑企业以具有总包资格的建筑企业的名义承揽工程；

（4）有资质的建筑企业通过其他违法方式允许他人以本企业的名义承揽工程的情形。

2. 参考案例

案例一 **大庆龙安建筑安装有限公司、大庆建筑安装集团有限责任公司等建设工程施工合同纠纷民事二审民事判决书**（2021）最高法民终985号

法院认为，关于龙安建筑公司能否向龙凤城投公司主张工程款问题。龙安建筑公司与龙凤城投公司之间并无合同关系，其直接请求龙凤城投公司向其支付工程款，首先要明确其与建安集团之间是分包、转包还是挂靠关系。建安集团与龙安建筑公司签订的《一标段分包协议》《剩余工程分包协议》尽管名为分包合同，但综合考虑以下因素，一审判决认定二者之间构成借用资质即挂靠关系符合客观实际。具体来说：一是从缔约过程看，龙安建筑公司的工作人员参与了建安集团的招投标工作，可见其知晓总承包合同的有关内容；二是从实际施工情况看，建安集团与龙凤城投公司签订系列建设工程施工合同后，于同日或次日便将所承包的工程交由龙安建筑公司施工建设，可见建安集团没有施工的意图，事实上其也没有实际施工行为；三是从履约过程看，龙凤城投公司与龙安建筑公司及施工单位就案涉工程的建设、结算等问题进行磋商并形成会议纪要，在此过程中建安集团并未参会，即龙凤城投公司直接与龙安建筑公司交涉工程建设事宜；四是从另案30号调解书的内容看，本案三方当事人曾认可龙安建筑公司借用建安集团资质与龙凤城投公司签订建设工程施工合同的事实。

在挂靠关系中，挂靠人能否依据被挂靠人与发包人之间的合同向发包人主张权利，主要取决于发包人在缔约时对挂靠关系是否知情：知情的，挂靠人可以基于事实关系直接向发包人主张权利；反之，则不可以。就本案而言，龙凤城投公司与建安集团于2012年7月5日签订《一标段施工合同》后，其于2012年7月31日组织龙安建筑公司及相关施工单位召开会议时，作为名

义上的总承包人的建安集团并未参会，而龙安建筑公司则以总承包人身份参加会议。2012 年 8 月 1 日，龙凤城投公司与建安集团签订《剩余工程施工合同》《配套工程施工合同》后，又于 2014 年 12 月组织龙安建筑公司及施工单位召开会议。前述事实表明，龙凤城投公司对龙安建筑公司是案涉工程的实际承包人不仅知情，而且予以认可。在此情况下，龙安建筑公司作为案涉工程的实际承包人，有权依据建安集团与龙凤城投公司签订的施工合同的有关约定，向龙凤城投公司主张工程款。

案例二　庄浪县宏达建筑安装工程有限责任公司、静宁县建筑集团房地产开发有限责任公司等建设工程施工合同纠纷民事再审民事判决书

（2021）最高法民再 178 号

法院认为，本案再审的焦点问题为：（1）宏达公司是否有权主张案涉工程款；（2）如宏达公司有权主张案涉工程款，支付工程款责任的主体如何认定；（3）案涉工程款及违约金的数额如何认定。

1. 关于宏达公司是否有权主张案涉工程款的问题

根据原审查明的事实，李某勤、刘某借用静建公司资质开发案涉项目。李某虎借用宏达公司的名义承包案涉工程。经过招投标程序，宏达公司与静建公司就案涉工程签订了《建设工程施工合同》并进行备案。在《建设工程施工合同》签订后，李某勤与李某虎以及李某虎之子李某强分别就案涉工程签订了《施工合同书》。虽然《施工合同书》《建设工程施工合同》签订的主体不同，但基于以下理由，本院认为宏达公司作为案涉工程承包人，有权主张工程款。首先，李某虎借用宏达公司的名义承包案涉工程，其二者之间存在借用资质的挂靠关系。无论案涉《建设工程施工合同》是否有效，宏达公司均为该合同关系的当事人。实际施工人李某虎（以及李某强代其父李某虎）此后以其名义签订的《施工合同书》均系基于《建设工程施工合同》而签订，《施工合同书》与《建设工程施工合同》密切相关。其次，工程报验单等施工资料均加盖了宏达公司的印章，宏达公司办理了竣工验收事宜。由此可见，被挂靠方宏达公司参与了建设工程施工合同的履行，实际施工人李某虎亦认可宏达公司的承包人地位。静建公司于 2018 年 6 月以宏达公司为被告，起诉请求宏达公司向其移交工程竣工验收资料，配合办理工程验收备案手续，生效判决支持了静建公司的诉讼请求，静建公司的诉讼行为亦表明其认可宏达公司为案涉工程的承包人。最后，《最高人民法院关于审理建设工程施工合同纠纷案件适用法律问题的解释（二）》规定实际施工人以发包人为被告主张权利，突破了合同相对性，系基于保护实际施工人权益的目的，该规定作为例外并不排除承包人依据建设工程施工合同主张工程款的权利。

综上，原判决以各方实际履行的是《施工合同书》，将各方签订《建设工程施工合同》的事实与其他事实割裂，错误认定宏达公司未履行合同，从而否定宏达公司的承包人地位，导致承包主体认定错误，本院予以纠正。宏达公司作为案涉工程的承包人，其有权主张案涉工程款。

2. 关于工程款支付责任主体的认定问题

静建公司出借资质与宏达公司签订《建设工程施工合同》，李某勤、刘某借用静建公司开发资质，静建公司作为名义上的发包人基于其出借资质签订合同的事实，应当承担支付工程款的责任。李某勤、刘某不仅借用资质以静建公司名义与宏达公司签订《建设工程施工合同》，同时还与实际施工人就案涉工程签订了《施工合同书》，李某勤、刘某作为合同的实际履行主体，亦应当承担支付工程款的责任。

3. 关于案涉工程款及违约金数额的认定问题

（1）案涉合同的效力

《最高人民法院关于审理建设工程施工合同纠纷案件适用法律问题的解释》第 1 条第 1 项、第 2 项规定，承包人未取得建筑施工企业资质的，以及没有资质的实际施工人借用有资质的建筑施工企业名义的，建设工程施工合同无效。据此，李某虎借用宏达公司的资质签订的案涉《建设工程施工合同》无效。同时案涉《施工合同书》，亦因李某虎、李某强无施工资质而无效。根据《最高人民法院关于审理建设工程施工合同纠纷案件适用法律问题的解释》第 2 条“建设工程施工合同无效，但建设工程经竣工验收合格，承包人请求参照合同约定支付工程价款的，应予支持”的规定，宏达公司作为承包人，有权参照案涉合同主张工程价款。

（2）应参照哪份合同认定工程价款

《建设工程施工合同》《施工合同书》均无效，双方当事人均认可实际履行的是《施工合同书》。根据《最高人民法院关于审理建设工程施工合同纠纷案件适用法律问题的解释（二）》第11条有关“当事人就同一建设工程订立的数份建设工程施工合同均无效，但建设工程质量合格，一方当事人请求参照实际履行的合同结算建设工程价款的，人民法院应予支持。实际履行的合同难以确定，当事人请求参照最后签订的合同结算建设工程价款的，人民法院应予支持”的规定，工程价款应当按照《施工合同书》认定。

019. 未进行招标签订的建设工程施工合同是否有效?

1. 问题解读及相关法律规定

工程实践中，未经过招标便签订建设工程施工合同的情况十分常见，在司法实践中，合同的效力通常成为该类案件的争议点。

· 现行法律中的相关规定 ·

《最高人民法院关于审理建设工程施工合同纠纷案件适用法律问题的解释（一）》

第一条　建设工程施工合同具有下列情形之一的，应当依据民法典第一百五十三条第一款的规定，认定无效：（一）承包人未取得建筑业企业资质或者超越资质等级的；（二）没有资质的实际施工人借用有资质的建筑施工企业名义的；（三）建设工程必须进行招标而未招标或者中标无效的。承包人因转包、违法分包建设工程与他人签订的建设工程施工合同，应当依据民法典第一百五十三条第一款及第七百九十一条第二款、第三款的规定，认定无效。

《北京市高级人民法院关于审理建设工程施工合同纠纷案件若干疑难问题的解答》

问题3："如何认定是否属于必须招标的建设工程?"解答："《解释》第一条第（三）项规定的'必须进行招标'的建设工程的认定应当依据《中华人民共和国招标投标法》第三条的规定、《中华人民共和国招标投标法实施条例》和原国家发展计划委员会《工程建设项目招标范围和规模标准规定》[①] 的相关规定予以确定。法律、行政法规有新规定的，适用其新规定。"

《招标投标法》

第三条　在中华人民共和国境内进行下列工程建设项目包括项目的勘察、设计、施工、监理以及与工程建设有关的重要设备、材料等的采购，必须进行招标：（一）大型基础设施、公用事业等关系社会公共利益、公众安全的项目；（二）全部或者部分使用国有资金投资或者国家融资的项目；（三）使用国际组织或者外国政府贷款、援助资金的项目。前款所列项目的具体范围和规模标准，由国务院发展计划部门会同国务院有关部门制订，报国务院批准。法律或者国务院对必须进行招标的其他项目的范围有规定的，依照其规定。

第六十六条　涉及国家安全、国家秘密、抢险救灾或者属于利用扶贫资金实行以工代赈、需要使用农民工等特殊情况，不适宜进行招标的项目，按照国家有关规定可以不进行招标。

《招标投标法实施条例》

第三条　依法必须进行招标的工程建设项目的具体范围和规模标准，由国务院发展改革部门会同国务院有关部门制订，报国务院批准后公布施行。

第八条　国有资金占控股或者主导地位的依法必须进行招标的项目，应当公开招标；但有下列情形之一的，可以邀请招标：（一）技术复杂、

① 现已变更为《必须招标的工程项目规定》（中华人民共和国国家发展和改革委员会第16号令）。

有特殊要求或者受自然环境限制，只有少量潜在投标人可供选择；（二）采用公开招标方式的费用占项目合同金额的比例过大。有前款第二项所列情形，属于本条例第七条规定的项目，由项目审批、核准部门在审批、核准项目时作出认定；其他项目由招标人申请有关行政监督部门作出认定。

第九条　除招标投标法第六十六条规定的可以不进行招标的特殊情况外，有下列情形之一的，可以不进行招标：（一）需要采用不可替代的专利或者专有技术；（二）采购人依法能够自行建设、生产或者提供；（三）已通过招标方式选定的特许经营项目投资人依法能够自行建设、生产或者提供；（四）需要向原中标人采购工程、货物或者服务，否则将影响施工或者功能配套要求；（五）国家规定的其他特殊情形。招标人为适用前款规定弄虚作假的，属于招标投标法第四条规定的规避招标。

《必须招标的工程项目规定》

第二条　全部或者部分使用国有资金投资或者国家融资的项目包括：（一）使用预算资金 200 万元人民币以上，并且该资金占投资额 10% 以上的项目；（二）使用国有企业事业单位资金，并且该资金占控股或者主导地位的项目。

第三条　使用国际组织或者外国政府贷款、援助资金的项目包括：（一）使用世界银行、亚洲开发银行等国际组织贷款、援助资金的项目；（二）使用外国政府及其机构贷款、援助资金的项目。

第四条　不属于本规定第二条、第三条规定情形的大型基础设施、公用事业等关系社会公共利益、公众安全的项目，必须招标的具体范围由国务院发展改革部门会同国务院有关部门按照确有必要、严格限定的原则制订，报国务院批准。

第五条　本规定第二条至第四条规定范围内的项目，其勘察、设计、施工、监理以及与工程建设有关的重要设备、材料等的采购达到下列标准之一的，必须招标：（一）施工单项合同估算价在 400 万元人民币以上；（二）重要设备、材料等货物的采购，单项合同估算价在 200 万元人民币以上；（三）勘察、设计、监理等服务的采购，单项合同估算价在 100 万元人民币以上。同一项目中可以合并进行的勘察、设计、施工、监理以及与工程建设有关的重要设备、材料等的采购，合同估算价合计达到前款规定标准的，必须招标。

综上，根据法律法规的规定，如果依据法律法规必须进行招标的项目，则未经过招标签订的合同无效。而依法必须招标项目范围内的项目，必须实施招标，不得以任何理由规避招标，否则将承担合同无效的法律风险。

此外，如果起诉时的法律法规规定案涉工程不再属于必须招标的范围，参考最高人民法院（2020）最高法民终 430 号裁判文书，人民法院将根据促进交易的原则，把该类合同效力的认定作为“法不溯及既往”原则的典型例外情形，认定该类合同有效。

2. 参考案例

案例 **重庆建工集团股份有限公司、毕节市天厦房地产开发有限公司建设工程施工合同纠纷二审民事判决书**（2020）最高法民终 430 号

一审法院认为，本案争议焦点为：案涉工程施工合同及相关协议是否有效。

根据国家发展和改革委员会发布的《必须招标的工程项目规定》（2018 年第 16 号令）和《必须招标的基础设施和公用事业项目范围规定》（发改法规〔2018〕843 号），案涉工程不属于必须进行招投标的项目工程，案涉工程施工合同及相关协议系当事人的真实意思表示，未违反法律和行政法规的禁止性规定，是合法有效的合同和协议，对此，一审法院予以确认。

原审原告不服一审判决，上诉至最高人民法院，被上诉人辩称，案涉项目为商品住宅项目工程，是关系社会公共利益、公众安全的项目，根据《招标投标法》及案涉《建设工程施工合同》签订时尚未废止的《工程建设项目招标范围和规模标准规定》规定，案涉项目属于必须进行招标的工程项目，而本项目未进行招标，故案涉《建设工程施工合同》属无效合同，上诉人无权主张违约金、利息，同时案涉合同约定的违约金、利息标准过高。

最高人民法院认为，本案二审争议的焦点是：案涉《建设工程施工合同》及补相关协议的效力。

本案所涉《建设工程施工合同》签订于2011年2月20日。根据国家发展计划委员会2000年5月1日发布的《工程建设项目招标范围和规模标准规定》第3条第5项之规定，本案项目属于必须招标的项目。但国家发展和改革委员会制订并于2018年6月1日起施行的《必须招标的工程项目规定》对必须招标的工程项目作出了新的规定，案涉项目不再属于必须招标的项目。本院认为，法不溯及既往是法律适用的一般原则，但该原则具有适用上的例外，在新法能更好地保护公民、法人和其他组织的权利和利益时，则应具有溯及力。关于合同效力的认定，就是法不溯及既往的典型例外情形。根据促进交易的原则，合同法具有肯定合同效力的倾向。对于根据合同签订时法律应认定为无效的合同，如果纠纷发生时法律承认其效力的，人民法院应认可合同的效力。本案《建设工程施工合同》系合同双方真实意思表示，不存在损害国家、集体、第三人利益或者社会公共利益的情形，一审判决适用2018年6月1日起施行的《必须招标的工程项目规定》认定合同有效，有利于保护交易，符合诚信原则，本院予以确认。

020. 建设工程合同中“背靠背”工程款支付条款的约定是否有效?

1. 问题解读及相关法律规定

“背靠背”支付条款从文义上进行解释是建设单位（业主）向承包方支付工程款时承包方才向分包方支付工程款。最常见的约定如：按甲方（总承包商）与业主签订的支付周期进行支付、甲方（总承包商）在收到发包人支付的款项后按比例支付给乙方、按照建设单位支付进度付款，此种以收到建设单位工程款为向分包人或转承包方支付工程款的前提的“传导条款”，俗称“背靠背”条款。

目前我国法律法规对“背靠背”条款未作出明确规定，司法实践中因“背靠背”支付条款引发的建设工程付款纠纷越来越多。

对于“背靠背”条款的法律性质，存在一定的争议，第一种观点认为，“背靠背”条款属于附条件的条款，理由为从现实角度而言，业主付款并非必然发生，业主付款对业主来说属于行为，对总承包人来说却属于事件，该事件是否发生取决于业主的意志，因此属于不确定的事实。第二种观点认为，“背靠背”条款属于附期限的条款，根据法律的基本原则及相关规定，在工程质量合格的前提下，建设单位支付工程款应为确定的事实，仅是付款期限长短的问题，这也符合合同签订时的合理预期，因此倾向于将“背靠背”条款认定为附期限条款。第三种观点认为，“背靠背”条款既非附条件也非附期限，因为法律规定的附条件与附期限皆为附失效条件或期限，而“背靠背”条款并非付款的生效条件，其仅仅是双方对于付款时间的一种约定。目前学界主流观点倾向认为附条件说。

对于“背靠背”条款的效力问题，主流观点认为“背靠背”条款是双方当事人对自身合法民事权益的处置，是意思自治、私法自治原则的体现，“背靠背”条款系合同当事人双方的真实意思表示，我国现行法律也并未作出禁止性规定，因此“背靠背”条款有效，但也并非一律有效，如在分包合同系转包、违法分包情形下，因整个合同无效，且“背靠背”条款并非解决争议的条款，因此在分包合同无效的情形下，“背靠背”条款也应为无效，此时承包人应尽早通过诉讼积极主张权利，避免因怠于主张权利而被认定为“不正当地阻止条件成就”，使“背靠背”条款落空，从而需先行支付分包工程款。

· 现行法律中的相关规定 ·

《民法典》

第一百四十三条　具备下列条件的民事法律行为有效：

（一）行为人具有相应的民事行为能力；

（二）意思表示真实；

（三）不违反法律、行政法规的强制性规定，不违背公序良俗。

第一百五十三条第一款　违反法律、行政法规的强制性规定的民事法律行为无效。但是，该强制性规定不导致该民事法律行为无效的除外。

第一百五十八条　民事法律行为可以附条件，但是根据其性质不得附条件的除外。附生效条件的民事法律行为，自条件成就时生效。附解除条件的民事法律行为，自条件成就时失效。

第一百六十条　民事法律行为可以附期限，但是根据其性质不得附期限的除外。附生效期限的民事法律行为，自期限届至时生效。附终止期限的民事法律行为，自期限届满时失效。

《最高人民法院关于审理建设工程施工合同纠纷案件适用法律问题的解释（一）》

第一条第二款　承包人因转包、违法分包建设工程与他人签订的建设工程施工合同，应当依据民法典第一百五十三条第一款及第七百九十一条第二款、第三款的规定，认定无效。

第四十四条　实际施工人依据民法典第五百三十五条规定，以转包人或者违法分包人怠于向发包人行使到期债权或者与该债权有关的从权利，影响其到期债权实现，提起代位权诉讼的，人民法院应予支持。

《建筑法》（2019 年修正）

第二十八条　禁止承包单位将其承包的全部建筑工程转包给他人，禁止承包单位将其承包的全部建筑工程肢解以后以分包的名义分别转包给他人。

《四川省高级人民法院关于审理建设工程施工合同纠纷案件若干疑难问题的解答》

13. 实际施工人主张欠付工程款的诉讼主体如何确定？发包人、转包人、违法分包人的责任如何承担？

……

建设工程施工合同无效，实际施工人要求未与其建立合同关系的转包人、违法分包人对工程欠款承担支付责任的，不予支持。

《北京市高级人民法院关于审理建设工程施工合同纠纷案件若干疑难问题的解答》

19. 违法分包合同、转包合同的实际施工人主张欠付工程款的，诉讼主体如何确定？发包人的责任如何承担？

实际施工人以违法分包人、转包人为被告要求支付工程款的，法院不得依职权追加发包人为共同被告；实际施工人以发包人为被告要求支付工程款的，应当追加违法分包人或转包人作为共同被告参加诉讼，发包人在其欠付违法分包人或转包人工程款范围内承担连带责任。发包人以其未欠付工程款为由提出抗辩的，应当对此承担举证责任。

20. 不具有资质的挂靠施工人主张欠付工程款的，如何处理？挂靠人又将工程分包、转包给他人施工，施工人主张欠付工程款的，如何处理？

不具有资质的实际施工人（挂靠施工人）挂靠有资质的建筑施工企业（被挂靠人），并以该企业的名义签订建设工程施工合同，被挂靠人怠于主张工程款债权的，挂靠施工人可以以自己名义起诉要求发包人支付工程款，法院原则上应当追加被挂靠人为诉讼当事人，发包人在欠付工程款范围内承担给付责任。因履行施工合同产生的债务，被挂靠人与挂靠施工人应当承担连带责任。

挂靠人承揽工程后，以被挂靠人名义将工程分包、转包给他人施工，施工人主张欠付工程款的，按照《北京市高级人民法院审理民商事案件若干问题的解答之五》第四十七条规定处理。

《北京市高级人民法院审理民商事案件若干问题的解答之五（试行）》

47. 在建筑行业的挂靠经营中，挂靠者以被挂靠者的名义从事对外经济活动的，被挂靠者是否承担民事责任？

合同相对人同时起诉挂靠者和被挂靠者的，如果合同相对人对于挂靠事实不明知，由挂靠者与被挂靠者承担连带民事责任；如果合同相对人对于挂靠事实明知，首先由挂靠者承担责任，被挂靠者承担补充的民事责任。合同相对人只起诉被挂靠者的，被挂靠者对外应先行承担民事责任。在被挂靠者对外承担责任的范围内，被挂靠者对挂靠者享有追偿权。

《山东高院民一庭关于审理建设工程施工合同纠纷案件若干问题的解答》

5. 借用资质的施工人直接向发包人主张工程款，如何处理？

通常情况下，借用资质的施工人只有在出借资质人怠于履行权利时，才能提起代位权诉讼。但发包人明知借用资质事实存在的，借用资质的施工人可以直接向发包人主张权利。

8. 在多层转包或者违法分包情况下，实际施工人主张各转包人或者违法分包人均承担付款责任，如何处理？

在多层转包或者违法分包情况下，实际施工人原则上仅可以要求与其有直接合同关系的转包人或者违法分包人对工程欠款承担付款责任。

实际施工人向发包人主张权利的，为查明发包人欠付转包人或者违法分包人工程款的数额，人民法院可以追加与其无合同关系的转包人或者违法分包人为第三人。

2. 参考案例

案例一　**贵州亿杰置业有限公司、重庆建工第十一建筑工程有限责任公司建设工程施工合同纠纷二审民事判决书**（2016）最高法民终811号

一审法院认为，亿杰公司与建工公司签订的编号为GF－1999－0201的《建设工程施工合同》《六盘水市红桥新区中央商务区项目中央商务区公园及营销中心前置部分工程建设工程施工合同》、编号为YJ－20130629－2的《建设工程施工合同》以及双方于2014年8月14日共同出具的会议纪要系双方当事人在平等自愿的基础上签订，是双方当事人真实意思表示，未违反法律、法规的强制性规定，合法有效，双方当事人应按上述合同及会议纪要的约定履行各自的义务。

二审法院认为，亿杰公司与建工公司2013年6月28日签订的《建设工程施工合同》《六盘水市红桥新区中央商务区项目中央商务区公园及营销中

心前置部分工程建设工程施工合同》（编号GF－1999－0201）、2013年6月29日签订的《建设工程施工合同》（编号YJ－20130629－2）以及双方于2014年8月14日共同出具的会议纪要均系双方当事人真实意思表示，未违反法律、行政法规的强制性规定，合法有效，双方当事人应按上述合同及会议纪要的约定履行义务。

案例二 **何某华、邓某刚建设工程施工合同纠纷二审民事判决书**（2019）最高法民终1852号

一审法院认为，《最高人民法院关于审理建设工程施工合同纠纷案件适用法律问题的解释》第1条第1项、第2项规定，承包人没有取得建筑施工企业资质，或没有资质的实际施工人借用有资质的建筑施工企业名义签订建设工程施工合同的，应根据《合同法》第52条第5项的规定，认定无效。根据已查明的事实，何某华、邓某刚等人系没有建筑施工资质的自然人，与海南华成没有劳动合同关系，何某华、首某雄、杨某斌经邓某刚的关联人介绍，先借用海南华成建筑施工资质与永兴交投签订涉案投资建设合作协议和《湖南省建设工程施工合同》，然后又以海南华成项目部名义与邓某刚签订《建筑工程施工合同》。因此，依照上述司法解释的规定，本案投资建设合作协议和《湖南省建设工程施工合同》《建筑工程施工合同》均属无效。何某华、首某雄、杨某斌三人系合伙投资承包涉案项目道路建设，借用海南华成的名义与邓某刚签订《建筑工程施工合同》，作为合同的实际相对方和履行人，三人应当对何某华等所欠工程款承担直接偿还责任。

二审法院认为，双方签订的《建筑工程施工合同》属于无效合同，因此，涉案合同关于同步结算支付的条款也无效。《最高人民法院关于审理建设工程施工合同纠纷案件适用法律问题的解释》第2条规定的“请求参照合同约定支付工程价款”中的“合同约定”主要指工程款计价方法、计价标准等与工程价款数额有关的约定，关于工程价款支付条件的约定不属于可以参照适用的合同约定。一审法院根据《最高人民法院关于审理建设工程施工合同纠纷案件适用法律问题的解释》第18条的规定认定欠付工程款的利息应从涉案工程交付之日计付，并无不当。

021. 建设工程合同签订后，发包人要求签订的让利承诺书是否有效？

1. 问题解读及相关法律规定

让利承诺书本质上是“黑合同”，建设工程“黑白合同”又称为阴阳合同，它是指建设工程施工合同的当事人就同一建设工程签订的两份或两份以上实质内容相异的合同。通常把经过招投标并经备案的正式合同称为白合同，把实际履行的协议或补充协议称为黑合同。

承包人出具让利承诺书的行为是单方民事行为，发包人对让利承诺书予以接受和认可，但该承诺书记载的内容因与中标的建设工程施工合同不一致，无论“黑合同”的形式如何，只要是对“白合同”的工程价款、工程质量、工程期限进行了实质性变更的，就构成与备案的中标合同“实质性内容不一致”而具有效力，应以备案的中标合同作为结算工程价款的依据。

但除上述原则性认定合同无效外，也存在合同有效情形的：

一是在中标合同签订的同时，或者签订中标合同后，承包人承诺给予不超过该工程利润范围的优惠，且直接把让利内容写入中标备案合同中。

二是对于那些依法不需要进行招投标的工程，双方当事人不经过招投标程序签订建设工程施工合同以后，承包人再向发包人出具让利承诺书的，系对原合同的正常变更，不能视为“黑合同”，这种情形下的让利承诺书也是合法有效的。

· 现行法律中的相关规定 ·

《民法典》

第四百八十八条　承诺的内容应当与要约的内容一致。受要约人对要约的内容作出实质性变更的，为新要约。有关合同标的、数量、质量、价款或者报酬、履行期限、履行地点和方式、违约责任和解决争议方法等的变更，是对要约内容的实质性变更。

《最高人民法院关于审理建设工程施工合同纠纷案件适用法律问题的解释（一）》

第二十二条　当事人签订的建设工程施工合同与招标文件、投标文件、中标通知书载明的工程范围、建设工期、工程质量、工程价款不一致，一方当事人请求将招标文件、投标文件、中标通知书作为结算工程价款的依据的，人民法院应予支持。

第二十三条　发包人将依法不属于必须招标的建设工程进行招标后，与承包人另行订立的建设工程施工合同背离中标合同的实质性内容，当事人请求以中标合同作为结算建设工程价款依据的，人民法院应予支持，但发包人与承包人因客观情况发生了在招标投标时难以预见的变化而另行订立建设工程施工合同的除外。

《招标投标法》（2017 年修正）

第五条　招标投标活动应当遵循公开、公平、公正和诚实信用的原则。

第三十二条　投标人不得相互串通投标报价，不得排挤其他投标人的公平竞争，损害招标人或者其他投标人的合法权益。

投标人不得与招标人串通投标，损害国家利益、社会公共利益或者他人的合法权益。

禁止投标人以向招标人或者评标委员会成员行贿的手段谋取中标。

第三十三条　投标人不得以低于成本的报价竞标，也不得以他人名义投标或者以其他方式弄虚作假，骗取中标。

第四十六条　招标人和中标人应当自中标通知书发出之日起三十日内，按照招标文件和中标人的投标文件订立书面合同。招标人和中标人不得再行订立背离合同实质性内容的其他协议。

第五十三条　投标人相互串通投标或者与招标人串通投标的，投标人以向招标人或者评标委员会成员行贿的手段谋取中标的，中标无效，处中标项目金额千分之五以上千分之十以下的罚款，对单位直接负责的主管人员和其他直接责任人员处单位罚款数额百分之五以上百分之十以下的罚款；有违法所得的，并处没收违法所得；情节严重的，取消其一年至二年内参加依法必须进行招标的项目的投标资格并予以公告，直至由工商行政管理机关吊销营业执照；构成犯罪的，依法追究刑事责任。给他人造成损失的，依法承担赔偿责任。

第五十四条 投标人以他人名义投标或者以其他方式弄虚作假，骗取中标的，中标无效，给招标人造成损失的，依法承担赔偿责任；构成犯罪的，依法追究刑事责任。

依法必须进行招标的项目的投标人有前款所列行为尚未构成犯罪的，处中标项目金额千分之五以上千分之十以下的罚款，对单位直接负责的主管人员和其他直接责任人员处单位罚款数额百分之五以上百分之十以下的罚款；有违法所得的，并处没收违法所得；情节严重的，取消其一年至三年内参加依法必须进行招标的项目的投标资格并予以公告，直至由工商行政管理机关吊销营业执照。

第五十五条 依法必须进行招标的项目，招标人违反本法规定，与投标人就投标价格、投标方案等实质性内容进行谈判的，给予警告，对单位直接负责的主管人员和其他直接责任人员依法给予处分。

前款所列行为影响中标结果的，中标无效。

《建筑法》（2019 年修正）

第十六条 建筑工程发包与承包的招标投标活动，应当遵循公开、公正、平等竞争的原则，择优选择承包单位。

建筑工程的招标投标，本法没有规定的，适用有关招标投标法律的规定。

第十七条 发包单位及其工作人员在建筑工程发包中不得收受贿赂、回扣或者索取其他好处。

承包单位及其工作人员不得利用向发包单位及其工作人员行贿、提供回扣或者给予其他好处等不正当手段承揽工程。

《浙江省高级人民法院民事审判第一庭关于审理建设工程施工合同纠纷案件若干疑难问题的解答》

十六、对“黑白合同”如何结算？

当事人就同一建设工程另行订立的建设工程施工合同与中标合同实质性内容不一致的，不论该中标合同是否经过备案登记，均应当按照最高人民法院《关于审理建设工程施工合同纠纷案件适用法律问题的解释》第二十一条的规定，以中标合同作为工程价款的结算依据。

当事人违法进行招投标，当事人又另行订立建设工程施工合同的，不论中标合同是否经过备案登记，两份合同均为无效；应当按照最高人民法院《关于审理建设工程施工合同纠纷案件适用法律问题的解释》第二条的规定，将符合双方当事人的真实意思，并在施工中具体履行的那份合同，作为工程价款的结算依据。

《天津仲裁委员会建设工程施工合同纠纷案件仲裁指引》

六、工程价款纠纷

4. 同一工程另行签订的合同与备案中标的合同实质性内容不一致的，根据备案中标合同确定工程款。

《四川省高级人民法院关于审理建设工程施工合同纠纷案件若干疑难问题的解答》

9. 如何认定“黑白合同”实质性内容不一致？

招投标双方在同一工程合同范围和条件下，另行订立的建设工程施工合同变更经过备案的中标合同约定的工程价款、计价方式、工程期限、工程质量标准等内容的，应当认定为《建工司法解释》第二十一条规定的与经过备案的中标合同实质性内容不一致。当事人主张按照该变更后的合同结算工程价款的，不予支持。

中标合同备案后，承包人作出的明显高于市场价格购买承建房产、无偿建设住房配套设施、向建设方捐款、让利等承诺应当认定为变更经过备案的中标合同的实质性内容。发包人主张按照该承诺内容结算工程价款的，不予支持。

建设工程施工合同履行过程中，因设计变更、建设工程规划调整等非双方当事人原因，且无需重新进行招投标并备案的，当事人通过签订补充协议、会谈纪要等形式对工程价款、计价方式、工程期限、工程质量标准等合同内容进行合理变更或补充的，不应认定为与经过备案的中标合同“实质性内容不一致”，当事人主张以该变更或补充内容结算工程价款的，应予支持。

《深圳仲裁委关于审理建设工程施工合同案件若干问题的意见》

五、关于工程结算

（一）当事人就同一建设工程另行订立的建设工程施工合同与经过备案的中标合同实质性内容不一致的，一般以备案中标合同作为结算依据……

《江苏省高级人民法院建设工程施工合同案件审理指南》（2010 年）

2. 坚持规范建筑市场秩序原则。

……二是规范“黑白合同”。当事人就同一建设工程另行订立的建设工程施工合同与经过备案的中标合同实质性内容不一致的，应当以备案的中标合同作为结算工程价款的根据。中标合同约定的工程价款低于成本价的，建设工程施工合同无效。

……

三、招投标情形下黑白合同效力的认定

（一）黑白合同的认定

法律、行政法规规定必须进行招投标的建设工程，当事人实际履行的建设工程施工合同和备案的中标合同实质性内容不一致的，应当以备案的中标合同作为工程价款的结算根据……

1. 强制招标工程中黑白合同效力的认定

所谓强制招标工程是指根据法律或行政法规规定必须通过招标投标形式签署合同的建设工程。根据《招标投标法》第三条规定，在中华人民共和国境内进行下列工程建设项目包括项目的勘察、设计、施工、监理以及与工程建设有关的重要设备、材料等的采购，必须进行招标：（一）大型基础设施、公用事业等关系社会公共利益、公众安全的项目；（二）全部或者部分使用国有资金投资或者国家融资的项目；（三）使用国际组织或者外国政府贷款、援助资金的项目。前款所列项目的具体范围和规模标准，由国务院发展计划部门会同国务院有关部门制订，报国务院批准。法律或者国务院对必须进行招标的其他项目的范围有规定的，依照其规定。第四条规定，任何单位和个人不得将依法必须进行招标的项目化整为零或者以其他任何方式规避招标。强制招标工程若未通过招标程序签订工程合同的，则无论黑白合同，根据《合同法》第五十二条的规定，该合同均因违反法律的强制性规定而无效。若强制招标工程虽然通过招标程序，但是双方签订了黑白合同，则无论黑合同签署在白合同之前还是之后都属无效。

2. 非强制招标工程中黑白合同效力的认定

（1）自主备案中的黑白合同问题

实践中存在既非强制招投标项目，当事人又未自愿进行招投标，但根据当地行政主管部门的要求，承、发包双方签订的施工合同必须备案。当事人在备案合同之外，另行签订实质性内容不同的合同且未备案的，是否属于黑合同？我们认为，非属强制招投标范围的工程，备案与否不影响合同效力，不存在黑白合同的问题。当事人签订的合同尽管与备案的合同有实质性内容的不同，但并非不能作为结算的依据。此时对合同的认定，应以该合同是否违反法律禁止性规定，是否体现当事人真实意思表示进行判断。

（2）自主招标中的黑白合同问题

《最高人民法院关于审理建设工程施工合同纠纷案件适用法律问题的解释》第 1 条规定“建设工程必须进行招标而未招标或者中标无效所订立的合同”作为无效合同对待。所谓必须进行招投标的项目，即强制招标的范围，都是国家投资、融资项目，关系到社会公共利益和公共安全的项目，或者使用国家统借外债的项目，招投标法规定必须采用招投标方式，以体现国家对这类民事活动的干预和监督。但实践中存在强制招标范围以外的一些项目，建设单位根据主管部门要求或者自愿进行招投标并根据招投标结果签订施工合同，将合同进行备案。如果在备案合同之外，当事人又签订实质性内容不同的合同且未备案，是否存在黑合同？对此问题实务中存在两种意见：一种意见认为，当事人自愿进行招投标的项目，在备案的合同之外，如果又另行签订的合同并不违反法律禁止性规定，则不存在黑白合同的问题，根据合同是否体现当事人真实意思表示对其效力予以认定。另一种意见认为，虽然工程项目非强制招投标范围，但当事人自愿进行招投标，应当受《招标投标法》的约束，同样也存在黑白合同问题。我们赞同此说，因为招标投标法所保护的不仅是当事人自身的利益，更是对社会招投标市场的规范，事关不特定投标人利益的保护，涉及市场竞争秩序的维护，因此，只要根据招标投标法进行的招投标并因此签订的合同均应受该法约束，当事人不得在此之外签订黑合同。

（二）实质性内容不一致的判断标准

施工合同的内容包括工程范围、建设工期、中间交工工程的开工和竣工时间、工程质量、工程造价、技术资料交付时间、材料和设备供应责任、拨款和结算、竣工验收、质量保修范围和质量保证期、双方相互协作等条款。建设工程中事关当事人权利义务的核心条款是工程结算，而影响工程结算的主要涉及三个方面：工程质量、工程期限和计价方式。工程质量指建设工程施工合同约定的工程具体条件，也是这一工程区别其他同类工程的具体特征。工程期限，指建设工程施工合同中约定的工程完工并交付验收的时间。计价方式包括按实结算、固定总价结算、固定单价结算等。如果备案和未备案的两份施工合同在建设工期、施工质量、计价方式等方面发生变化，当无疑义属于实质性内容的变化，未备案的合同应属于无效的黑合同。

《河北省高级人民法院关于印发〈建设工程施工合同案件审理指南〉的通知》

8. 法律、行政法规未规定必须进行招投标的建设工程，经过合法有效的招投标程序的，当事人实际履行的建设工程施工合同与备案中标合同实质性内容不一致的，应当以中标合同作为工程价款的结算根据。

9. 法律、行政法规未规定必须进行招投标的建设工程，实际上也未经过招投标，当事人根据当地行政主管部门的要求，对双方签订的建设工程施工合同进行备案后另行签订实质性内容不同的合同，应当以当事人实际履行的合同作为工程价款的结算根据。

《北京市高级人民法院关于审理建设工程施工合同纠纷案件若干疑难问题的解答》

15. “黑白合同”中如何结算工程价款?

法律、行政法规规定必须进行招标的建设工程，或者未规定必须进行招标的建设工程，但依法经过招标投标程序并进行了备案，当事人实际履行的施工合同与备案的中标合同实质性内容不一致的，应当以备案的中标合同作为结算工程价款的依据。

法律、行政法规规定不是必须进行招标的建设工程，实际也未依法进行招投标，当事人将签订的建设工程施工合同在当地建设行政管理部门进行了备案，备案的合同与实际履行的合同实质性内容不一致的，应当以当事人实际履行的合同作为结算工程价款的依据。

备案的中标合同与当事人实际履行的施工合同均因违反法律、行政法规的强制性规定被认定为无效的，可以参照当事人实际履行的合同结算工程价款。

16. “黑白合同”中如何认定实质性内容变更?

招投标双方在同一工程范围下另行签订的变更工程价款、计价方式、施工工期、质量标准等中标结果的协议，应当认定为《解释》第二十一条规定的实质性内容变更。中标人作出的以明显高于市场价格购买承建房产、无偿建设住房配套设施、让利、向建设方捐款等承诺，亦应认定为变更中标合同的实质性内容。

备案的中标合同实际履行过程中，工程因设计变更、规划调整等客观原因导致工程量增减、质量标准或施工工期发生变化，当事人签订补充协议、会谈纪要等书面文件对中标合同的实质性内容进行变更和补充的，属于正常的合同变更，应以上述文件作为确定当事人权利义务的依据。

《安徽省高级人民法院关于审理建设工程施工合同纠纷案件适用法律问题的指导意见》

9. 承包人就招投标工程承诺对工程价款予以大幅度让利的，属于对工程价款的实质性变更，应认定无效；承包人就非招投标工程承诺予以让利，如无证据证明让利后的工程价款低于施工成本，可认定该承诺有效，按该承诺结算工程价款。

2. 参考案例

案例一　滁州市南谯区国有资产运营有限公司、安徽四建控股集团有限公司建设工程施工合同纠纷再审审查与审判监督民事裁定书（2018）最高法民申2959号

一审法院认为，关于安徽四建公司主张的返还违规收取的工程成本款的问题。庭审中，安徽四建公司称违规收取工程成本款，主要系招标文件控制价说明中要求让利17%。招标控制价是招标人根据相关规定，按设计施工图纸计算的，对招标工程限定的最高工程造价，涉案招标文件中编制控制价，并未违反相关法律法规的规定。

二审法院认为，关于扣除工程价款的17%及改动取费费率问题。案涉工程在招标时，已明确规定工程让利17%、调整有关费率，安徽四建公司自愿投标，并在中标后按上述条件与南谯区国资公司签订《建设工程施工合同》，表明其接受标书规定的条件。《最高人民法院关于适用〈中华人民共和国合同法〉若干问题的解释（一）》第4条规定："合同法实施以后，人民法院确认合同无效，应当以全国人大及其常委会制定的法律和国务院制定的行政法规为依据，不得以地方性法规、行政规章为依据。"因此，安徽四建公司以让利17%违反《住房和城乡建设部建设工程工程量清单计价规范》《安徽省建设工程工程量清单计价规范》的规定，主张上述合同内容无效，不应得到支持。南谯区国资公司招标时要求工程让利17%、调整工程的取费费率，安徽四建公司投标时对该要约邀请作出回应，不属于《招标投标法》第43条

“在确定中标人前，招标人不得与投标人就投标价格、投标方案等实质性内容进行谈判”规定的范围。综上，安徽四建公司主张让利17%因违反法律规定而无效，实属牵强，本院不予支持。

案例二 **北京中铁兴都建筑工程有限公司与三河华远房地产开发有限公司、三河市建华建筑工程有限公司建设工程施工合同纠纷二审民事判决书**（2014）民一终字第259号

一审法院认为，本案中，关于中铁兴都公司是否应按合同约定向华远公司让利工程价款的2%。虽然双方在合同中对此进行了约定，但此种让利条款应当是建立在合同依约履行、正常结算的基础上，或者能够明确认定合同不能依约履行的责任应当由让利方承担。从本案已查明的事实看，合同中约定的诸多事项并未完全得到履行，现有证据也无法准确界定由哪一方违约所致，同时考虑到中标文件中并无此项让利内容、双方所签合同无效、部分外包工程超出合同约定等多种因素，在此情况下，华远公司仍要求对方履行让利条款依据不足，一审法院对此不予支持。

二审法院认为，关于合同约定的2%的工程款让利是否应从应付工程款中扣除问题。本院认为，虽然双方签订的《建设工程施工合同》中有关于中铁兴都公司向华远公司让利结算工程款2%的约定，但在中标文件和中标通知中均没有关于让利的内容，《建设工程施工合同》中约定的让利条款实际上改变了中标文件对工程价款的约定，构成了对中标文件内容的实质性改变，根据《建筑法》第18条和《招标投标法》第45条、第46条的规定，该约定应属无效，故对此不应从工程款中进行扣除，一审判决的认定是正确的。

022. 承包人将建设工程分包，与他人签订的合同是否一定无效?

1. 问题解读及相关法律规定

承包人将建设工程分包，与他人签订的合同不一定无效。转包、违法分

包合同违反法律、行政法规的强制性规定的应属无效。承包人经发包人同意，可以将自己承包的部分工作交由第三人完成，但建设工程主体结构的施工必须由承包人自行完成。

· 现行法律中的相关规定 ·

《最高人民法院关于审理建设工程施工合同纠纷案件适用法律问题的解释（一）》

第一条　建设工程施工合同具有下列情形之一的，应当依据民法典第一百五十三条第一款的规定，认定无效：

（一）承包人未取得建筑业企业资质或者超越资质等级的；

（二）没有资质的实际施工人借用有资质的建筑施工企业名义的；

（三）建设工程必须进行招标而未招标或者中标无效的。

承包人因转包、违法分包建设工程与他人签订的建设工程施工合同，应当依据民法典第一百五十三条第一款及第七百九十一条第二款、第三款的规定，认定无效。

《民法典》

第一百五十三条　违反法律、行政法规的强制性规定的民事法律行为无效。但是，该强制性规定不导致该民事法律行为无效的除外。

违背公序良俗的民事法律行为无效。

第七百九十一条　发包人可以与总承包人订立建设工程合同，也可以分别与勘察人、设计人、施工人订立勘察、设计、施工承包合同。发包人不得将应当由一个承包人完成的建设工程支解成若干部分发包给数个承包人。

总承包人或者勘察、设计、施工承包人经发包人同意，可以将自己承包的部分工作交由第三人完成。第三人就其完成的工作成果与总承包人或者勘察、设计、施工承包人向发包人承担连带责任。承包人不得将其承包的全部建设工程转包给第三人或者将其承包的全部建设工程支解以后以分包的名义分别转包给第三人。

禁止承包人将工程分包给不具备相应资质条件的单位。禁止分包单位将其承包的工程再分包。建设工程主体结构的施工必须由承包人自行完成。

第八百零六条　承包人将建设工程转包、违法分包的，发包人可以解除合同。

发包人提供的主要建筑材料、建筑构配件和设备不符合强制性标准或者不履行协助义务，致使承包人无法施工，经催告后在合理期限内仍未履行相应义务的，承包人可以解除合同。

合同解除后，已经完成的建设工程质量合格的，发包人应当按照约定支付相应的工程价款；已经完成的建设工程质量不合格的，参照本法第七百九十三条的规定处理。

2. 参考案例

案例一　**邓某春与湖南省湘平路桥建设有限公司、岳阳大汉城镇建设有限公司建设工程施工合同纠纷二审民事判决书**（2014）长中民三终字第 02170 号

一审法院认为，根据《合同法》第 52 条第 5 项的规定，违反法律、行政法规的强制性规定的合同无效。《合同法》第 272 条第 2 款规定，承包人不得将其承包的全部建设工程转包给第三人。邓某春与湘平路桥公司在双方订立的《湘平路桥公司项目工程施工内部承包合同责任书》中约定，由邓某春按本工程最终结算总造价进行全额承包施工，湘平路桥公司与岳阳大汉城建公司签订的工程承包合同全部由邓某春履行，邓某春按工程总造价的 1.5% 向湘平路桥公司交纳目标利润，该《湘平路桥公司项目工程施工内部承包合同责任书》为转包合同，故该合同无效。

二审法院认为，邓某春与湘平路桥公司订立《湘平路桥公司项目工程施工内部承包合同责任书》系双方当事人真实意思表示，内容未违反法律、法规的强制性规定，合法有效，原审判决对该合同的效力认定有误，本院予以纠正。

案例二 **江某海与陈某、江苏中淮建设集团有限公司等建设工程施工合同纠纷一审民事判决书**（2016）苏0891民初3554号

一审法院认为，原告个人并不具备承接涉案工程施工的资质，因此，其与被告中淮公司项目部所签订的合同无效。因原告承接的涉案工程已施工完工并经验收合格，当事人请求参照合同约定结算工程款应予准许。

023. 建设工程中的内部承包合法吗？

1. 问题解读及相关法律规定

我们通常所说的内部承包合同特指项目经理内部承包合同，其含义是施工企业与企业内部职工之间签订承包协议，约定许可内部职工完成一定的工程项目施工，实行独立核算，自负盈亏，向施工企业缴纳管理费等。

在建设工程施工领域，以“项目经理承包制”为主要形式的内部承包管理模式屡见不鲜。施工企业将其承包的工程以内部承包、收取管理费的方式转交由项目经理进行实际施工的情况，在促进众多民营施工企业发展的同时，也因出现越来越多的法律风险而引人关注。内部承包作为企业的一种经营模式，本身并不违法，但实践中经常出现名为内部承包实为违法分包、转包或挂靠的情况，这是法律所明令禁止的行为，会导致所签合同归于无效。

就内部承包的本质属性而言，它是企业的一种经营模式。内部承包合同对内涉及施工企业与内部承包人的法律关系，鉴于合同主体具有特殊性，即主体间具有隶属关系，但这个隶属关系并不能完全左右整个内部承包合同的内容，因此，在内部承包合同发生纠纷时要区别处理。

通常认为，内部承包合同发生纠纷一般受合同法的调整，但涉及内部承包人与施工企业属于劳动法调整的争议事项时，受劳动法的调整。内部承包合同对外会涉及内部承包人（项目经理）构成代表施工企业的表见代理的情

况。根据《建筑施工企业项目经理资质管理办法》和《建设工程施工合同》示范文本通用条款关于项目经理的规定，可以认为项目经理是具有项目经理资质的企业职工，是受企业法定代表人委托从事项目管理工作的施工企业代表人。故而，内部承包下的项目经理与第三人签订合同，构成代表施工企业的表见代理，对外签订合同引起的法律后果由施工企业承担。

· 现行法律中的相关规定 ·

《民法典》

第一百四十三条　具备下列条件的民事法律行为有效：

（一）行为人具有相应的民事行为能力；

（二）意思表示真实；

（三）不违反法律、行政法规的强制性规定，不违背公序良俗。

《最高人民法院关于审理建设工程施工合同纠纷案件适用法律问题的解释（一）》

第四十三条　实际施工人以转包人、违法分包人为被告起诉的，人民法院应当依法受理。

实际施工人以发包人为被告主张权利的，人民法院应当追加转包人或者违法分包人为本案第三人，在查明发包人欠付转包人或者违法分包人建设工程价款的数额后，判决发包人在欠付建设工程价款范围内对实际施工人承担责任。

第四十四条　实际施工人依据民法典第五百三十五条规定，以转包人或者违法分包人怠于向发包人行使到期债权或者与该债权有关的从权利，影响其到期债权实现，提起代位权诉讼的，人民法院应予支持。

《河北省高级人民法院关于印发〈建设工程施工合同案件审理指南〉的通知》

4. 建筑施工企业与其下属分支机构或在册职工签订合同，将其承包的全部或者部分工程分包给其下属分支机构或职工施工，并在资金、技术、设备、人力等方面给予支持的，可以认定为企业内部承包合同。判断是否为企业的在册职工应以书面劳动合同、社保缴纳凭证、工资发放证明等证据综合予以认定。企业内部职工和下属分支机构不得单独主张工程款。

建筑施工企业与无施工资质的承包人签订的合同名为企业内部承包实为借用资质，当事人主张合同有效的，人民法院不予支持。

《北京市高级人民法院关于审理建设工程施工合同纠纷案件若干疑难问题的解答》

5. 如何认定建筑企业的内部承包行为？

建设工程施工合同的承包人将其承包的全部或部分工程交由其下属的分支机构或在册的项目经理等企业职工个人承包施工，承包人对工程施工过程及质量进行管理，对外承担施工合同权利义务的，属于企业内部承包行为；发包人以内部承包人缺乏施工资质为由主张施工合同无效的，不予支持。

《浙江省高级人民法院民事审判第一庭关于审理建设工程施工合同纠纷案件若干疑难问题的解答》

一、如何认定内部承包合同？如何认定其效力？

建设工程施工合同的承包人与其下属分支机构或在册职工签订合同，将其承包的全部或部分工程承包给其下属分支机构或职工施工，并在资金、技术、设备、人力等方面给予支持的，可认定为企业内部承包合同；当事人以内部承包合同的承包方无施工资质为由，主张该内部承包合同无效的，不予支持。

2. 参考案例

案例一　**王某与江苏登达建设集团有限公司、江苏登达建设集团有限公司河北分公司建设工程施工合同纠纷二审民事判决书**（2014）苏民终字第00371号

一审法院认为，登达公司作为承包单位将其从发包人荣盛公司承揽的

建设工程，以登达河北分公司名义，通过签订《内部承包合同》的方式，违法分包给不具有从事建筑活动主体资格的王某个人进行施工，应当认定为没有资质的实际施工人借用有资质的建筑施工企业名义承揽建设工程，即为通常意义上所称的挂靠关系。因该挂靠关系违反法律、行政法规的强制性规定，故双方之间签订的《内部承包合同》依法应当认定为无效合同。

二审法院认为，承包人非法转包、违法分包建设工程或者没有资质的实际施工人借用有资质的建筑施工企业名义与他人签订的建设工程施工合同均为无效合同。本案中，登达公司在承接荣盛公司发包的工程后，由登达河北分公司与王某签订《内部承包合同》，将部分工程违法分包给没有资质的王某以登达公司的名义施工，登达公司收取管理费，在扣除税费、管理费等相关费用后所有经济责任由王某自负盈亏，该行为违反了法律、行政法规强制性规定，双方签订的《内部承包合同》应认定为无效。

案例二　孙某荣因与中铁七局集团第三工程有限公司、蔡某新、徐州华夏建筑防腐工程有限公司建设工程施工合同纠纷二审民事判决书

（2013）陕民一终字第 00048 号

一审法院认为，中铁七局二公司借用中铁七局三公司资质承包魏家堡隧道工程后，非法转包给第三人华夏公司、九江公司并签订合同的行为，违反了法律的强制性规定，均为无效合同。孙某荣作为个人，无建筑施工资质，与第三人蔡某新签订的《合作意向书》亦为无效合同。

二审法院认为，本案中中铁七局三公司对孙某荣为案涉工程实际施工人的事实不持异议，而从蔡某新先后代表华夏公司、九江公司与中铁七局三公司签订转包工程的《合作协议书》《施工合同》，以及在此期间蔡某新又以个人名义与孙某荣签订《合作意向书》的事实可以看出，蔡某新实际是借用华夏公司、九江公司的资质承包工程，因此，中铁七局三公司即使与孙某荣之间不存在直接的合同关系，其亦应在欠付华夏公司、九江公司和蔡某新的工程款的范围内对实际施工人孙某荣承担责任，且中铁七局三公司亦表示其可以在本案的诉讼中将应付九江公司的工程款 611 217.7 元支付给孙某荣。故在华夏公司、九江公司和蔡某新无法查寻，九江公司和蔡某新亦长期未主张该工程款的情形下，中铁七局三公司理应将该611 217.7 元工程款及利息支付给孙某荣。

024. 建设工程施工合同无效，发包人是否可以主张管理费？

1. 问题解读及相关法律规定

（1）管理费的定义及内容

管理费又称为企业管理费，根据《住房和城乡建设部、财政部关于印发〈建筑安装工程费用项目组成〉的通知》（建标〔2013〕44 号）的规定，是指建筑安装企业组织施工生产和经营管理所需的费用。包括以下内容。

①管理人员工资：是指按规定支付给管理人员的计时工资、奖金、津贴补贴、加班加点工资及特殊情况下支付的工资等。

②办公费：是指企业管理办公用的文具、纸张、账表、印刷、邮电、书报、办公软件、现场监控、会议、水电、烧水和集体取暖降温（包括现场临时宿舍取暖降温）等费用。

③差旅交通费：是指职工因公出差、调动工作的差旅费、住勤补助费，市内交通费和误餐补助费，职工探亲路费，劳动力招募费，职工退休、退职一次性路费，工伤人员就医路费，工地转移费以及管理部门使用的交通工具的油料、燃料等费用。

④固定资产使用费：是指管理和试验部门及附属生产单位使用的属于固定资产的房屋、设备、仪器等的折旧、大修、维修或租赁费。

⑤工具用具使用费：是指企业施工生产和管理使用的不属于固定资产的工具、器具、家具、交通工具和检验、试验、测绘、消防用具等的购置、维修和摊销费。

⑥劳动保险和职工福利费：是指由企业支付的职工退职金、按规定支付给离休干部的经费，集体福利费、夏季防暑降温、冬季取暖补贴、上下班交

通补贴等。

⑦劳动保护费：是企业按规定发放的劳动保护用品的支出，如工作服、手套、防暑降温饮料以及在有碍身体健康的环境中施工的保健费用等。

⑧检验试验费：是指施工企业按照有关标准规定，对建筑以及材料、构件和建筑安装物进行一般鉴定、检查所发生的费用，包括自设试验室进行试验所耗用的材料等费用。不包括新结构、新材料的试验费，对构件做破坏性试验及其他特殊要求检验试验的费用和建设单位委托检测机构进行检测的费用，对此类检测发生的费用，由建设单位在工程建设其他费用中列支。但对施工企业提供的具有合格证明的材料进行检测不合格的，该检测费用由施工企业支付。

⑨工会经费：是指企业按《工会法》规定的全部职工工资总额比例计提的工会经费。

⑩职工教育经费：是指按职工工资总额的规定比例计提，企业为职工进行专业技术和职业技能培训，专业技术人员继续教育、职工职业技能鉴定、职业资格认定以及根据需要对职工进行各类文化教育所发生的费用。

⑪财产保险费：是指施工管理用财产、车辆等的保险费用。

⑫财务费：是指企业为施工生产筹集资金或提供预付款担保、履约担保、职工工资支付担保等所发生的各种费用。

⑬税金：是指企业按规定缴纳的房产税、车船使用税、土地使用税、印花税等。

⑭其他：包括技术转让费、技术开发费、投标费、业务招待费、绿化费、广告费、公证费、法律顾问费、审计费、咨询费、保险费等。

（2）合同无效，合同约定的“管理费”如何处理？

在司法实践中，对转包、违法分包合同中的管理费计取问题争议较大，主要集中在以下几个方面：没有资质或超越资质的实际施工人能否计取管理费？法院是否应该收缴转包、违法分包合同中的管理费？如果法院不收缴管理费，该如何处理转包人、违法分包人的管理费诉请？各地法院针对该问题有不同意见，比较常见的有以下三种判决结果。

①参照合同约定说

建设工程经竣工验收合格时，虽然双方签订的建设工程施工合同无效，但工程价款仍然参照合同约定支付，“管理费”属于建设工程价款的组成部分，故应参照约定处理。转包方、违法分包方、被挂靠方（以下统称转包方）向转承包人、挂靠人（以下统称施工方）主张“管理费”的，应予支持；转承包方要求返还“管理费”的，不予支持（参考案例一）。

②无效返还说

题述情形下合同约定的“管理费”属于非法所得，合同中相关条款无效，应参照合同无效的处理方式。转包方主张应从支付的工程价款中扣除“管理费”的，不予支持；施工方主张返还“管理费”或者工程价款中不扣除“管理费”的，应予以支持（参考案例二）。

③实际参与管理说

题述情形下合同约定的“管理费”有的为建设工程价款的组成部分，有的为转包方的转包牟利。对于前者，在查明转包方实际参与了施工管理服务的情况下，可参照合同约定处理；对于后者，因转包方并未进行管理亦无实际付出，故不存在对其投入折价返还的问题。当分配合同无效时，应遵循诚信原则，不使不诚信的当事人因合同无效而获利（参考案例三）。

《最高人民法院第二巡回法庭2020年第7次法官会议纪要》载明，建设工程施工合同因非法转包、违法分包或挂靠行为无效时，对于该合同中约定的由转包方收取“管理费”的处理，应结合个案情形根据合同目的等进行具体判断。如该“管理费”属于工程价款的组成部分，而转包方也实际参与了施工组织管理协调的，可参照合同约定处理；对于转包方纯粹通过转包牟利，未实际参与施工组织管理协调，合同无效后主张“管理费”的，应不予支持。合同当事人以作为合同价款的“管理费”应予收缴为由主张调整工程价款的，不予支持。基于合同的相对性，非合同当事人不能以转包方与转承包方之间有关“管理费”的约定主张调整应支付的工程款。

因此，综上所述，在实践操作中，该管理费的处理仍需根据案件具体情况进行具体分析。

2. 参考案例

案例一 **榆林怡鑫房地产开发有限公司、张某建设工程施工合同纠纷民事二审民事判决书**（2021）陕民终536号

法院认为，对管理费、税金、利润、劳保费等应否全部计入工程造价的问题。建设工程施工合同无效后，依法应当按照折价补偿的方式处理，故《最高人民法院关于审理建设工程施工合同纠纷案件适用法律问题的解释》第2条规定，“建设工程施工合同无效，但建设工程经竣工验收合格，承包人请求参照合同约定支付工程价款的，应予支持”。劳保统筹费本身并未包含在原判认定的工程造价中。税金是否计入工程造价，具体要看双方的约定。至于管理费和利润部分，无论承包人是个人还是建筑企业，均属于承包人进行建设工程施工支出的必要成本或应得利益，应当计入工程造价。本案鉴定部分工程双方并无任何书面约定，上诉人认为税金等不应计入工程造价的理由缺乏充分事实和法律依据，不能成立。

案例二 **胡某雄与湖北中民建筑工程有限公司建设工程施工合同纠纷审判监督民事判决书**（2014）民抗字第10号

法院认为，根据《最高人民法院关于适用〈中华人民共和国民事诉讼法〉审判监督程序若干问题的解释》第33条的规定，检察机关抗诉的，人民法院应当在抗诉支持当事人请求的范围内审理再审案件。本案需要解决的关键问题是：二审判决判令中民建公司将105万元管理费退还给胡某雄是否适用法律错误。

本案中，中民建公司将承包的案涉工程以设备租赁方式转包给胡某雄，违反了《建筑法》第67条第1款“承包单位将承包的工程转包的，或者违反本法规定进行分包的，责令改正，没收违法所得，并处罚款，可以责令停业整顿，降低资质等级；情节严重的，吊销资质证书”的规定，但承担该“行政处罚性”法律责任的主体应该是中民建公司。而且《建筑法》第76条第1款还明确规定：“本法规定的责令停业整顿、降低资质等级和吊销资质证书的行政处罚，由颁发资质证书的机关决定；其他行政处罚，由建设行政主

管部门或者有关部门依照法律和国务院规定的职权范围决定。”

《最高人民法院关于审理建设工程施工合同纠纷案件适用法律问题的解释》第4条规定：“承包人非法转包、违法分包建设工程或者没有资质的实际施工人借用有资质的建筑施工企业名义与他人签订建设工程施工合同的行为无效。人民法院可以根据民法通则第一百三十四条规定，收缴当事人已经取得的非法所得。”上述司法解释，目的在于平衡当事人之间的利益关系，及时制裁违法行为，进一步规范建筑市场，保证建筑工程质量，进而保证人民生命、财产安全。对建设工程施工合同中的民事违法行为是否惩罚应根据案件的实际情况及当事人的违法情节而定，不能因为适用惩罚措施而导致当事人利益严重失衡。

本案中，105万元管理费是中民建公司与胡某雄签订合同后，胡某雄即支付中民建公司的。此外，《工程劳务分包协议书》约定十六化建公司收取中民建公司管理费130万元，但双方结算时除去工程终审金额630万元外，十六化建公司又补给中民建公司管理费100万元。实际上，中民建公司除已经取得胡某雄上交的105万元管理费外，还另外从十六化建公司获得管理费100万元。中民建公司亦承认这个100万元管理费与胡某雄没有任何关系，是十六化建公司对中民建公司的补偿。胡某雄组织几十名民工施工，最终完成了挖运工程，且验收合格，其理应获得施工的劳务费。如果将该105万元管理费予以收缴，则胡某雄仅得525万元劳务费，与其付出的劳动不相符。而非法转包的中民建公司在收取的胡某雄105万元管理费被收缴后，仍然获得了十六化建公司补偿中民建公司的100万元管理费，势必造成新的不平衡，激发新的矛盾。

二审判决综合考虑上述实际情况，在中民建公司与胡某雄签订的《设备租赁合同书》因中民建公司非法转包而无效的情况下，判令中民建公司将实际施工前便已经收取的105万元管理费向胡某雄予以返还，而非予以收缴，充分考虑了司法解释本意和本案的具体情况，适用法律并无不当。检察机关的上述抗诉意见，不符合本案的实际情况，亦不符合本院司法解释规定的精神，法院不予支持。

案例三 **李某、厦门安能建设有限公司建设工程施工合同纠纷民事二审民事判决书（2021）藏民终199号**

法院认为，第一，根据查明的事实，本案双方当事人分别于2012年8月15日、2012年12月29日签订的《西藏旁多水利枢纽泄洪洞及泄洪兼导流洞出口和厂房后边坡加固处理工程内部承包合同》《西藏旁多水利枢纽电站厂房土建二期（装饰）工程内部承包合同》中均约定了相应的管理费，但该两份合同因违反法律的强制性规定而被依法认定为无效。第二，虽然案涉两份合同无效导致其中的管理费条款无效，但该管理费为厦门安能建设有限公司对案涉工程进行相应管理的对价，作为双方当事人履行案涉合同所发生的费用，属于工程价款的组成部分，并非一般意义上的企业管理费也非纯粹出借资质的管理费。一审法院以案涉两份合同约定的管理费为《建筑安装工程费用项目组成》规定的企业管理费的认定有误，应予以纠正。第三，厦门安能建设有限公司提供的证据可以证实其参与案涉工程的招投标并协商订立合同；专门成立工程项目部并指派其公司人员对案涉工程进行管理；对于案涉工程的质量监督、验收、核算等进行全程参与管理。根据《最高人民法院关于审理建设工程施工合同纠纷案件适用法律问题的解释》第2条“建设工程施工合同无效，但建设工程经竣工验收合格，承包人请求参照合同约定支付工程价款的，应予支持”之规定，因案涉工程验收合格并已投入使用，李某有权请求厦门安能建设有限公司参照合同约定支付工程价款，厦门安能建设有限公司履行了相应的管理职责并实施了实际管理行为，其有权参照合同约定收取管理费。一审法院以厦门安能建设有限公司全程参与管理及施工的同时收取相应管理费认定并无不当，法院予以确认。

025. 建设工程施工合同中的显失公平条款如何处理？

1. 问题解读及相关法律规定

在建筑行业中，由于发包人与承包人地位的不平等，发包人经常设置一些显失公平的合同条款，承包人为了获得工程，在合同订立时做出有损公平原则的让步，但在随后的合同履行中却引发了大量的合同纠纷，如果发包人提供的合同中的格式条款确实显失公平，承包人可以主张该条款不成为合同的内容。

· 现行法律中的相关规定 ·

《民法典》

第一百五十一条　一方利用对方处于危困状态、缺乏判断能力等情形，致使民事法律行为成立时显失公平的，受损害方有权请求人民法院或者仲裁机构予以撤销。

第四百九十六条　格式条款是当事人为了重复使用而预先拟定，并在订立合同时未与对方协商的条款。采用格式条款订立合同的，提供格式条款的一方应当遵循公平原则确定当事人之间的权利和义务，并采取合理的方式提示对方注意免除或者减轻其责任等与对方有重大利害关系的条款，按照对方的要求，对该条款予以说明。提供格式条款的一方未履行提示或者说明义务，致使对方没有注意或者理解与其有重大利害关系的条款的，对方可以主张该条款不成为合同的内容。

第五百三十三条　合同成立后，合同的基础条件发生了当事人在订立合同时无法预见的、不属于商业风险的重大变化，继续履行合同对于当事人一方明显不公平的，受不利影响的当事人可以与对方重新协商；在合理期限内协商不成的，当事人可以请求人民法院或者仲裁机构变更或者解除合同。人民法院或者仲裁机构应当结合案件的实际情况，根据公平原则变更或者解除合同。

2. 参考案例

案例一　**广东劲达建设工程有限公司与佛山市南海区里水镇人民政府、佛山市南海区里水市政工程有限公司建设工程施工合同纠纷二审判决书**（2021）粤06民终13150号

法院认为，关于劲达公司关于变更“专用合同条款”中部分条款的主张是否应予支持的问题。

劲达公司在一审中请求变更不公平的专用条款，又陈述其请求变更的条款属格式条款，但未明确陈述放弃这部分条款是否属于不公平条款的理由，一审法院据此对相关条款是否属格式条款及显失公平进行论述，并据此确定是否应当变更并无违反法律法规的规定。根据《合同法》第55条第1项的规定，具有撤销权的当事人自知道或者应当知道撤销事由之日起一年内没有行使撤销权，其撤销权消灭的规定，劲达公司基于相关专用条款显失公平或受胁迫签订，其请求人民法院予以变更的权利已超过一年的除斥期间，且劲达公司在上诉中主要主张相关专用条款属格式条款，故本院对劲达公司主张变更的部分专用条款是否显失公平或受胁迫而签订的事实不再予以审查。

基于劲达公司的上诉，本院审查其主张变更的专用条款是否属于里水镇政府提供的格式条款。根据《最高人民法院关于适用〈中华人民共和国民法典〉时间效力的若干规定》第9条“民法典施行前订立的合同，提供格式条款一方未履行提示或者说明义务，涉及格式条款效力认定的，适用民法典第四百九十六条的规定”的规定，本院对本案涉及格式条款效力认定的问题，适用《民法典》的规定。根据《民法典》第496条第1款“格式条款是当事人为了重复使用而预先拟定，并在订立合同时未与对方协商的条款”的规定，格式条款的构成要件应当是合同一方为重复使用预先拟定，在订立合同时未与对方协商。在本案中，案涉工程进行公开招标，整个招投标过程经历三个阶段：第一阶段由里水镇政府发出招标公告，即要约邀请，在该公告中明确了订立合同的主要内容，包括劲达公司主张变更的条款。在该公告发出以后，进入招标阶段，劲达公司按照招标公告的邀请发出要约，提交了投标文件，最后进入定标阶段，劲达公司中标，里水镇政府发出中标通知，即表示承诺。双方对招标文件、中标通知等文件内容的真实性没有异议，招标公告证明，里水镇政府在招标公告中明确告知潜在投标人或其他利害关系人认为本公告及招标文件的内容违法违规或不公平、不公正，损害其利益的，可以在投标截止时间10日前向招标人提出异议，对招标人答复不满意或者招标人未在规定的时间内作出答复的，可以自知道或应当知道之日起10日内向行政监督部门实名投诉；潜在投标人或其他利害关系人应当充分重视异议、投诉提出的时限，避免异议权、投诉权由于失效原因而灭失。据此，法院认定里水镇政府确认其发布的招标文件内容可协商可变更，即里水镇政府对潜在投标人和利害关系人提供了协商变更的机会。投标人劲达公司由于疏忽或者担心失去中标机会等原因未在异议、投诉期限内向里水镇政府或者监督机构提出异议、投诉，应视为其主动放弃协商变更机会，并不能改变该等条款可协商可变更的特性。因此，虽然劲达公司发出的投标文件完全响应招标文件的条款，本院仍应认定该等条款不符合《民法典》规定的格式条款的构成要件，应为非格式条款。据此，劲达公司认为其主张变更的条款符合《民法典》第497条第2项规定的无效情形，属于无效条款的理由不成立，法院不予采纳。

案例二　北京东方园林环境股份有限公司、山东江润建筑工程有限公司建设工程施工合同纠纷民事二审民事判决书（2021）鲁14民终2206号

法院认为，关于案涉工程结算条款是否可以作为结算的依据问题。《民法典》第496条规定，格式条款是当事人为了重复使用而预先拟定，并在订立合同时未与对方协商的条款。东方公司在上诉状中认可案涉合同为东方公司为重复使用而预先拟定的条款。关于是否进行了协商，江润公司无法证明未发生的事实，东方公司作为条款的拟定方，应举证证明已经与江润公司进行过协商，东方公司一审未参加诉讼，二审亦未提交证据证明，应承担举证不能的法律后果。一审法院认定案涉合同中付款及结算的条款为格式条款并无不当。《民法典》第497条规定："有下列情形之一的，该格式条款无效：……（二）提供格式条款一方不合理地免除或者减轻其责任、加重对方责任、限制对方主要权利……"本案为建设工程施工合同，承包方的主要权利是要求发包方支付工程款。合同中约定的付款、结算条款均涉及承包方的主要合同权利。案涉结算条款约定由东方公司对结算价款进行两审终审，约定付款节点均以东方公司审定结算额为基础，使江润公司可以获得工程款的时间完全掌握在东方公司一方，限制了江润公司的主要权利，减轻了东方公司的付款义务。加之案涉工程于2019年1月5日已经验收完成，东方公司至今不进行终审结算并以该条款主张未达到工程款支付条件，应认定东方公司拟定的关

于结算的格式条款无效。一审法院采信已经东方公司项目部商务经理、项目经理签字确认的《对下结算审定表》，并据此认定应付工程款及利息的数额，并无不当。

026. 建设工程竣工验收合格，实际施工人与发包人所签结算协议是否有效?

1. 问题解读及相关法律规定

建设工程竣工验收及结算在施工合同的履行过程中具有重要的意义，竣工验收作为施工过程的最后一道程序，是全面检验施工质量的重要环节；而竣工结算又是产生纠纷较多的一个环节。

在建设工程竣工验收合格后，实际施工人与发包人所签结算协议的效力问题。首先，从实际施工人的制度来看，承认实际施工人同发包人之间结算的效力，对于保护实际施工人的利益具有重要的意义。应将实际完成建设工程的施工人确定为实际施工人，并且从保护其利益的角度赋予其程序性和实体性的权利，以便实现对实际施工人利益的保护。其次，实际施工人已经同发包人就工程价款进行了结算，在工程竣工验收合格的情况下，从减少诉讼、充分利用司法资源、促进经济发展的角度，应认定当事人结算的意思表示真实，并予以保护。最后，承认实际施工人与发包人之间的结算协议效力更有利于节约诉讼成本与资源。对于诉讼中当事人主张不按照结算协议进行结算，而请求人民法院对案涉工程进行造价鉴定的，如果法院进行工程造价鉴定会造成案件审理的拖延，审理期限变长，增加当事人的诉讼负担，不符合诉讼经济的要求，且这种做法也是置当事人之间签署的结算协议的真实意思而不顾。故在案件审理过程中，如果能够通过其他方式确定当事人之间关于争议工程价款的数额的，应避免简单地通过鉴定的方式对工程价款进行鉴定，从而尽可能地解决鉴定乱的问题。

在司法实践中，建设工程经竣工验收合格后，实际施工人与发包方已经就涉案工程签署结算协议的，该结算协议应视为实际施工人与发包方就施工工程价款结算问题所达成的合意。实际施工人请求发包方依据结算协议支付工程价款的，人民法院可予支持。

现行法律中的相关规定

《民法典》

第一百四十三条　具备下列条件的民事法律行为有效：（一）行为人具有相应的民事行为能力；（二）意思表示真实；（三）不违反法律、行政法规的强制性规定，不违背公序良俗。

《最高人民法院关于审理建设工程施工合同纠纷案件适用法律问题的解释（一）》

第二十九条　当事人在诉讼前已经对建设工程价款结算达成协议，诉讼中一方当事人申请对工程造价进行鉴定的，人民法院不予准许。

《北京市高级人民法院关于审理建设工程施工合同纠纷案件若干疑难问题的解答》

7. 当事人在诉讼前已就工程价款的结算达成协议，一方要求重新结算的，如何处理？当事人在诉讼前已就工程价款的结算达成协议，一方在诉讼中要求重新结算的，不予支持，但结算协议被法院或仲裁机构认定为无效或撤销的除外。建设工程施工合同无效，但工程经竣工验收合格，当事人一方以施工合同无效为由要求确认结算协议无效的，不予支持。

《山东省高级人民法院关于审理建设工程施工合同纠纷案件若干问题的解答》

2. 当事人主张以诉前达成的结算协议作为工程价款结算依据的，如何审查处理？当事人诉前达成结算协议，经审查协议有效的，应当以结算协议作为结算工程价款的依据。对结算协议及其效力的认定应当重点审查是否为当事人真实意思表示：（1）双方共同签字盖章的结算协议，一方仅以对方存在欺诈、胁迫等行为否认结算协议效力，没有充分证据证明的，不予支持；（2）双方诉前共同委托有关机构、人员对工程造价出具咨询意见或者接收造价报告但未达成书面结算协议，一方当事人不予认可的，不能认定为结算协议；（3）存在多份结算协议的，应结合当事人双方的主张和举证，确定当事人真实意思表示。

《四川省高级人民法院关于审理建设工程施工合同纠纷案件若干疑难问题的解答》

22. 当事人诉前达成的结算协议如何处理？当事人在诉讼前已就工程价款的结算达成协议，一方在诉讼中要求重新结算的，不予支持，但结算协议被人民法院或仲裁机构认定为无效或撤销的除外。

2. 参考案例

案例一　莱芜市钢城区颜庄供销合作社与谭某赞建设工程施工合同纠纷二审民事判决书（2019）鲁 01 民终 2122 号

一审法院认为，谭某赞借用颜庄建安三公司的资质承建颜庄供销社的商居楼工程，违反了《建筑法》施工资质管理的强制性规定，《最高人民法院关于审理建设工程施工合同纠纷案件适用法律问题的解释》第 1 条第 1 款第 2 项规定："建设工程施工合同具有下列情形之一的，应当根据合同法第五十二条第（五）项的规定，认定无效：（二）没有资质的实际施工人借用有资质的建筑施工企业名义的……"所以谭某赞与颜庄供销社的施工合同无效。但涉案工程完工后，颜庄供销社未提出质量异议且已入住使用，应视为工程质量合格。《最高人民法院关于审理建设工程施工合同纠纷案件适用法律问题的解释》第 2 条规定："建设工程施工合同无效，但建设工程经竣工验收合格，承包人请求参照合同约定支付工程价款的，应予支持。"第 26 条第 2 款规定"实际施工人以发包人为被告主张权利的，人民法院可以追加转包人或者违法分包人为本案当事人。发包人只在欠付工程价款范围内对实际施工人承担责任"。上述规定表明，法律赋予实际施工人就质量合格工程突破合同相对性直接向发包人主张工程价款的权利。工程竣工合格后，实际施工人与发包人通过结算签署的结算协议，应视为实际施工人与发包人就工程结算问题所达成的合意。签署结算协议是双方处分自己民事权利的民事行为，具有合同的法律效力。因此，本案中，实际施工人谭某赞基于结算协议确定的债权债务关系对发包人颜庄供销社行使工程款请求权，应受法律保护。

二审法院认为，一审判决认定事实清楚，适用法律正确，应予维持。

案例二 **八冶建设集团有限公司新材料工程分公司、甘肃宇丰新能源科技发展有限公司建设工程施工合同纠纷再审审查与审判监督民事裁定书**（2020）最高法民申5657号

法院经审查认为，本案为再审审查案件，应当围绕再审申请人的再审事由进行审查。关于原审判决认定基本事实是否缺乏证据证明问题。八冶新材料公司与宇丰公司在诉讼中均认可柴某毅是案涉工程的实际施工人。柴某毅作为案涉工程的实际施工人，应熟知所施工工程量及工程价款，其以八冶新材料公司酒嘉项目部名义向宇丰公司出具《关于申请工程竣工结算的报告》，载明工程合同总造价为22 800 000元、工程核定造价为28 800 000元等，并附有结算项目清单，申请宇丰公司对项目进行结算。宇丰公司复函同意该结算报告。八冶新材料公司酒嘉项目部随后向宇丰公司出具承诺书，申明工程结算完结。二审法院基于双方合同约定及实际施工人提交的结算报告、承诺书，认定案涉工程结算不属于八冶新材料公司主张的显失公平情形，未支持其撤销请求，并无不当。

027. 盖有公司项目部资料专用章的文件对该公司是否具有约束力？

1. 问题解读及相关法律规定

工程项目部系由作为承包人的施工企业委派的代表承包人履行具体工程项目承包合同的施工管理组织，其地位相当于承包人没有取得企业法人营业执照的一个具体履行合同的直接部门。也就是说项目部一般是为了履行特定的工程项目而成立的，其职权范围往往局限于特定工程施工合同项下的权利与义务。项目部章只是项目部行使权利的一个凭证，其效力要由项目部的职

权范围决定。

项目部资料专用章并非公司行政印章和合同专用章，按照其字面意思也很容易理解，一般不具有对外的效力，并且在用途上具有专属性。技术专用章主要是加盖在技术资料上，如施工技术资料、技术申报材料等。资料专用章主要是在非验收性的工程资料上加盖，比如工程资料复印件、复制件、归档资料等。图纸专用章主要是加盖在图纸上的，比如对图纸审核无误后加盖。这些文件当然地对公司具有约束力。

但是在对外合同中加盖项目部资料专用章，一般对公司无约束力，且相对方主张表见代理，也不能认定属于表见代理或者表见代理行为成立。因为一般人通过字面含义足以辨别技术专用章、资料专用章、图纸审核章的效力及用途，不足以让相对方相信盖章之人有代理权的外观或者表象。因此加盖项目部资料专用章通常不能代表公司对外进行商业交易，不能约束公司；例外情形为，合同已经实际履行或者加盖项目部资料专用章的人有代理权或者代表权，或者有证据证明该项目资料专用章实际用于资料专用章以外的用途等除外。

· 现行法律中的相关规定 ·

《民法典》

第一百七十一条　行为人没有代理权、超越代理权或者代理权终止后，仍然实施代理行为，未经被代理人追认的，对被代理人不发生效力。

相对人可以催告被代理人自收到通知之日起三十日内予以追认。被代理人未作表示的，视为拒绝追认。行为人实施的行为被追认前，善意相对人有撤销的权利。撤销应当以通知的方式作出。

行为人实施的行为未被追认的，善意相对人有权请求行为人履行债务或者就其受到的损害请求行为人赔偿。但是，赔偿的范围不得超过被代理人追认时相对人所能获得的利益。

相对人知道或者应当知道行为人无权代理的，相对人和行为人按照各自的过错承担责任。

第一百七十二条　行为人没有代理权、超越代理权或者代理权终止后，仍然实施代理行为，相对人有理由相信行为人有代理权的，代理行为有效。

《四川省高级人民法院关于审理建设工程施工合同纠纷案件若干疑难问题的解答》

27. 如何认定承包项目经理在合同履行中所实施的与项目建设有关行为的效力？

合同履行过程中，承包人项目经理以承包人名义在结算报告和签证文件上签字确认、加盖项目部印章，收取工程款、接收发包人供材等行为，一般应当认定为履行职务行为，对承包人具有约束力，但双方另有约定或承包人有证据证明相对人知道或应当知道项目经理没有代理权的除外。

《山东高院民一庭关于审理建设工程施工合同纠纷案件若干问题的解答》

4. 项目经理以承包人名义实施确认工程量、签订买卖合同或租赁合同、对外借款等行为，效力如何认定？

承包人对项目经理授权不明，或者项目经理在承包人授权范围外从事的相关行为，应当适用表见代理的法律规定，审查承包人是否对项目经理行为承担民事责任。合同相对人主张构成表见代理的，应当承担举证证明责任。

对于项目经理确认工程量的行为，一般应认定为有效，但承包人明确项目经理无确认工程量的授权，且发包人明知的除外。

对于签订买卖、租赁合同的行为，应当结合购买材料或租赁设备的品类、用途、交货地点，是否用于涉案工程以及施工合同履行习惯，相对方是否善意等情况，认定是否由承包人承担责任。

对于对外借款行为效力的认定要从严掌握，应当对借款流向、用途以及出借人是否善意等事实进行实质性审查，并结合承包人与项目经理之间关于涉案工程的资金投入、结算方式等约定，综合认定是否由承包人承担还款责任。

《江苏省高级人民法院建设工程施工合同案件审理指南》（2010年）

2. 项目经理行为的法律责任

（1）外部责任

……

根据《合同法解释一》第14条的规定，认定构成表见代理的，应当以被代理人的行为与权利外观的形成具有一定的牵连性即被代理人具有一定的过错为前提，以“相对人有理由相信行为人有代理权”即相对人善意无过失为条件。第15条规定，在衡量相对人是否构成善意无过失时，应结合代理原理和经验法则以及案件的具体情况等因素综合作出判断，下列情形下不应当认定为属于合同法第49条所称的“相对人有理由相信行为人有代理权”：（1）被代理人授权明确，行为人越权代理的；（2）行为人与相对人订立的合同内容明显损害被代理人利益的；（3）基于经验法则，行为人的代理行为足以引起相对人合理怀疑的。通常，实际承包人在赊购物资或者融资时加盖项目经理部的印章，凭此一般可以认定相对人有理由相信实际承包人的行为系职务行为，要求相对人举证证明实际承包人与其发生交易时持有施工企业的授权委托书不符合实际，过于苛刻。但是不能一概而论，根据实务中的一些具体情况，以下情形中不应认定实际承包人的行为构成表见代理：（1）授权委托书载明的授权明确，相对人与实际承包人发生的交易属无权代理权；（2）相对人应对涉及工程项目上的“项目经理”身份进行必要的审查，如其未尽合理的审查义务而与实际没有“项目经理”身份的人、没有“项目经理”授权的人或者在工程项目终止后无权代表施工企业的“项目经理”发生交易；（3）相对人将实际承包人采购的物资、租赁的设备根据实际承包人的指示，运送至施工企业“承包”工程项目以外的工地的，或者相对人将实际承包人所借款项汇至与施工企业或工程项目无关的银行账户的，也即无证据证明交易与施工企业“承包”的工程项目有关；（4）相对人与实际承包人订立的合同明显损害施工企业的合法利益，可按照当事人恶意串通损害他人利益的原则处理；（5）实际承包人人以自己作为交易主体与相对人订立、履行合同，但未经施工企业授权而以施工企业名义出具债务凭证；（6）实际承包人加盖私刻（或伪造）的印章与相对人发生交易或者向相对人出具债务凭证，相对人又没有证据证明该印章曾在施工企业“承包”的工程项目中使用过或者施工企业知道或应当知道实际承包人利用该印章从事相关行为，又不能证明相关资金、物质、设备用于施工企业“承包”的工程项目的。虽然，相对人可能无法辩明实际承包人加盖的印章与施工企业的关联性，但如果加盖的印章确为实际承包人私刻，且没有证据证明相关资金、物质、设备用于施工企业“承包”的工程项目的，让施工企业承担责任没有法律和事实依据，按合同相对性原则予以处理最为妥当。

《河北省高级人民法院关于印发〈建设工程施工合同案件审理指南〉的通知》

八、承包主体的对外责任承担

49. 挂靠人以自己名义与材料设备供应商签订买卖合同，材料设备供应商起诉要求被挂靠单位承担合同责任的，不予支持。挂靠人以被挂靠单位名义签订合同，一般应由被挂靠单位和挂靠人共同承担责任，但材料设备供应商签订合同时明知挂靠的事实，并起诉要求被挂靠人承担合同责任的，人民法院不予支持。非法转包人、违法分包人未经施工企业授权，以施工企业项目部名义对外签订买卖、租赁等合同，施工企业是否承担民事责任适用《合同法》第四十九条的规定。有证据证实合同标的用于工程或施工合同履行过程中施工企业对项目部的行为进行过认可的，可以认定债权人有理由相信非法转包人、违法分包人有代理权。非法转包人、违法分包人未经施工企业授权，以施工企业项目部名义对外签订借款合同，应按照《最高人民法院关于民间借贷案件适用法律若干问题的规定》严格审查借贷的基础事实，包括借款的数额、利息等，并审查借款的用途。有证据证实借款实际发生且用于工程或施工合同履行过程中施工企业对项目部的行为进行过认可的，可以认定债权人有理由相信非法转包人、违法分包人有代理权。

50. 施工企业设立项目部并任命项目部负责人的，项目部负责人受施工企业委托从事民事行为，应视为履行职务行为，施工企业应为合同主体。建设工程承包人设立的项目部负责人在施工企业授权范围外从事的行为，构成表见代理的，施工企业应对外承担责任。施工企业与其设立的项目部负责人签订的有关内部协议，约定免除施工企业对外承担责任的条款，不具有对外效力，不能约束第三人。

51. 施工企业认可的项目部印章对外订立合同的，该印章具有缔约或结算的效力，施工企业应对加盖该项目部印章的合同承担责任。施工企业对项目部印章不认可的，若权利人举证证明在其他对外经济往来或具有公示效力的场合使用过该印章，则该印章具有缔约或结算的效力。

《北京市高级人民法院关于审理建设工程施工合同纠纷案件若干疑难问题的解答》

8. 承包人项目经理在合同履行过程中所施行为的效力如何认定？

施工合同履行过程中，承包人的项目经理以承包人名义在结算报告、签证文件上签字确认、加盖项目部章或者收取工程款、接受发包人供材等行为，原则上应当认定为职务行为或表见代理行为，对承包人具有约束力，但施工合同另有约定或承包人有证据证明相对方知道或应当知道项目经理没有代理权的除外。

2. 参考案例

案例一 **南京存宝运输有限公司与南京照宇建筑工程有限公司、刘某奇买卖合同纠纷二审民事判决书**（2017）苏01民终1181号

一审法院认为，存宝公司与刘某奇存在买卖关系事实清楚，存宝公司供应工程材料至刘某奇挂靠照宇公司承建的相关工地，在存宝公司履行了工程材料的交付义务之后，刘某奇拖欠435 600元货款的事实，刘某奇在庭审中已经自认，且该结算单也加盖了照宇公司项目部资料专用章予以确认。故对存宝公司要求刘某奇支付工程款435 600元的诉讼请求，一审法院予以支持。另外，刘某奇与照宇公司系挂靠关系，虽然双方在内部协议书做过约定该照

宇公司项目部资料专用章仅适用于资料，但对于存宝公司而言不具有约束力，被挂靠人照宇公司对挂靠人刘某奇因承建照宇公司分包项目所欠付的相关材料款，理应承担连带责任，故对于存宝公司要求照宇公司承担连带付款的诉讼请求，一审法院予以支持。

二审法院认为，本案中，存宝公司主张其与照宇公司之间存在买卖合同法律关系，其应对产生该法律关系的基本事实承担举证证明责任，其诉讼中提供了结算单及欠条为证，结算单和欠条上加盖了照宇公司项目部资料专用章，并有刘某奇或其聘请的人员刘某亮的签字。对此，法院认为，照宇公司项目部资料专用章并非照宇公司行政印章和合同专用章，该印章不能代表公司对外进行商业交易，存宝公司对此应负有谨慎注意义务，加盖该印章的结算单及欠条不能约束照宇公司。刘某奇或刘某亮并非照宇公司的工作人员，两人在结算单和欠条上的签名的法律后果，不能由照宇公司承担。存宝公司未和照宇公司签订书面买卖合同，在供货时也未要求刘某奇提供其能代理照宇公司的书面材料，在合同履行过程中，照宇公司没有参与，未确认刘某奇的行为。存宝公司提供的现有证据也不能证明其善意无过失地相信刘某奇或刘某亮具有代理照宇公司的权利，故存宝公司主张其与照宇公司存在买卖合同关系，照宇公司应支付货款，缺乏事实及法律依据，本院不予支持。

案例二　江西恒安建筑设备租赁有限公司与江西建工第一建筑有限责任公司、陈某华租赁合同纠纷一审民事判决书（2020）赣 0103 民初 7601 号

一审法院认为，本案争议焦点为被告一建公司、被告胡某华是否应当承担责任。《合同法》规定：“行为人没有代理权、超越代理权或者代理权终止后，仍然实施代理行为，相对人有理由相信行为人有代理权的，代理行为有效。”本案中，原告明知被告陈某华并非一建公司员工，也没有一建公司的授权书，合同上加盖的项目部公章并非在项目部现场当面加盖，且项目部负责人也无签字确认；现租赁合同书中一建公司项目部的印章经鉴定不是该公司依法备案的印章，故租赁合同中加盖所谓的“江西建工第一建筑有限责任

公司萍乡市南正街棚户区改造项目部”公章的行为不构成表见代理。被告陈某华辩称合同系其交给被告胡某华所盖证据不足，胡某华未在租赁合同上签字确认，其与被告陈某华非雇佣、合伙等关系，胡某华也无证据证明其系一建公司的员工、其加盖公章的行为是职务行为；故对于原告要求被告一建公司和被告胡某华支付租金、维修赔偿费及滞纳金的诉请，不予支持。

第三章

建设工程价款问题

028. 建设施工合同被认定无效，承包人是否可以向发包人主张工程款？

1. 问题解读及相关法律规定

建设工程承包合同的签署和履行过程中存在诸多不规范的行为，如发包人与承包人的合同存在效力瑕疵而被认定为无效或被撤销，承包人未经发包人许可即将合同违法分包、转包给实际施工人。如果承包人本身就是施工人，即使合同无效，也不因此丧失向发包人主张工程价款的权利。如果另行存在其他实际施工人，承包人也有权向发包人主张工程价款。

· 现行法律中的相关规定 ·

《民法典》

第一百五十三条　违反法律、行政法规的强制性规定的民事法律行为无效。

……

第一百五十五条　无效的或者被撤销的民事法律行为自始没有法律约束力。

第一百五十七条　民事法律行为无效、被撤销或者确定不发生效力后，行为人因该行为取得的财产，应当予以返还；不能返还或者没有必要返还的，应当折价补偿。有过错的一方应当赔偿对方由此所受到的损失；各方都有过错的，应当各自承担相应的责任。法律另有规定的，依照其规定。

第七百九十三条第一款　建设工程施工合同无效，但是建设工程经验收合格的，可以参照合同关于工程价款的约定折价补偿承包人。建设工程施工合同无效，且建设工程经验收不合格的，按照以下情形处理：（一）修复后的建设工程经验收合格的，发包人可以请求承包人承担修复费用；（二）修复后的建设工程经验收不合格的，承包人无权请求参照合同关于工程价款的约定折价补偿。

《最高人民法院关于审理建设工程施工合同纠纷案件适用法律问题的解释（一）》

第一条第一款　建设工程施工合同具有下列情形之一的，应当依据民法典第一百五十三条第一款的规定，认定无效：（一）承包人未取得建筑业企业资质或者超越资质等级的；（二）没有资质的实际施工人借用有资质的建筑施工企业名义的；（三）建设工程必须进行招标而未招标或者中标无效的。

第六条　建设工程施工合同无效，一方当事人请求对方赔偿损失的，应当就对方过错、损失大小、过错与损失之间的因果关系承担举证责任。

损失大小无法确定，一方当事人请求参照合同约定的质量标准、建设工期、工程价款支付时间等内容确定损失大小的，人民法院可以结合双方过错程度、过错与损失之间的因果关系等因素作出裁判。

第四十三条　实际施工人以转包人、违法分包人为被告起诉的，人民法院应当依法受理。

实际施工人以发包人为被告主张权利的，人民法院应当追加转包人或者违法分包人为本案第三人，在查明发包人欠付转包人或者违法分包人建设工程价款的数额后，判决发包人在欠付建设工程价款范围内对实际施工人承担责任。

第四十四条　实际施工人依据民法典第五百三十五条规定，以转包人或者违法分包人怠于向发包人行使到期债权或者与该债权有关的从权利，影响其到期债权实现，提起代位权诉讼的，人民法院应予支持。

《浙江省高级人民法院民事审判第一庭关于审理建设工程施工合同纠纷案件若干疑难问题的解答》（2012 年 4 月 10 日）

十三、建设工程施工合同无效，但工程竣工验收合格的，谁有权利请求参照合同约定确定工程价款？

建设工程施工合同无效，但工程竣工验收合格，按照最高人民法院《关于审理建设工程施工合同纠纷案件适用法律若干问题的解释》第二条的规定精神，承包人或发包人均可以请求参照合同约定确定工程价款。

二十二、建设工程施工合同无效情形下，谁有权行使优先受偿权？

建设工程施工合同无效，但工程经竣工验收合格，承包人可以主张工程价款优先受偿权。分包人或实际施工人完成了合同约定的施工义务且工程质量合格，在总承包人或转包人怠于行使工程价款优先受偿权时，就其承建的工程在发包人欠付工程价款范围内可以主张工程价款优先受偿权。

《天津仲裁委员会建设工程施工合同纠纷案件仲裁指引》

四、合同效力审查……建设工程施工合同无效，但建设工程经竣工验收合格，参照合同约定支付工程价款。建设工程经竣工或修复后验收不合格的，承包人请求支付工程价款的，不予支持。发包人修复后的建设工程经竣工验收合格，请求承包人承担修复费用的，应予支持；因建设工程不合格造成的损失，发包人有过错的，也应承担相应的民事责任。转包、违法分包和挂靠工程的收缴当事人已经取得的非法所得。

《四川省高级人民法院关于审理建设工程施工合同纠纷案件若干疑难问题的解答》

37. 如何确定享有优先受偿权的主体？

建设工程施工合同有效，发包人未按照约定支付价款的，承包人可以催告发包人在合理期限内支付价款，发包人逾期不支付的，承包人可以向人民法院提起诉讼，并有权依据《中华人民共和国合同法》第二百八十六条之规定，要求建设工程的价款就该承建的建设工程折价或拍卖的价款优先受偿。

建设工程施工合同无效，但建设工程经竣工验收合格，或者未经竣工验收但已经实际使用，实际施工人请求其工程价款就承建的建设工程折价或拍卖的价款优先受偿的，应予支持。

……

《山东高院民一庭关于审理建设工程施工合同纠纷案件若干问题的解答》

1. 施工合同无效，当事人主张参照合同约定结算工程价款，如何处理？

施工合同无效，建设工程经竣工验收合格的，可以将合同中关于工程价款、付款时间、工程款支付进度、下浮率、质保金等约定条款作为折价补偿的依据。

2. 施工合同无效，当事人主张以另行签订的结算协议作为工程价款结算依据，如何处理？

当事人在施工合同之外签订的结算协议具有独立性，施工合同的效力不影响结算协议的效力，结算协议可以作为确定工程价款的依据。

10. 施工合同无效，承包人主张对涉案工程价款享有优先受偿权，如何处理？

建设工程价款优先受偿权不受施工合同效力的影响，施工合同无效，承包人仍可享有建设工程价款优先受偿权。

《江苏省高级人民法院建设工程施工合同案件审理指南》（2010年）

四、建设工程施工合同无效的法律后果

最高人民法院《关于审理建设工程合同纠纷案件适用法律问题的解释》第2条规定：“建设工程施工合同无效，但建设工程经竣工验收合格，承包人请求参照合同约定支付工程价款的，应予支持。”我们认为应从以下几个方面具体分析：

（一）建设工程施工合同订立后尚未履行前被确认无效的，按缔约过失处理。

（二）建设工程施工合同所约定的工程已经开工但尚未完工时被确认无效的，按下列原则处理：第一，立即停止履行。第二，恢复原状或折价赔偿。对此应当区分三种情况：一是已完成部分工程质量低劣，无法弥补质量缺陷，存在安全隐患的，按照一般无效合同的处理原则，已经完成部分工程应该拆除，建设方支付的工程款应当返还。二是已完成部分工程质量合格或者能够以较小的代价弥补工程质量缺陷的，应该折价补偿。三是建设工程严重违反规划，或未取得项目审批合法手续，无论工程质量是否合格，均应该拆除所建工程和返还所支付的工程款。最高人民法院《关于审理建设工程合同纠纷案件适用法律问题的解释》第3条规定，建设工程施工合同无效，且建设工程经竣工验收不合格的，按以下情形分别处理：1. 修复后的建设工程经竣工验收合格，发包人请求承包人承担修复费用的，应予支持；2. 修复后的建设工程经竣工验收不合格，承包人请求支付工程价款的，不予支持。该条文对于未履行完毕的无效合同同样适用。第三，赔偿损失。损失主要包括为准备签订、履行合同支出的费用和签订以及履行合同过程中支出的费用，包括直接费用和间接费用。在这里仍应区分情况：一是已建工程应该拆除，而建设方存在过错的，建设方对自己的损失自负，同时应赔偿施工方施工工程支付的人工费、材料费等实际支出费用；如果是施工方存在过错的，施工方对自己的损失自负，同时要赔偿建设方材料费等实际支出的费用。双方都有过错的，按过错大小各自承担相应的赔偿责任。二是已建的部分工程质量合格或可以弥补工程缺陷时，赔偿范围仅限于工程材料和人工外的实际支出费用和维修费用，仍然按照过错大小和比例承担责任。

（三）建设工程施工合同已经履行完毕后被确认无效的，如果建设工程验收合格的，建设方应该参照合同约定支付施工方工程价款，但仍应追究双方的其他相应法律责任。建设工程经竣工验收不合格的，分两种情况不同处理：一是维修后建设工程经竣工验收合格的，建设方仍应参照合同约定支付工程款，但承包人应承担相应的维修义务，或自己维修，或负担建设方维修费；二是维修后建设工程经竣工验收不合格的，建设方不支付施工方工程款，对此损失由施工方自行承担。同时按照双方的过错及过错大小对其他损失承担相应的赔偿责任。其他损失包括签订、履行合同和合同被确认无效后的后续费用，如拆除质量不合格的建筑物的费用、工程延期费用、材料费等。

（四）建设工程施工合同被确认无效后，如果该合同属于损害国家、集体或者第三人利益情形的，应收缴财产。

《河北省高级人民法院关于印发〈建设工程施工合同案件审理指南〉的通知》

二、工程价款结算及相关问题

6. 建设工程施工合同无效，发包人与承包人均有权请求参照合同约定支付工程价款；承包人要求另行按照定额结算或者据实结算的，人民法院不予支持。

7. 当事人就同一建设工程订立的数份施工合同均被认定为无效的，在结算工程价款时，应当参照当事人真实意思表示并实际履行的合同约定结算工程价款。当事人已经基于其中一份合同达成结算单的，如不存在欺诈、胁迫等撤销事由，应认定该结算单应有效。无法确定当事人真实意思并实际履行的合同的，可以结合缔约过错、已完工程质量、利益平衡等因素合理分配当事人之间数份合同的差价确定工程价款。

《福建省高级人民法院关于审理建设工程施工合同纠纷案件疑难问题的解答》

5. 问：建设工程施工合同无效，但建设工程质量合格，发包人请求按照合同约定计算工程造价，而承包人请求按照工程定额标准计算工程造价的，如何处理？

答：建设工程施工合同无效，但建设工程质量合格的，发包人或者承包人任何一方请求参照合同约定支付工程价款的，均应予以支持。

二、建设工程价款的确定和支付

7. 当事人在诉讼前已就工程价款的结算达成协议，一方要求重新结算的，如何处理？

当事人在诉讼前已就工程价款的结算达成协议，一方在诉讼中要求重新结算的，不予支持，但结算协议被法院或仲裁机构认定为无效或撤销的除外。

建设工程施工合同无效，但工程经竣工验收合格，当事人一方以施工合同无效为由要求确认结算协议无效的，不予支持。

17. 无效建设工程施工合同中的工程价款如何确定？

建设工程施工合同无效，但工程经竣工验收合格，当事人任何一方依据《解释》第二条的规定要求参照合同约定支付工程折价补偿款的，应予支持。承包人要求发包人按中国人民银行同期贷款利率支付欠付工程款利息的，应予支持。发包人以合同无效为由要求扣除工程折价补偿款中所含利润的，不予支持。

2. 参考案例

案例一 张某诉河南省生态园林绿化建设有限公司等建设工程施工合同纠纷案（2020）青民再13号

一审法院认为，本案中，生态园林公司将涉案全部工程转包给张某施工，张某系自然人，无建筑施工资质，事实上是借用生态园林公司建筑资质非法转包工程，并以实际施工人的身份对涉案工程进行了施工，故双方签订的合同应属无效，但张某所做工程于2016年12月竣工验收并交付使用，张某在保修期间已履行了保修义务，绿地西宁公司与生态园林公司进行结算时，亦未对工程质量提出异议，张某主张支付工程款的诉讼请求应予支持。

二审法院认为，根据张某的陈述、杨某提交的转款委托及绿地西宁公司提交的证据，涉案施工项目签订协议的虽为杨某，但杨某指定委托的账号，却是张某的妻子梁某的银行卡，并且转款委托中明确工程款中劳务工资款转入梁某的银行卡、材料款转入汪某洋的银行卡，该行为不符合一般承包施工中相关费用支付方式的习惯且有悖于常理。对此，生态园林公司、杨某无法作出充分合理的解释，结合生态园林公司提交的联系函等内容，足以认定因杨某长期不在工地，生态园林公司与张某签订协议更换项目负责人的事实存在，该更换行为，对于前期支付的费用双方没有进行约定和结算，张某也并未提出异议，足以推定双方对张某为实际施工承包人的事实属明知且无异议。故一审根据《项目合作协议书》《关于西宁绿地公馆项目负责人更换的声明》、证人唐某的证言以及劳务费、材料款等费用的支付凭证，认定张某具有实际施工承包人的身份和主张涉案项目工程款的权利正确。

再审法院认为，根据《最高人民法院关于适用〈中华人民共和国民事诉讼法〉的解释》第105条“人民法院应当按照法定程序，全面、客观地审核证据，依照法律规定，运用逻辑推理和日常生活经验法则，对证据有无证明力和证明力大小进行判断，并公开判断的理由和结果”的规定，结合本案查明的事实，生态园林公司、杨某提交证据的证明力明显小于证明张某为实际施工人的证据，应认定张某为案涉工程的实际施工人。原审法院基于查明的事实和当事人提交的证据，认定张某与生态园林公司就张某所做工程补签《项目合作协议书》，张某组织人员进行施工并施工完毕，张某为案涉工程的实际施工人并无不当。生态园林公司、杨某主张张某不是案涉工程的实际施工人，张某不具有诉讼主体资格的理由不能成立。

案例二 **曲某国、原某辉等建设工程施工合同纠纷民事二审民事判决书**

（2021）辽03民终4477号

一审法院认为，《最高人民法院关于审理建设工程施工合同纠纷案件适用法律问题的解释》第1条规定：“建设工程施工合同具有下列情形之一的，应当根据合同法第五十二条第（五）项的规定，认定无效：（一）承包人未取得建筑施工企业资质或者超越资质等级的；（二）没有资质的实际施工人借用有资质的建筑施工企业名义的；（三）建设工程必须进行招标而未招标或者中标无效的。”第2条规定：“建设工程施工合同无效，但建设工程经竣工验收合格，承包人请求参照合同约定支付工程价款的，应予支持。”该案曲某国以个人的名义承包了涉案工程，根据上述规定其与刘某平之间签订的《建筑工程施工承包协议》无效。判决被告原某辉、第三人刘某平于本判决发生法律效力后10日内支付原告曲某国工程款，被告鞍山九建工程有限公司对上述款项承担连带给付责任。

二审法院认为，海城华源公司主张其已经与承包方九建公司进行了结算，即2015年5月15日，辽宁盛恒工程造价咨询有限公司作为编制单位对案涉工程进行了审核结算，海城华源公司作为建设单位、九建公司作为施工单位均在工程结算审核定案表中加盖了公章，该审核结论是工程造价为16 630 037元，而发包方已经实际支付了18 173 035元，故已经超额支付了工程款，无须再承担给付义务。

029. 中标价低于成本价怎么办?

1. 问题解读及相关法律规定

建设工程领域中存在大量低价中标的现象，迫于市场地位与竞争压力，承包人在投标时为了以低价中标，投标价往往低于成本价。法律禁止投标人以低于成本的报价竞标，主要目的是规范招标投标活动，避免不正当竞争，保证项目质量，维护社会公共利益，如果确实存在低于成本价投标的，应当依法确认中标无效，并相应认定建设工程施工合同无效。但是，对何为“成本价”应作正确理解，所谓“投标人不得以低于成本的报价竞标”，应指投标人的投标报价不得低于其为完成投标项目所需支出的企业个别成本。招标投标法并不禁止企业通过提高管理水平和经济效益降低个别成本以提升其市场竞争力。

· 现行法律中的相关规定 ·

《招标投标法》

第三十三条　投标人不得以低于成本的报价竞标，也不得以他人名义投标或者以其他方式弄虚作假，骗取中标。

第四十一条　中标人的投标应当符合下列条件之一：（一）能够最大

限度地满足招标文件中规定的各项综合评价标准；（二）能够满足招标文件的实质性要求，并且经评审的投标价格最低；但是投标价格低于成本的除外。

《民法典》

第一百五十三条　违反法律、行政法规的强制性规定的民事法律行为无效。但是，该强制性规定不导致该民事法律行为无效的除外。

《招标投标法实施条例》

第五十一条第五项　有下列情形之一的，评标委员会应当否决其投标：（五）投标报价低于成本或者高于招标文件设定的最高投标限价……

《全国民事审判工作会议纪要》（2011 年）

第 24 条第 1 款　对按照“最低价中标”等违规招标形式，以低于工程建设成本的工程项目标底订立的施工合同，应当依据招标投标法第四十一条第（二）项的规定认定无效。

《最高人民法院关于审理建设工程施工合同纠纷案件适用法律问题的解释（一）》

第一条　建设工程施工合同具有下列情形之一的，应当依据民法典第一百五十三条第一款的规定，认定无效：……（三）建设工程必须进行招标而未招标或者中标无效的。

《江苏省高级人民法院建设工程施工合同案件审理指南》

一、审理建设工程施工合同纠纷应当坚持的基本原则

2. 坚持规范建筑市场秩序原则。一是严格建筑市场主体准入制度。在以下几种情形认定建设工程施工合同无效：承包人未取得建筑施工企业资质或者超越资质等级的；没有资质的实际施工人借用有资质的建筑施工企业名义的；建设工程必须进行招标而未招标或者中标无效的；承包单位将工程进行转包或者违法分包的。二是规范“黑白合同”。当事人就同一建设工程另行订立的建设工程施工合同与经过备案的中标合同实质性内容不一致的，应当以备案的中标合同作为结算工程价款的根据。中标合同约

定的工程价款低于成本价的，建设工程施工合同无效。三是规范工程鉴定。建设工程竣工并经验收合格后，承包人要求发包人支付工程价款，发包人对工程质量提出异议并要求对工程进行鉴定的，法院不予支持。建设工程竣工但未经验收，承包人要求发包人支付工程价款，发包人对工程质量提出异议并要求进行鉴定的，法院应予支持。当事人诉前已经共同选定具有相应资质的鉴定机构对建设工程作出了鉴定结论，诉讼中一方当事人要求重新鉴定的，法院不予支持。

2. 参考案例

案例一 **皇冠建筑工程有限公司与上诉人衡阳县住房和城乡建设局建设工程合同纠纷二审民事判决书**（2019）湘04民终2691号

法院认为，二审争议焦点为：(1) 案涉《建设工程施工合同》中价格条款的效力应如何认定；(2) 皇冠公司诉请支付因中标价低于成本价的差额工程款及因材料价格和人工工资上涨调增的工程款有无依据，如果有权主张，该款项的具体数额应如何认定。关于价格条款效力的问题。双方在案涉《建设工程施工合同》中对工程价款的约定，并未违反价格法的效力性强制性规定。《招标投标法》第33条关于“投标人不得以低于成本价的报价竞标”的规定，是用于约束投标人的，皇冠公司自己作为投标人，以该条规定主张合同价格条款无效，于诚信不符。且法律并没有规定违反该条款将导致工程价款约定无效。同时，皇冠公司在本案中也未能证明合同约定的工程价低于成本价。因此，皇冠公司主张合同价格条款无效，缺乏事实和法律依据。同理，皇冠公司诉请支付低于成本价的差额工程款，亦不能得到支持。关于材料价格与人工工资上涨调增工程款的问题。案涉《建设工程施工合同》约定按照固定价结算工程价款，同时又作出“在合同约定范围内材料价格及人工工资上涨或下跌不作调整”的约定，该约定系双方的真实意思表示，双方应受此约束。《最高人民法院关于审理建设工程施工合同纠纷案件适用法律问题的解释》第16条第1款规定，当事人对建设工程的计价标准或者计价方法有约定的，按照约定结算工程价款。第22条规定，当事人约定按照固定价结算工程价款，一方当事人请求对建设工程造价进行鉴定的，不予支持。皇冠公司在本案中诉请支付材料价格与人工工资上涨的调增工程款，与双方约定内容及上述法律规定均不符，且工程款已按合同结算并实际领取，故对其该项诉请，本院不予支持。一审对该项诉请酌情予以部分支持不当，应予纠正。至于皇冠公司主张住建局及县政府均承诺对材料价格及人工工资上涨调增工程款的问题，因未提供相应证据证实，本院不予采信。

案例二 **张某华与滁州市宏源建设有限责任公司、巢湖市城市建设投资有限公司建设工程施工合同纠纷二审民事判决书**（2015）合民一终字第04271号

法院认为，对于争议焦点二，滁州宏源公司承接工程后，将工程交由张某华进行施工，但是至目前为止，双方未提供关于如何就工程款进行结算的书面约定或者其他达成一致意见的证据。而案涉工程属于依据法律规定必须进行招投标的工程，滁州宏源公司投标的工程量和工程价格与巢湖城投公司招标文件中招标工程量和工程价款差距巨大，一审法院委托的鉴定机构出具的专业鉴定意见认为滁州宏源公司的投保系明显低于成本价中标，故张某华与滁州宏源公司之间就工程款结算不宜参照滁州宏源公司与巢湖城投公司基于招投标程序签订的《建设工程施工合同》进行。在一审鉴定过程中双方同意据实结算，鉴定机构依据上述情况以及双方的意见依据张某华的实际施工量和滁州宏源公司的投标系数计算工程价款为3 451 463.99元，一审结合本案情况认为该价款符合公平原则，且低于定额价和招标控制价，未损害发包人利益，据此对该工程价款予以采信并无不当，滁州宏源公司对该工程款数额亦予以认可，本院予以确认。滁州宏源公司应依据该鉴定结论支付张某华工程款。对于已付工程款数额，滁州宏源公司未能提供有效付款凭证，张某华自认收到30万元，本院予以确认。

案例三 **巢湖城市建设投资有限公司、安徽宏源水利水电建设有限公司建设工程合同纠纷再审审查与审判监督民事裁定书**（2020）皖民申124号

法院认为，案涉工程系政府投资工程，属于必须要进行招投标的工程，

巢湖城投公司虽然按照法律规定进行了招投标，但宏源公司在投标时商务标与技术标载明的工程量不一致，宏源公司在技术标中明确载明案涉工程缺土约26万立方米，缺土外运，而在商务标中载明投标的工程量仅为15.5万立方米。在张某华就案涉工程起诉本案宏源公司、巢湖城投公司的案件中，鉴定机构认为宏源公司投标工程量明显低于成本价中标，根据招标文件的规定，低于成本价投标应为废标，不得进行评标。而巢湖城投公司对宏源公司的投标未进行严格审查，致使投标工程量远远低于招标工程量的宏源公司中标。一审、二审法院据此认定宏源公司、巢湖城投公司之间签订的合同无效并无不当，巢湖城投公司认为一审判决认定合同无效缺乏证据支持的理由不能成立。二审虽未在判决中明确表述合同无效，但对一审判决的该项认定予以认可，并予维持，并未回避合同是否有效的裁判任务，巢湖城投公司认为二审判决认定投标价低于成本价的事实缺乏证据支持，导致事实认定主要证据不足，继而法律适用错误，且回避了合同是否有效的关键性裁判任务的理由不能成立。

宏源公司主张的合同内工程价款数额系张某华案中根据宏源公司实际施工的工程量并依据宏源公司投标时的系数鉴定得出。该合同内工程价款的计算低于依据国家及本省规定的定额对案涉工程进行造价鉴定的数额，宏源公司按照该数额向巢湖城投公司主张工程价款，并未损害巢湖城投公司的利益，一审、二审据此认定案涉工程造价并无不当。

本案中，宏源公司低于成本价投标，巢湖城投公司对宏源公司的投标未进行严格审查，致使投标工程量远远低于招标工程量的宏源公司中标，双方对合同的无效均具有一定过错，且过错相当，原判认定双方互不承担责任正确，巢湖城投公司认为合同无效的过错方是宏源公司，应由其承担责任的理由不能成立。合同无效，因合同取得的财产应予返还，不能返还或无返还必要时，应折价补偿。本案所涉工程系土方工程，无法返还财产，只能主张与案涉工程相当的工程款。本案宏源公司投标工程量明显低于成本价导致双方签订的合同无效，原判依据对已完成工程量的鉴定意见计算工程价款并无不当。

030. 工程款尚未结算，承包人提起诉讼的诉讼时效起算时间如何确定?

1. 问题解读及相关法律规定

在工程款尚未结算的情况下，往往难以确定工程款应支付的确切时间，承包人难以知晓权利被侵犯的确切时间，故一般不计算诉讼时效，但如有证据证明一方知道或应当知道对方拒绝结算的，从其知道权利受损害之日计算。

· 现行法律中的相关规定 ·

《民法典》

第一百八十八条　向人民法院请求保护民事权利的诉讼时效期间为三年。法律另有规定的，依照其规定。

诉讼时效期间自权利人知道或者应当知道权利受到损害以及义务人之日起计算。法律另有规定的，依照其规定。但是，自权利受到损害之日起超过二十年的，人民法院不予保护，有特殊情况的，人民法院可以根据权利人的申请决定延长。

第一百九十五条　有下列情形之一的，诉讼时效中断，从中断、有关程序终结时起，诉讼时效期间重新计算：

（一）权利人向义务人提出履行请求；

（二）义务人同意履行义务；

（三）权利人提起诉讼或者申请仲裁；

（四）与提起诉讼或者申请仲裁具有同等效力的其他情形。

《最高人民法院关于审理建设工程施工合同纠纷案件适用法律问题的解释（一）》

第二十一条　当事人约定，发包人收到竣工结算文件后，在约定期限内不予答复，视为认可竣工结算文件的，按照约定处理。承包人请求按照竣工结算文件结算工程价款的，人民法院应予支持。

第二十七条 利息从应付工程价款之日开始计付。当事人对付款时间没有约定或者约定不明的，下列时间视为应付款时间：

（一）建设工程已实际交付的，为交付之日；

（二）建设工程没有交付的，为提交竣工结算文件之日；

（三）建设工程未交付，工程价款也未结算的，为当事人起诉之日。

《江苏省高级人民法院建设工程施工合同案件审理指南》（2010 年）

（三）工程款利息

应付工程款的起算时间应当以下列时间为准：一是工程已实际交付的，为交付之日；工程没有交付的，为承包人提交的竣工结算文件之日；工程未交付，也未结算的，为当事人起诉之日。

2. 参考案例

案例一 **元某龙与延边航北房地产开发有限公司建设工程施工合同纠纷申诉、申请民事判决书**（2017）最高法民再 229 号

一审法院认为，建设施工合同虽然无效，但元某龙已按照合同约定完成了施工义务，航北公司亦接收并实际使用了诉争工程（虽然诉争工程未经竣工验收，但航北公司接收并使用诉争工程，应视为航北公司对元某龙交付工程的工程质量符合约定的认可），因此航北公司应当参照合同约定支付对应的工程款项。

二审法院认为，虽然航北公司与元某龙签订的建设工程施工合同无效，案涉工程未经竣工验收，但航北公司于 2010 年 10 月接收并使用，应视为航北公司对元某龙交付工程的工程质量符合约定的认可，航北公司应当参照合同约定向元某龙支付对应的工程款项。因案涉工程一直未进行结算，航北公司关于元某龙起诉超过诉讼时效的主张不能成立。

再审法院认为，案涉工程虽然未经竣工验收，但航北公司认可于2010年10月已交付并使用，因此航北公司依法应支付拖欠的工程款。因双方对案涉工程未进行结算，航北公司欠付元某龙工程款的具体数额未确定，元某龙提起本案诉讼并未超过诉讼时效。

案例二 长沙金洲建设工程有限公司与长沙华野投资有限公司建设工程施工合同纠纷一审民事判决书（2017）湘0124民初1号

一审法院认为，因涉案工程款原、被告尚没有办理完双方一致认可的工程款最终结算，原告提起本案诉讼没有超过诉讼时效。本院对被告的答辩意见不予采纳。

031. 承包人能否以发包人未付清工程款为由拒绝交付建设工程？

1. 问题解读及相关法律规定

第一种情况，施工合同中约定了，发包人欠付工程款，承包人可以拒绝交付工程的，人民法院应当支持。但是，承包人拒绝交付工程的部分应当与欠付工程款的数额相当，拒绝交付的工程明显超过欠付工程款数额，给发包人造成损失的部分，承包人应当承担赔偿责任。

第二种情况，施工合同中没有约定发包人欠付工程款，承包人可以拒绝交付工程。承包人以发包人欠付工程款为由拒绝交付工程的，人民法院不能支持。此种情况法院的处理原则是，判令发包人支付工程款及利息或者违约金；同时，判令承包人承担因拒绝交付工程给发包人造成的损失。

· 现行法律中的相关规定 ·

《民法典》

第四百四十七条　债务人不履行到期债务，债权人可以留置已经合法占有的债务人的动产，并有权就该动产优先受偿。

前款规定的债权人为留置权人，占有的动产为留置财产。

第八百零七条　发包人未按照约定支付价款的，承包人可以催告发包人在合理期限内支付价款。发包人逾期不支付的，除根据建设工程的性质不宜折价、拍卖外，承包人可以与发包人协议将该工程折价，也可以请求人民法院将该工程依法拍卖。建设工程的价款就该工程折价或者拍卖的价款优先受偿。

《北京市高级人民法院关于审理建设工程施工合同纠纷案件若干疑难问题的解答》

38. 承包人以发包人拖延结算或欠付工程款为由拒绝交付工程的，如何处理？由此造成的损失如何承担？

工程竣工验收合格后，承包人以发包人拖延结算或欠付工程款为由拒绝交付工程的，一般不予支持，但施工合同另有明确约定的除外。

承包人依据合同约定拒绝交付工程，但其拒绝交付工程的价值明显超出发包人欠付的工程款，或者欠付工程款的数额不大，而部分工程不交付会严重影响整个工程使用的，对发包人因此所受的实际损失，应由当事人根据过错程度予以分担。

2. 参考案例

案例一　湖南湘源建设工程有限公司与湖南千足珍珠有限公司建设工程施工合同纠纷申诉、申请民事判决书（2016）最高法民再123号

一审法院认为，湘源公司有权在竣工结算并收到工程款后再将工程交付，对于千足珍珠公司要求湘源公司限期向其交付本案所涉工程“常德洞庭珍珠城加工参观厂房工程”以及赔偿损失200万元的反诉请求，不予支持。

二审法院认为，千足珍珠公司虽主张湘源公司应向其支付违约金并赔偿损失，但未提交充足证据证明湘源公司存在违约行为，且双方因结算问题一直未达成一致，湘源公司在结算之前不予交付工程的行为不属其违约，故千足珍珠公司的该项主张二审法院不予支持。

再审法院判决，驳回湖南千足珍珠有限公司其他反诉请求。

案例二 **定西市聚业房地产开发有限公司与渭源县强盛建筑安装工程有限责任公司建设工程施工合同纠纷申诉、申请民事裁定书（2015）**民申字第1602号

一审法院认为，聚业公司与强盛公司签订的建筑工程施工合同合法有效。工程于2011年7月3日竣工验收后，强盛公司在负有先交付承建工程并且能够交付的情况下，应承担自2011年7月4日起至2013年4月23日先予执行止迟延交付工程的违约责任。

二审法院认为，一审认定事实清楚，适用法律正确，双方当事人的上诉理由均不能成立。依照《民事诉讼法》第170条第1款第1项的规定，判决驳回上诉，维持原判。

再审法院认为，本案工程已经竣工验收，但双方未就决算达成一致。双方在合同中约定“第五次付款，待工程交工验收合格后付工程总造价的25%”，双方约定了竣工时间，并约定“按协议要求的时间完成并交付工程”。可见双方的约定是先交付工程后支付工程款。双方还约定“不能按合同工期完成应承担违约责任”，强盛公司在竣工验收后长时间有条件交付而不交付工程，对于聚业公司的损失应当承担违约责任。

032. 发包人和承包人签订的建设工程施工合同约定的工程价款与中标合同不一致，应该以哪份合同约定为准？

1. 问题解读及相关法律规定

发包人和承包人签订的建设工程施工合同约定的工程价款与中标合同不一致，应以中标合同中的价款为准。

实质性条款，是指合同的内容中对合同双方的权利、义务、责任发生实际性影响的条款。

对于工程施工招标项目而言，并非招标投标合同的所有条款都具有“合同实质性内容”，如果当事人无特别约定，那么一般只有工程价款、工程质

量和工程期限这三项内容因牵涉招标人和中标人的基本权利义务，当属“合同实质性内容”。

法律规定招标投标合同不得进行背离实质性内容的变更，主要目的是防止合同双方通过变更合同的方式改变中标结果，保证招投标结果能够落到实处，防止招标人或中标人迫使对方在合同价格等实质性条款上做出让步，或者招标人与中标人串通影响公平竞争，损害国家利益或社会公共利益。价款、质量和履行期限是影响双方当事人权益的关键因素，对这些内容进行变更会直接损害招标投标制度的公开、公平、公正，认定为实质性内容符合立法原意。退一步讲，招标投标是一种竞争性缔约方式，通过竞争在质量、期限（交货期）和价款三项内容上获得最优的条款，是招标人的主要目的，这三项内容应当属于不得变更的合同实质性内容。

现行法律中的相关规定

《民法典》

第一百四十三条　具备下列条件的民事法律行为有效：

（一）行为人具有相应的民事行为能力；

（二）意思表示真实；

（三）不违反法律、行政法规的强制性规定，不违背公序良俗。

第一百四十六条　行为人与相对人以虚假的意思表示实施的民事法律行为无效。

以虚假的意思表示隐藏的民事法律行为的效力，依照有关法律规定处理。

第四百八十八条　承诺的内容应当与要约的内容一致。受要约人对要约的内容作出实质性变更的，为新要约。有关合同标的、数量、质量、价款或者报酬、履行期限、履行地点和方式、违约责任和解决争议方法等的变更，是对要约内容的实质性变更。

《最高人民法院关于审理建设工程施工合同纠纷案件适用法律问题的解释（一）》

第二条　招标人和中标人另行签订的建设工程施工合同约定的工程范

围、建设工期、工程质量、工程价款等实质性内容，与中标合同不一致，一方当事人请求按照中标合同确定权利义务的，人民法院应予支持。

招标人和中标人在中标合同之外就明显高于市场价格购买承建房产、无偿建设住房配套设施、让利、向建设单位捐赠财物等另行签订合同，变相降低工程价款，一方当事人以该合同背离中标合同实质性内容为由请求确认无效的，人民法院应予支持。

第二十三条　发包人将依法不属于必须招标的建设工程进行招标后，与承包人另行订立的建设工程施工合同背离中标合同的实质性内容，当事人请求以中标合同作为结算建设工程价款依据的，人民法院应予支持，但发包人与承包人因客观情况发生了在招标投标时难以预见的变化而另行订立建设工程施工合同的除外。

《招标投标法》（2017 年修正）

第四十三条　在确定中标人前，招标人不得与投标人就投标价格、投标方案等实质性内容进行谈判。

第四十六条　招标人和中标人应当自中标通知书发出之日起三十日内，按照招标文件和中标人的投标文件订立书面合同。招标人和中标人不得再行订立背离合同实质性内容的其他协议。

《浙江省高级人民法院民事审判第一庭关于审理建设工程施工合同纠纷案件若干疑难问题的解答》

十五、如何认定“黑白合同”

认定“黑白合同”时所涉的“实质性内容”，主要包括合同中的工程价款、工程质量、工程期限三部分。对施工过程中，因设计变更、建设工程规划指标调整等客观原因，承、发包双方以补充协议、会谈纪要、往来函件、签证等洽商纪录形式，变更工期、工程价款、工程项目性质的书面文件，不应认定为《中华人民共和国招标投标法》第 46 条规定的“招标人和中标人再行订立背离合同实质性内容的其他协议”。

十六、对“黑白合同”如何结算？

当事人就同一建设工程另行订立的建设工程施工合同与中标合同实质性内容不一致的，不论该中标合同是否经过备案登记，均应当按照最高人民法院《关于审理建设工程施工合同纠纷案件适用法律问题的解释》第二十一条的规定，以中标合同作为工程价款的结算依据。

当事人违法进行招投标，当事人又另行订立建设工程施工合同的，不论中标合同是否经过备案登记，两份合同均为无效；应当按照最高人民法院《关于审理建设工程施工合同纠纷案件适用法律问题的解释》第二条的规定，将符合双方当事人的真实意思，并在施工中具体履行的那份合同，作为工程价款的结算依据。

《天津仲裁委员会建设工程施工合同纠纷案件仲裁指引》

六、工程价款纠纷

4. 同一工程另行签订的合同与备案中标的合同实质性内容不一致的，根据备案中标合同确定工程款。

《四川省高级人民法院关于审理建设工程施工合同纠纷案件若干疑难问题的解答》

21. 存在“黑白合同”的建设工程，如何结算工程价款？

法律，行政法规规定必须进行招标的建设工程，或者未规定必须进行招标的建设工程，但依法经过招标投标程序并进行了备案，当事人实际履行的施工合同与备案的中标合同实质性内容不一致的，应当以备案的中标合同为结算工程价款的依据。

不是法律，行政法规规定必须进行招标的建设工程，且未进行实质意义的招投标，当事人均明确表示签订的中标合同仅用于在当地建设行政主管部门备案，备案的合同与实际履行的合同实质性内容不一致的，应以反映当事人真实意思表示的实际履行的合同结算工程价款。

备案的中标合同与当事人实际履行的建设工程施工合同均因违反法律，行政法规的强制性规定被认定为无效的，应参照当事人实际履行的合同结算工程价款。

《深圳仲裁委关于审理建设工程施工合同案件若干问题的意见》

五、关于工程结算

（一）当事人就同一建设工程另行订立的建设工程施工合同与经过备案的中标合同实质性内容不一致的，一般以备案中标合同作为结算依据。但中标合同签订后，发包人改变了原工程设计，如建设工程项目不属于《中华人民共和国招标投标法》第三条规定的必须招标投标的工程建设项目，以后签合同为结算依据；如建设工程项目属于《中华人民共和国招标投标法》第三条规定的必须招标的工程建设项目，中标合同签订后发包人改变原设计，但并不构成实质性改变的，亦以后签合同为结算依据。

《江苏省高级人民法院建设工程施工合同案件审理指南（2010）》

一、审理建设工程施工合同纠纷应当坚持的基本原则

2. 坚持规范建筑市场秩序原则。

……

二是规范“黑白合同”。当事人就同一建设工程另行订立的建设工程施工合同与经过备案的中标合同实质性内容不一致的，应当以备案的中标合同作为结算工程价款的根据。中标合同约定的工程价款低于成本价的，建设工程施工合同无效。

……

三、招投标情形下黑白合同效力的认定

（一）黑白合同的认定

法律、行政法规规定必须进行招投标的建设工程，当事人实际履行的建设工程施工合同和备案的中标合同实质性内容不一致的，应当以备案的中标合同作为工程价款的结算根据；未经过招标投标的，该建设工程施工合同为无效合同，可以参照实际履行的合同作为工程价款的结算依据。法律、行政法规虽未规定必须进行招投标的建设工程，但当事人依法履行了招投标手续的，当事人实际履行的建设工程施工合同和中标合同实质性内

容不一致的，应当以中标合同作为工程价款的结算依据。

《河北省高级人民法院关于印发〈建设工程施工合同案件审理指南〉的通知》

二、工程价款结算及相关问题

8. 法律、行政法规未规定必须进行招投标的建设工程，经过合法有效的招投标程序的，当事人实际履行的建设工程施工合同与备案中标合同实质性内容不一致的，应当以中标合同作为工程价款的结算根据。

《北京市高级人民法院关于审理建设工程施工合同纠纷案件若干疑难问题的解答》

15. “黑白合同”中如何结算工程价款?

法律、行政法规规定必须进行招标的建设工程，或者未规定必须进行招标的建设工程，但依法经过招标投标程序并进行了备案，当事人实际履行的施工合同与备案的中标合同实质性内容不一致的，应当以备案的中标合同作为结算工程价款的依据。

法律、行政法规规定不是必须进行招标的建设工程，实际也未依法进行招投标，当事人将签订的建设工程施工合同在当地建设行政管理部门进行了备案，备案的合同与实际履行的合同实质性内容不一致的，应当以当事人实际履行的合同作为结算工程价款的依据。

备案的中标合同与当事人实际履行的施工合同均因违反法律、行政法规的强制性规定被认定为无效的，可以参照当事人实际履行的合同结算工程价款。

2. 参考案例

案例一 **张某强、夏某宇等与三穗县新鸿房地产开发有限公司等建设工程施工合同纠纷一审民事判决书**（2017）黔民初158号

一审法院认为，关于施工过程中当事人实际履行的合同是哪一份，合同的效力如何认定的问题。

2013 年 1 月 26 日，新鸿房开与泸州七建签订的《工程承包协议书》明确约定：“甲乙双方签订一份规范的《建设工程施工合同》供办理施工许可及办理施工技术资料和合同备案等所需，实则以本协议为准。”双方就另行签订合同事宜已有明确约定，《最高人民法院关于审理建设工程施工合同纠纷案件适用法律问题的解释（二）》第 11 条规定：“当事人就同一建设工程订立的数份建设工程施工合同均无效，但建设工程质量合格，一方当事人请求参照实际履行的合同结算建设工程价款的，人民法院应予支持。实际履行的合同难以确定，当事人请求参照最后签订的合同结算建设工程价款的，人民法院应予支持。”双方实际履行合同为 2013 年 1 月 26 日签订的《建设工程施工合同》。新鸿房开虽认为实际履行的是三份《贵州省建设工程施工合同》，但前述三份合同并非中标合同，依照《最高人民法院关于审理建设工程施工合同纠纷案件适用法律问题的解释（二）》第 1 条第 1 款“招标人和中标人另行签订的建设工程施工合同约定的工程范围、建设工期、工程质量、工程价款等实质性内容，与中标合同不一致，一方当事人请求按照中标合同确定权利义务的，人民法院应予支持”的规定，新鸿房开的主张既不符合双方约定，也不符合法律规定，本院不予支持。

案例二　重庆建工第七建筑工程有限责任公司青海分公司与都兰县水利局建设工程施工合同纠纷再审民事判决书（2018）青民再 77 号

本院再审认为，招标人的招标公告是向不特定对象发出的要约邀请，投标人的投标文件是希望与招标人就招标项目订立合同的要约意思表示。投标书和中标通知书是招、投标人就要约和承诺经过严格的招投标程序达成的合意，其合意内容最终在签订书面合同中加以固定。招投标文件虽然不是合同，但却是签订书面合同内容的重要依据，对招标人和投标人都有约束力。为防止低价中标后变相高价承包，我国相关法律法规对书面合同约定内容作出明确限定，可以就非实质性内容进行协商，但签订的书面合同不能在工程范围、建设工期、开工竣工时间、工程质量、工程造价、结算和计价方式、工程期限及交付验收等实质性内容方面背离招投标文件。本案双方当事人在招投标后签订的《建设工程施工合同》和《都兰县察汗乌苏河城镇段河道综合治理工程》合同的补充协议，在建设工期、工程总价款、支付工程款（回购）方式、资金占用率、违约金、履约保证金返还以及竣工时间、验收等主要条款内容方面与招投标文件不一致，系对招投标文件实质性内容的变更，违反了《招标投标法》第46条“招标人和中标人应当自中标通知书发出之日起30日内，按照招标文件和中标人的中标投标文件订立书面合同。招标人和中标人不得再行订立背离合同实质性内容的其他协议”的规定，依据《合同法》第52条第5项的规定，双方就案涉工程签订的施工合同及补充协议应认定无效。依据《最高人民法院关于审理建设工程施工合同纠纷案件适用法律问题的解释》第21条招标人和中标人另行签订的建设工程施工合同约定的工程范围、建设工期、工程质量、工程价款等实质性内容，与中标合同不一致，一方当事人请求按照中标合同确定权利义务的，人民法院应予支持，本案应以招投标文件作为结算依据确定当事人的权利义务、支付工程价款。

033. 若承包人施工工程质量不符合约定，且拒绝修理、返工，发包人能否以此为由减少支付工程价款？

1. 问题解读及相关法律规定

若承包人施工工程质量不符合约定，且拒绝修理、返工，发包人可以以此为由减少支付工程价款，因为工程质量合格是发包人的主要合同目的，也是承包人的主要合同义务，发包人应加强对承包人的施工过程管理和督促，保证施工质量，在面临质量问题时，及时要求整改并停止拨付工程款，避免质量问题扩大、损失扩大；承包人要加强质量控制，严格按照规范、要求施工，确保工程质量，在可能系他人原因导致质量问题时（如材料质量瑕疵、分包单位质量问题等），应做好证据固定工作，以便在出现质量问题时向他人追责。

现行法律中的相关规定

《民法典》

第八百零一条　因施工人的原因致使建设工程质量不符合约定的，发包人有权请求施工人在合理期限内无偿修理或者返工、改建。经过修理或者返工、改建后，造成逾期交付的，施工人应当承担违约责任。

《最高人民法院关于审理建设工程施工合同纠纷案件适用法律问题的解释（一）》

第十二条　因承包人的原因造成建设工程质量不符合约定，承包人拒绝修理、返工或者改建，发包人请求减少支付工程价款的，人民法院应予支持。

《福建省高级人民法院关于审理建设工程施工合同纠纷案件疑难问题的解答》

10. 问：因承包人的过错造成建设工程质量不符合约定，承包人拒绝修理、返工或者改建，发包人以工程质量不符合约定为由请求减少支付工程价款的，是否必须反诉？工程未经竣工验收交付使用的，发包人以工程质量不符合约定为由请求减少支付工程款，应否支持？

答：发包人可以以此抗辩，请求在工程价款中扣减修理、返工或者改建的合理费用；也可以提起反诉，请求承包人支付修理、返工或者改建的合理费用。但发包人要求承包人赔偿因工程质量不符合约定而造成的其他财产或者人身损害的，应当提起反诉。

工程未经竣工验收，发包人擅自使用后，又以质量不符合约定为由请求减少支付工程价款的，不予支持。

2. 参考案例

案例一　邯郸市乾泰数码科技有限公司与李某全建设工程合同纠纷一审民事判决书（2021）冀 0426 民初 210 号

一审法院认为，原告、被告签订的建设工程合同依法成立有效，双方当事人均应按约履行。原告为被告安装供暖设备，被告给付原告部分款项后，剩余款项18 224元未付，但原告未按照清单上约定为被告安装共计价值7400元的设备，且拒绝安装，应扣除该款，剩余10 824元被告应向原告支付。

案例二 **济南玖玺建筑工程有限公司与凡某峰建设工程施工合同纠纷二审判决书**（2021）鲁01民终6009号

一审法院认为，合同是平等主体的自然人、法人、其他组织之间设立、变更、终止民事权利义务的协议，依法成立的合同对当事人具有法律约束力。本案中，玖玺公司与凡某峰虽未签订书面合同，但提供的玖玺公司工作人员与凡某峰的微信聊天记录及玖玺公司委托代理人当庭的陈述，均能证实凡某峰作为实际施工人向玖玺公司提供了劳务，双方均应按照约定履行各自义务。在凡某峰如约履行义务的情况下，玖玺公司亦应当按约定履行足额凡某峰工程款项，玖玺公司久拖不付，构成违约，故对凡某峰要求支付工程施工费用共计52 667.5元的诉讼请求，一审法院予以支持。

二审法院认为，本案中，玖玺公司以凡某峰施工质量存在问题为由拒付工程款，其应就工程存在的质量问题、质量问题产生的原因、与凡某峰施工的关联性、质量问题造成的损失等进行举证。玖玺公司提供的证据仅是对工程现状的描述，是否属于凡某峰的施工范围、是否属于质量问题、质量问题产生的原因，是否系凡某峰施工原因造成均不能证实，其主张质量问题造成的损失数额亦不能确定，因此，玖玺公司以质量问题拒付工程款的理由不能成立，不予支持。

034. 合同履行过程中，因设计变更导致建设工程的工程量或者质量标准发生变化，当事人对该部分工程价款如何确定？

1. 问题解读及相关法律规定

实践中，因设计变更、进度计划变更、施工条件变更或者发包方提出“新增工程”等工程变更导致建设工程的工程量或者质量标准发生变化的情况非常普遍。此时，如果发包人和承包人就如何结算工程价款达不成一致，根据《最高人民法院关于审理建设工程施工合同纠纷案件适用法律问题的解释（一）》第 19 条第 2 款的规定，“因设计变更导致建设工程的工程量或者质量标准发生变化，当事人对该部分工程价款不能协商一致的，可以参照签订建设工程施工合同时当地建设行政主管部门发布的计价方法或者计价标准结算工程价款”。注意此处的用词是“可以”而非“应当”。依据《最高人民法院关于审理建设工程施工合同纠纷案件适用法律问题的解释（一）》第 19 条第 1 款的规定，“当事人对建设工程的计价标准或者计价方法有约定的，按照约定结算工程价款”。

由此可知，建设工程结算工程款的基本原则是尊重当事人之间的约定，只要合同对工程增加如何结算的约定是明确、具体的，根据增减工程的性质、标准可以适用原合同约定的计价方法和计价标准结算工程款，并不会因此导致当事人之间利益的显失公平，那么，原则上仍应参照合同约定结算工程价款。在因增减工程的性质、标准不宜适用原合同约定的计价方法和计价标准结算工程款，或者原合同约定不明无法适用的情况下，则可根据《最高人民法院关于审理建设工程施工合同纠纷案件适用法律问题的解释（一）》第 19 条第 2 款的规定，参照签订建设工程施工合同时当地建设行政主管部门发布的计价方法或者计价标准结算工程价款。

· 现行法律中的相关规定 ·

《民法典》

第五百零九条第一款　当事人应当按照约定全面履行自己的义务。

第二款　当事人应当遵循诚信原则，根据合同的性质、目的和交易习惯履行通知、协助、保密等义务。

第五百一十条　合同生效后，当事人就质量、价款或者报酬、履行地点等内容没有约定或者约定不明确的，可以协议补充；不能达成补充协议的，按照合同相关条款或者交易习惯确定。

第五百一十一条　当事人就有关合同内容约定不明确，依据前条规定仍不能确定的，适用下列规定：

……

（二）价款或者报酬不明确的，按照订立合同时履行地的市场价格履行；依法应当执行政府定价或者政府指导价的，依照规定履行……

《最高人民法院关于审理建设工程施工合同纠纷案件适用法律问题的解释（一）》

第十九条　当事人对建设工程的计价标准或者计价方法有约定的，按照约定结算工程价款。

因设计变更导致建设工程的工程量或者质量标准发生变化，当事人对该部分工程价款不能协商一致的，可以参照签订建设工程施工合同时当地建设行政主管部门发布的计价方法或者计价标准结算工程价款。

《天津仲裁委员会建设工程施工合同纠纷案件仲裁指引》

六、工程价款纠纷

7. 因设计变更导致建设工程的工程量或者质量标准发生变化，当事人对该部分工程价款不能协商一致的，可以参照签订建设工程施工合同时当地建设行政主管部门发布的计价方法或者计价标准结算工程价款。

《安徽省高级人民法院关于审理建设工程施工合同纠纷案件适用法律问题的指导意见（二）》

第九条　经过招投标的建设工程，当事人对工程量变化部分的工程价款如何确定没有约定，且不能协商一致的，参照建设行政主管部门的规定或者行业规范处理。

《北京市高级人民法院关于审理建设工程施工合同纠纷案件若干疑难问题的解答》

11. 固定总价合同履行中，当事人以工程发生设计变更为由要求对工程价款予以调整的，如何处理？

建设工程施工合同约定工程价款实行固定总价结算，在实际履行过程中，因工程发生设计变更等原因导致实际工程量增减，当事人要求对工程价款予以调整的，应当严格掌握，合同对工程价款调整有约定的，依照其约定；没有约定或约定不明的，可以参照合同约定标准对工程量增减部分予以单独结算，无法参照约定标准结算的，可以参照施工地建设行政主管部门发布的计价方法或者计价标准结算。

主张工程价款调整的当事人应当对合同约定施工的具体范围、实际工程量增减的原因、数量等事实承担举证责任。

《福建省高级人民法院关于审理建设工程施工合同纠纷案件疑难问题的解答》

19. 问：建设工程施工过程中，因设计变更或者遇特殊地质情况等客观原因，当事人另行签订合同，变更了中标合同的内容，是否仍应以中标合同作为结算工程价款的依据？

答：建设工程施工合同履行过程中，因设计变更或者遇特殊地质情况等客观原因导致工程量增减，当事人协商一致对中标合同的内容进行修改，属于正常行使合同变更权，修改后的合同可以作为结算工程价款的依据。

《河北省高级人民法院关于印发〈建设工程施工合同案件审理指南〉的通知》

11. 合同约定固定价款的，因发包人原因导致工程变更的，承包人能够证明工程变更增加的工程量不属于合同约定包干价范围之内的，有约定的，按约定结算工程价款，没有约定的，可以参照合同约定标准对工程量增减部分予以单独结算，无法参照约定标准结算可以参照施工地建设行政主管部门发布的计价方法或者计价标准结算。主张调整的当事人对合同约定的施工具体范围、实际工程量增减的原因、数量等事实负有举证责任。

《山东省高级人民法院关于审理建设工程施工合同纠纷案件若干问题的解答》

4. 建设工程施工合同约定工程价款按照固定总价结算，当事人主张施工范围、工程量增减的，如何处理？

合同约定按照固定总价结算工程价款，实际施工未超出约定施工范围的，应当适用固定价结算。当事人主张施工范围增减的，按照以下情形分别处理：

（1）合同有约定的，按照合同约定对增减的工程量进行结算；

（2）合同没有约定的，可以参照合同约定标准对工程量增减部分予以单独结算，无法参照约定标准结算的，可以参照施工地建设行政主管部门发布的计价方法或者计价标准结算；

（3）工程尚未完工的，合同约定固定总价，承包人要求支付工程款的，对于能够确定已完工工程占合同约定施工范围比例的工程，应以合同约定的固定价为基础按比例折算；无法确定已完工比例的，双方对工程造价有争议的，可将争议部分工程造价委托鉴定。

主张工程量增减的当事人，对工程量增减是否存在、实际数量及价款承担举证责任。

《深圳仲裁委关于审理建设工程施工合同案件若干问题的意见》

五、关于工程结算

（一）当事人就同一建设工程另行订立的建设工程施工合同与经过备案的中标合同实质性内容不一致的，一般以备案中标合同作为结算依据。但中标合同签订后，发包人改变了原工程设计，如建设工程项目不属于《中华人民共和国招标投标法》第三条规定的必须招标投标的工程建设项目，以后签合同为结算依据；如建设工程项目属于《中华人民共和国招标投标法》第三条规定的必须招标的工程建设项目，中标合同签订后发包人改变原设计，但并不构成实质性改变的，亦以后签合同为结算依据。

《四川省高级人民法院关于审理建设工程施工合同纠纷案件若干疑难问题的解答》

9. 如何认定“黑白合同”实质性内容不一致？

……

建设工程施工合同履行过程中，因设计变更、建设工程规划调整等非双方当事人原因，且无需重新进行招投标并备案的，当事人通过签订补充协议、会谈纪要等形式对工程价款、计价方式、工程期限、工程质量标准等合同内容进行合理变更或补充的，不应认定为与经过备案的中标合同“实质性内容不一致”，当事人主张以该变更或补充内容结算工程价款的，应予支持。

23. 约定工程价款实行固定总价结算的施工合同出现因设计变更导致工程量或者质量标准发生变化的如何结算工程价款？

当事人约定按照固定总价结算工程价款，应当严格按照合同约定的工程价款执行，一方当事人请求对工程造价进行鉴定并依据鉴定结论结算的，不予支持。

建设工程因设计变更导致工程量或质量标准发生变化，当事人要求对工程价款予以调整的，如果合同对工程价款调整有约定的，依照其约定；没有约定或约定不明的，应当由当事人协商解决，不能协商一致的，可以就变更部分参照签订建设工程施工合同时当地建设行政主管部门发布的计价方法或者计价标准结算工程价款。

主张工程价款调整的当事人应当对合同约定施工的具体范围、实际工程量增减的原因、数量等事实承担举证责任。

2. 参考案例

案例一 **江苏福世特建设工程有限公司与镇江中煤电子有限公司建设工程施工合同纠纷二审民事判决书**（2016）苏民终 149 号

一审法院认为，依照双方签订的两份建设工程施工合同的约定，并综合考量双方的辩论意见，一审法院采信鉴定机构的第三种鉴定意见，即按照合同约定标内不调整、标外按照合同以及执行相关文件调整。依照两份建设工程施工合同第三部分第 23.2 条的约定，工程结算时除签证、变更、设计变更、图纸审查回复外均不作调整。福世特公司在履行合同期间既有中煤公司方的设计变更，也有签证等情形，依照合同约定，因上述情形所发生的工程款应当在固定总价之外另行计取。又根据两份建设工程施工合同第三部分第 23.3 条的约定，工程内容变更、现场签证等经发包人、监理签署后，在结算时调整，投标书综合单价中已有的项目单价，按中标单价计算。对于该签证、变更部分的工程价款双方虽在合同中约定了结算单价，但双方并未在合同中约定签证、变更部分的工程价款也属于固定价，不进行调整。反之，则可以调整。应当对签证、变更部分的单价进行调整，该调整可以参照住建部和江苏省住建厅相关文件执行。因此，鉴定机构的第三种鉴定意见更符合合同的约定。

二审法院认为，对于合同外涉及工程设计变更部分，双方在合同中虽然约定了结算单价，但是对于相关单价是否按照相关建设行政主管部门文件进行调整并没有明确约定。且合同履行中由于中煤公司设计变更，根据鉴定人的意见，与双方合同总价相比，设计变更比例达到16.48%，对此依照相关建设行政主管部门文件对单价进行调整并未违反双方的合同约定，对于双方亦更为公允，因此结合《最高人民法院关于审理建设工程施工合同纠纷案件适用法律问题的解释》第16条第2款之规定，一审法院采信鉴定机构的第三种鉴定意见并无不当。

案例二　中交广州航道局有限公司、广西钢铁集团有限公司建设工程施工合同纠纷二审民事判决书（2018）桂民终167号

一审法院认为，就本案而言，《邀请招标文件》明确了工程范围，要求投标人根据工程量清单报价。被告在发出招标文件的同时，向投标人发放图纸和工程量清单，并明确“招标人所提供的工程量清单，应认为已包括了完成本工程的所有项目”。原告的《投标文件》依据上述图纸、工程量清单报价，明确愿意就被告提供的图纸、合同条款、工程建设标准和工程量清单的条件承包涉案工程。因此，合同双方的真实意思表示，是原告完成招标文件、图纸、工程量清单所明确的工程范围的工程总价包干。但是因设计变更导致改变工程量，超出施工承包合同约定的工程量部分，应当不属于在总价包干的工程内，也就不适用总价包干的计价方式。

本案在实际施工过程中，由于实际水深比原设计图所设计水深尺度大，在原告提出来后，由被告指示，设计单位中交二航院于2008年9月对施工区域进行水深复测，对复测报告，原告、被告双方都无异议。设计单位重新设

计图纸，原告根据新图纸施工，工程量经鉴定机构鉴定确有增加，原告要求对工程量增加部分按实结算，符合《最高人民法院关于审理建设工程施工合同纠纷案件适用法律问题的解释》第16条第2款的规定，应该以实际的工程量来结算工程款。

二审法院认为，本案《施工承包合同》虽然是固定总价合同，但因为广西钢铁公司提供的设计施工图纸与实际地形不符需要增加工程量导致双方约定固定总价包干的基础变更，根据《最高人民法院关于审理建设工程施工合同纠纷案件适用法律问题的解释》第16条第2款的规定以及公平原则，广州航道局提出要求广西钢铁公司增加支付增加工程量的工程款理据充分，应予支持。

035. 发包人在工程竣工验收之前已经将工程投入使用，其能否以工程未经过竣工验收为由拒付工程款?

1. 问题解读及相关法律规定

发包人在工程竣工验收之前已经投入使用，其不能以工程未经过竣工验收为由拒绝付款。发包人出于自身利益考量，为提前获得投资效益，没有经过验收就急于使用已经竣工的工程，发包人实际接收后，就表示其已经认可建设工程的现状，意味着承包人已完成其合同义务，从而开始享有请求支付工程价款的权利，同时也意味着工程的一切意外风险均由发包人承担。

承包人主张以转移占有建设工程之日作为竣工日期的，应当提交发包人存在擅自使用的情形以及工程移交时间的证据。

· 现行法律中的相关规定 ·

《民法典》

第六百零四条　标的物毁损、灭失的风险，在标的物交付之前由出卖人承担，交付之后由买受人承担，但是法律另有规定或者当事人另有约定的除外。

第七百九十九条 建设工程竣工后，发包人应当根据施工图纸及说明书、国家颁发的施工验收规范和质量检验标准及时进行验收。验收合格的，发包人应当按照约定支付价款，并接收该建设工程。

建设工程竣工经验收合格后，方可交付使用；未经验收或者验收不合格的，不得交付使用。

第八百零七条 发包人未按照约定支付价款的，承包人可以催告发包人在合理期限内支付价款。发包人逾期不支付的，除根据建设工程的性质不宜折价、拍卖外，承包人可以与发包人协议将该工程折价，也可以请求人民法院将该工程依法拍卖。建设工程的价款就该工程折价或者拍卖的价款优先受偿。

《最高人民法院关于审理建设工程施工合同纠纷案件适用法律问题的解释（一）》

第九条 当事人对建设工程实际竣工日期有争议的，人民法院应当分别按照以下情形予以认定：

（一）建设工程经竣工验收合格的，以竣工验收合格之日为竣工日期；

（二）承包人已经提交竣工验收报告，发包人拖延验收的，以承包人提交验收报告之日为竣工日期；

（三）建设工程未经竣工验收，发包人擅自使用的，以转移占有建设工程之日为竣工日期。

第十四条 建设工程未经竣工验收，发包人擅自使用后，又以使用部分质量不符合约定为由主张权利的，人民法院不予支持；但是承包人应当在建设工程的合理使用寿命内对地基基础工程和主体结构质量承担民事责任。

《建筑法》（2019 年修正）

第六十一条 交付竣工验收的建筑工程，必须符合规定的建筑工程质量标准，有完整的工程技术经济资料和经签署的工程保修书，并具备国家规定的其他竣工条件。

建筑工程竣工经验收合格后，方可交付使用；未经验收或者验收不合格的，不得交付使用。

《天津仲裁委员会建设工程施工合同纠纷案件仲裁指引》

六、工程价款纠纷

6. 当事人对建设工程实际竣工日期有争议的，按照以下情形分别处理：

（一）建设工程经竣工验收合格的，以竣工验收合格之日为竣工日期；

（二）承包人已经提交竣工验收报告，发包人拖延验收的，以承包人提交验收报告之日为竣工日期；

（三）建设工程未经竣工验收，发包人擅自使用的，以转移占有建设工程之日为竣工日期。

七、工程价款优先受偿

发包人逾期支付工程款，经承包人书面催告后在合理期限内仍未支付工程款，承包人可以主张工程款优先受偿。

八、质量纠纷

（二）发包人的质量责任

4. 未经验收发包人提前使用的部分工程质量问题，推定由发包人承担。

《四川省高级人民法院关于审理建设工程施工合同纠纷案件若干疑难问题的解答》

31. 如何处理发包人提出的工程质量问题？

……

建设工程已经竣工验收合格，或虽未竣工验收，但发包人已实际使用，如工程质量问题属于承包人施工原因导致的地基基础工程或工程主体结构质量问题，发包人要求拒付或延期支付工程价款的，应予支持；如发包人提出的工程质量问题属于保修范围，发包人要求拒付或减付工程款的，不予支持。

……

《深圳仲裁委关于审理建设工程施工合同案件若干问题的意见》

四、关于工程验收和工程质量

（四）建设工程未竣工验收，发包人已擅自使用的，如发包人以工程质量不符合约定为由，主张减低工程造价款的，不予支持。但承包人在施工过程中确有不按图纸施工，擅自改变约定的建筑材料、构配件、设备的品种、规格等情形，发包人要求核减原材料差价的，应予支持。

《山东省高级人民法院关于审理建设工程施工合同纠纷案件若干问题的解答》

8. 承包人起诉主张工程款，发包人以工程质量不合格为由提出抗辩的，如何处理？

发包人就工程质量不符合合同约定或者法律规定的进行抗辩的，应当区别情况处理。建设工程经竣工验收合格后，承包人主张工程款，发包人以工程质量不合格主张付款条件不成就或者拒付工程款的，不予支持。建设工程未经竣工验收，发包人擅自使用的，发包人以工程质量不合格主张付款条件不成就或者拒付工程款的，不予支持，确因承包人原因导致工程的地基基础、主体结构质量不合格的除外。上述情形不能免除承包人在工程保修期内的保修责任和合理使用期内的损害赔偿责任。

《江苏省高级人民法院建设工程施工合同案件审理指南》（2010 年）

六、建设工程施工合同条款

（一）关于工程日期

……

3. 竣工日期的认定

……

（3）建设工程未经竣工验收，发包人擅自使用的，以转移占有建设工程之日为竣工日期。建设工程质量关系到人身、财产安全甚至公共安全，根据《建筑法》《建设工程质量管理条例》等规定，建设工程经验收合格的，方可交付使用；使用未经竣工验收合格的建设工程属应受处罚的违法行为，发包人对此亦应当明知，但是发包人仍然使用未经竣工验收的建设工程，应认定其已经以其行为认可了建设工程质量合格或者自愿承担质量瑕疵和风险，也表明发包人已经实现了合同目的，发包人再以未经竣工验收合格为由，拒付承包人工程款，不太合适。所以，最高人民法院《关于审理建设工程施工合同纠纷案件适用法律问题的解释》第13条也规定："建设工程未经竣工验收，发包人擅自使用后，又以使用部分质量不符合约定为由主张权利的，不予支持；但是承包人应当在建设工程的合理使用寿命内对地基基础工程和主体结构质量承担民事责任。"

《河北省高级人民法院关于印发〈建设工程施工合同案件审理指南〉的通知》

七、工程质量、质保金返还及保修责任

41. 建设工程未经竣工验收或未经验收合格，发包人擅自使用后，承包人主张工程款的，发包人又以使用部分质量不合格主张付款条件不成就或者拒付工程款的，人民法院不予支持。但确因承包人原因导致建设工程的地基基础工程和主体结构存在质量问题的除外。

《福建省高级人民法院关于审理建设工程施工合同纠纷案件疑难问题的解答》

10. 问：因承包人的过错造成建设工程质量不符合约定，承包人拒绝修理、返工或者改建，发包人以工程质量不符合约定为由请求减少支付工程价款的，是否必须反诉？工程未经竣工验收交付使用的，发包人以工程质量不符合约定为由请求减少支付工程款，应否支持？

答：发包人可以以此抗辩，请求在工程价款中扣减修理、返工或者改建的合理费用；也可以提起反诉，请求承包人支付修理、返工或者改建的合理费用。但发包人要求承包人赔偿因工程质量不符合约定而造成的其他财产或者人身损害的，应当提起反诉。

工程未经竣工验收，发包人擅自使用后，又以质量不符合约定为由请求减少支付工程价款的，不予支持。

《北京市高级人民法院关于审理建设工程施工合同纠纷案件若干疑难问题的解答》

28. 发包人主张工程质量不符合合同约定的，应按反诉还是抗辩处理？

承包人要求支付工程款，发包人主张工程质量不符合合同约定给其造成损害的，应按以下情形分别处理：

（1）建设工程已经竣工验收合格，或虽未经竣工验收，但发包人已实际使用，工程存在的质量问题一般应属于工程质量保修的范围，发包人以此为由要求拒付或减付工程款的，对其质量抗辩不予支持，但确因承包人原因导致工程的地基基础工程或主体结构质量不合格的除外；发包人反诉或另行起诉要求承包人承担保修责任或者赔偿修复费用等实际损失的，按建设工程保修的相关规定处理。

……

2. 参考案例

案例一 **罗定市一方房地产开发有限公司、聂某权等建设工程施工合同纠纷民事二审民事判决书**（2021）粤53民终1423号

一审法院认为，案涉的一方公馆承包合同项下的工程尚未办理整体竣工验收合格手续，但聂某权提供的案涉商住小区的照片及一方公司的陈述，可以证实一方公司已将案涉两个工程所在小区的商品房交付小业主使用，应以工程交付之日即2018年年底（因双方均不能提供证据确定具体时间，按2018年12月31日认定）为案涉两项工程的竣工日期。工程程经竣工验收合格，按案涉两份承包合同对价款支付的约定，至迟应于双方核算完毕且付款文件齐全后的30天内支付总结算工程款的95%，2020年1月9日前一方公司应支付5 103 939.04元（5 372 567.41元×95%）给聂某权，实际已支付4 891 194元，仍需支付212 745.04元（5 103 939.04元－4 891 194元）。两项工程保修期均为1年，自竣工验收合格之日起计算，至聂某权起诉时距

2018年12月31日竣工日已超过1年，一方公司在本案中未主张工程存在质量问题需要维修，按约定，结算总款5%的保修金应在保修期满后15天内支付，即2020年1月15日前，一方公司应支付268 628.37元（5 372 567.41元×5%）给聂某权。

二审法院认为，在本案提起诉讼前，一方公司已将涉案工程的房屋交付给购房的业主使用。对于未办理竣工验收但工程实际交付使用的情况，《最高人民法院关于审理建设工程施工合同纠纷案件适用法律问题的解释（一）》第14条规定："建设工程未经竣工验收，发包人擅自使用后，又以使用部分质量不符合约定为由主张权利的，人民法院不予支持；但是承包人应当在建设工程的合理使用寿命内对地基基础工程和主体结构质量承担民事责任。"根据上述规定，由于聂某权已实际将涉案工程交付给了一方公司，一方公司未提出质量问题，一审确定从交付后起算保修期，具有事实和法律依据，本院予以维持。

案例二 **孙某武、李某金建设工程施工合同纠纷民事二审民事判决书**
（2021）黔27民终4918号

对原告提出的请求被告支付欠付工程款992 283元的主张，具有事实和法律依据，予以支持。对被告提出的案涉工程存在质量问题的意见，根据《最高人民法院关于审理建设工程施工合同纠纷案件适用法律问题的解释（一）》第十四条的规定"建设工程未经竣工验收，发包人擅自使用后，又以使用部分质量不符合约定为由主张权利的，人民法院不予支持……"案涉工程未经正式竣工验收，但被告已实际使用该工程，故对该意见，没有法律依据，不予采信。

二审法院认为，一审对于孙某武的主张，不予采纳，并判决由孙某武支付李某金992 283元正确，予以确认。

036. 建设施工合同解除后，承包人能否就其已完成工程主张工程款？

1. 问题解读及相关法律规定

在建设工程施工合同领域中，因合同解除而引发纠纷的现象并不罕见。司法实践中，建设工程施工合同解除存在4种典型情形：（1）双方协商解除合同，签订退场协议；（2）一方通知对方解除合同，对方同意解除合同，但认为导致合同解除的责任在对方；（3）一方通知对方解除合同，对方不同意解除合同，通知方直接起诉请求要求解除合同；（4）一方直接诉请法院解除合同。无论以何种方式解除建设施工合同，在合同解除后，承包人能否对其已完成的工程主张工程款，取决于该已完成的工程质量是否合格，若承包人已完成工程质量合格，则承包人可向发包人就该部分工程主张工程款。

· 现行法律中的相关规定 ·

《民法典》

第五百六十六条　合同解除后，尚未履行的，终止履行；已经履行的，根据履行情况和合同性质，当事人可以请求恢复原状或者采取其他补救措施，并有权请求赔偿损失。合同因违约解除的，解除权人可以请求违约方承担违约责任，但是当事人另有约定的除外。主合同解除后，担保人对债务人应当承担的民事责任仍应当承担担保责任，但是担保合同另有约定的除外。

第五百六十七条　合同的权利义务关系终止，不影响合同中结算和清理条款的效力。

第八百零六条　承包人将建设工程转包、违法分包的，发包人可以解除合同。发包人提供的主要建筑材料、建筑构配件和设备不符合强制性标准或者不履行协助义务，致使承包人无法施工，经催告后在合理期限内仍未履行相应义务的，承包人可以解除合同。合同解除后，已经完成的建设工程质量合格的，发包人应当按照约定支付相应的工程价款；已经完成的建设工程质量不合格的，参照本法第七百九十三条的规定处理。

《最高人民法院关于审理建设工程施工合同纠纷案件适用法律问题的解释（一）》

第三十九条　未竣工的建设工程质量合格，承包人请求其承建工程的价款就其承建工程部分折价或者拍卖的价款优先受偿的，人民法院应予支持。

《江苏省高级人民法院建设工程施工合同案件审理指南》（2010 年）

（一）已完工部分验收合格工程的工程款结算。建设工程施工合同履行过程中，当事人双方约定解除或单方法定解除合同，承包方主张其已完工程的工程款。因工程未完工，如何结算该部分工程款，往往涉及鉴定标准的把握。在工程没有全部完工的情况下，有两种不同的方式来确认工程款，一是根据实际完成的工程量，以建设行政管理部门颁发的定额取费，核定工程价款，并参照合同约定最终确定工程价款；此时，对工程造价鉴定不涉及甩项部分，只须鉴定其完工部分即可。二是确定所完工程的工程量占全部工程量的比例，按所完工程量的比例乘以合同约定的固定价款得出工程价款。此时，对工程造价鉴定涉及甩项部分，即对涉案工程总造价进行鉴定。第一种方法较为经济，也是较为常用的一种方法，一般用于工程没有总体竣工验收；第二种方法鉴定费用较高，一般用于工程竣工验收合格。上述两种方式均具有一定的合理性，应尽量寻求双方当事人意见的一致，如无法取得一致时由人民法院酌情确定。

2. 参考案例

案例一　辽宁潍麟生物科技开发有限公司建设工程施工合同纠纷再审审查与审判监督裁定书（2018）最高法民申 1109 号

潍麟公司提出再审称，原审判决适用法律确有错误。工程质量合格是给付工程款的前提，建设工程合同解除后对于已完工程质量合格的，应支付已完工程的工程款，对于已完工程质量不合格的，应进行修复，修复后验收合格，发包人应对建设工程予以折价补偿，修复后仍不合格，承包人没有请求支付工程价款的权利。潍麟公司是否应该支付工程款应以本案争议的工程质量是否合格为前提，本案工程存在严重的质量问题，而且一直未修复，潍麟公司不应给付工程款。

再审法院认为，原审判决判令潍麟公司支付工程款合法有据。《最高人民法院关于审理建设工程施工合同纠纷案件适用法律问题的解释》第10条第1款规定，建设工程施工合同解除后，已经完成的建设工程质量合格的，发包人应当按照约定支付相应的工程价款，已经完成的建设工程质量不合格的，参照本解释第三条规定处理。本案中，潍麟公司于2013年7月29日向广安公司发出《解除合同函》，双方签订的《建设工程施工合同》已解除，潍麟公司也没有证据证明广安公司已完工程存在质量问题，故其支付相应工程价款及利息的条件已经成就。关于工程价款的数额认定问题。本案中，经潍麟公司申请，一审法院选定辽宁恒信德勤工程造价咨询有限公司对涉案工程中广安公司已完工的工程量及工程造价进行鉴定，该鉴定机构及鉴定人员具备相应的鉴定资质，鉴定程序合法，并经过庭审质证，潍麟公司虽有异议但未提供证据予以反驳，故该《工程造价报告》应当作为定案依据。潍麟公司关于涉案《工程造价报告》不应采信的主张不能成立。扣除双方认可的已付工程款，原审判决判令潍麟公司给付广安公司工程款22 539 509.96元及利息有事实和法律依据。

案例二 江苏省天石建设工程有限公司与东台市许河镇人民政府建设工程施工合同纠纷一审民事判决书（2020）苏0981民初4211号

法院认为，《合同法》第97条规定，合同解除后，尚未履行的，终止履行；已经履行的，根据履行情况和合同性质，当事人可以要求恢复原状、采取其他补救措施、并有权要求赔偿损失。《最高人民法院关于审理建设工程施工合同纠纷案件适用法律问题的解释》第10条规定，建设工程施工合同解除后，已经完成的建设工程质量合格的，发包人应当按照约定支付相应的工程价款。根据上述法律规定，因建设工程具有其特殊性，建设工程合同解除后，一般不要求恢复原状，而是对已完工程进行折价补偿，发包人应向承包人支付已完工程的价款。合同解除后，双方应按原合同约定的方式结算已完成部分工程款，发包人向承包人支付该部分工程款。本案中，天石公司通过招投标中标东台市许河镇中心幼儿园教学楼工程，并于2016年12月14日与许河镇政府签订《建设工程施工合同》。后天石公司组织施工。本院于2020年5月7日作出（2020）苏0981民初796号民事判决，判令天石公司与许河镇政府签订的《建设工程施工合同》于2020年2月27日解除。《建设工程施工合同》解除后，天石公司已经完成部分建设工程，许河镇政府作为发包人应当支付相应的工程价款。建博公司的鉴定意见认为天石公司已完成部分工程量价款为2 576 562.63元，依据充分，本院予以采信。

037. 工程量发生重大变化的结算原则如何确定，监理日志、周报、月报能否作为工程结算依据？

1. 问题解读及相关法律规定

实践中，因设计变更、进度计划变更、施工条件变更或者发包方提出“新增工程”等工程变更导致建设工程的工程量或者质量标准发生变化的情况非常普遍。此时，如果发包人和承包人就如何结算工程价款达不成一致，根据《最高人民法院关于审理建设工程施工合同纠纷案件适用法律问题的解释（一）》第19条规定，“当事人对建设工程的计价标准或者计价方法有约定的，按照约定结算工程价款。因设计变更导致建设工程的工程量或者质量标准发生变化，当事人对该部分工程价款不能协商一致的，可以参照签订建设工程施工合同时当地建设行政主管部门发布的计价方法或者计价标准结算工程价款”。注意此处是“可以”而不是“应当”，不是“按照”，而是“参照”。

根据上述司法解释的规定，建设工程结算工程款的基本原则是尊重当事人之间的约定，只要合同对工程增加如何结算的约定是明确、具体的，根据增减工程的性质、标准可以适用原合同约定的计价方法和计价标准结算工程款，并不会因此导致当事人之间利益的显失公平，那么，原则上仍应参照合同约定结算工程价款。在因增减工程的性质、标准不宜适用原合同约定的计价方法和计价标准结算工程款，或者原合同约定不明无法适用的情况下，则可根据《最高人民法院关于审理建设工程施工合同纠纷案件适用法律问题的解释（一）》第19条第2款的规定，参照签订建设工程施工合同时当地建设行政主管部门发布的计价方法或者计价标准结算工程价款。

对于监理日志、周报、月报能否作为工程结算依据，我们认为，在一定条件下可以作为工程结算依据。理由如下：监理的法律特征与委托代理相似，但是具有区别于委托代理的法律特征。具体地讲，监理人与发包人之间是平等关系，是特殊的委托合同。其“特殊”在于监理，不仅要为发包人提供监理服务，维护发包人的合法权益，而且还有责任维护承包人的合法权益。在委托人和承包人发生争议时，监理机构应当根据自己的职能，以独立身份判断，公正地进行调解。应当讲，监理单位在发包人与承包人之间起到了维系公平交易、等价交换的制衡作用，不能将其单纯视为发包人的利益代表。

就一般情况而言，监理工程师签认的工程量月报表属于书证，具备民事诉讼法意义上的证据效力，但不发生签证效力。

首先，按照《建筑法》第32条，《建设工程质量管理条例》第36条、第37条、第38条，《建设工程安全生产管理条例》第14条等规定，监理工程师不具备签认工程决算月报表的法定职责。

其次，须审核监理合同约定内容。如监理合同约定监理工程师具备签署工程月报表的职责，此约定对承包人并不发生效力；只有在施工合同中有此约定，才对承包人发生签证效力。建筑市场上，在施工合同中有此约定的情况基本不存在。

最后，看交易惯例。施工过程中，监理工程师具有签认施工月报表的工作惯例。对签认的结果，各方当事人未提出异议，唯独对一份或几份签认结果不认可，肯定此签认行为构成了表见代理行为，肯定监理工程师对施工月报表的签认效力。

除上述情况外，监理工程师对施工月报表的签认行为，不发生签证效力。《最高人民法院关于审理建设工程施工合同纠纷案件适用法律问题的解释

(一)》第20条规定:“当事人对工程量有争议的，按照施工过程中形成的签证等书面文件确认。承包人能够证明发包人同意其施工，但未能提供签证文件证明工程量发生的，可以按照当事人提供的其他证据确认实际发生的工程量。”因此对于发包人同意承包人施工，承包人可以提供监理的月报、周报、日报作为结算的依据。

· 现行法律中的相关规定 ·

《民法典》

第一百七十二条　行为人没有代理权、超越代理权或者代理权终止后，仍然实施代理行为，相对人有理由相信行为人有代理权的，代理行为有效。

第七百九十六条　建设工程实行监理的，发包人应当与监理人采用书面形式订立委托监理合同。发包人与监理人的权利和义务以及法律责任，应当依照本编委托合同以及其他有关法律、行政法规的规定。

《最高人民法院关于审理建设工程施工合同纠纷案件适用法律问题的解释(一)》

第十九条　当事人对建设工程的计价标准或者计价方法有约定的，按照约定结算工程价款。

因设计变更导致建设工程的工程量或者质量标准发生变化，当事人对该部分工程价款不能协商一致的，可以参照签订建设工程施工合同时当地建设行政主管部门发布的计价方法或者计价标准结算工程价款。

建设工程施工合同有效，但建设工程经竣工验收不合格的，依照民法典第五百七十七条规定处理。

第二十条　当事人对工程量有争议的，按照施工过程中形成的签证等书面文件确认。承包人能够证明发包人同意其施工，但未能提供签证文件证明工程量发生的，可以按照当事人提供的其他证据确认实际发生的工程量。

《建筑法》(2019年修正)

第三十一条　实行监理的建筑工程，由建设单位委托具有相应资质条件的工程监理单位监理。建设单位与其委托的工程监理单位应当订立书面委托监理合同。

第三十三条　实施建筑工程监理前，建设单位应当将委托的工程监理单位、监理的内容及监理权限，书面通知被监理的建筑施工企业。

第三十四条第二款　工程监理单位应当根据建设单位的委托，客观、公正地执行监理任务。

第三款　工程监理单位与被监理工程的承包单位以及建筑材料、建筑构配件和设备供应单位不得有隶属关系或者其他利害关系。

《浙江省高级人民法院民事审判第一庭关于审理建设工程施工合同纠纷案件若干疑难问题的解答》

十、哪些证据可以作为工程量、工程价款的结算依据？

双方当事人在建设工程施工过程中形成的补充协议、会议纪要、工程联系单、工程变更单、工程对账签证以及其他往来函件、记录等书面证据，可以作为工程量计算和认定工程价款的依据。

《天津仲裁委员会建设工程施工合同纠纷案件仲裁指引》

六、工程价款纠纷

1. 以双方合意为首要标准合理确定工程量。

2. 以工程量清单计价为主、定额计价为辅确认工程价款。

3. 发包人逾期 28 天不答复承包人的竣工结算文件，按竣工结算文件确定工程款。

4. 同一工程另行签订的合同与备案中标的合同实质性内容不一致的，根据备案中标合同确定工程款。

5. 双方约定按照固定价款结算的，从其约定。

……

8. 当事人对工程量有争议的，按照施工过程中形成的签证等书面文件确认。承包人能够证明发包人同意其施工，但未能提供签证文件证明工程量发生的，可以按照当事人提供的其他证据确认实际发生的工程量。

《四川省高级人民法院关于审理建设工程施工合同纠纷案件若干疑难问题的解答》

23. 约定工程价款实行固定总价结算的施工合同出现因设计变更导致工程量或者质量标准发生变化的如何结算工程价款?

当事人约定按照固定总价结算工程价款，应当严格按照合同约定的工程价款执行，一方当事人请求对工程造价进行鉴定并依据鉴定结论结算的，不予支持。

建设工程因设计变更导致工程量或质量标准发生变化，当事人要求对工程价款予以调整的，如果合同对工程价款调整有约定的，依照其约定；没有约定或约定不明的，应当由当事人协商解决，不能协商一致的，可以就变更部分参照签订建设工程施工合同时当地建设行政主管部门发布的计价方法或者计价标准结算工程价款。

主张工程价款调整的当事人应当对合同约定施工的具体范围、实际工程量增减的原因、数量等事实承担举证责任。

《山东省高级人民法院关于审理建设工程施工合同纠纷案件若干问题的解答》

4. 建设工程施工合同约定工程价款按照固定总价结算，当事人主张施工范围、工程量增减的，如何处理?

合同约定按照固定总价结算工程价款，实际施工未超出约定施工范围的，应当适用固定价结算。当事人主张施工范围增减的，按照以下情形分别处理：

（1）合同有约定的，按照合同约定对增减的工程量进行结算；

（2）合同没有约定的，可以参照合同约定标准对工程量增减部分予以单独结算，无法参照约定标准结算的，可以参照施工地建设行政主管部门发布的计价方法或者计价标准结算……

7. 当事人对工程量、已付工程款、工程质量等有争议的，一般应当审查哪些证据?

当事人对工程量有争议的，应当根据招投标文件、合同等施工前约定，由承包人对工程量清单、签证、图纸、会议纪要、往来函件、交付验收记录等施工过程中产生的文件以及施工后形成的结算报告等进行举证；发包人有异议或主张存在甩项、减项、工程未完工等情形的，应提供相应签证、会议记录、交接记录等进行证明……

《河北省高级人民法院关于印发〈建设工程施工合同案件审理指南〉的通知》

二、工程价款结算及相关问题

11. 合同约定固定价款的，因发包人原因导致工程变更的，承包人能够证明工程变更增加的工程量不属于合同约定包干价范围之内的，有约定的，按约定结算工程价款，没有约定的，可以参照合同约定标准对工程量增减部分予以单独结算，无法参照约定标准结算可以参照施工地建设行政主管部门发布的计价方法或者计价标准结算。主张调整的当事人对合同约定的施工具体范围、实际工程量增减的原因、数量等事实负有举证责任。

《福建省高级人民法院关于审理建设工程施工合同纠纷案件疑难问题的解答》

15. 问：施工过程中，发包方工作人员确认的工程量以及价款等的签证能否作为工程价款的结算依据？

答：双方当事人对有权进行工程量和价款等予以签证、确认的具体人员有约定的，除该具体人员及法定代表人外，他人对工程量和价款等所作的签证、确认不能作为工程价款的结算依据；没有约定的，发包人应对其工作人员的职务行为承担民事责任，但发包人有证据证明承包人明知该工作人员无相应权限的，该工作人员签证的内容对发包人不发生法律效力。

《北京市高级人民法院关于审理建设工程施工合同纠纷案件若干疑难问题的解答》

10. 工程监理人员在签证文件上签字确认的效力如何认定？

工程监理人员在监理过程中签字确认的签证文件，涉及工程量、工期及工程质量等事实的，原则上对发包人具有约束力，涉及工程价款洽商变更等经济决策的，原则上对发包人不具有约束力，但施工合同对监理人员的授权另有约定的除外。

11. 固定总价合同履行中，当事人以工程发生设计变更为由要求对工程价款予以调整的，如何处理？

建设工程施工合同约定工程价款实行固定总价结算，在实际履行过程中，因工程发生设计变更等原因导致实际工程量增减，当事人要求对工程价款予以调整的，应当严格掌握，合同对工程价款调整有约定的，依照其约定；没有约定或约定不明的，可以参照合同约定标准对工程量增减部分予以单独结算，无法参照约定标准结算的，可以参照施工地建设行政主管部门发布的计价方法或者计价标准结算。

主张工程价款调整的当事人应当对合同约定施工的具体范围、实际工程量增减的原因、数量等事实承担举证责任。

2. 参考案例

案例一 **湖北鹏程建设工程有限公司、当阳市鑫泉产业开发有限公司建设工程施工合同纠纷二审民事判决书**（2017）鄂05民终1180号

一审法院认为，根据《最高人民法院关于适用〈中华人民共和国合同法〉若干问题的解释（二）》第26条之规定："合同成立以后客观情况发生了当事人在订立合同时无法预见的，非不可抗力造成的不属于商业风险的重大变化，继续履行合同对于一方当事人明显不公平或者不能实现合同目的，当事人请求人民法院变更或者解除合同的，人民法院应当根据公平原则，并结合案件的实际情况确定是否变更或者解除。"本案中，争议双方在招标及签订合同的环节时，关于人工费的部分系按鄂建文〔2011〕80号文件的规定计算，但是在实际施工过程中，因为政策的调整，人工费系按鄂建文〔2012〕85号文件执行，导致出现差价2 442 460.77元，对于增加的人工费2 442 460.77元，鑫泉公司应予支付。

二审法院认为，关于人工费调增问题。鑫泉公司与鹏程公司签订的建设施工合同约定的是固定总价，但本案建设施工合同是通过招标签订，按照当阳市住房和城乡建设局关于案涉工程信访事项的办理意见，本案所涉项目东城明珠小区招标控制价编审时间是2012年5月，此时关于人工费调整的鄂建文〔2012〕85号文件尚未出台。根据招标文件，案涉项目于2012年11月16日进行招标，12月6日开标，案涉工程于2013年3月开始施工，而根据鄂建文〔2012〕85号文件，无论采用定额计价模式还是工程清单计价模式，自2012年12月1日起的工程量，人工费均应按照该文件标准进行调整。鉴于建设工程中定额人工单价是由建设主管部门根据建筑市场劳动力价格变化情况进行调整，属于政策变化范围，双方签订的建设施工合同通用条款中约定将工程造价管理机构发布的造价调整作为合同价款调整的因素，本案双方应对合同价格予以调整，故一审法院以情势变更原则依照湖北省建设主管部门的人工费调整文件规定调增鹏程公司与鑫泉公司的工程价款并无不当。

案例二　方某与安徽舜耕建设工程有限公司、安徽五湖四海置业有限公司建设工程施工合同纠纷二审民事判决书（2015）皖民四终字第00469号

一审法院认为，安徽舜耕公司与安徽五湖四海公司签订的《建设工程施工合同》中载明合同价款为一次性包干1000万元，并按每平方米1000元计算。安徽舜耕公司与安徽五湖四海公司签订合同时以单价计算并约定总价包死，应是双方的真实意思表示，应按鉴定结论中第（3）项计算工程价款即13 997 629元。方某与安徽舜耕公司签订的《工程项目承包合同》中约定方某应按安徽舜耕公司与安徽五湖四海公司签订的《建设工程施工合同》结算价承担管理费及税金，故安徽舜耕公司应支付方某的工程款（不含税费）应为13 787 664. 57元，安徽舜耕公司已付工程款为12 028 251. 60元，故安徽舜耕公司应支付方某工程款1 759 412. 97元，并自方某起诉之日起按同期人民银行贷款利率支付利息。安徽五湖四海公司在欠付安徽舜耕公司的工程款范围内对方某承担责任。

二审法院认为，《建设工程施工合同》补充条款对结算方式还约定有：本次合同采用一次性包干价，加变更、签证、加工程钢材、商品混凝土（商品混凝土、钢材；价格以2010年第七期巢湖信息价为标准调整价差）。其他材料及消防设备均不再调整等。该条款为印刷字体，加变更、签证、工程钢材、商品混凝土调整价差部分仍然有效，应予采用。经鉴定机构鉴定，变更签证、材差部分造价为3 452 884元，安徽五湖四海公司提出该部分造价不计入工程造价的上诉理由与合同约定不符，本院不予采纳。由于合同约定除合同约定的变更签证，钢材、混凝材差部分予以调整外，其余部分不予调整，原判将定额人工费调整544 745元计入工程造价不当，本院予以纠正。安徽五湖四海公司关于定额人工费调整544 745元不应计入工程造价的上诉理由，本院予以支持。涉案工程造价涉及变更签证，钢材、混凝材差部分，原审法院委托鉴定机构进行鉴定，并无不当，安徽五湖四海公司提出涉案工程造价无须鉴定的上诉理由，不能成立。综上，涉案工程造价为15 103 264元（11 650 380元+3 452 884元）。

038. 签证单只有发包人的工作人员签字没有盖章能否作为工程量结算依据？

1. 问题解读及相关法律依据

这主要应该看该工作人员有无签字的授权。如果该工作人员为发包人的法定代表人，那么该工作人员的签字行为就是履行法定代表人职责的职务行为，其在签证单上签字，表明发包人已经确认，据此可以作为工程结算的依据。

另外一种情况就是该工作人员为发包人的一般工作人员，这种情况下则应着重注意该工作人员是否有相应的授权，《民法典》规定代理人在代理权限内，以被代理人的名义实施民事法律行为。被代理人对代理人的代理行为，承担民事责任。因此如果发包人对其工作人员授权具有签字的权力，那么该签字单的法律后果应当由发包人承担。

当然，如果发包人的工作人员没有授权或授权不明，则应注意收集相关证据，运用表见代理使用规则，维护自身合法权利。

· 现行法律中的相关规定 ·

《民法典》

第一百六十一条第一款　民事主体可以通过代理人实施民事法律行为。

第一百六十二条　代理人在代理权限内，以被代理人名义实施的民事法律行为，对被代理人发生效力。

第一百七十条　执行法人或者非法人组织工作任务的人员，就其职权范围内的事项，以法人或者非法人组织的名义实施的民事法律行为，对法人或者非法人组织发生效力。

法人或者非法人组织对执行其工作任务的人员职权范围的限制，不得对抗善意相对人。

第一百七十二条　行为人没有代理权、超越代理权或者代理权终止后，仍然实施代理行为，相对人有理由相信行为人有代理权的，代理行为有效。

《最高人民法院关于审理建设工程施工合同纠纷案件适用法律问题的解释（一）》

第二十条　当事人对工程量有争议的，按照施工过程中形成的签证等书面文件确认。承包人能够证明发包人同意其施工，但未能提供签证文件证明工程量发生的，可以按照当事人提供的其他证据确认实际发生的工程量。

《福建省高级人民法院关于审理建设工程施工合同纠纷案件疑难问题的解答》

15. 问：施工过程中，发包方工作人员确认的工程量以及价款等的签证能否作为工程价款的结算依据？

答：双方当事人对有权进行工程量和价款等予以签证、确认的具体人员有约定的，除该具体人员及法定代表人外，他人对工程量和价款等所作的签证、确认不能作为工程价款的结算依据；没有约定的，发包人应对其工作人员的职务行为承担民事责任，但发包人有证据证明承包人明知该工作人员无相应权限的，该工作人员签证的内容对发包人不发生法律效力。

《北京市高级人民法院关于审理建设工程施工合同纠纷案件若干疑难问题的解答》

9. 当事人工作人员签证确认的效力如何认定？

当事人在施工合同中就有权对工程量和价款洽商变更等材料进行签证确认的具体人员有明确约定的，依照其约定，除法定代表人外，其他人员所作的签证确认对当事人不具有约束力，但相对方有理由相信该签证人员有代理权的除外；没有约定或约定不明，当事人工作人员所作的签证确认是其职务行为的，对该当事人具有约束力，但该当事人有证据证明相对方知道或应当知道该签证人员没有代理权的除外。

《河北省高级人民法院关于印发〈建设工程施工合同案件审理指南〉的通知》

四、建设工程造价鉴定

25. 当事人对施工合同效力、结算依据、签证文件的真实性及效力等问题存在争议的，应由人民法院进行审查并确认是否作为结算依据。人民法院准许当事人对工程价款进行鉴定的申请后，应当根据当事人申请及查明案件事实的需要，确定委托鉴定的事项及范围，并组织双方当事人对争议的鉴定材料进行质证，确定鉴定依据。当事人对对方提交的鉴定资料无法达成一致意见的，人民法院不能简单以当事人不予认可为由否认该鉴定资料的真实性，人民法院应依法对争议的资料进行审查并确定是否可以作为鉴定资料使用。

《四川省高级人民法院关于审理建设工程施工合同纠纷案件若干疑难问题的解答》

26. 如何认定当事人的工作人员签证确认行为的效力？

当事人的法定代表人以及经合同约定或当事人授权的工作人员对工程量和价款等的签证确认行为对当事人具有约束力。虽没有合同约定或当事人授权，当事人工作人员的签证确认属于履行职务行为，或者当事人事后追认。或者当事人虽不予追认，相对方有理由相信该签证确认人员有代理权的签证确认行为，对当事人具有约束力。

《浙江省高级人民法院民事审判第一庭关于审理建设工程施工合同纠纷案件若干疑难问题的解答》

十一、施工过程中谁有权利对涉及工程量和价款等相关材料进行签证、确认？

要严格把握工程施工过程中相关材料的签证和确认。除法定代表人和约定明确授权的人员外，其他人员对工程量和价款等所作的签证、确认，不具有法律效力。没有约定明确授权的，法定代表人、项目经理、现场负责人的签证、确认具有法律效力；其他人员的签证、确认，对发包人不具有法律效力，除非承包人举证证明该人员确有相应权限。

2. 参考案例

案例一 **北京中关村开发建设股份有限公司、湖南潭衡高速公路开发有限公司建设工程施工合同纠纷二审民事判决书**（2019）最高法民终1401号

二审法院认为，关于签证程序不完善的65 760.3元部分。该部分虽然只有监理代表和施工单位签字，没有建设方签字确认，但是根据建设工程监理工作规范，监理单位代表工程建设方对建设工程的质量、造价、进度等进行控制管理。建设单位与承包单位之间就工程建设有关的联系活动，一般通过监理单位进行。签署工程计量凭证、审查处理工程洽商变更，亦在监理单位职责范围之内。因此，在签证有监理代表签字认可的情况下，潭衡公司关于

签证未经其签字确认即工程尚未施工的主张，依法不予采信。原审法院将其计入工程造价并无不当，本院予以维持。

案例二 **青海方升建筑安装工程有限责任公司与青海隆豪置业有限公司建设工程施工合同纠纷二审民事判决书**（2014）民一终字第69号

一审法院认为，监理单位兰州华铁工程监理咨询有限公司西宁分公司（以下简称华铁监理西宁分公司）于2012年9月13日出具情况说明，上述签证单签名的监理人员冯某贵无总监理工程师的授权，总监理工程师不知情，并且在监理资料中无上述签证单，认为上述工程签证单是冯某贵超越权限的个人行为，不能作为结算工程款的依据。方升公司未提交其他证据证明上述签证单所涉工程量及价款的真实性。因此，双方有争议的工程变更、签证项目1 451 136.16元应从鉴定意见已完合同价款32 723 973.82元中扣减。方升公司已完成的工程总价款为31 272 837.66元。

二审法院认为，根据《最高人民法院关于审理建设工程施工合同纠纷案件适用法律若干问题的解释》第19条“当事人对工程量有争议的，按照施工过程中形成的签证等书面文件确认。承包人能够证明发包人同意其施工，但未能提供签证文件证明工程量发生的，可以按照当事人提供的其他证据确认实际发生的工程量”的规定，冯某贵作为总监代表，又是现场的唯一监理，其在工程签证单上的签字，是对本案建设工程现场施工情况的真实反映。因此，其签署的工程签证单能够证明变更、签证项目的实际发生，变更、签证的工作量应当予以认定。

039. 没有签证单，承包人增加的工程量能够得到法院确认吗？

1. 问题解读及相关法律规定

签证是指在建设工程施工合同履行过程中，发包方和承包方就工程量、设计变更等问题签署的文件。对于现场完工签证单，施工单位深知其重要性，但在建筑实践中，由于种种原因，承包方没有制作签证单或者保存不完备，导致工程量无法确定，尤其对于采用固定单价计价方式来讲，工程量无法得到确认，一旦发包方不予认可，施工单位可能遭受重大损失。对于施工单位来讲，必须加强施工合同管理，杜绝此类情况发生。一旦出现因没有签证文件，发包方拒绝认可工程量的情形，作为施工单位来讲，首先要收集能够证明发包方同意施工的证据，比如工作联系单、协商会议记录、施工图纸、设计变更通知单等；其次，尽可能收集能够证明工程量确定发生的证据，比如原料采购单、施工图片或摄影资料。作为施工单位，尤其直接负责的项目经理，一定要有证据意识，懂得收集、固定保全证据。

理论上说，没有签证，承包方还是有可能拿到工程增量的工程款的，但必须有证据证明“发包人同意承包人施工”这一点，同时，还必须“提供其他证据确认实际发生的工程量”。

· 现行法律中的相关规定 ·

《民事诉讼法》

第六十七条　当事人对自己提出的主张，有责任提供证据。

当事人及其诉讼代理人因客观原因不能自行收集的证据，或者人民法院认为审理案件需要的证据，人民法院应当调查收集。

人民法院应当按照法定程序，全面地、客观地审查核实证据。

《最高人民法院关于适用〈中华人民共和国民事诉讼法〉的解释》

第九十条　当事人对自己提出的诉讼请求所依据的事实或者反驳对方诉讼请求所依据的事实，应当提供证据加以证明，但法律另有规定的除外。

在作出判决前，当事人未能提供证据或者证据不足以证明其事实主张的，由负有举证证明责任的当事人承担不利的后果。

《最高人民法院关于审理建设工程施工合同纠纷案件适用法律问题的解释（一）》

第二十条　当事人对工程量有争议的，按照施工过程中形成的签证等书面文件确认。承包人能够证明发包人同意其施工，但未能提供签证文件证明工程量发生的，可以按照当事人提供的其他证据确认实际发生的工程量。

《浙江省高级人民法院民事审判第一庭关于审理建设工程施工合同纠纷案件若干疑难问题的解答》

十、哪些证据可以作为工程量、工程价款的结算依据？

双方当事人在建设工程施工过程中形成的补充协议、会议纪要、工程联系单、工程变更单、工程对账签证以及其他往来函件、记录等书面证据，可以作为工程量计算和认定工程价款的依据。

十一、施工过程中谁有权利对涉及工程量和价款等相关材料进行签证、确认？

要严格把握工程施工过程中相关材料的签证和确认。除法定代表人和约定明确授权的人员外，其他人员对工程量和价款等所作的签证、确认，不具有法律效力。没有约定明确授权的，法定代表人、项目经理、现场负责人的签证、确认具有法律效力；其他人员的签证、确认，对发包人不具有法律效力，除非承包人举证证明该人员确有相应权限。

《天津仲裁委员会建设工程施工合同纠纷案件仲裁指引》

六、工程价款纠纷

8. 当事人对工程量有争议的，按照施工过程中形成的签证等书面文件确认。承包人能够证明发包人同意其施工，但未能提供签证文件证明工程量发生的，可以按照当事人提供的其他证据确认实际发生的工程量。

《四川省高级人民法院关于审理建设工程施工合同纠纷案件若干疑难问题的解答》

25. 约定工程价款实行固定总价结算的施工合同在未全部完成施工即终止履行的工程价款如何结算？

……

当事人就已施工的工程量存在争议的，应当根据双方在撤场交接时签订的会议纪要，交接记录以及监理材料，后续施工资料等文件予以确定；不能确定的，应根据承包人撤场时未能办理交接及工程未能完工的原因等因素合理分配举证责任。

26. 如何认定当事人的工作人员签证确认行为的效力？

当事人的法定代表人以及经合同约定或当事人授权的工作人员对工程量和价款等的签证确认行为对当事人具有约束力。虽没有合同约定或当事人授权，当事人工作人员的签证确认属于履行职务行为，或者当事人事后追认，或者当事人虽不予追认，相对方有理由相信该签证确认人员有代理权的签证确认行为，对当事人具有约束力。

《深圳仲裁委关于审理建设工程施工合同案件若干问题的意见》

二、关于工程造价：

……

（二）工程造价包死之后，发包人要求增加部分工程的，以双方达成的补充协议和签证单确认增加部分的工程造价。如果增加部分系发包人要求，但双方未就增加部分的工程造价达成书面协议，也无具体签证单，应按实际工程量，参照合同签订时建设行政主管部门发布的计价方法和计价标准，计算增加部分的工程造价……

《山东省高级人民法院关于审理建设工程施工合同纠纷案件若干问题的解答》

7. 当事人对工程量、已付工程款、工程质量等有争议的，一般应当审查哪些证据？

当事人对工程量有争议的，应当根据招投标文件、合同等施工前约定，由承包人对工程量清单、签证、图纸、会议纪要、往来函件、交付验收记录等施工过程中产生的文件以及施工后形成的结算报告等进行举证；发包人有异议或主张存在甩项、减项、工程未完工等情形的，应提供相应签证、会议记录、交接记录等进行证明……

《福建省高级人民法院关于审理建设工程施工合同纠纷案件疑难问题的解答》

15. 问：施工过程中，发包方工作人员确认的工程量以及价款等的签证能否作为工程价款的结算依据？

答：双方当事人对有权进行工程量和价款等予以签证、确认的具体人员有约定的，除该具体人员及法定代表人外，他人对工程量和价款等所作的签证、确认不能作为工程价款的结算依据；没有约定的，发包人应对其工作人员的职务行为承担民事责任，但发包人有证据证明承包人明知该工作人员无相应权限的，该工作人员签证的内容对发包人不发生法律效力。

《北京市高级人民法院关于审理建设工程施工合同纠纷案件若干疑难问题的解答》

8. 承包人项目经理在合同履行过程中所施行为的效力如何认定?

施工合同履行过程中，承包人的项目经理以承包人名义在结算报告、签证文件上签字确认、加盖项目部章或者收取工程款、接受发包人供材等行为，原则上应当认定为职务行为或表见代理行为，对承包人具有约束力，但施工合同另有约定或承包人有证据证明相对方知道或应当知道项目经理没有代理权的除外。

9. 当事人工作人员签证确认的效力如何认定?

当事人在施工合同中就有权对工程量和价款洽商变更等材料进行签证确认的具体人员有明确约定的，依照其约定，除法定代表人外，其他人员所作的签证确认对当事人不具有约束力，但相对方有理由相信该签证人员有代理权的除外；没有约定或约定不明，当事人工作人员所作的签证确认是其职务行为的，对该当事人具有约束力，但该当事人有证据证明相对方知道或应当知道该签证人员没有代理权的除外。

10. 工程监理人员在签证文件上签字确认的效力如何认定?

工程监理人员在监理过程中签字确认的签证文件，涉及工程量、工期及工程质量等事实的，原则上对发包人具有约束力，涉及工程价款洽商变更等经济决策的，原则上对发包人不具有约束力，但施工合同对监理人员的授权另有约定的除外。

2. 参考案例

案例一 张某水与江苏中盛建设集团有限公司劳务合同纠纷申诉、申请民事裁定书（2016）最高法民申3557号

一审法院认为，关于张某水施工的面积问题，中盛公司庭审中向本院提交了面积汇总表，因该汇总表落款的时间为2003年4月1日，与本案工程施工的时间不符。中盛公司庭后申请本院向齐齐哈尔市汇博房地产开发有限责任公司调取的面积汇总表体现的测绘面积为108 290.02平方米。张某水提交了工程施工图纸22份，证实施工总面积为124 000.00平方米，该工程图纸来源于中盛公司，张某水按照该图纸进行的施工。中盛公司对该22份图纸的真实性及来源不持异议，且中盛公司明确表示其在房产局并没有查到对测绘面积进行备案。因此，本院对该22份施工图纸予以确认，应当以该22份施工图纸确定的测绘面积作为施工面积。现中盛公司已付张某水人工费8 244 000.00元，尚欠2 296 000.00元的事实清楚，证据充分。

二审法院认为，诉讼中，双方均认可并没有查到房产局的测绘面积，无法按合同约定的计算依据进行结算。由于《规划测量报告》执行的计算规范与“房产局测绘面积”执行的计算规范在测绘标准上不同、适用范围上也不同，可能导致相同的房屋，参照不同的规范计算出来的面积不一致，且张某水对《规划测量报告》也不认可。因此，如依据《规划测量报告》计算施工面积，既不符合双方约定由房产部门测绘施工面积的约定，又不符合由房产部门测绘施工面积时所适用的测绘标准。故虽该份证据真实，但亦不应以此为计算案涉施工面积的依据。中盛公司作为发包方有义务提供合同约定的“房产局测绘面积”，其未能举示合同约定的测绘结论，应承担对其不利的法律后果。张某水作为劳务人员，主张以22份施工图纸对应的施工面积作为尚欠工程款的计算依据，其在原审期间已完成初步举证责任。原审法院将来源于中盛公司的施工图纸作为施工面积的计算依据，并无不当。

再审法院认为，涉案工程施工图纸可以作为认定张某水施工面积的依据。中盛公司与张某水签订的《合同书》虽然约定建筑面积、工程面积以房产局

测绘面积为准。但是，房管局并未对涉案工程进行测绘，无法按照合同约定认定张某水的施工面积。根据《最高人民法院关于审理建设工程施工合同纠纷案件适用法律问题的解释》第19条的规定，当事人对工程量有争议的，按照施工过程中形成的签证等书面文件确认。承包人能够证明发包人同意其施工，但未能提供签证文件证明工程量发生的，可以按照当事人提供的其他证据确认实际发生的工程量。本案张某水提供了涉案工程的施工图纸，证明施工总面积为124 000平方米，该图纸源于中盛公司，中盛公司对图纸的真实性也没有异议，可以作为认定张某水施工面积的依据。

案例二 **中太建设集团股份有限公司与李某海、陈某令等建设工程分包合同纠纷申诉、申请民事裁定书**（2016）最高法民申2319号

一审法院认为，因中太公司、李某海均无充分证据证明李某海、王某、陈某令所做工程之实际工程量，同时因施工界限不明确，无法进行鉴定，故参照双方之间合同约定的工程总价款为950万元及中太公司出具的解除合同通知书中认可李某海未完工程仍有25%，确定李某海等实际完成工程总款为712.5万元（950万元×75%）更为符合事实。

二审法院认为，中太公司单方作出的《解除合同通知函》中载明“经该公司现场人员计算尚有25%的工程量未完成”，该处的25%未完工程量是经过其公司核算得出，而不仅仅是其公司对工程形象进度的推测，一审法院结合其他证据综合认定李某海一方已完成工程量为75%并无不妥。

再审法院认为，《最高人民法院关于审理建设工程施工合同纠纷案件适用法律问题的解释》第19条规定，当事人对工程量有争议的，按照施工过程中形成的签证等书面文件确认。承包人能够证明发包人同意其施工，但未能提供签证文件证明工程量发生的，可以按照当事人提供的其他证据确认实际发生的工程量。本案中，因申请人单方解除案涉合同时双方并未对被申请人一方的实际施工工程量进行确认，发生争议后双方又互不认可施工界限，导致客观上无法进行鉴定，故只能依据双方在履行合同过程中形成的相关书面文件等证据进行认定。根据已查明的事实，申请人在双方发生争议后单方出具的《解除合同通知函》中明确载明，“据公司现场人员计算，仍有25%的

工程量未完成”。在没有其他相反证据的情况下，一审、二审判决根据申请人的上述自认事实推定已完成75%工程量是合理的。

040. 承包人能否就发包人逾期支付工程款的利息损失及违约金主张优先受偿权？

1. 问题解读及相关法律规定

根据《民法典》第807条规定：“发包人未按照约定支付价款的，承包人可以催告发包人在合理期限内支付价款。发包人逾期不支付的，除根据建设工程的性质不宜折价、拍卖外，承包人可以与发包人协议将该工程折价，也可以请求人民法院将该工程依法拍卖。建设工程的价款就该工程折价或者拍卖的价款优先受偿。”

另据《最高人民法院关于审理建设工程施工合同纠纷案件适用法律问题的解释（一）》第40条规定：“承包人建设工程价款优先受偿的范围依照国务院有关行政主管部门关于建设工程价款范围的规定确定。承包人就逾期支付建设工程价款的利息、违约金、损害赔偿金等主张优先受偿的，人民法院不予支持。”

因此，经承包人催告，分包人逾期不支付工程款，就建设工程能够折价、拍卖的，虽然承包人就对应的价款享有优先受偿权，但对于利息、违约金、损害赔偿金等主张优先受偿的，人民法院不予支持。

2. 参考案例

案例一　**上海佳程企业发展有限公司、上海建工四建集团有限公司等建设工程施工合同纠纷民事二审民事判决书**（2021）最高法民终717号

法院认为，涉案工程虽未全面竣工，但业已就分部、分项部分进行了验收，四建公司主张其对已完工程价款享有优先受偿权，于法有据，予以支持。

但四建公司对工程款利息、停窝工损失、逾期支付进度款利息也请求就已完工程折价或拍卖的价款优先受偿，显然与法律规定不符，不予支持。

案例二 **海天建设集团有限公司、西安华峰置业有限公司等建设工程施工合同纠纷民事二审民事判决书**（2021）最高法民终340号

法院认为，经过原审法院主持调解，华峰公司已将双方当事人确认的工程价款向海天公司履行完毕，依据上述规定，违约金的请求不属于优先受偿范围，故对海天公司的相应诉讼请求不予支持。

案例三 **河南四建集团股份有限公司、开封市世纪嘉源房地产开发有限公司建设工程施工合同纠纷民事申请再审审查民事裁定书**（2021）最高法民申6473号

法院认为，本案中，案涉工程停工后，河南四建公司与开封世纪嘉源公司未对剩余工程价款进行结算，案涉工程剩余价款系在诉讼中通过司法鉴定确定，河南四建公司因停工产生的损失并不在工程价款范围内，其要求将停工损失列入工程价款优先受偿范围的主张，没有法律依据，二审法院未予支持，并无不当。

案例四 **贵州省仁怀市茅台镇大唐酒业有限公司、中铁二十二局集团有限公司建设工程施工合同纠纷二审民事判决书**（2020）最高法民终245号

法院认为，中铁二十二局享有建设工程价款优先受偿权的范围为本案确认的工程欠付款项，不含一审法院认定的利息、违约金。所以，中铁二十二局集团有限公司仅在49 930 841.11元范围内对其施工工程享有建设工程价款优先受偿权。

案例五 **重庆升汇永建筑工程有限公司、海原县天洁置业有限公司建设工程施工合同纠纷二审民事判决书**（2020）最高法民终80号

法院认为，升汇永公司在海原天洁公司欠付工程款的范围内对涉案工程折价或拍卖的价款享有优先受偿权的诉讼请求成立，该院予以支持，对利息部分不予支持。

案例六 **昆明经之典房地产开发有限公司、河北建设集团股份有限公司建设工程施工合同纠纷二审民事判决书**（2019）最高法民终1837号

法院认为，河北建设集团公司主张的尚欠工程款10 975万元中包含了1500万元补偿款及420万元质保金，该款项并非享有工程价款优先受偿权的范围。鉴于目前昆明经之典公司向河北建设集团公司支付第四笔、第五笔工程款项的付款条件未成就，故在工程价款优先受偿权的范围内扣除1500万元补偿款及420万元质保金的问题，暂不作处理。

案例七 **宁夏瑞富山水置业有限公司（原宁夏庆华置业有限公司）、华宸建设集团股份有限公司建设工程施工合同纠纷二审民事判决书**（2019）最高法民终1572号

法院认为，该条明确规定了建设工程价款优先受偿权的范围不包含工程款利息。一审判决认为利息与工程款本为一体，扩大了工程款的范围，导致其适用法律错误，本院予以纠正。综上所述，上诉人瑞富公司关于建设工程价款优先受偿的范围不包含工程款利息的上诉理由成立，对此部分上诉请求予以支持，其余部分上诉请求均不成立。

案例八 **中国城市建设控股集团吉林投资有限公司、中航长城大地建工集团有限公司建设工程施工合同纠纷二审民事判决书**（2019）最高法民终340号

法院认为，中航公司对中城建吉林公司欠付工程款所应支付的利息，无权行使优先受偿权。一审法院判决理由中所认定的中航公司针对欠付工程款的利息享有建设工程价款优先受偿权，法律适用不当。

案例九 **淮南市荣胜昕安房地产开发有限公司、浙江元力建设有限公司建设工程施工合同纠纷二审民事判决书**（2018）最高法民终902号

法院认为，原审判决判令元力公司就工程欠款利息对案涉工程折价或拍卖的价款享有优先受偿权不当，本院予以纠正。

案例十 **江苏省苏中建设集团股份有限公司、包头市恒源房地产开发有限责任公司建设工程施工合同纠纷二审民事判决书**（2018）最高法民终 620 号

法院认为，根据《最高人民法院关于审理建设工程施工合同纠纷案件适用法律问题的解释（二）》第 21 条第 2 款规定，承包人就逾期支付工程价款的利息、违约金、损害赔偿金等主张优先受偿的，人民法院不予支持。苏中公司对案涉建设工程价款的优先受偿权并不及于双方约定的逾期支付工程价款的利息。

041. 承包人能否就垫资款主张利息？

1. 问题解读及相关法律规定

垫资款是建筑施工企业利用自有资金进场进行施工所垫付的资金以及建筑施工企业在合同签订后不要求建设单位支付工程款或者仅支付极低比例的工程款，待工程施工到一定阶段或者工程全部完成后，再由建设单位支付的工程款。垫资施工是建筑市场的普遍现象，承包人为了获得建筑工程项目，常常以垫资的方式与发包人签订建筑工程合同。国家政策从否定和不提倡的态度，到近年来逐渐转变。2004 年《最高人民法院关于审理建设工程施工合同纠纷案件适用法律问题的解释》出台之前的主流观点认为，垫资或者另行签订的垫资合同的性质为企业法人间违规拆借资金行为，因违反国家金融法规的规定而无效。2004 年 10 月 25 日出台的《最高人民法院关于审理建设工程施工合同纠纷案件适用法律问题的解释》（已失效）第 6 条和《最高人民法院关于审理建设工程施工合同纠纷案件适用法律问题的解释（一）》第 25 条对垫资施工的法律后果进行了规定。

承包人能否就垫资款主张利息?《最高人民法院关于审理建设工程施工合同纠纷案件适用法律问题的解释（一)》对这一问题作出明确解释：约定垫资及利息的，依照约定，但是约定的利息计算标准高于垫资时的同类贷款利率或者同期贷款市场报价利率的部分除外；没有约定垫资利息的，承包人请求支付利息的，人民法院不予支持。当事人对利息的约定，属于当事人意思自治范畴，法律予以充分尊重，但当事人的约定超过法律明确规定的部分，法院不予支持。实务中，对于利息过高的抗辩，法院通常予以采纳。

· 现行法律中的相关规定 ·

《最高人民法院关于审理建设工程施工合同纠纷案件适用法律问题的解释（一)》

第二十五条　当事人对垫资和垫资利息有约定，承包人请求按照约定返还垫资及其利息的，人民法院应予支持，但是约定的利息计算标准高于垫资时的同类贷款利率或者同期贷款市场报价利率的部分除外。

当事人对垫资没有约定的，按照工程欠款处理。

当事人对垫资利息没有约定，承包人请求支付利息的，人民法院不予支持。

第二十六条　当事人对欠付工程价款利息计付标准有约定的，按照约定处理。没有约定的，按照同期同类贷款利率或者同期贷款市场报价利率计息。

第二十七条　利息从应付工程价款之日开始计付。当事人对付款时间没有约定或者约定不明的，下列时间视为应付款时间：

（一）建设工程已实际交付的，为交付之日；

（二）建设工程没有交付的，为提交竣工结算文件之日；

（三）建设工程未交付，工程价款也未结算的，为当事人起诉之日。

2. 参考案例

案例一 **长青建设集团有限公司、长青建设集团有限公司陕西分公司与刘某生、马某梅、胡某波等建设工程施工合同纠纷一审民事判决书**
(2018) 陕民初110号

法院认为:(1) 关于利息计算起点问题。长青公司陕西分公司与长宏公司洛川分公司虽然约定了两栋安置楼工程封顶后阶段付款,其余楼栋按施工层数阶段付款,但实际履行中双方并未就阶段付款进行对账,且合同还约定"发包人资金不到位,未有按照节点拨款,乙方不得停工,垫支按照2.5%计息。垫资数额按照已完工程量的90%计算",视为双方对应付款时间约定不明,加之长青公司陕西分公司并未提交其在施工中主张阶段工程款的证据,且协议中多处约定"完工之日起按照月息2.5%计息"等,长青公司陕西分公司是在工程封顶后整体计算了案涉工程的价款并要求长宏公司洛川分公司结算支付。审理中,长青公司陕西分公司称其2018年10月起诉,2018年11月撤出工地,《最高人民法院关于审理建设工程施工合同纠纷案件适用法律问题的解释(一)》第27条规定:"利息从应付工程价款之日开始计付。当事人对付款时间没有约定或约定不明的,下列时间为应付款时间:……(三)建设工程未交付,工程价款也未结算的,为当事人起诉之日。"本案中,长青公司陕西分公司起诉后,双方对案涉工程未进行交接,且工程款也未达成一致,故一审法院认定工程款的应付款日期为长青公司陕西分公司起诉之日计算利息。

(2) 关于利息计算标准问题。双方协议约定的垫资工程款的利息为月息2.5%,视为双方就逾期支付工程款利息标准达成一致,但是该约定明显过高,长宏公司洛川分公司已经抗辩该约定过高其不应承担利息等,结合案涉工程施工中长青公司陕西分公司未经长宏公司洛川分公司同意变更负责人意图控制案涉项目、导致双方合作终止,也存在过错等因素,一审法院综合考虑在合同履行中双方的违约和过错以及长青公司陕西分公司损失举证等因素,依法对逾期支付工程款的利息调整为2019年8月19日前按照同期人民银行贷款利率计算为宜,对于2019年8月20日之后依据全国银行间同业拆借中心公布的市场报价利率计算为宜，计算至实际偿付之日止。

案例二 **江苏铁甲骨建筑配套工程有限公司、浙江森禾集团股份有限公司建设工程施工合同纠纷二审民事判决书**（2021）浙民终1314号

法院认为，《最高人民法院关于审理建设工程施工合同纠纷案件适用法律问题的解释（一）》第26条规定："当事人对欠付工程价款利息计付标准有约定的，按照约定处理。没有约定的，按照同期同类贷款利率或者同期贷款市场报价利率计息。"第27条规定："利息从应付工程价款之日开始计付。当事人对付款时间没有约定或者约定不明的，下列时间视为应付款时间：（一）建设工程已实际交付的，为交付之日；（二）建设工程没有交付的，为提交竣工结算文件之日；（三）建设工程未交付，工程价款也未结算的，为当事人起诉之日。"因森禾公司与铁甲骨公司签订的合同对森禾公司逾期支付工程款的违约责任没有作出约定，故铁甲骨公司诉请森禾公司支付逾期付款违约责任，实为主张逾期付款利息损失。根据森禾公司与铁甲骨公司签订的《施工责任协议书》，森禾公司应当在工程竣工验收后3个月内给铁甲骨公司进行结算；整体完工后2个月内按照业主付款节点付款至已完总工程量价款的60%，整体工程竣工验收满一年且无质量问题后，2015年农历年底（按照实际住建局的付款节点）付款至决算价的100%。双方当事人于2020年确定该案的工程价款数额，而已付款项尚未达到"整体完工后2个月内按照业主付款节点付款至已完总工程量价款的60%"，可见森禾公司确实存在迟延支付工程款之情形。根据上述司法解释的规定，结合实际情况，一审法院酌定森禾公司对欠付工程款承担自确定工程价款数额之日起至判决确定的履行之日止按照年利率6%计算的逾期付款利息。二审法院予以认可。

042. 工程价款利息的起算时间如何确定？

1. 问题解读及相关法律规定

《民法典》第577条规定："当事人一方不履行合同义务或者履行合同义务不符合约定的，应当承担继续履行、采取补救措施或者赔偿损失等违约责

任。”因此，逾期支付工程价款属于违约行为，应当赔偿对方利息损失。

《最高人民法院关于审理建设工程施工合同纠纷案件适用法律问题的解释（一）》第 27 条规定：“利息从应付工程价款之日开始计付。当事人对付款时间没有约定或者约定不明的，下列时间视为应付款时间：（一）建设工程已实际交付的，为交付之日；（二）建设工程没有交付的，为提交竣工结算文件之日；（三）建设工程未交付，工程价款也未结算的，为当事人起诉之日。”

2. 参考案例

案例一 **鲁某、河南祈福明天置业有限公司等建设工程施工合同纠纷民事二审民事判决书**（2021）豫民终 472 号

法院认为，本案中，案涉工程已经完工并交付，但鲁某未能提供有效证据证明实际交付或提交竣工结算文件的日期，祈福明天公司认可案涉工程于 2020 年 8 月实际交付，工程价款利息应自 2020 年 8 月 1 日起按照全国银行间同业拆借中心公布的贷款市场报价利率计算至实际清偿之日止。

案例二 **山西祥宏建筑装潢有限公司、山西省交口县轻工业公司等建设工程合同纠纷民事审判监督民事裁定书**（2021）晋民申 1311 号

法院认为，案涉工程仍有部分楼层未交付，双方对于工程价款一直未形成一致的结算意见，依照相关司法解释的规定，二审判决从当事人起诉之日起计算利息并无不妥。

案例三 **卓尼县金源水电开发有限责任公司、张某 2 等建设工程施工合同纠纷民事二审民事判决书**（2021）甘民终 271 号

法院认为，利息从应付工程价款之日开始计付。本案中，陈某在 2014 ~ 2017 年完成多个工程项目，其与金源水电公司约定“完工后，经甲方验收并确认工程量后支付工程款”。故本案利息应从双方核算工程量清单之日开始计付。因本案欠付工程款系分段核算，陈某完成的工程均已实际交付使用，金源水电公司亦支付了部分工程款，故 2015 年以前的欠付工程款利息以

2015年最后一次核算工程量清单时间为准即从2015年12月27日开始计付，2016年欠付工程款利息从2016年7月22日开始计付，2017年欠付工程款利息从2017年12月30日开始计付。

案例四 **河南鼎泰建筑安装有限公司、华中国电电力集团有限公司建设工程施工合同纠纷二审民事判决书**（2020）豫民终485号

法院认为，《电力工程施工框架协议》第9条明确约定："提供完整施工资料且经郑州航空港区管理委员会投资评审中心评审付至评审后结算总价款的95%。余5%质保金，待两年保修期满30日内无息退还。"在双方对付款时间作出明确约定的情况下，鼎泰公司主张从工程移交之日开始起算欠付工程款的利息不符合法律规定，本院依法不予支持。但在本案诉讼中，鼎泰公司并未提供证据证明其向华中国电公司或港区国有资产公司提供了合同约定的施工资料，一审判决据此认定鼎泰公司对涉案工程未予审计负有主要责任并无不当。基于上述原因，一审判决对欠付工程款的利息酌情判令自本案一审立案之日起开始计算具有事实依据，也符合公平原则。

案例五 **山西六建集团有限公司、运城市鑫宇房地产开发有限公司建设工程施工合同纠纷民事二审民事判决书**（2020）晋民终618号

法院认为，本案中，鑫宇公司欠付六建公司工程款，应当支付利息，六建公司为主张工程款于2015年2月5日向运城仲裁委员会提起仲裁申请，该时间点为承包人以法律手段向发包人要求履行付款义务之时，人民法院对其合法权益应予以保护，该时间点应为应付款时间，六建公司该上诉理由本院予以支持。

案例六 **长青建设集团有限公司、长青建设集团有限公司陕西分公司与刘某生、马某梅、胡某波等建设工程施工合同纠纷一审民事判决书**（2018）陕民初110号

法院认为，本案中，长青公司陕西分公司起诉后，双方对案涉工程未进行交接，且工程款也未达成一致，故本院认定工程款的应付款日期为长青公司陕西分公司起诉之日，即从2018年10月11日起计算利息为宜。

043. 工程质量不符合约定，发包人可以以此为由要求减少支付工程价款吗?

1. 问题解读及相关法律规定

工程质量合格是发包人的主要合同目的，也是承包人的主要合同义务，发包人以工程质量有问题为由拒付工程款，属于程序法上的抗辩，对该问题的处理应当区分拒付工程款的时间段和工程质量问题的性质。

第一，工程质量瑕疵发生在竣工验收前，发包人不得以此作为拒付到期工程款的理由。但是承包人确有不能履行合同义务之虞的，发包人可以主张不安抗辩权。

第二，工程质量经竣工验收合格，工程质量问题不能成为发包人拒付工程款的理由，发包人应按合同约定支付工程款。如果发包人确有证据证明工程质量存在瑕疵，应按工程质量保修的法律关系进行处理。

第三，工程质量经竣工验收不合格，应由承包人进行修复，修复后的建设工程经竣工验收合格，发包人应按合同约定支付工程款，但修复费用应由承包人承担。

第四，修复后的建设工程经竣工验收不合格，发包人可行使先履行抗辩权，以此为由拒付工程款，承包人支付工程款的请求不会得到支持。

第五，建设工程未经竣工验收，发包人擅自使用，工程质量问题不能成为发包人拒付工程款的理由，发包人应按合同约定支付工程款。但是承包人应当在建设工程的合理使用寿命内对基础工程和主体结构质量承担民事责任。

· 现行法律中的相关规定 ·

《民法典》

第五百八十二条　履行不符合约定的，应当按照当事人的约定承担违约责任。对违约责任没有约定或者约定不明确，依据本法第五百一十条的规定仍不能确定的，受损害方根据标的的性质以及损失的大小，可以合理选择请求对方承担修理、重作、更换、退货、减少价款或者报酬等违约责任。

第八百零一条　因施工人的原因致使建设工程质量不符合约定的，发包人有权请求施工人在合理期限内无偿修理或者返工、改建。经过修理或者返工、改建后，造成逾期交付的，施工人应当承担违约责任。

《最高人民法院关于审理建设工程施工合同纠纷案件适用法律问题的解释（一）》

第十二条　因承包人的原因造成建设工程质量不符合约定，承包人拒绝修理、返工或者改建，发包人请求减少支付工程价款的，人民法院应予支持。

第十三条　发包人具有下列情形之一，造成建设工程质量缺陷，应当承担过错责任：

（一）提供的设计有缺陷；

（二）提供或者指定购买的建筑材料、建筑构配件、设备不符合强制性标准；

（三）直接指定分包人分包专业工程。

承包人有过错的，也应当承担相应的过错责任。

第十五条　因建设工程质量发生争议的，发包人可以以总承包人、分包人和实际施工人为共同被告提起诉讼。

第十六条　发包人在承包人提起的建设工程施工合同纠纷案件中，以建设工程质量不符合合同约定或者法律规定为由，就承包人支付违约金或者赔偿修理、返工、改建的合理费用等损失提出反诉的，人民法院可以合并审理。

《建筑法》（2019 年修正）

第三条　建筑活动应当确保建筑工程质量和安全，符合国家的建筑工程安全标准。

第七十四条　建筑施工企业在施工中偷工减料的，使用不合格的建筑材料、建筑构配件和设备的，或者有其他不按照工程设计图纸或者施工技术标准施工的行为的，责令改正，处以罚款；情节严重的，责令停业整顿，降低资质等级或者吊销资质证书；造成建筑工程质量不符合规定的质量标准的，负责返工、修理，并赔偿因此造成的损失；构成犯罪的，依法追究刑事责任。

第七十五条　建筑施工企业违反本法规定，不履行保修义务或者拖延履行保修义务的，责令改正，可以处以罚款，并对在保修期内因屋顶、墙面渗漏、开裂等质量缺陷造成的损失，承担赔偿责任。

《浙江省高级人民法院民事审判第一庭关于审理建设工程施工合同纠纷案件若干疑难问题的解答》

七、发包人已经签字确认验收合格，能否再以质量问题提出抗辩，主张延期或不予支付工程价款?

发包人已组织验收并在相关文件上签字确认验收合格，后又以工程质量存在瑕疵为由，拒绝支付或要求延期支付工程价款的，该主张不能成立。但确因承包人施工导致地基基础工程、工程主体结构质量不合格的，发包人仍可以拒绝支付或要求延期支付工程价款。

二十、合同无效是否影响关于工程质量的约定、承诺的效力?

建设工程施工合同无效，不影响发包人按合同约定、承包人出具的质量保修书或法律法规的规定，请求承包人承担工程质量责任。

《天津仲裁委员会建设工程施工合同纠纷案件仲裁指引》

八、质量纠纷

（一）承包人的质量责任

1. 不按照施工图纸和施工技术规范施工造成的工程质量问题。

2. 未按照工程设计施工要求、施工技术规范和合同约定对建筑材料、构配件和设备进行检验，使用了不合格的产品造成的质量问题。

3. 在法定或约定的保修期内，承包人应当保修的工程发生的一般质量问题。

（二）发包人的质量责任

1. 发包人提供的设计有缺陷。

2. 发包人指定提供的材料、构配件、设备不符合国家强制标准。

3. 发包人指定的分包人造成的施工工程不符合质量要求。

4. 未经验收发包人提前使用的部分工程质量问题，推定由发包人承担。

《四川省高级人民法院关于审理建设工程施工合同纠纷案件若干疑难问题的解答》

15. 如何确定建设工程质量争议案件的诉讼主体和责任承担？

承包人经发包人同意将自己承包的部分工程交由第三人完成，因建设工程质量发生争议的，发包人可以以承包人、第三人为共同被告主张权利，承包人和第三人对工程质量向发包人承担连带责任。

承包人转包，违法分包建设工程，因建设工程质量发生争议的，发包人可以以转包人、违法分包人和实际施工人为共同被告主张权利，转包人、违法分包人和实际施工人对工程质量向发包人承担连带责任。

31. 如何处理发包人提出的工程质量问题？

承包人诉请支付工程价款，发包人主张工程质量不符合合同约定或者国家强制性质量规范标准，要求减少工程价款的，按抗辩主张处理；发包人要求承包人赔偿损失的，应以反诉的方式提出或另行起诉。

建设工程已经竣工验收合格，或虽未竣工验收，但发包人已实际使用，如工程质量问题属于承包人施工原因导致的地基基础工程或工程主体结构质量问题，发包人要求拒付或延期支付工程价款的，应予支持；如发包人提出的工程质量问题属于保修范围，发包人要求拒付或减付工程款的，不予支持。

工程尚未进行竣工验收且未交付使用，发包人以工程质量不符合合同约定或者国家强制性质量规范标准为由要求拒付或减付工程款，经查证属实的，应予支持；发包人要求承包人支付违约金或者赔偿修理，返工或改建的合理费用等损失的，应以反诉的方式提出或另行起诉。

因承包人原因致使工程质量不符合合同约定，发包人要求承包人承担保修责任或者赔偿修复费用等实际损失的，按保修的相关规定处理。承包人拒绝修复、在合理期限内不能修复或者发包人有正当理由拒绝承包人修复，发包人另行委托他人修复后要求承包人承担合理修复费用的，应予支持。发包人未通知承包人或无正当理由拒绝由承包人修复而另请他人修复的，所发生的修复费用由发包人自行承担。

《深圳仲裁委关于审理建设工程施工合同案件若干问题的意见》

四、关于工程验收和工程质量

（一）发包人或监理单位已组织验收并在填写的《建筑工程验收报告书》或相关文件上签字确认验收合格的，应认定工程验收合格，对工程中存在的质量问题作保修期内质量问题处理，发包人以工程存在质量问题为由，要求裁决不支付或缓支付工程款的，仲裁庭不予支持。

（四）建设工程未竣工验收，发包人已擅自使用的，如发包人以工程质量不符合约定为由，主张减低工程造价款的，不予支持。但承包人在施工过程中确有不按图纸施工，擅自改变约定的建筑材料、构配件、设备的品种、规格等情形，发包人要求核减原材料差价的，应予支持。

《山东高院关于审理建设工程施工合同纠纷案件若干问题的解答》

8. 承包人起诉主张工程款，发包人以工程质量不合格为由提出抗辩的，如何处理？

发包人就工程质量不符合合同约定或者法律规定的进行抗辩的，应当区别情况处理。建设工程经竣工验收合格后，承包人主张工程款，发包人以工程质量不合格主张付款条件不成就或者拒付工程款的，不予支持。建设工程未经竣工验收，发包人擅自使用的，发包人以工程质量不合格主张付款条件不成就或者拒付工程款的，不予支持，确因承包人原因导致工程的地基基础、主体结构质量不合格的除外。上述情形不能免除承包人在工程保修期内的保修责任和合理使用期内的损害赔偿责任。

9. 建设工程施工合同纠纷案件中，发包人以工程质量不符合合同约定或者法律规定为由，要求承包人承担责任的，如何处理？

承包人提起的建设工程施工合同纠纷，发包人以工程质量不符合合同约定或者法律规定为由，要求承包人支付违约金或者赔偿修理、返工或改建的合理费用损失的，应当向发包人释明，发包人提起反诉的，与本诉一并审理。

《河北省高级人民法院关于印发〈建设工程施工合同案件审理指南〉的通知》

七、工程质量、质保金返还及保修责任

39. 因承包人的过错造成建设工程质量不符合约定，发包人能够证明已经履行了通知义务，承包人拒绝修理、返工或者改建，发包人请求减付工程价款的，可以将发包人因修理、返工或重建而支付的费用在工程款中予以扣减。

《福建省高级人民法院关于审理建设工程施工合同纠纷案件疑难问题的解答》

10. 问：因承包人的过错造成建设工程质量不符合约定，承包人拒绝修理、返工或者改建，发包人以工程质量不符合约定为由请求减少支付工程价款的，是否必须反诉？工程未经竣工验收交付使用的，发包人以工程质量不符合约定为由请求减少支付工程款，应否支持？

答：发包人可以以此抗辩，请求在工程价款中扣减修理、返工或者改建的合理费用；也可以提起反诉，请求承包人支付修理、返工或者改建的合理费用。但发包人要求承包人赔偿因工程质量不符合约定而造成的其他财产或者人身损害的，应当提起反诉。

工程未经竣工验收，发包人擅自使用后，又以质量不符合约定为由请求减少支付工程价款的，不予支持。

《安徽省高级人民法院关于审理建设工程施工合同纠纷案件适用法律问题的指导意见（二）》

第六条 尚未竣工验收或使用的建设工程，承包人主张工程价款，发包人以工程质量不符合合同约定或者国家质量标准为由，主张减少工程价款或者扣除修复费用的，属于抗辩。

2. 参考案例

案例一 **云南拓辉建筑工程有限公司、白某林等建设工程施工合同纠纷民事一审民事判决书**（2021）云 0424 民初 544 号

一审法院认为，本案中，白某林与拓辉建筑公司于 2016 年 12 月 1 日签订的《建筑工程施工合同》虽系双方当事人的真实意思表示，但拓辉建筑公司无建设施工企业相关资质，合同无效。拓辉建筑公司对涉案房屋进行了实际施工，工程完工后白某林、何某芳虽装修入住了该房屋，但涉案房屋经云南达峰工程质量检测鉴定有限公司鉴定，存在严重的质量问题，甚至房屋的地基混凝土强度连行业标准规范最低混凝土强度要求 C20 的一半 C10 都不能达到，无法达到验收标准，必须进行修复加固方可保证房屋的使用基础强度及使用寿命。《民法典》第 793 条第 2 款规定："建设工程施工合同无效，且建设工程经验收不合格的，按照以下情形处理：（一）修复后的建设工程经验收合格的，发包人可以请求承包人承担修复费用；（二）修复后的建设工程经验收不合格的，承包人无权请求参照合同关于工程价款的约定折价补偿。"现拓辉建筑公司未对涉案房屋进行修复加固，也未举证证明房屋修复加固费用数额，故拓辉建筑公司要求白某林户支付尚欠的工程款并支付资金占用利息的诉请，与法律规定不符，本院不予支持。

案例二 **金某贵与龙某旺、鲁某娜农村建房施工合同纠纷一审民事判决书**（2021）云 0426 民初 227 号

一审法院认为，本案中，金某贵与龙某旺结算工程款后至今未支付款项，金某贵起诉要求龙某旺、鲁某娜支付尚欠建房尾款的主张已提交了龙某旺出具的欠条，龙某旺对欠条系其本人出具的事实无异议。金某贵要求龙某旺、鲁某娜夫妻连带支付剩余工程款的诉讼请求有事实及法律依据，予以支持。龙某旺抗辩主张金某贵所建房屋存在质量瑕疵问题，经本院释明龙某旺未申请鉴定，要求所欠工程款扣减后支付。鉴于房屋确实存在质量瑕疵问题，承包人拒绝修理、返工，结合本院现场勘验情况，参照当地修复所需费用，本院酌情扣减 7000 元。

044. 建设工程合同无效的情况下工程价款如何确定？

1. 问题解读及相关法律规定

在合同无效的情况下，合同双方当事人仍然应当承担相应的民事责任，当事人因该行为取得的财产，应当予以返还；不能返还或者没有必要返还的，应当折价补偿；有过错的应当赔偿对方损失。因建设工程合同的特殊性，承包人付出的劳务和材料已经物化到建设工程中，已经不能返还，只能折价补偿，补偿金额则参照建设工程合同约定的工程价款。

· 现行法律中的相关规定 ·

《民法典》

第一百五十五条　无效的或者被撤销的民事法律行为自始没有法律约束力。

第一百五十七条　民事法律行为无效、被撤销或者确定不发生效力后，行为人因该行为取得的财产，应当予以返还；不能返还或者没有必要返还的，应当折价补偿。有过错的一方应当赔偿对方由此所受到的损失；各方都有过错的，应当各自承担相应的责任。法律另有规定的，依照其规定。

第七百九十三条　建设工程施工合同无效，但是建设工程经验收合格的，可以参照合同关于工程价款的约定折价补偿承包人。建设工程施工合同无效，且建设工程经验收不合格的，按照以下情形处理：（一）修复后的建设工程经验收合格的，发包人可以请求承包人承担修复费用；（二）修复后的建设工程经验收不合格的，承包人无权请求参照合同关于工程价款的约定折价补偿。发包人对因建设工程不合格造成的损失有过错的，应当承担相应的责任。

《最高人民法院关于审理建设工程施工合同纠纷案件适用法律问题的解释（一）》

第二十四条　当事人就同一建设工程订立的数份建设工程施工合同均无效，但建设工程质量合格，一方当事人请求参照实际履行的合同关于工程价款的约定折价补偿承包人的，人民法院应予支持。实际履行的合同难以确定，当事人请求参照最后签订的合同关于工程价款的约定折价补偿承包人的，人民法院应予支持。

《安徽省高级人民法院关于审理建设工程施工合同纠纷案件适用法律问题的指导意见（二）》

第八条　当事人就同一建设工程订立的数份施工合同均被认定无效，应当参照当事人实际履行的合同结算工程价款。

《北京市高级人民法院关于审理建设工程施工合同纠纷案件若干疑难问题的解答》

17. 无效建设工程施工合同中的工程价款如何确定？

建设工程施工合同无效，但工程经竣工验收合格，当事人任何一方依据《解释》第二条的规定要求参照合同约定支付工程折价补偿款的，应予支持。承包人要求发包人按中国人民银行同期贷款利率支付欠付工程款利息的，应予支持。发包人以合同无效为由要求扣除工程折价补偿款中所含利润的，不予支持。

《福建省高级人民法院关于审理建设工程施工合同纠纷案件疑难问题的解答》

4. 问：发包人与无相应施工资质的承包人签订建设工程施工合同，承包人依合同取得的工程价款超过其实际施工成本的，超过部分是否应予收缴？承包人非法转包、违法分包、出借资质而依合同约定取得的“挂靠费”“管理费”等是否应当收缴？

答：承包人无相应施工资质，所签订的建设工程施工合同虽然无效，但最高人民法院《关于审理建设工程施工合同纠纷案件适用法律问题的解释》第二条规定：“建设工程施工合同无效，但建设工程经竣工验收合格，承包人请求参照合同约定支付工程价款的，应予支持。”因此，对承包人依合同取得的工程价款不应予以收缴。

对承包人因非法转包、违法分包建设工程而已经取得的利益，或者建筑施工企业因出借施工资质而已经取得的利益，例如，“挂靠费”“管理费”等，人民法院可以根据我国《民法通则》第一百三十四条的规定予以收缴，但建设行政机关已经对此予以行政处罚的，人民法院不应重复予以制裁。

5. 问：建设工程施工合同无效，但建设工程质量合格，发包人请求按照合同约定计算工程造价，而承包人请求按照工程定额标准计算工程造价的，如何处理？

答：建设工程施工合同无效，但建设工程质量合格的，发包人或者承包人任何一方请求参照合同约定支付工程价款的，均应予以支持。

《河北省高级人民法院关于印发〈建设工程施工合同案件审理指南〉的通知》

二、工程价款结算及相关问题

6. 建设工程施工合同无效，发包人与承包人均有权请求参照合同约定支付工程价款；承包人要求另行按照定额结算或者据实结算的，人民法院不予支持。

7. 当事人就同一建设工程订立的数份施工合同均被认定为无效的，在结算工程价款时，应当参照当事人真实意思表示并实际履行的合同约定结算工程价款。当事人已经基于其中一份合同达成结算单的，如不存在欺诈、胁迫等撤销事由，应认定该结算单应有效。无法确定当事人真实意思并实际履行的合同的，可以结合缔约过错、已完工程质量、利益平衡等因素合理分配当事人之间数份合同的差价确定工程价款。

《江苏省高级人民法院建设工程施工合同案件审理指南》

四、建设工程施工合同无效的法律后果

最高人民法院《关于审理建设工程合同纠纷案件适用法律问题的解释》第2条规定：“建设工程施工合同无效，但建设工程经竣工验收合格，承包人请求参照合同约定支付工程价款的，应予支持。”我们认为应从以下几个方面具体分析：

（一）建设工程施工合同订立后尚未履行前被确认无效的，按缔约过失处理。

（二）建设工程施工合同所约定的工程已经开工但尚未完工时被确认无效的，按下列原则处理：第一，立即停止履行。第二，恢复原状或折价赔偿。对此应当区分三种情况：一是已完成部分工程质量低劣，无法弥补质量缺陷，存在安全隐患的，按照一般无效合同的处理原则，已经完成部分工程应该拆除，建设方支付的工程款应当返还。二是已完成部分工程质量合格或者能够以较小的代价弥补工程质量缺陷的，应该折价补偿。三是建设工程严重违反规划，或未取得项目审批合法手续，无论工程质量是否合格，均应该拆除所建工程和返还所支付的工程款。最高人民法院《关于审理建设工程合同纠纷案件适用法律问题的解释》第3条规定，建设工程施工合同无效，且建设工程经竣工验收不合格的，按以下情形分别处理：1. 修复后的建设工程经竣工验收合格，发包人请求承包人承担修复费用的，应予支持；2. 修复后的建设工程经竣工验收不合格，承包人请求支付工程价款的，不予支持。该条文对于未履行完毕的无效合同同样适用。第三，赔偿损失。损失主要包括为准备签订、履行合同支出的费用和签订以及履行合同过程中支出的费用，包括直接费用和间接费用。在这里仍应区分情况：一是已建工程应该拆除，而建设方存在过错的，建设方对自己的损失自负，同时应赔偿施工方施工工程支付的人工费、材料费等实际支出费用；如果是施工方存在过错的，施工方对自己的损失自负，同时要赔偿建设方材料费等实际支出的费用。双方都有过错的，按过错大小各自承担相应的赔偿责任。二是已建的部分工程质量合格或可以弥补工程缺陷时，赔偿范围仅限于工程材料和人工外的实际支出费用和维修费用，仍然按照过错大小和比例承担责任。

（三）建设工程施工合同已经履行完毕后被确认无效的，如果建设工程验收合格的，建设方应该参照合同约定支付施工方工程价款，但仍应追究双方的其他相应法律责任。建设工程经竣工验收不合格的，分两种情况不同处理：一是维修后建设工程经竣工验收合格的，建设方仍应参照合同约定支付工程款，但承包人应承担相应的维修义务，或自己维修，或负担建设方维修费；二是维修后建设工程经竣工验收不合格的，建设方不支付施工方工程款，对此损失由施工方自行承担。同时按照双方的过错及过错大小对其他损失承担相应的赔偿责任。其他损失包括签订、履行合同和合同被确认无效后的后续费用，如拆除质量不合格的建筑物的费用、工程延期费用、材料费等。

（四）建设工程施工合同被确认无效后，如果该合同属于损害国家、集体或者第三人利益情形的，应收缴财产。

《山东高院民一庭关于审理建设工程施工合同纠纷案件若干问题的解答》

1. 施工合同无效，当事人主张参照合同约定结算工程价款，如何处理？

施工合同无效，建设工程经竣工验收合格的，可以将合同中关于工程价款、付款时间、工程款支付进度、下浮率、质保金等约定条款作为折价补偿的依据。

2. 施工合同无效，当事人主张以另行签订的结算协议作为工程价款结算依据，如何处理？

当事人在施工合同之外签订的结算协议具有独立性，施工合同的效力不影响结算协议的效力，结算协议可以作为确定工程价款的依据。

《四川省高级人民法院关于审理建设工程施工合同纠纷案件若干疑难问题的解答》

19. 被确认无效的建设工程施工合同工程价款如何确定？

建设工程施工合同被确认无效，但工程经竣工验收合格，当事人依据《建工司法解释》第二条的规定要求参照合同约定支付工程价款的，应予支持。

实际施工人以转包或违法分包合同无效，主张按照转包人或违法分包人与发包人之间的合同作为结算依据的，不予支持。但实际施工人与转包人或违法分包人另有约定的除外。

《浙江省高级人民法院民事审判第一庭关于审理建设工程施工合同纠纷案件若干疑难问题的解答》

十三、建设工程施工合同无效，但工程竣工验收合格的，谁有权利请求参照合同约定确定工程价款？

建设工程施工合同无效，但工程竣工验收合格，按照最高人民法院《关于审理建设工程施工合同纠纷案件适用法律若干问题的解释》第二条的规定精神，承包人或发包人均可以请求参照合同约定确定工程价款。

《天津仲裁委员会建设工程施工合同纠纷案件仲裁指引》

四、合同效力审查

……建设工程施工合同无效，但建设工程经竣工验收合格，参照合同约定支付工程价款。建设工程经竣工或修复后验收不合格的，承包人请求支付工程价款的，不予支持。发包人修复后的建设工程经竣工验收合格，请求承包人承担修复费用的，应予支持；因建设工程不合格造成的损失，发包人有过错的，也应承担相应的民事责任。转包、违法分包和挂靠工程的收缴当事人已经取得的非法所得。

2. 参考案例

案例一　江苏省第一建筑安装集团股份有限公司（原江苏省第一建筑安装股份有限公司）、田某海建设工程施工合同纠纷再审审查与审判监督民事裁定书（2018）最高法民申2595号

法院认为，关于合同无效后，是否还需参照约定的支付进度与支付条件支付工程款的问题。《工程承包（协议）责任书》无效后，其约定自始不具备法律约束力。占有因合同而取得的财产因而也不再具备法律上的依据，构成了不当得利，故而需要返还给对方或者折价补偿。《最高人民法院关于审理建设工程施工合同纠纷案件适用法律问题的解释》第2条的规定只是对建设工程这一类型的特殊合同无效后如何返还、补偿、赔偿的具体规定，并未

改变其不当得利的本质。而不当得利返还请求权所关注的仅仅是“利”的多少而非其他。因此，《最高人民法院关于审理建设工程施工合同纠纷案件适用法律问题的解释》第2条所规定的“参照约定支付工程价款”的参照范围只限于合同约定的工程价款数额和与确定价款相关的计价方式与计价标准，而不应包括江苏一建公司主张的支付进度与支付条件，否则与合同有效无异。

案例二 **陕西省中业交通建筑工程有限公司西藏分公司、陕西省中业交通建筑工程有限公司建设工程合同纠纷再审审查与审判监督民事裁定书**（2019）最高法民申767号

法院经审查认为，关于原审认定的陕西中交公司西藏分公司支付剩余工程价款金额是否错误的问题。《最高人民法院关于审理建设工程施工合同纠纷案件适用法律问题的解释》第2条规定：“建设工程施工合同无效，但建设工程经竣工验收合格，承包人请求参照合同约定支付工程价款的，应予支持。”根据原审查明的事实，陕西中交公司分别于2016年12月28日和2017年5月9日向业主方提交《验收申请报告》，报告均载明案涉工程已于2016年12月底全面完工。陕西中交公司向业主方申请竣工验收的行为可视为其对胥某秋完成并向其交付的建设工程的认可，在双方当事人签订的《工程施工合同书》被认定无效以及案涉工程量因发生设计变更只增不减的情形下，胥某秋可依据上述司法解释之规定要求陕西中交公司西藏分公司按合同约定的工程总价款支付剩余工程款。况且，本案双方当事人签订的《工程施工合同书》中并未约定以西藏自治区审计厅《审计报告》审定的结算价计算工程总价，陕西中交公司西藏分公司提出的本案当事人之间工程价款结算应以审计确定的金额为准的主张缺乏事实及法律依据。原审判决以当事人之间合同约定价款减去已支付工程款确定余欠工程款金额并无不当。

案例三 **株洲中京强宏房地产开发有限公司、湖南省工业设备安装有限公司建设工程施工合同纠纷再审审查与审判监督民事裁定书**（2020）最高法民申293号

法院认为，关于原判决适用法律是否确有错误的问题。《最高人民法院关于审理建设工程施工合同纠纷案件适用法律问题的解释》第2条规定，建

设工程施工合同无效，但建设工程经竣工验收合格，承包人请求参照合同约定支付工程价款的，应予支持。本案中，经原审查明，企业管理费、规费等费用均属于合同约定工程价款的组成部分，湖南华信求是工程造价咨询有限公司就案涉工程价款形成的鉴定意见亦对前述费用进行了计算。原判决考虑到安装公司实际投入了劳动、资金和材料，并参照合同约定以及鉴定意见，对本案的工程价款进行综合认定，未超出双方当事人订立合同时的合理预期，并无不当。中京公司关于原判决适用法律确有错误的再审申请事由不能成立。

045. 发包人收到承包人报送的竣工结算资料后未在合同约定期限内答复，能否视为其认可结算结果？

1. 问题解读及相关法律规定

民事法律尊重当事人的意思自治，合同条款的约定不属于法律规定的无效情形，将对合同缔约主体产生约束力。因此，在合同签订和履行过程中，合同双方需注意相关条款的内容，否则，一旦违约，可能承担违约责任。

《民法典》第5条规定："民事主体从事民事活动，应当遵循自愿原则，按照自己的意思设立、变更、终止民事法律关系。"第119条规定："依法成立的合同，对当事人具有法律约束力。"第153条第1款规定："违反法律、行政法规的强制性规定的民事法律行为无效。但是，该强制性规定不导致该民事法律行为无效的除外。"

《最高人民法院关于审理建设工程施工合同纠纷案件适用法律问题的解释（一）》第21条规定："当事人约定，发包人收到竣工结算文件后，在约定期限内不予答复，视为认可竣工结算文件的，按照约定处理。承包人请求按照竣工结算文件结算工程价款的，人民法院应予支持。"

因此，民事活动遵循自愿原则，签订的合同及条款只要有效，就能约束当事人，所以，如果施工合同约定："发包人收到竣工结算文件后，在约定期限内不予答复，视为认可竣工结算文件。"在约定事项发生后，承包人请求按照竣工结算文件结算工程价款，人民法院极有可能支持。考虑到工程实务中，承包人送审的结算文件往往存在高估冒算，法院是否会适用这一条款，以下通过案例进行分析。

2. 参考案例

通过中国裁判文书网检索到的最高人民法院 15 个判例中，14 个适用《最高人民法院关于审理建设工程施工合同纠纷案件适用法律问题的解释（一）》第 21 条的规定，1 个未适用，具体如下。

《最高人民法院关于审理建设工程施工合同纠纷案件适用法律问题的解释（一）》有约在先，发包人收到竣工结算文件逾期答复的则视为认可。

案例一　**贵州贵安置业投资有限公司、中国有色金属工业第六冶金建设有限公司建设工程施工合同纠纷民事裁定书**（2021）最高法民申 2550 号

法院经审查认为，贵安置业公司的申请再审事由不能成立。理由如下：本案中，贵安置业公司收到第六冶金公司提交的竣工结算文件后，未在合同约定的时间内审核或提出具体意见，也未送交审计部门进行审计，导致工程价款长期处于不确定状态。根据《最高人民法院关于审理建设工程施工合同纠纷案件适用法律问题的解释（一）》的规定，应当视为贵安置业公司认可第六冶金公司提交的竣工结算文件，贵安置业公司应按照竣工结算文件结算剩余工程价款 89 638 479. 74 元。

案例二　**日照中骏贸易集团热电有限公司、滕州建工建设集团有限公司建设工程施工合同纠纷**（2021）最高法民申 2174 号

法院认为，本案中，涉案施工合同约定中骏公司应在接到滕州公司结算报告书后 6 个月内审核完毕，否则视为中骏公司认可结算报告。中骏公司现场负责人柴某国、赵某已于 2018 年 12 月 25 日签收了滕州公司提交的工程结算书，但中骏公司始终未予审核，根据合同约定及法律规定，应视为其认可该工程结算书。原审判决将滕州公司制作的结算报告作为认定工程价款的依据并无不当，中骏公司主张应由法院委托鉴定机构对涉案工程造价进行司法

鉴定的理由不能成立。

案例三 **固始县国宾大酒店有限公司建设工程施工合同纠纷再审审查与审判监督民事裁定书**（2020）最高法民申2575号

法院认为，国宾公司和某某公司2016年6月18日签订的《补充协议》第四条约定，工程完工后双方进行结算，国宾公司在接到某某公司工程结算通知之日起15日内给予答复，逾期视为认可。该约定符合司法解释规定，因此某某公司向国宾公司送达的《结算书》应视为竣工结算文件，某某公司依照《结算书》内容向国宾公司主张工程款，不违反法律规定。因此，原审在以《结算书》为结算依据基础上，按照某某公司的诉求金额判决国宾公司支付工程款并无不当。

案例四 **宁夏东宇实业有限公司、南通金典装饰工程有限公司装饰装修合同纠纷二审民事判决书**（2019）最高法民终1861号

法院认为，本案金典公司就案涉装饰工程及酒店室内给排水管工程已于2016年1月16日、25日分别向东宇公司送达竣工申请单、工程结算单及交工通知，东宇公司签收并加盖东宇公司项目部印章。后东宇公司在合同约定的30天审查期限内，既未对金典公司予以答复，也未组织竣工验收。原审判决认定按合同约定应视为同意工程竣工验收，并无不当。

案例五 **青海景洲房地产开发有限公司、江西景洲实业有限公司建设工程施工合同纠纷再审审查与审判监督民事裁定书**（2019）最高法民申874号

法院认为，原审查明，东建公司于2016年12月2日向青海景洲公司邮寄竣工结算资料提出竣工结算审报。青海景洲公司直至纠纷发生时也未进行审核。青海景洲公司虽认为《工程结算书》中未对减层面积予以扣减并申请工程造价鉴定，但并未提交充分证据证明。原判决认为工程造价鉴定已无必要，依据《最高人民法院关于审理建设工程施工合同纠纷案件适用法律问题的解释》第20条的规定，将东建公司提交的《工程结算书》作为结算依据，并无不当。

案例六 **潍坊名嘉城市广场置业有限公司、中国核工业二三建设有限公司建设工程施工合同纠纷二审民事判决书**（2017）最高法民终159号

法院认为，依据相关规定，结合双方在《补充协议》中的约定及名嘉公司未依约履行审核义务的事实，原审判决将中核公司提供的结算报告作为案涉工程的工程款结算依据，理据充分。

案例七 **中太建设集团股份有限公司与太仓顺龙房地产开发有限公司建设工程施工合同纠纷申诉、申请民事裁定书**（2017）最高法民申1510号

法院认为，本案中，中太公司与顺龙公司共同签署《竣工结算移交证明》，双方在该结算文件中明确约定，"顺龙公司在约定时间内未审计结束，结算价按中太公司上报结算金额作为最终双方结算价……"可见中太公司与顺龙公司明确约定在一定期限内顺龙公司未进行审计，即按中太公司的上报金额进行结算，该约定符合相关司法解释的规定。原审判决认定顺龙公司应该按照《竣工结算移交证明》中的送审价与中太公司进行结算正确，本院予以确认。

案例八 **浙江府都建设有限公司、江西金湖投资有限公司建设工程施工合同纠纷二审民事判决书**（2016）最高法民终463号

法院认为，一审法院认定金湖公司未在约定的期限内答复，并根据当事人的合同约定以及《最高人民法院关于审理建设工程施工合同纠纷案件适用法律问题的解释》的规定，以府都公司提交的结算报告为准认定工程造价，并无明显不当。

（2020）最高法民申1127号，（2017）最高法民申1931号，（2015）民一终字第379号，（2015）民一终字第104号，（2015）民申字第361号，（2015）民申字第3441号案例均作了相同认定，此处不再赘述。

因此，从最高人民法院的二审、再审判例来看，在有合同约定的前提下，最高人民法院作出的绝大部分判例直接适用《最高人民法院关于审理建设工

程施工合同纠纷案件适用法律问题的解释（一）》关于发包人收到竣工结算文件后，在约定期限内不予答复，视为认可竣工结算文件的规定。原因为：其一，尊重当事人的意思自治，按照双方的约定及法律的规定，实现法律的可预见性；其二，有利于督促合同的缔约主体积极地履行合同，及时进行结算；其三，由于建工案件比较复杂，占用了较多的司法资源，直接按照约定及法律规定处理纠纷，有利于快速解决问题。

046. 工程款抵房协议有什么风险？

1. 问题解读及相关法律规定

在建设工程行业中，发包人出于资金紧张或其他原因，承包单位出于对自身利益的保护，在实践中，双方在签合同时约定“用房子来抵工程款”的条款，又或者单独签订以房抵款的合同或协议。表面上看，这样的条款与合同会让乙方的工程款有所保障，因为工程已经完成了。但实际上，作为一种消灭债权债务的方式，以房抵款是具有一定风险的，所有的工程人和工程企业，都有必要对这些风险形成认识，并做好防范准备。

（1）因发、承方双方签订以房抵款协议，致使承包人丧失工程价款优先受偿权。在不考虑以房抵款协议效力的前提下，由于工程价款已经以商品房的形式实现，因而致使发、承方双方的债权债务消灭，承包人自然也就不再享有工程价款优先受偿权。

（2）违反禁止流押的规定，导致协议无效。根据《民法典》第 401 条的规定，抵押权人在债务履行期限届满前，不得与抵押人约定在债务人不履行到期债务时，抵押财产归债权人所有。因此，工程款支付履行期间届满前达成以房抵款协议的，因违反禁止流押之规定，导致协议无效。

（3）以房抵款协议虽然有效，但发包人未办理房屋产权备案登记手续，导致债权难以实现。

（4）即使用于抵款的房屋具备交付条件，但双方因未及时办理过户手续，开发商有可能将房屋另售他人。实践中，承包方考虑到房屋二次过户可能存在的税费等问题，往往不会真正将房屋过户到自己名下，此时房屋可能存在被开发商另售他人的风险，致使以房抵款协议无法履行。

（5）在签订相关条款和合同时，如房屋还处于在建状态，那么其是否有预售许可证呢？这一点，关系到房屋最终能否实际交付。

针对上述风险，提供以下几点风险防范建议。

（1）在相关协议或合同签订时间上尽量选择在工程款支付履行期间届满后，在合同内容方面避免混淆使用“清偿”“抵偿”“抵付抵销”的词汇，更不要出现“担保”类的字词以防止合同被认定为流押条款而无效。

（2）及时办理物权登记。

（3）保留按原合同约定主张工程款的权利，承包人要在协议中写清楚：在约定的期限内，若房屋没有过户或者过户有权利瑕疵的，承包人有权继续主张欠付的工程价款及利息，防止工程价款优先受偿权的丧失。

（4）明确房屋细节，如地址、编号，设定因房屋价值估算和最终价值之间的差额处理条款，明确交房期限。同时，对相关税务、费用项目进行明确，防止日后产生纠纷。此外，还要明确违约责任、管辖等问题。

· 现行法律中的相关规定 ·

《民法典》

第二百零九条　不动产物权的设立、变更、转让和消灭，经依法登记，发生效力；未经登记，不发生效力，但是法律另有规定的除外。

第二百二十一条　当事人签订买卖房屋的协议或者签订其他不动产物权的协议，为保障将来实现物权，按照约定可以向登记机构申请预告登记。预告登记后，未经预告登记的权利人同意，处分该不动产的，不发生物权效力。

预告登记后，债权消灭或者自能够进行不动产登记之日起九十日内未申请登记的，预告登记失效。

第三百一十一条　无处分权人将不动产或者动产转让给受让人的，所有权人有权追回；除法律另有规定外，符合下列情形的，受让人取得该不动产或者动产的所有权：

（一）受让人受让该不动产或者动产时是善意；

（二）以合理的价格转让；

（三）转让的不动产或者动产依照法律规定应当登记的已经登记，不需要登记的已经交付给受让人。

受让人依据前款规定取得不动产或者动产的所有权的，原所有权人有权向无处分权人请求损害赔偿。

当事人善意取得其他物权的，参照适用前两款规定。

第三百九十四条　为担保债务的履行，债务人或者第三人不转移财产的占有，将该财产抵押给债权人的，债务人不履行到期债务或者发生当事人约定的实现抵押权的情形，债权人有权就该财产优先受偿。

前款规定的债务人或者第三人为抵押人，债权人为抵押权人，提供担保的财产为抵押财产。

第四百零一条　抵押权人在债务履行期限届满前，与抵押人约定债务人不履行到期债务时抵押财产归债权人所有的，只能依法就抵押财产优先受偿。

《最高人民法院关于审理商品房买卖合同纠纷案件适用法律若干问题的解释》

第二条　出卖人未取得商品房预售许可证明，与买受人订立的商品房预售合同，应当认定无效，但是在起诉前取得商品房预售许可证明的，可以认定有效。

《城市房地产转让管理规定》（2001 年修正）

第三条　本规定所称房地产转让，是指房地产权利人通过买卖、赠与或者其他合法方式将其房地产转移给他人的行为。

前款所称其他合法方式，主要包括下列行为：

……

（四）以房地产抵债的……

《最高人民法院关于当前商事审判工作中的若干具体问题》（2015 年）

九、关于以物抵债合同纠纷案件的审理问题

债权人与债务人之间存在金钱债务，有时双方约定以特定物替代原金钱债务的清偿。实务上将该种替代履行债务的方式称为以物抵债。一般情形下，当事人设定以物抵债的目的是为了及时还清债务。但有的以物抵债则是为了达到其他非法目的，恶意逃避债务，损害第三人的合法权益。我们认为，在以物抵债案件审理中，既要注重以物抵债在了结债务、化解矛盾纠纷、节约交易成本等方面的积极作用，不能对以物抵债约定轻易否定；同时，也要严格审查当事人缔结以物抵债的真实目的，对借以物抵债损害相对人、第三人利益的行为应予以否定。对这些问题我们将在《物权法》担保物权编司法解释中进一步研究。

第一，关于债务履行期届满前约定的以物抵债。

债权人与债务人在债务履行期届满前就作出以物抵债的约定，由于债权尚未到期，债权数额与抵债物的价值可能存在较大差距。如果此时直接认定该约定有效，可能会导致双方利益显失公平。所以在处理上一般认为应参照《物权法》关于禁止流押、流质的相关规定，不确认该种情形下签订的以物抵债协议的效力。在后果处理上：1. 如果此时抵债物尚未交付给债权人，而债权人请求确认享有抵债物所有权并要求债务人交付的，不予支持。今年最高人民法院颁布的民间借贷司法解释第二十四条规定：当事人以签订买卖合同作为民间借贷合同的担保，应当按照民间借贷法律关系审理。债务人不履行生效判决确定的金钱债务，债权人可以申请拍卖买卖合同标的物以偿还债务。上述处理思路与该司法解释规定是一致的。2. 如果此时抵债物已交付给债权人，参照《物权法》中质押的有关规定，债务人请求债权人履行清算义务或主张回赎的，法院应予支持。

第二，关于债务履行期届满后约定的以物抵债。

债务履行期届满后，债权的数额就得以确定，在此基础上达成的以物抵债协议，一般不会存在显失公平的问题。在以物抵债行为不存在违反法律、行政法规禁止性规定的情形下，应当尊重当事人的意思自治。在后果的处理上：

1. 如果此时抵债物尚未交付给债权人，债务人反悔但未能提供证据证明有能力继续履行原债务，债权人请求债务人履行以物抵债约定的，应予支持。

此时，对法院是否还应就该物履行清算程序的问题，一种意见认为应当履行，债权人不能就超过债权部分受偿。另一种意见则认为，此时因以物抵债约定系事后达成，所以不会对债务人造成不公平，故无需履行上述程序，债权人可以就抵债物直接受偿。当然，如果该抵债行为损害第三人利益，第三人可以参照《物权法》第一百九十五条第一款的规定主张撤销。这两种意见中，我们倾向于后一种意见。

2. 如果抵债物已交付给债权人，债务人反悔的，不予支持。

但为防止一方当事人利用以物抵债协议损害对方的合法权益，当存在《合同法》第五十四条规定的情形时，债权人、债务人均可请求变更或撤销以物抵债行为。对当事人利用以物抵债恶意逃债，第三人既可依据《合同法》第五十二条的规定主张抵债行为无效，也可依据《合同法》第七十四条的规定行使撤销权。

《全国法院民商事审判工作会议纪要》（2019年）

44. 当事人在债务履行期限届满后达成以物抵债协议，抵债物尚未交付债权人，债权人请求债务人交付的，人民法院要着重审查以物抵债协议是否存在恶意损害第三人合法权益等情形，避免虚假诉讼的发生。经审查，不存在以上情况，且无其他无效事由的，人民法院依法予以支持。

当事人在一审程序中因达成以物抵债协议申请撤回起诉的，人民法院可予准许。当事人在二审程序中申请撤回上诉的，人民法院应当告知其申请撤回起诉。当事人申请撤回起诉，经审查不损害国家利益、社会公共利益、他人合法权益的，人民法院可予准许。当事人不申请撤回起诉，请求人民法院出具调解书对以物抵债协议予以确认的，因债务人完全可以立即履行该协议，没有必要由人民法院出具调解书，故人民法院不应准许，同时应当继续对原债权债务关系进行审理。

45. 当事人在债务履行期届满前达成以物抵债协议，抵债物尚未交付债权人，债权人请求债务人交付的，因此种情况不同于本纪要第71条规定的让与担保，人民法院应当向其释明，其应当根据原债权债务关系提起诉讼。经释明后当事人仍拒绝变更诉讼请求的，应当驳回其诉讼请求，但不影响其根据原债权债务关系另行提起诉讼。

2. 参考案例

案例一 **张某周、许昌市投资总公司再审审查与审判监督民事裁定书**（2019）最高法民申1822号

再审法院认为，杨某与张某周就案涉房产签订《以资抵债协议》的时间在他项权证登记的债务履行期限届满之前。因此《以资抵债协议》的约定实质上就是抵押权人张某周在债务履行期届满之前就与抵押人约定抵押物的所有权抵归抵押权人所有，违反了《物权法》第186条关于流质禁止的规定，一审、二审法院据此认定《以资抵债协议》无效符合法律规定。张某周主张该协议为杨某主动要求签订故不违反法律规定的申请理由，缺乏法律依据，不能成立。关于张某周《以资抵债协议》实质为债的更改，故不是流质禁止契约的主张，无论该协议性质如何都不能违反法律的强制性规定。

案例二 **承德市山诚房地产开发有限公司、承德大正筑业有限公司建设工程施工合同纠纷再审审查与审判监督民事裁定书**（2017）最高法民申284号

再审法院认为，补充协议中以房屋抵顶工程款的约定，是山诚房地产公司与大正公司在债务履行期届满前达成的以物抵债协议，其本质是为了担保工程价款的实现，原审法院参照《担保法》第40条及《物权法》第186条关于禁止流押的规定，认定该补充协议中以房屋抵顶工程款的条款无效，并无不妥。

047. 未签订承包合同但已实际履行的工程价款如何确定?

1. 问题解读及相关法律规定

在建设工程施工领域，作为承包人，已经按发包人的指示进场施工，但发包人迟迟不签订合同的，或者发承包双方仅就建设工程进行口头施工约定，对建设工程的结算价款没有具体的约定。如果双方形成了事实上的建设施工合同关系，那么就已完工程的费用及工程款，即使发、承包方双方没有签订书面形式的建设工程施工合同，在工程竣工验收合格后，承包人仍有权主张工程款。对于已经实际履行的工程价款可以通过申请司法鉴定进行确定，如发、承包双方对于计价依据或标准进行了约定，也可以依据双方之间的约定进行计算工程价款。

从法律层面来说，发、承包双方未签订书面的施工合同的，承包方不应进行施工，否则，一旦出现争议就难以维权。即使施工了，在发包人未及时支付工程款或有其他严重违约情形时，承包人应当尽早选择停工，避免损失的进一步扩大。建设单位将所建设工程项目申请审计机关进行工程造价审计并以此为结算依据时，施工单位如果不认同此做法，就应表明并坚定自己的立场，不能态度上不认同，但行为上又认可，比如以报送的资料或去函表示接受等，以免给自己主张工程价款增加工作难度，并造成损失。

· 现行法律中的相关规定 ·

《民法典》

第四百六十九条　当事人订立合同，可以采用书面形式、口头形式或者其他形式。

书面形式是合同书、信件、电报、电传、传真等可以有形地表现所载内容的形式。

以电子数据交换、电子邮件等方式能够有形地表现所载内容，并可以随时调取查用的数据电文，视为书面形式。

第四百九十条 当事人采用合同书形式订立合同的，自当事人均签名、盖章或者按指印时合同成立。在签名、盖章或者按指印之前，当事人一方已经履行主要义务，对方接受时，该合同成立。

法律、行政法规规定或者当事人约定合同应当采用书面形式订立，当事人未采用书面形式但是一方已经履行主要义务，对方接受时，该合同成立。

第七百八十二条 定作人应当按照约定的期限支付报酬。对支付报酬的期限没有约定或者约定不明确，依据本法第五百一十条的规定仍不能确定的，定作人应当在承揽人交付工作成果时支付；工作成果部分交付的，定作人应当相应支付。

《最高人民法院关于审理建设工程施工合同纠纷案件适用法律问题的解释（一）》

第十九条第一款 当事人对建设工程的计价标准或者计价方法有约定的，按照约定结算工程价款。

《建设工程价款结算暂行办法》

第十一条 工程价款结算应按合同约定办理，合同未作约定或约定不明的，发、承包双方应依照下列规定与文件协商处理：

（一）国家有关法律、法规和规章制度；

（二）国务院建设行政主管部门、省、自治区、直辖市或有关部门发布的工程造价计价标准、计价办法等有关规定；

（三）建设项目的合同、补充协议、变更签证和现场签证，以及经发、承包人认可的其他有效文件；

（四）其他可依据的材料。

《安徽省高级人民法院关于审理建设工程施工合同纠纷案件适用法律问题的指导意见（二）》

第十二条 非法转包、违法分包建设工程的当事人未签订书面合同，又无法查明双方的计价方法或者计价标准，一方主张参照承包人与发包人签订的建设工程施工合同确定工程价款的，可予支持。

2. 参考案例

案例一 **刘某平、余某顺建设工程分包合同纠纷二审民事判决书**（2018）浙04民终876号

法院认为，余某顺与刘某平虽未签订书面的建设工程分包合同，但根据刘某平向余某顺出具的《新庙市河工程打桩机费用结账单》，结合刘某平一审庭审中自认的“余某顺为刘某平在河道两边人工绿化打桩”“工程是刘某平承包给余某顺的”的事实，可以认定余某顺与刘某平之间成立建设工程分包合同关系。余某顺起诉合同相对人刘某平，主张工程款，有据可依。刘某平主张其出具结算单只是作为鼎源公司的管理人员与余某顺进行结算，缺乏相应证据证明，法院不予采信。

至于结账单上“欠款人”处签字的案外人的问题，由于刘某平是涉案建设工程分包合同的相对人，其也已出具结算单确认了结欠工程款，故结账单上是否有他人签字，不影响刘某平向余某顺承担付款责任。

根据刘某平向余某顺出具的《新庙市河工程打桩机费用结账单》，刘某平确认了涉案工程的打桩费36 000元，并承诺于2017年7月31日前付清，超过时间按1天2%计算违约金。刘某平理应遵照执行。至于违约金数额，鉴于余某顺主动将违约金计算标准调低至银行同期贷款基准利率的2倍，系其对自身权利的处分，不违反法律的强制性规定，一审予以准许无不当。一审据此判令刘某平支付余某顺工程款36 000元及逾期付款违约金正确，本院予以维持。

综上所述，刘某平的上诉请求不能成立，应予驳回；一审判决认定事实清楚，适用法律正确，应予维持。

案例二 **山东齐锦程物流发展有限公司建设工程施工合同纠纷再审审查与审判监督民事裁定书**（2020）最高法民申6681号

法院认为，关于案涉工程造价的问题。根据本案已经查明的事实，在案涉工程施工过程中，齐锦程公司与淄建公司未签订书面建设工程施工合同，双方当事人对此均无异议。齐锦程公司主张以施工过程中向淄建公司发送了

电子邮件中显示的计价标准结算工程价款，但该计价标准未经双方当事人达成一致，不能作为结算案涉工程价款的依据。在案涉工程淄建公司已经施工完毕并通过验收的情况下，齐锦程公司应支付相应的工程价款。由于双方当事人没有关于工程造价计价标准的约定，一审法院采信鉴定机构依据施工期间定额及对应价目表确定的造价结论，较好地平衡了双方当事人的利益。齐锦程公司提出案涉工程签证部分没有经过其认可，但是相关签证资料均有监理单位盖章及监理工程师的签字确认，监理单位由建设方聘请，淄建公司有理由相信签证部分工程系经过齐锦程公司同意施工，故原审法院对签证部分工程造价予以认定并无不当。

048. 固定总价合同价款是否绝对不可调整?

1. 问题解读及相关法律规定

固定总价也称作“总价包干”，是指合同当事人约定以施工图、已标价工程量清单或预算书及有关条件进行合同价格计算、调整和确认的价格，在约定的范围内总价不作调整。当事人约定以固定总价方式结算工程价款的合同，即为固定总价合同。固定总价合同一经签订，若合同约定的施工内容和条件不发生变化，量和价的大部分风险一般均由承包人承担。合同签订后，包括但不限于投标时的报价失误、合同履行过程中的人、材、机器生产要素价格上涨等风险，一般由承包人承担。材料价格并非只涨不跌，理论上发包人亦承担材料价格下跌的风险。

在固定总价合同中，建筑从业人员多数刻板地认为合同约定条款应严格遵守，由承包人自行承担工程量、人材机的价格上涨等客观因素带来的风险。但是合同约定固定总价并不意味着工程价款一律不可以调整，固定总价合同只是指在合同约定的风险范围内工程价款不作调整。因此，固定总价合同价款并非绝对不可调整。在司法实践中，对于固定总价合同，价格调整有约定的从约定，没有约定的不作调整。

实践中，固定总价合同的价款调整的情形主要有：承包人中途退场时的价款调整；因地勘资料不详，遭遇不可抗力的地质条件时的价款调整；非承包人原因导致工期延误，相应的人、材、机价格上涨时的价款调整；名为固定总价合同，实际属于约定不明或约定无效时的价款确定。

因此，固定总价合同并非绝对不可调整。对于工期较长、金额较大的工程存在诸多无法预见的、不属于商业风险的因素，原则上不宜采用固定总价合同模板；在签订固定总价合同前要明确项目本身的施工范围，列明固定总价包含的风险，并明确约定合同解除时，工程价款的给付比例和方式；在合同履行过程中，因涉及变更等因素导致工程量增减时，发承包方可对增减部分的工程价款进行明确约定，且需谨慎出具签证或确认类文件。

· 现行法律中的相关规定 ·

《民法典》

第五百一十三条　执行政府定价或者政府指导价的，在合同约定的交付期限内政府价格调整时，按照交付时的价格计价。逾期交付标的物的，遇价格上涨时，按照原价格执行；价格下降时，按照新价格执行。逾期提取标的物或者逾期付款的，遇价格上涨时，按照新价格执行；价格下降时，按照原价格执行。

《北京市高级人民法院关于审理建设工程施工合同纠纷案件若干疑难问题的解答》

11. 固定总价合同履行中，当事人以工程发生设计变更为由要求对工程价款予以调整的，如何处理？

建设工程施工合同约定工程价款实行固定总价结算，在实际履行过程中，因工程发生设计变更等原因导致实际工程量增减，当事人要求对工程价款予以调整的，应当严格掌握，合同对工程价款调整有约定的，依照其约定；没有约定或约定不明的，可以参照合同约定标准对工程量增减部分予以单独结算，无法参照约定标准结算的，可以参照施工地建设行政主管部门发布的计价方法或者计价标准结算。

主张工程价款调整的当事人应当对合同约定施工的具体范围、实际工程量增减的原因、数量等事实承担举证责任。

12. 固定价合同履行过程中，主要建筑材料价格发生重大变化，当事人要求对工程价款予以调整的，如何处理？

建设工程施工合同约定工程价款实行固定价结算，在实际履行过程中，钢材、木材、水泥、混凝土等对工程造价影响较大的主要建筑材料价格发生重大变化，超出了正常市场风险的范围，合同对建材价格变动风险负担有约定的，原则上依照其约定处理；没有约定或约定不明，该当事人要求调整工程价款的，可在市场风险范围和幅度之外酌情予以支持；具体数额可以委托鉴定机构参照施工地建设行政主管部门关于处理建材差价问题的意见予以确定。因一方当事人原因导致工期延误或建筑材料供应时间延误的，在此期间的建材差价部分工程款，由过错方予以承担。

13. 固定总价合同履行中，承包人未完成工程施工的，工程价款如何确定？

建设工程施工合同约定工程价款实行固定总价结算，承包人未完成工程施工，其要求发包人支付工程款，经审查承包人已施工的工程质量合格的，可以采用“按比例折算”的方式，即由鉴定机构在相应同一取费标准下分别计算出已完工程部分的价款和整个合同约定工程的总价款，两者对比计算出相应系数，再用合同约定的固定价乘以该系数确定发包人应付的工程款。

当事人就已完工程的工程量存在争议的，应当根据双方在撤场交接时签订的会议纪要、交接记录以及监理材料、后续施工资料等文件予以确定；不能确定的，应根据工程撤场时未能办理交接及工程未能完工的原因等因素合理分配举证责任。

《江苏省高级人民法院关于审理建设工程施工合同纠纷案件若干问题的解答》

8. 固定总价合同履行中，承包人未完成工程施工的，工程价款如何确定？

建设工程施工合同约定工程价款实行固定总价结算，承包人未完成工程施工，其要求发包人支付工程款，发包人同意并主张参照合同约定支付的，可以采用“按比例折算”的方式，即由鉴定机构在相应同一取费标准下计算出已完工程部分的价款占整个合同约定工程的总价款的比例，确定发包人应付的工程款。但建设工程仅完成一小部分，如果合同不能履行的原因归责于发包人，因不平衡报价导致按照当事人合同约定的固定价结算将对承包人利益明显失衡的，可以参照定额标准和市场报价情况据实结算。

《河北省高级人民法院建设工程施工合同案件审理指南》

二、工程价款结算及相关问题

11. 合同约定固定价款的，因发包人原因导致工程变更的，承包人能够证明工程变更增加的工程量不属于合同约定包干价范围之内的，有约定的，按约定结算工程价款，没有约定的，可以参照合同约定标准对工程量增减部分予以单独结算，无法参照约定标准结算可以参照施工地建设行政主管部门发布的计价方法或者计价标准结算。主张调整的当事人对合同约定的施工具体范围、实际工程量增减的原因、数量等事实负有举证责任。

12. 建设工程施工合同约定工程款实行固定价，如建设工程尚未完工，当事人对已完工程造价产生争议的，可将争议部分的工程造价委托鉴定，但应以合同约定的固定价为基础，根据已完工工程占合同约定施工范围的比例计算工程款。即由鉴定机构在同一取费标准下分别计算出已完工程部分的价款和整个合同约定工程的总价款，两者对比计算出相应系数，再用合同约定的固定价乘以该系数，确定工程价款。当事人一方主张以定额标准作为造价鉴定依据的，人民法院不予支持。

《山东省高级人民法院关于审理建设工程施工合同纠纷案件若干问题的解答》

4. 建设工程施工合同约定工程价款按照固定总价结算，当事人主张施工范围、工程量增减的，如何处理？

合同约定按照固定总价结算工程价款，实际施工未超出约定施工范围的，应当适用固定价结算。当事人主张施工范围增减的，按照以下情形分别处理：①合同有约定的，按照合同约定对增减的工程量进行结算；②合同没有约定的，可以参照合同约定标准对工程量增减部分予以单独结算，无法参照约定标准结算的，可以参照施工地建设行政主管部门发布的计价方法或者计价标准结算；③工程尚未完工的，合同约定固定总价，承包人要求支付工程款的，对于能够确定已完工工程占合同约定施工范围比例的工程，应以合同约定的固定价为基础按比例折算；无法确定已完工比例的，双方对工程造价有争议的，可将争议部分工程造价委托鉴定。

主张工程量增减的当事人，对工程量增减是否存在、实际数量及价款承担举证责任。

《四川省高级人民法院关于审理建设工程施工合同纠纷案件若干疑难问题的解答》

23. 约定工程价款实行固定总价结算的施工合同出现因设计变更导致工程量或者质量标准发生变化的如何结算工程价款？

当事人约定按照固定总价结算工程价款，应当严格按照合同约定的工程价款执行，一方当事人请求对工程造价进行鉴定并依据鉴定结论结算的，不予支持。

建设工程因设计变更导致工程量或质量标准发生变化，当事人要求对工程价款予以调整的，如果合同对工程价款调整有约定的，依照其约定；没有约定或约定不明的，应当由当事人协商解决，不能协商一致的，可以就变更部分参照签订建设工程施工合同时当地建设行政主管部门发布的计价方法或者计价标准结算工程价款。

主张工程价款调整的当事人应当对合同约定施工的具体范围、实际工程量增减的原因、数量等事实承担举证责任。

24. 约定工程价款实行固定总价结算的施工合同在履行过程中材料价格发生重大变化如何处理？

约定工程价款实行固定总价结算的施工合同履行过程中，主要建筑材料价格发生重大变化，超出了正常市场风险范围，合同对建材价格变动风险负担有约定的，依照其约定处理；没有约定或约定不明的，当事人要求调整工程价款，如不调整显失公平的，可在市场风险范围和幅度之外酌情予以支持，具体数额可以委托鉴定机构参照工程所在地建设行政主管部门关于处理建材差价问题的意见予以确定。

因一方当事人原因致使工期或建筑材料供应时间延误导致的建材价格变化风险由该方当事人承担，该方当事人要求调整工程价款的，不予支持。

25. 约定工程价款实行固定总价结算的施工合同在未全部完成施工即终止履行的工程价款如何结算？

约定工程价款实行固定总价结算的建设工程施工合同在未全部完成施工即终止履行，承包人已施工的工程质量合格，承包人要求发包人支付工程价款的，由双方协商确定已施工的工程价款，协商不成的，由鉴定机构根据工程设计图纸、施工图纸、施工签证、交接记录等资料以及现场勘验结果对已完成工程量占合同工程量比例计算系数，再用合同约定的固定价款乘以该系数确定发包人应付的工程价款。

当事人就已施工的工程量存在争议的，应当根据双方在撤场交接时签订的会议纪要，交接记录以及监理材料，后续施工资料等文件予以确定；不能确定的，应根据承包人撤场时未能办理交接及工程未能完工的原因等因素合理分配举证责任。

《浙江省高级人民法院民事审判第一庭关于审理建设工程施工合同纠纷案件若干疑难问题的解答》

十二、能否调整总价包干合同的工程量、工程价款？

建设工程施工合同采用固定总价包干方式，当事人以实际工程量存在增减为由要求调整的，有约定的按约定处理。没有约定，总价包干范围明确的，可相应调整工程价款；总价包干范围约定不明的，主张调整的当事人应承担举证责任。

2. 参考案例

案例一　南京高科消防机电工程有限公司与昆山市金弘坤机电安装有限公司建设工程施工合同纠纷二审民事判决书（2017）苏民终 2123 号

法院认为，关于计价方式，高科公司主张鉴定机构套定额计价，未按照固定总价方式计算标内工程价款，标内标外工程均未扣除总价 15% 的管理费和税金。对此，建设工程施工合同约定工程价款实行固定总价结算，承包人未完成工程施工，原则上可以采用“按比例折算”的方式，由鉴定机构在相应同一取费标准下计算出已完工程部分的价款占整个合同约定工程的总价款的比例，确定应付工程款。本案中，根据金弘坤公司提供的施工资料，在标内工程的施工过程中，存在由于建设方的原因发生设计变更的情形，表明标内工程量在实际履行过程中发生了变化。金弘坤公司退场后，双方一直未对金弘坤公司已完工程量在总工程中所占比例予以确定，诉讼中亦是因为高科公司不配合而未能核对已完工程量。一审庭审中，高科公司明确表示金弘坤公司已完工程量的比例无法确定。二审中，高科公司亦未能提供金弘坤公司已完工程所占的具体比例的计算依据。隆英公司在一审法院调查过程中亦表示金弘坤公司撤场后高科公司施工项目与此前项目难以区分。鉴定机构的报告书及说明均表明，其并非背离固定总价的计价方式进行鉴定，而是根据组成该固定总价的价与量，以实际已完工程量计算在合同约定的固定总价中的相应的价款。在双方未能确定已完工程在总工程中比例的情况下，此种计价方式具有合理性。高科公司主张鉴定机构错误按照套取定额方式计价，故鉴定方式错误，无事实及法律依据，本院不予认可。

案例二　江苏华腾工业设备安装有限公司与无锡市崇安新城龙瑞投资有限公司建设工程施工合同纠纷二审民事判决书（2018）苏 02 民终 4075 号

法院认为，龙瑞公司与华腾公司签订的消防系统工程合同系双方的真实意思表示，且不违反法律强制性规定，应为合法有效，双方应当按约全面履行各自的义务。合同约定的结算方式为按固定总价结算，存在以下三种情形时可调整价款：(1) 符合本合同约定的有效设计变更及签证；(2) 实际施工过程中，图纸所示施工范围发生变化时，按实核减合同总价；(3) 使用材料品牌与附件工程量清单中不相同的，按实核减合同总价。涉案工程于2014年11月10日通过竣工验收，于2014年12月2日通过消防验收，故应认定华腾公司已按合同约定完成了施工任务，如果龙瑞公司认为华腾公司完成的工程不符合约定，应当承担举证责任。根据法律规定，当事人约定按照固定价结算工程价款，一方当事人请求对建设工程造价进行鉴定的，不予支持。龙瑞公司在一审中提出华腾公司在施工中存在不符合约定用料、偷工减料等情况，但其未提供证据加以证明，而且也不存在施工范围发生变化的情形，因此，龙瑞公司要求通过鉴定核减固定价合同范围内的工程造价依据不足。一审中，华腾公司提出在图纸优化后存在减量也存在增量，由于合同约定按固定价结算，因此其不同意对合同内减量进行鉴定，也不申请对合同内增量进行鉴定。本院认为，华腾公司的该意见符合法律规定，在龙瑞公司未提供初步证据的情况下，首先应对其鉴定申请不予支持，即使启动了鉴定程序，也应兼顾华腾公司提出存在增量的问题，应当一并审核，而无须再以华腾公司提出申请为条件。综上，一审法院对固定价合同范围内的工程量及工程造价启动鉴定程序不当，而且鉴定中没有同时审核华腾公司提出存在增量的问题，因此，鉴定报告不能作为结算工程款的依据。涉案工程的结算价应为固定总价加上合同外增量的造价，合计为4 915 627元（4 300 000元+615 627元），扣除已付款3 634 900元，欠付工程款为1 280 727元。

049. 建筑材料价格发生重大变化，承包人可否要求发包人调整工程价款？

1. 问题解读及相关法律规定

建设工程合同的特点是在确定计价方式后具体施工，但无论是清单计价还是定额计价，常常由于施工周期长，不可避免地会出现在施工期内因为材料涨价导致成本增加的情况。近期，建筑工程行业所需要的钢筋材料、水泥、玻璃、干粉砂浆等建筑材料价格持续上涨，特别是水泥连加价都买不到。铜价在最近一段时间内，暴涨得极其严重。钢材价格也一直在上涨。据相关资料统计，从2021年8月开始，建材的价格就普遍上涨了20%左右，家具用材上涨了30%左右。众所周知，我国建筑行业建筑材料费用占工程造价比重的60%左右，某些装饰装修工程建筑材料价格占建筑工程造价比重甚至超过75%。在建材市场价格大幅上涨的情况下，如果施工企业继续施工，就会面临两种情况：（1）企业利润大幅减少，甚至有些合同可能会面临亏损的风险；（2）如果不继续施工或者中止施工，还有可能会面临违约的法律风险。

现行法律中的相关规定

《民法典》

第五百三十三条　合同成立后，合同的基础条件发生了当事人在订立合同时无法预见的、不属于商业风险的重大变化，继续履行合同对于当事人一方明显不公平的，受不利影响的当事人可以与对方重新协商；在合理期限内协商不成的，当事人可以请求人民法院或者仲裁机构变更或者解除合同。

人民法院或者仲裁机构应当结合案件的实际情况，根据公平原则变更或者解除合同。

《建筑工程施工发包与承包计价管理办法》（2013年）

第十四条　发承包双方应当在合同中约定，发生下列情形时合同价款的调整方法：

（一）法律、法规、规章或者国家有关政策变化影响合同价款的；

（二）工程造价管理机构发布价格调整信息的；

（三）经批准变更设计的；

（四）发包方更改经审定批准的施工组织设计造成费用增加的；

（五）双方约定的其他因素。

《建设工程工程量清单计价规范》（GB 50500—2013）

第3.4.1条　建设工程发承包，必须在招标文件、合同中明确计价中的风险内容及其范围，不得采用无限风险、所有风险或类似语句规定计价中的风险内容及范围。

第3.4.3条　由于市场物价波动影响合同价款的，应由发承包双方合理分摊，按本规范附件L2或L3填写《承包人提供主要材料和工程设备一览表》作为合同附件；当合同中没有约定，发承包双方发生争议时，应按照本规范第9.8.1~9.8.3条的规定调整合同价款。

第9.8.1条　合同履行期间，因人工、材料、工程设备、机械台班价格波动影响合同价款是，应根据合同约定，按本规范附录A的防范之一调整合同价款。

《房屋建筑和市政基础设施项目工程总承包管理办法》

第十五条　建设单位和工程总承包单位应当加强风险管理，合理分担风险。

建设单位承担的风险主要包括：

（一）主要工程材料、设备、人工价格与招标时基期价相比，波动幅度超过合同约定幅度的部分；

（二）因国家法律法规政策变化引起的合同价格的变化；

（三）不可预见的地质条件造成的工程费用和工期的变化；

（四）因建设单位原因产生的工程费用和工期的变化；

（五）不可抗力造成的工程费用和工期的变化。

具体风险分担内容由双方在合同中约定。

鼓励建设单位和工程总承包单位运用保险手段增强防范风险能力。

第十六条第一款　企业投资项目的工程总承包宜采用总价合同，政府投资项目的工程总承包应当合理确定合同价格形式。采用总价合同的，除合同约定可以调整的情形外，合同总价一般不予调整。

《北京市高级人民法院关于审理建设工程施工合同纠纷案件若干疑难问题的解答》

12. 固定价合同履行过程中，主要建筑材料价格发生重大变化，当事人要求对工程价款予以调整的，如何处理？

建设工程施工合同约定工程价款实行固定价结算，在实际履行过程中，钢材、木材、水泥、混凝土等对工程造价影响较大的主要建筑材料价格发生重大变化，超出了正常市场风险的范围，合同对建材价格变动风险负担有约定的，原则上依照其约定处理；没有约定或约定不明，该当事人要求调整工程价款的，可在市场风险范围和幅度之外酌情予以支持；具体数额可以委托鉴定机构参照施工地建设行政主管部门关于处理建材差价问题的意见予以确定。

因一方当事人原因导致工期延误或建筑材料供应时间延误的，在此期间的建材差价部分工程款，由过错方予以承担。

《四川省高级人民法院关于审理建设工程施工合同纠纷案件若干疑难问题的解答》

24. 约定工程价款实行固定总价结算的施工合同在履行过程中材料价格发生重大变化如何处理?

约定工程价款实行固定总价结算的施工合同履行过程中，主要建筑材料价格发生重大变化，超出了正常市场风险范围，合同对建材价格变动风险负担有约定的，依照其约定处理；没有约定或约定不明的，当事人要求调整工程价款，如不调整显失公平的，可在市场风险范围和幅度之外酌情予以支持，具体数额可以委托鉴定机构参照工程所在地建设行政主管部门关于处理建材差价问题的意见予以确定。

因一方当事人原因致使工期或建筑材料供应时间延误导致的建材价格变化风险由该方当事人承担，该方当事人要求调整工程价款的，不予支持。

综合上述政策规章及各地法院的指导性意见，在建筑材料价格发生重大变化时，承包人可以要求发包人调整工程价款。但承、发包双方面临风险分摊时，首先是以双方的合同约定为主，或双方签订补充协议协商处理。若无法协商处理，大概率会以合同约定的精神为准，即商业风险，相对而言施工单位会承担较大的风险。在合同无相关约定时，法院也会考虑需要维持双方利益的平衡，依据公平原则，使任何一方的利益不至于受到较大伤害。

2. 参考案例

案例一 **上诉人南京天嘉建设工程有限公司与被上诉人南京本土置业有限公司建设工程合同纠纷二审民事判决书**（2013）宁民终字第1479号

法院认为，关于上诉人提出的其他材料价格上涨差价 1 779 089.45 元，其主要理由为由于被上诉人的原因导致工期延误，原材料价格发生重大变化，因此该损失应当由被上诉人承担。为证明工期延误的原因，其以一审中双方争议的2010年1月26日、2010年1月27日两张《工程签证单》作为证据。从双方的合同约定看，双方在涉案合同中已明确约定市场材料价格风险包含在合同固定价中。从上诉人提供的两张签证单看，其均只要求对涉案工程竣工验收迟延进行补偿，并没有提到涉案工程工期延误或建筑材料供应时间延误的事实或原因，故无法证明竣工验收迟延与材料价格上涨之间存在因果联系。况且该两张签证单上均注明请双方公司领导协商，说明该两份签证并未同时获得发包方和监理方的认可。故上诉人的该请求既未超出合同固定价款的范围，也不符合风险外调整合同价款的条件。原审判决从公平角度出发，认定 1 066 503.48 元材料价差，被上诉人对此并没有上诉，依法应予维持。上诉人的上诉请求没有事实依据和法律依据，法院不予支持。

案例二 **中国重汽集团南充海乐机械有限公司与重庆腾鲁建筑安装工程有限公司建设工程合同纠纷一案二审民事判决书**（2019）川13民终3794号

法院认为，海乐公司在上诉状中所列四川省造价管理总站发布的《关于材料价格风险处理意见的通知》（川建价发〔2008〕2号）、四川省建设厅《关于印发〈规范建设工程造价风险分担行为的规定〉》、住房城乡建设部发布的国家标准《建设工程量清单计价规范》（公告第1567号）、四川省高级人民法院发布的《关于审理建设工程施工合同纠纷案件若干疑难问题的解答》［川高法民一〔2015〕3号］等文件虽不是法律、行政法规，但属于在造价鉴定中引用的鉴定规范或在司法实践中参照适用的规范性文件。上述文件对材料调价部分的规定表明，对工程价款无论采用何种计价方式，若在施工合同履行过程中，主要建筑材料价格发生重大变化，当事人仍可以请求由合同相对方承担超出正常市场风险范围之外的价格风险。对于正常市场风险范围的界定，上述造价规范性文件规定为最高不超过基准价5%，并且对合同双方均适用。即材料上涨最高超过基准价5%的部分由发包人承担，而材料下跌最高超过基准价5%的部分发包人可要求承包人承担。上述文件中对材料调差的规定体现了民法中的公平原则，在本案中适用并无不当。

050. 工程奖励费的性质如何认定，是否应计入结算？

1. 问题解读及相关法律规定

奖励费又称为奖励金，是指工程满足业主设置的某项特定目标或要求时，施工单位有权按约获得超出工程款数额外的奖励费用。奖励金种类繁多，实务中常见的主要有工期奖励金、质量奖励金、安全文明施工奖励金等。

工程奖励金的性质如何认定、是否属于工程款，实务中存在较多争议。对工程奖励金的性质通常认为，奖励金不是工程款。但是，如果当事人在合同中有特别约定，则工程奖励金的性质应当遵循合同当事人的意思自治，如果双方在施工合同等协议中明确约定奖励金属于工程价款，或者约定包干的工程款内包含工程所涉所有人工、材料、机械以及赶工奖励费等，原则上应当予以尊重。

也有观点认为，奖励金是否属于工程款应取决于施工方是否为了达到奖励金所设定的特定条件而增加施工成本。例如，工期奖励金可细分为按期完工的奖励以及提前完工的奖励。对于按期完工的奖励，除非有特别证据可以证明施工人增加了施工成本，一般应认为奖励金属于施工合同约定价格（约定工期与工程款）之外的额外费用。如果有关于压缩工期的补充协议，并编制了符合工程安全和质量的赶工技术方案或者措施，由此配备赶工措施费或者提前工期奖励的补偿内容，一般推定认为此时的奖励金属于追加施工成本投入的对价，属于施工人增加工程成本后的合理收益，应属于工程价款的范围。同理，如果工程质量奖励所设定的质量要求高于合同约定的合格质量标准的，且需要增加施工成本的，则该奖励金可以作为优质工程的工程价款。

· 现行法律中的相关规定 ·

《民法典》

第一百一十九条　依法成立的合同，对当事人具有法律约束力。

第五百零九条　当事人应当按照约定全面履行自己的义务。当事人应当遵循诚信原则，根据合同的性质、目的和交易习惯履行通知、协助、保密等义务。当事人在履行合同过程中，应当避免浪费资源、污染环境和破坏生态。

《浙江省高级人民法院民事审判第一庭关于审理建设工程施工合同纠纷案件若干疑难问题的解答》

十九、如何认定建设工程施工合同关于工期和质量等奖惩办法约定的性质?

建设工程施工合同关于工期和质量等奖惩办法的约定，应当视为违约金条款。当事人请求按照《中华人民共和国合同法》第一百一十四条第二款，以及最高人民法院《关于适用〈中华人民共和国合同法〉若干问题的解释（二）》第二十七条、第二十八条、第二十九条的规定调整的，可予支持。

2. 参考案例

案例一　南京市第八建筑安装工程有限公司与南京华光置业发展有限公司建设工程施工合同纠纷二审民事判决书（2016）苏 01 民终 6740 号

法院认为，上诉人主张因被上诉人未按时交付工程，故不能获得 2012 年 10 月 18 日会议纪要约定的人防地下室 20 万元赶工奖励费及 2014 年 2 月 20 日会议纪要约定的 60 万元二期工程交付奖励费。对此法院认为，2012 年 10

月18日会议纪要记载“去年年底人防赶工奖励20万元，以签证形式明确，15日内签字盖章，最终计入结算”。2014年2月20日会议纪要记载“另补偿本项目机械费用、管理人员工资共计160万元，计入工程决算中（其中60万元为二期工程交付奖励费）”。上述会议纪要明确记载上述费用计入决算，且二期工程业已交付，人防地下车库未能交付亦非被上诉人责任，故一审将赶工奖励费用酌情计入应付工程价款，并无不当。

案例二　福建创辉建筑工程劳务有限公司、河北鸿泰建设工程有限公司建设工程施工合同纠纷再审民事判决书（2018）冀民再79号

法院认为，关于鸿泰公司是否应按照《补充协议》的约定给付创辉公司450万元奖励款的问题。首先，《隧道工程施工劳务协议书》第5.7条约定：“劳务费支付按甲方财务结算办法及程序进行支付。本合同及其他相关附件（如甲方工作人员出具的相关数据等）中表明的数量及单价与双方最终签字认可的结算单标明的数量及单价不一致的，以双方最终签字认可的结算会签单（必须由双方法人代表或书面授权代表签字确认，否则无效）标明的数量及价格为准。”按照该约定，即使《补充协议》有效，对于其所涉的奖励款也应按照相应的程序进行结算后才能给付。其次，创辉公司提交了路桥公司与承赤管理处签订的涉案工程承包合同，称其施工的工期并未超过该合同约定的34个月，因此鸿泰公司应按《补充协议》的约定向其支付450万元奖励款。对此鸿泰公司曾提交一份其与游某签署的《补充协议》，证明双方约定的工期为19个月，创辉公司完工已超过该协议约定的工期，不应得到奖励款。经查，创辉公司提交的工程承包合同是整个十五标段的大合同，创辉公司所做的只是其中一个隧道的贯通工程，而鸿泰公司提交的协议虽然没有创辉公司的印章，也没有签订时间，但游某系创辉公司在涉案工程现场施工的负责人，故从常理推断，鸿泰公司认为涉案工程的工期为19个月，创辉公司超过双方约定的工期完工，有一定依据。另外，考虑到该450万元奖励款并非工程款，从平衡双方的利益角度出发，二审未判令鸿泰公司给付创辉公司该款项，亦无不妥。

051. 发包人是否可以以承包人未开具发票为由拒付工程款?

1. 问题解读及相关法律规定

发票是指一切单位和个人在购销商品、提供或接受服务以及从事其他经营活动中，所开具和收取的业务凭证，是会计核算的原始依据，也是审计机关、税务机关执法检查的重要依据。《发票管理办法》第 3 条规定，本办法所称发票，是指在购销商品、提供或者接受服务以及从事其他经营活动中，开具、收取的收付款凭证。我国法律规定了销售方开具发票的义务，同时也规定了购买方索取发票的权利和义务，但是对在一般经济活动中付款和开票的先后顺序，并未作相关规定。因此在经济交往中，付款和开票的顺序一般由当事人自行约定。

在建设工程领域，发包人拖延支付工程款的现象屡见不鲜。诉讼中，发包人针对承包人的付款请求最常见的抗辩理由之一就是“承包人未开具发票”，这一抗辩理由能否得到支持，各地的司法解释文件作出了相关规定。

· 现行法律中的相关规定 ·

《江苏省高级人民法院关于审理建设工程施工合同纠纷案件若干问题的解答》

13. 发包人能否以承包人未开具发票作为拒绝支付工程款的先履行抗辩的事由?

发包人以承包人未开具发票为由拒绝支付工程款的，不予支持，当事人另有明确约定的除外。

《河北省高级人民法院关于印发〈建设工程施工合同案件审理指南〉的通知》

八、承包主体的对外责任承担

第 54 条　支付工程款义务和开具发票义务是两种不同性质的义务，

不具有对等关系。发包人以承包人违反约定未开具发票为抗辩理由拒付工程款的，人民法院不予支持。但可以明确承包人具有向发包人开具发票的义务。发包人提起反诉请求主张承包人开具发票的，人民法院应予支持。

《山东高院关于审理建设工程施工合同纠纷案件若干问题的解答》

10. 承包人主张工程款，发包人以承包人违反约定未开具发票为由提出抗辩的，如何处理?

支付工程款义务和开具发票义务是两种不同性质的义务，不具有对等关系。发包人以承包人违反约定未开具发票为抗辩理由拒付工程款的，一般不予支持；双方明确约定以承包人开具发票作为支付工程款条件的，可以明确承包人具有向发包人开具发票的义务。

笔者认为，对于发包人能否以承包人未开票为由拒付工程款，应分以下两种情况讨论。

（1）在施工合同中没有明确约定发包人此种情形下享有拒绝支付工程款的权利时，即便施工合同存在“先开票后付款”的约定，发包人的抗辩理由亦不应得到支持。《民法典》第五百二十六条规定：“当事人互负债务，有先后履行顺序，应当先履行债务一方未履行的，后履行一方有权拒绝其履行请求。先履行一方履行债务不符合约定的，后履行一方有权拒绝其相应的履行请求。”依据双务合同的本质特征，合同抗辩的范围限于对价义务。在建设工程施工合同中，发包人的主合同义务是支付工程款，与此构成对价关系的承包人的主合同义务为完成工程建设，而非开具发票。开票只是承包人的从义务，与支付工程款之间不具有对等关系，发包人不得以此为由拒绝支付工程款。

（2）在施工合同中明确约定发包人享有拒付权的情形下，应遵循意思自治的原则，认可发包人的抗辩。既然当事人明确约定了此种情形下发包人享有拒绝付款的权利，则该约定不存在无效情形，应为有效。

2. 参考案例

案例一 **浙江兴华建筑工程有限公司、周口现代城建设有限公司建设工程施工合同纠纷民事申请再审审查民事裁定书**（2020）最高法民申6050号

法院认为，关于现代城公司可否因兴华公司未开具发票拒付工程款的问题。原审已查明，在案涉工程施工合同履行过程中，兴华公司作为承包人已按合同约定履行了工程施工的主要义务，现代城公司作为发包人亦应按合同约定履行其主要义务，向兴华公司支付工程款。开具发票为兴华公司的附随义务，现代城公司不能以兴华公司未开具发票为由拒绝支付工程款。其此项再审申请理由不能成立，法院不予支持。

案例二 **凤城市联诚科技新材料有限公司、凤城市正翔小额贷款有限公司小额借款合同纠纷、建设工程施工合同纠纷其他民事民事裁定书**（2021）最高法民申1913号

法院认为，开具发票是相关当事人在合同项下的附随义务，在当事人并未将其特别约定为合同主要义务的情况下，交付发票与支付工程款这一主给付义务之间不构成对待给付关系，联诚公司以天意公司未提供发票为由拒绝给付工程款缺乏事实和法律依据。关于天意公司是否依约移交工程档案、是否构成逾期交工等问题，原审判决已作出明确认定，联诚公司未提交新的证据予以推翻，对其该项再审理由，本院亦不予支持。

案例三 **辽宁万城建设集团有限公司、江苏中昶信建设集团有限公司（原江苏中信建设集团有限公司）建设工程施工合同纠纷再审审查与审判监督民事裁定书**（2019）最高法民申2634号

法院认为，虽然结算协议约定如鑫诚公司未按约支付工程款，万城公司可按原分包合同执行，鑫诚公司首付款未按约支付而协议无效，但该协议同时约定，万城公司申请付款时应负责开具正规等额的发票，否则鑫诚公司有权拒绝支付。原审未支持万城公司在未开具发票的情形下要求按照原分包合

同执行的主张，并无不当。万城公司于2013年4月8日签订的两份分包合同的施工范围为“盘锦辽东湾区清正园北区”，而其实际施工范围为“盘锦辽东湾新区清宁园二期、清上园、清怡园、清和园小区”，原审以双方一审诉讼中自愿达成的结算协议作为工程造价确定依据，亦更符合实际施工情况。万城公司虽认为其未开具发票系由于发票主体不确定以及鑫诚公司无法入账等原因所致，但并未提交充分证据证明。案涉协议明确赋予了鑫诚公司在万城公司未开具发票的情形下有拒付工程款的权利，万城公司关于未开具发票不能成为鑫诚公司拒付工程款理由的主张，本院不予支持。

052. 工程量发生重大变化的结算原则如何确定？

1. 问题解读及相关法律规定

实践中，因设计变更、进度计划变更、施工条件变更或者发包方提出“新增工程”等工程变更导致建设工程的工程量或者质量标准发生变化的情况非常普遍，此时，如果发包人和承包人就如何结算工程价款不能达成一致，纠纷随之发生。因此，工程量发生重大变化后如何进行结算对于纠纷的解决具有重大意义。

根据《民法典》的意思自治和诚信原则，只要当事人之间的约定不违反法律和行政法规的强制性规定，均应当遵从当事人之间的约定。建设工程结算工程款的基本原则是尊重当事人之间的约定，只要施工合同中对于工程增加如何结算的约定是明确、具体的，根据增减工程的性质、标准可以适用原合同约定的计价方法和计价标准结算工程款，并不会因此导致当事人之间利益的显失公平。那么，结算原则上仍应参照施工合同中的约定结算工程价款。在因增减工程的性质、标准不宜适用原合同约定的计价方法和计价标准结算工程款，或者原合同约定不明无法适用的情况下，则可根据《最高人民法院关于审理建设工程施工合同纠纷案件适用法律问题的解释（一）》第19条第2款“因设计变更导致建设工程的工程量或者质量标准发生变化，当事人对该部分工程价款不能协商一致的，可以参照签订建设工程施工合同时当地建设行政主管部门发布的计价方法或者计价标准结算工程价款”之规定，选择工程价款结算的方式。

· 现行法律中的相关规定 ·

《民法典》

第五百一十条　合同生效后，当事人就质量、价款或者报酬、履行地点等内容没有约定或者约定不明确的，可以协议补充；不能达成补充协议的，按照合同相关条款或者交易习惯确定。

第五百一十一条　当事人就有关合同内容约定不明确，依据前条规定仍不能确定的，适用下列规定：……（二）价款或者报酬不明确的，按照订立合同时履行地的市场价格履行；依法应当执行政府定价或者政府指导价的，依照规定履行。

《最高人民法院关于审理建设工程施工合同纠纷案件适用法律问题的解释（一）》

第十九条　当事人对建设工程的计价标准或者计价方法有约定的，按照约定结算工程价款。

因设计变更导致建设工程的工程量或者质量标准发生变化，当事人对该部分工程价款不能协商一致的，可以参照签订建设工程施工合同时当地建设行政主管部门发布的计价方法或者计价标准结算工程价款。

建设工程施工合同有效，但建设工程经竣工验收不合格的，依照民法典第五百七十七条规定处理。

《北京市高级人民法院关于审理建设工程施工合同纠纷案件若干疑难问题的解答》

11. 固定总价合同履行中，当事人以工程发生设计变更为由要求对工程价款予以调整的，如何处理?

建设工程施工合同约定工程价款实行固定总价结算，在实际履行过程中，因工程发生设计变更等原因导致实际工程量增减，当事人要求对工程价款予以调整的，应当严格掌握，合同对工程价款调整有约定的，依照其约定；没有约定或约定不明的，可以参照合同约定标准对工程量增减部分予以单独结算，无法参照约定标准结算的，可以参照施工地建设行政主管部门发布的计价方法或者计价标准结算。

主张工程价款调整的当事人应当对合同约定施工的具体范围、实际工程量增减的原因、数量等事实承担举证责任。

《江苏省高级人民法院关于审理建设工程施工合同纠纷案件若干问题的意见》

第九条 建设工程施工合同约定工程价款实行固定价结算的，一方当事人要求按定额结算工程价款的，人民法院不予支持，但合同履行过程中原材料价格发生重大变化的除外。

建设工程施工合同约定工程价款实行固定价结算的，因设计变更导致工程量变化或质量标准变化，当事人要求对工程量增加或减少部分按实结算的，人民法院应予支持，当事人另有约定的除外。

《广东省高级人民法院关于审理建设工程施工合同纠纷案件若干问题的意见》

（一）当事人约定工程款实行固定价，而实际施工的工程量比约定的工程范围有所增减的，可在确认固定价的基础上，参照合同约定对增减部分进行结算，再根据结算结果相应增减总价款。不应撇开合同约定，对整个工程造价进行重新结算。

《河北省高级人民法院建设工程施工合同案件审理指南》

二、工程价款结算及相关问题

11. 合同约定固定价款的，因发包人原因导致工程变更的，承包人能够证明工程变更增加的工程量不属于合同约定包干价范围之内的，有约定的，按约定结算工程价款，没有约定的，可以参照合同约定标准对工程量增减部分予以单独结算，无法参照约定标准结算可以参照施工地建设行政主管部门发布的计价方法或者计价标准结算。主张调整的当事人对合同约定的施工具体范围、实际工程量增减的原因、数量等事实负有举证责任。

《安徽省高级人民法院关于审理建设工程施工合同纠纷案件适用法律问题的指导意见（二）》

第九条　经过招投标的建设工程，当事人对工程量变化部分的工程价款如何确定没有约定，且不能协商一致的，参照建设行政主管部门的规定或者行业规范处理。

《福建省高级人民法院关于审理建设工程施工合同纠纷案件疑难问题的解答》

19. 问：建设工程施工过程中，因设计变更或者遇特殊地质情况等客观原因，当事人另行签订合同，变更了中标合同的内容，是否仍应以中标合同作为结算工程价款的依据？

答：建设工程施工合同履行过程中，因设计变更或者遇特殊地质情况等客观原因导致工程量增减，当事人协商一致对中标合同的内容进行修改，属于正常行使合同变更权，修改后的合同可以作为结算工程价款的依据。

《山东省高级人民法院关于审理建设工程施工合同纠纷案件若干问题的解答》

4. 建设工程施工合同约定工程价款按照固定总价结算，当事人主张施工范围、工程量增减的，如何处理？

合同约定按照固定总价结算工程价款，实际施工未超出约定施工范围的，应当适用固定价结算。当事人主张施工范围增减的，按照以下情形分别处理：

（1）合同有约定的，按照合同约定对增减的工程量进行结算；

（2）合同没有约定的，可以参照合同约定标准对工程量增减部分予以单独结算，无法参照约定标准结算的，可以参照施工地建设行政主管部门发布的计价方法或者计价标准结算；

（3）工程尚未完工的，合同约定固定总价，承包人要求支付工程款的，对于能够确定已完工工程占合同约定施工范围比例的工程，应以合同约定的固定价为基础按比例折算；无法确定已完工比例的，双方对工程造价有争议的，可将争议部分工程造价委托鉴定。

主张工程量增减的当事人，对工程量增减是否存在、实际数量及价款承担举证责任。

《四川省高级人民法院关于审理建设工程施工合同纠纷案件若干疑难问题的解答》

23. 约定工程价款实行固定总价结算的施工合同出现因设计变更导致工程量或者质量标准发生变化的如何结算工程价款？

当事人约定按照固定总价结算工程价款，应当严格按照合同约定的工程价款执行，一方当事人请求对工程造价进行鉴定并依据鉴定结论结算的，不予支持……

2. 参考案例

案例一　江苏荣泽食品有限公司与李某、连云港市地山建筑工程有限责任公司建设工程施工合同纠纷二审民事判决书（2018）苏民终1535号

法院认为，《工程补充协议》变更厂房及冷库的结算标准，缺乏事实依据。该协议第一条说明了变更厂房及冷库结算标准的原因，即因为施工图纸由凌翰设计公司变更为中建设计公司。虽然双方就施工图纸变化原因各执一词，但施工图纸发生变化，并不必然导致需要变更结算标准，因为如果工程量变化不大，根据建筑行业规范双方可以以签证单的形式确认增加的工程造价。因此，如果厂房及冷库的结算标准，由固定单价变更为套用现行定额按实结算，应当具备厂房及冷库工程量发生重大变化，且不变更结算标准将造成一方重大亏损的客观事实。但是根据一审2018年9月4日庭审笔录记载，鉴定人孙某称“鉴定依据的是中建设计公司图纸，后来凌翰设计公司图纸拿来与中建设计公司图纸对比，除了厂房有变动外，其他的都是一样”。而另一位鉴定人刘某2表示“图纸除了厂房不一样外，其他的都一样”。可见，施工图纸虽然发生过变化，但是经鉴定人比对，仅厂房工程量发生变动，其他部分均无变化。对于厂房的变动，双方于2011年11月30日以工程现场签

证单的形式予以确认，根据该签证单记载，双方在就厂房原图纸取消改为新图纸并经甲方进一步修改后，一致确认“增加土建工程，工程费用按照相关定额、规范计算。结算按2009年定额决算”。由此可见，厂房及冷库的工程量并未发生重大变化，双方通过《工程补充协议》变更结算标准，缺乏事实依据。

案例二 **夏河安多投资有限责任公司、甘肃安多清真绿色食品有限公司建设工程施工合同纠纷再审审查与审判监督民事裁定书**（2021）最高法民申125号

法院认为，虽商铺和公寓楼工程施工合同约定为固定单价合同，但在实际施工过程中，工程图纸进行了变更。根据《最高人民法院关于审理建设工程施工合同纠纷案件适用法律问题的解释》第16条“当事人对建设工程的计价标准或者计价方法有约定的，按照约定结算工程价款。因设计变更导致建设工程的工程量或者质量标准发生变化，当事人对该部分工程价款不能协商一致的，可以参照签订建设工程施工合同时当地建设行政主管部门发布的计价方法或者计价标准结算工程价款”的规定，原审法院委托中介机构对变更部分造价进行了鉴定，原判决根据鉴定意见及现场勘验、实际施工情况，认定了变更部分的工程价款，并无不当。因双方对待宰、屠宰车间、锅炉房、水池、水泵房和污水处理车间等工程未签订书面合同，鉴定机构参照《甘肃省建设工程费用定额》认定该部分工程造价措施费，亦无不当。

053. 政府财政审计结论能否作为工程款结算的依据？

1. 问题解读及相关法律规定

财政审计是对财政资金筹集、供应、使用全过程是否合理、合法、有效、正常而进行的审核、稽查。财政审计主要包括国家预决算审计、税务审计、基本建设财务与信用审计以及国营企业财务审计。在建设施工领域，很多政府投资项目或国有企业组织招标的工程项目中，经常会在招标文件或者合同

中约定建设工程竣工后，以财政审计结果作为工程价款的最终结算依据，地方政府也有类似的文件规定政府投资项目需要以审计结论作为结算依据。对于以政府财政审计结论作为工程款结算依据的约定，应严格遵循双方当事人的意思自治，只有在双方当事人明确约定以政府财政审计结论作为工程款结算依据的情况下，才能将审计结论作为判决的依据。此外，如不是由于承包方原因造成的发包方长期不启动审计，或审计机构长期无法作出审计结论的情况下，从保护承包人利益的角度出发，应排除财政审计结论作为工程款结算依据的约定，避免发包方以政府财政审计为由拖延支付工程款。

· 现行法律中的相关规定 ·

《审计法》

第二十三条　审计机关对政府投资和以政府投资为主的建设项目的预算执行情况和决算，对其他关系国家利益和公共利益的重大公共工程项目的资金管理使用和建设运营情况，进行审计监督。

《国务院办公厅关于促进建筑业持续健康发展的意见》

五、（十）　规范工程价款结算。审计机关应依法加强对以政府投资为主的公共工程建设项目的审计监督，建设单位不得将未完成审计作为延期工程结算、拖欠工程款的理由。未完成竣工结算的项目，有关部门不予办理产权登记。对长期拖欠工程款的单位不得批准新项目开工。严格执行工程预付款制度，及时按合同约定足额向承包单位支付预付款。通过工程款支付担保等经济、法律手段约束建设单位履约行为，预防拖欠工程款。

《保障中小企业款项支付条例》

第十一条　机关、事业单位和国有大型企业不得强制要求以审计机关的审计结果作为结算依据，但合同另有约定或者法律、行政法规另有规定的除外。

全国人大法工委《关于对地方性法规中以审计结果作为政府投资建设项目竣工结算依据有关规定提出的审查建议的复函》提出，在收到中建协于2015年5月提交的《关于申请对规定“以审计结果作为建设工程竣工结算依据”的地方性法规进行立法审查的函》后，法工委经过充分调研和征求意见，认为地方性法规中直接以审计结果作为竣工结算依据和应当在招标文件中载明或者在合同中约定以审计结果作为竣工结算依据的规定，限制了民事权利，超越了地方立法权限，应当予以纠正。

2015 年最高人民法院召开的全国民事审判工作会议的会议纪要中第 49 条规定，依法有效的建设工程施工合同，双方当事人均应依约履行。除合同另有约定，当事人请求以审计机关作出的审计报告、财政评审机构作出的评审结论作为工程价款结算依据的，一般不予支持。

《安徽省高级人民法院关于审理建设工程施工合同纠纷案件适用法律问题的指导意见（二）》

第十条　政府投资和以政府投资为主的建设项目，当事人在合同中约定以审计机关出具的审计报告、财政评审机构出具的评审结论作为工程价款结算依据，发包人请求依据审计报告、评审结论结算工程价款的，予以支持。

《河北省高级人民法院关于印发〈建设工程施工合同案件审理指南〉的通知》

三、审计结论、财政评审意见作为结算依据的相关问题

20. 政府投资和以政府投资为主的建设项目，合同明确约定以审计机关出具的审计意见作为工程价款结算依据的，财政部门审计部门等对工程款的审核、审计，应当作为结算依据。

21. 审计机关严重超出合同约定的期限未作出审计结论，发包人以此为由拒付工程款的，发包人无法举证证明审计机关具有正当理由不能出具审计结论的，当事人申请对工程造价予以司法鉴定，人民法院应予支持。

22. 在双方当事人已经通过结算协议确认了工程结算价款并已基本履行完毕的情况下，国家审计机关作出的审计结论或财政评审意见，不影响双方结算协议的效力。

《山东省高级人民法院关于审理建设工程施工合同纠纷案件若干问题的解答》

3. 政府投资和以政府投资为主的建设项目，合同约定以行政审计、财

政评审作为工程款结算依据的，如何处理？政府投资和以政府投资为主的建设项目，合同约定以行政审计、财政评审作为工程款结算依据的，按照约定处理；但发包人故意迟延提交审计或妨碍审计条件成就，以及行政审计、财政评审部门明确表示无法进行审计或无正当理由超出合同约定的审计期限三个月，仍未作出审计结论、评审意见的，当事人申请对工程造价进行司法鉴定，应当准许。

《四川省高级人民法院关于审理建设工程施工合同纠纷案件若干疑难问题的解答》

17. 政府审计部门审计结果能否作为合同结算依据？

政府投资的建设工程施工合同结算纠纷，发包人主张以政府审计部门审计结果作为工程造价结算依据的原则上不予支持，但当事人在合同中有明确约定的除外。

当事人在合同中明确约定工程价款以政府审计部门审计结果作为结算依据，并约定了审计时间，在合同约定的审计时间内非因承包人原因未作出审计结论，或虽未约定审计时间，经承包人催告，发包人未在合理期限内送交政府审计部门审计的，承包人主张按照双方签章确认的送审结算价结算工程价款的，可予支持。

政府审计部门审计结论明确部分项目已经超出政府投资项目，但合同明确约定属于施工内容的，承包人主张支付工程价款的，应予支持。

2. 参考案例

案例一 陕西省中业交通建筑工程有限公司、胥某秋建设工程合同纠纷再审民事判决书（2019）最高法民再163号

法院认为，关于涉案工程价款结算依据的问题。因实际施工人胥某秋没有施工资质，陕西中交公司西藏分公司与胥某秋签订的《工程施工合同书》为无效合同。但是胥某秋施工部分经陕西中交公司验收并已经实际交付业主西藏自治区拉萨市水利工程建设管理中心使用。根据《最高人民法院关于审

理建设工程施工合同纠纷案件适用法律问题的解释》第2条的规定，胥某秋有权请求参照合同约定支付工程价款。《工程施工合同书》约定："工程量为施工图纸及工程量清单全部内容，工程造价23 196 960.21元……该工程的全部变更工程实施责任交由乙方（胥某秋）承担，届时按变更后的实施施工工程量另计工程价款。"依照该约定，工程款应当据实结算。西藏自治区审计厅藏审投报（2017）24号审计报告明确案涉工程因工程量减少核减的金额为1 781 990.51元，工程价款为21 737 854.52元。法院认为应当按照该审计报告据实确定工程价款，陕西中交公司西藏分公司欠付胥某秋工程价款中应当扣除1 781 990.51元，即为1 682 028.01元。

案例二 **湖南紫都城镇建设开发有限公司、湖南业达建设有限公司建设工程施工合同纠纷再审民事判决书**（2019）最高法民再56号

法院认为，紫都公司与业达公司在《道路工程施工承包合同》中约定工程结算按现行长沙市政定额标准计取，工程最终造价及支付以财政、审计部门最后的审计结果为最终结算依据。虽然紫都公司及官渡镇政府均主张工程造价应以财政、审计部门最后的审计结果为最终结算依据，但在上述道路工程已使用近两年的情况下，紫都公司尚未向相关财政、审计部门提交工程建设资料，启动财政、审计部门审计。在本案审理过程中也无法提供审计结果，故一审法院根据业达公司的申请，依法委托湖南日升工程咨询有限公司对业达公司完成的工程进行造价鉴定，该鉴定机构作出湘日（2016）基鉴字111号《工程造价鉴定报告》，该鉴定报告可以作为认定涉案工程造价的依据。

054. 建设工程属于违法建筑的工程价款如何结算？

1. 问题解读及相关法律规定

违法建筑，是指未经规划土地主管部门批准，未领取建设工程规划许可证或临时建设工程规划许可证，擅自建筑的建筑物和构筑物。违法建筑包括：

(1) 占用已规划为公共场所、公共设施用地或公共绿化用地的建筑。(2) 不按批准的设计图纸施工的建筑。(3) 擅自改建、加建的建筑。(4) 农村经济组织的非农建设用地或村民自用宅基地非法转让兴建的建筑；特区内城市化的居民委员会或股份合作公司的非农业用地非法转让兴建的建筑。(5) 农村经济组织的非农业用地或村民自用宅基地违反城市规划或超过市政府规定标准的建筑。(6) 擅自改变工业厂房、住宅和其他建筑物使用功能的建筑。(7) 逾期未拆除的临时建筑。(8) 违反法律、法规有关规定的其他建筑。

建设违法建筑所签订的施工合同是无效合同。无论施工合同是否有效，只要工程质量合格，当事人就可以参照合同约定结算工程价款，这体现的就是无效合同折价补偿的原则。但对于违法建筑，情况则有所不同。因为折价补偿首先应确定无效合同下建造的工程是否有价值，然后才存在折价补偿问题；没有价值就没必要补偿，只能考虑如何赔偿损失。是否有价值的衡量标准，就是工程是否通过竣工验收，是否可以投入使用。《建筑法》第 61 条规定："交付竣工验收的建筑工程，必须符合规定的建筑工程质量标准，有完整的工程技术经济资料和经签署的工程保修书，并具备国家规定的其他竣工条件。建筑工程竣工经验收合格后，方可交付使用；未经验收或者验收不合格的，不得交付使用。"违法建筑尽管其工程质量可能合格，但因其没有建设工程规划许可手续，违反了法律行政法规的强制性规定，因此无法通过竣工验收，工程不能投入使用，工程价值无法体现，也就不能适用原物返还或者折价补偿的原则，只能适用赔偿损失的原则。应根据发包方和承包方的过错责任大小，承担相应的责任。如果是发包方责任，除自己的损失自负外，还应该承担赔偿承包方在施工中支付的人工费、材料费等实际损失。如果是承包方的过错，除对自己损失自负外，也要赔偿发包人的材料损失等。

· 现行法律中的相关规定 ·

《民法典》

第一百五十五条　无效的或者被撤销的民事法律行为自始没有法律约束力。

第一百五十七条　民事法律行为无效、被撤销或者确定不发生效力后，行为人因该行为取得的财产，应当予以返还；不能返还或者没有必要返还的，应当折价补偿。有过错的一方应当赔偿对方由此所受到的损失；各方都有过错的，应当各自承担相应的责任。法律另有规定的，依照其规定。

第七百九十三条　建设工程施工合同无效，但是建设工程经验收合格的，可以参照合同关于工程价款的约定折价补偿承包人。建设工程施工合同无效，且建设工程经验收不合格的，按照以下情形处理：（一）修复后的建设工程经验收合格的，发包人可以请求承包人承担修复费用；（二）修复后的建设工程经验收不合格的，承包人无权请求参照合同关于工程价款的约定折价补偿。发包人对因建设工程不合格造成的损失有过错的，应当承担相应的责任。

《城乡规划法》

第六十六条　建设单位或者个人有下列行为之一的，由所在地城市、县人民政府城乡规划主管部门责令限期拆除，可以并处临时建设工程造价一倍以下的罚款：（一）未经批准进行临时建设的；（二）未按照批准内容进行临时建设的；（三）临时建筑物、构筑物超过批准期限不拆除的。

2. 参考案例

案例一　上海天奕经济发展有限公司与上海汇理建设发展有限公司建设工程施工合同纠纷再审民事判决书（2017）沪02民再44号

法院认为，上海市纪念路×××号×××幢房屋为5层钢混结构建筑物，天奕公司意对该楼进行改造，在原建筑物基础上加层为六楼。对于加层工程的扩建行为，天奕公司不能提供相应的建设工程规划许可手续，新增6楼应属违法建筑。涉案合同包含有违法建筑的相应施工内容，该部分内容应属无效。天奕公司主张因涉案工程不合格，在修复合格之前不能支持汇理公司的工程款诉请。为保证建筑物质量合格，施工单位在主张工程款时应承担相应的修复义务。但是，前述的修复义务针对的应是具备合法建造手续的施工项目，不应包括违法建筑。由于上海宝冶工程技术有限公司出具的鉴定报告认定加层项目主体质量未达到设计及规范要求，而该加层项目属违法建筑。严格而言，汇理公司作为施工单位在施工前应当审查建设单位的相应建造手续，对无合法建造手续的施工项目应予拒绝。同理，在天奕公司至今仍无合法建造手续的情况下，也不能以施工单位修复违法建筑作为支付工程款的前提。该违法建筑的最终处理，由相应的行政机关决定，本案不予处理。加层工程的形成，系涉案当事人的共同行为所致，由于违法建筑之特性，当事人的投入并不能对应产生相应的合法收益，故加层项目相对应的工程价款，实际是双方当事人未尽审慎义务而造成的损失，不能等同于其他部分工程款的计算方式。天奕公司作为建设单位在未办妥相应建造手续的前提下分包工程，对于损失的发生应承担主要责任。汇理公司作为施工单位未全面审查开工手续即施工，对于损失的发生应承担次要责任。考虑鉴定单位所作造价报告系建立在质量合格的基础上，而加层工程确实存在质量瑕疵。结合前述两者因素，本院酌定天奕公司应承担加层项目工程款损失为60万元。因当事人的诉请为支付工程款，再审不再单列该部分损失于工程款之外，仍然表述为天奕公司应向汇理公司支付的工程款。因此，在汇理公司自行承担部分损失的前提下，涉案工程欠款应予核减60万元，天奕公司应向汇理公司支付工程款为8 036 027.32元。原生效判决确定的工程欠款数额，因新证据的出现而予调整，扣除已付款和质量保修金后，天奕公司尚应支付4 604 225.95元。

案例二 江苏悦华建设有限公司与苏州丝蓓绣纺织有限公司建设工程施工合同纠纷二审民事判决书（2017）苏民终956号

法院认为，本案争议的核心在于悦华公司是否有权向丝蓓绣公司主张工程款及相关权益。对此需要考察悦华公司的请求权基础，根据悦华公司的主张，其主张双方的合同有效。但根据本院查明的事实，涉案工程没有取得建设工程规划许可证，根据《城乡规划法》第40条和第64条的规定，基于此签订的建设工程施工合同无效。对于违法建筑，没有被拆除或者责令拆除的，未经竣工验收合格的，只能主张人工费、机械费、材料费等实际支出的费用，根据过错进行损失分担。本案部分工程未完工，完工的工程也未经竣工验收合格，悦华公司无权基于合同约定主张工程价款，只能主张损害赔偿。悦华公司主张按照《已做工程决算书》有权主张工程款，法院认为，该《已做工程决算书》不应作为双方工程价款确定的依据。首先，本案合同无效，只能主张损害赔偿，《已做工程决算书》系按照有效合同进行决算，不符合工程决算的条件。其次，工程决算应符合工程决算的规范，本案除了《已做工程决算书》外，没有其他决算资料予以佐证。最后，从《已做工程决算书》的内容看，土地、安装、桩基按照投标预算价计算，不考虑工程实际施工现状等因素，真实性存疑。因此，悦华公司无论是基于合同约定结算工程价款，还是基于《已做工程决算书》要求支付工程价款，均没有相应的事实和法律依据。其应当按照无效合同主张损害赔偿的路径维护自身的权益。由于悦华公司主张工程款的请求权基础错误，且经法院释明不同意变更诉讼请求，其由此主张的工程款、利息、违约金、优先权等均不予支持。

第四章

建设工程质量保证金问题

055. 质保期与缺陷责任期有什么区别？

1. 问题解读及相关法律规定

建筑工程质量关乎重大社会公共利益，为此，在建设工程竣工验收合格、完成交付后，承包人在一定期限内对工程质量承担保证责任实为必要。我国《建筑法》第 62 条规定，建筑工程实行质量保修制度。建筑工程的保修范围应当包括地基基础工程、主体结构工程、屋面防水工程和其他土建工程，以及电气管线、上下水管线的安装工程，供热、供冷系统工程等项目；保修的期限应当按照保证建筑物合理寿命年限内正常使用，维护使用者合法权益的原则确定。具体的保修范围和最低保修期限由国务院规定。

质保期即质量保修期，指承包人按照合同约定对工程承担保修责任的期限。《建设工程质量管理条例》第 39 条第 2 款规定，“建设工程承包单位在向建设单位提交工程竣工验收报告时，应当向建设单位出具质量保修书。质量保修书中应当明确建设工程的保修范围、保修期限和保修责任等”，以及第 41 条规定：“建设工程在保修范围和保修期限内发生质量问题的，施工单位应当履行保修义务，并对造成的损失承担赔偿责任。”

缺陷责任期，是指承包人按照合同约定对工程缺陷承担修复义务且发包人预留质量保证金的期限。《建设工程质量保证金管理办法》第 2 条第 1 款规定：“本办法所称建设工程质量保证金（以下简称保证金）是指发包人与承包人在建设工程承包合同中约定，从应付的工程款中预留，用以保证承包人在缺陷责任期内对建设工程出现的缺陷进行维修的资金。”第 2 款规定：“缺陷是指建设工程质量不符合工程建设强制性标准、设计文件，以及承包合同的约定。”

保修期与缺陷责任期是两个易混淆的概念，应注意把握以下区别。

1. 起算时间不同。通常情形下，保修期与缺陷责任期均从工程竣工验收合格之日起计算。但在特殊情形下，二者的起算时间存在差异：发包人原因造成工程没有正常竣工验收的，承包人提交竣工验收报告满 90 天后，自第 91 天起开始计算缺陷责任期；而承包人提交验收报告之日，即视为竣工日期，此时开始起算保修期。就是说，此种情形下，保修期的起算时间早于缺陷责任期。

· 现行法律中的相关规定 ·

《建设工程质量管理条例》

第四十条第三款　建设工程的保修期，自竣工验收合格之日起计算。

《建设工程质量保证金管理办法》

第八条前段　缺陷责任期从工程通过竣工验收之日起计。

《最高人民法院关于审理建设工程施工合同纠纷案件适用法律问题的解释（一）》

第九条　当事人对建设工程实际竣工日期有争议的，人民法院应当分别按照以下情形予以认定：……（二）承包人已经提交竣工验收报告，发包人拖延验收的，以承包人提交验收报告之日为竣工日期……

《最高人民法院关于审理建设工程施工合同纠纷案件适用法律问题的解释（一）》

第十七条第一款　有下列情形之一，承包人请求发包人返还工程质量保证金的，人民法院应予支持：……（三）因发包人原因建设工程未按约定期限进行竣工验收的，自承包人提交工程竣工验收报告九十日后当事人约定的工程质量保证金返还期限届满；当事人未约定工程质量保证金返还期限的，自承包人提交工程竣工验收报告九十日后起满二年。……

《建设工程质量保证金管理办法》

第八条 缺陷责任期从工程通过竣工验收之日起计。由于承包人原因导致工程无法按规定期限进行竣工验收的，缺陷责任期从实际通过竣工验收之日起计。由于发包人原因导致工程无法按规定期限进行竣工验收的，在承包人提交竣工验收报告90天后，工程自动进入缺陷责任期。

2. 期限长短不同。保修期与缺陷责任期的具体期限，可以由发、承包双方在合同中约定，但法律也作出了相关限制性规定。

· 现行法律中的相关规定 ·

《建设工程质量管理条例》

第四十条第一款 在正常使用条件下，建设工程的最低保修期限为：（一）基础设施工程、房屋建筑的地基基础工程和主体结构工程，为设计文件规定的该工程的合理使用年限；（二）屋面防水工程、有防水要求的卫生间、房间和外墙面的防渗漏，为5年；（三）供热与供冷系统，为2个采暖期、供冷期；（四）电气管线、给排水管道、设备安装和装修工程，为2年。

第二款 其他项目的保修期限由发包方与承包方约定。

《建设工程质量保证金管理办法》

第二条第三款 缺陷责任期一般为1年，最长不超过2年，由发、承包双方在合同中约定。

3. 与质保金的关联不同。保修期与质保金的预留、返还无关；而缺陷责任期是发包人预留质保金的期限，只有在承包人履行缺陷责任期内的维修义务且缺陷责任期届满后，承包人才有权要求发包人予以返还。

· 现行法律中的相关规定 ·

《建设工程质量保证金管理办法》

第十条 缺陷责任期内，承包人认真履行合同约定的责任，到期后，承包人向发包人申请返还保证金。

《最高人民法院关于审理建设工程施工合同纠纷案件适用法律问题的解释（一）》（法释〔2020〕25 号）

第十七条　有下列情形之一，承包人请求发包人返还工程质量保证金的，人民法院应予支持：

（一）当事人约定的工程质量保证金返还期限届满；

（二）当事人未约定工程质量保证金返还期限的，自建设工程通过竣工验收之日起满二年；

（三）因发包人原因建设工程未按约定期限进行竣工验收的，自承包人提交工程竣工验收报告九十日后当事人约定的工程质量保证金返还期限届满；当事人未约定工程质量保证金返还期限的，自承包人提交工程竣工验收报告九十日后起满二年。

发包人返还工程质量保证金后，不影响承包人根据合同约定或者法律规定履行工程保修义务。

2. 参考案例

案例一　海天建设集团有限公司、西安华峰置业有限公司等建设工程施工合同纠纷民事二审民事判决书（2021）最高法民终 340 号

法院认为，关于质保金的期限应如何认定、应否扣除 76 740 元质保金的问题。海天公司主张案涉工程为未完成工程，不存在保修期，不应扣除 76 740元质保金，华峰公司则主张质保金未至退还期限。本院认为，质量保证金是发包人与承包人在建设工程承包合同中约定，从应付的工程款中预留，用以保证承包人在缺陷责任期内对建设工程出现的缺陷进行维修的资金。与承包人的法定质量保修义务不同，质量保证金条款依赖于双方当事人的约定。建设工程质量保证金对应的是“缺陷责任期”，而非保修期。缺陷责任期是承包人按照合同约定承担缺陷修复义务，且发包人预留质量保证金（已缴纳履约保证金的除外）的期限，自工程实际竣工日期起计算。保修期是承包人按照合同约定对工程承担保修责任的期限，从工程竣工验收合格之日起计算。

保修义务是承包人的法定义务。本案中，根据已查明的事实，案涉工程系未完工工程。双方当事人现已解除合同，但已完工部分仍应按照《复工协议》约定的质保金条款，对于合同约定的缺陷责任期已经到期的部分，应返还质保金并承担法定保修义务；对于缺陷责任期未至届满的，应预留至期满再行返还。华峰公司返还工程质量保证金后，不影响海天公司依照合同约定或法律规定履行工程保修义务。故原审判决以案涉工程主体质量检测合格之日起算质保期并无不当，本院予以维持。

案例二　浙江省三建建设集团有限公司、咸阳凯创置业有限责任公司建设工程施工合同纠纷二审民事判决书（2020）最高法民终483号

法院认为，关于工程质量保证金问题。双方在《房屋建筑工程质量保修书》中约定的质量保修期为：（1）地基基础和主体结构工程为设计文件规定的该工程合理使用年限；（2）屋面防水工程、有防水要求的卫生间、房间和外墙的防渗漏为5年；（3）土建工程为1年；（4）电器管线、给排水管线、设备安装工程为2年；（5）供热与供冷系统为2个采暖期、供冷期；（6）住宅小区内的给排水设施、道路等配套工程为2年。质量保修期自工程竣工验收合格之日起计算。质量保修金：保修金为合同造价的4%，在工程竣工结算时预留，保修费由造成质量缺陷的责任方承担。保修金在土建、安装、防水工程各自保修期限到期后，按造价比例乘以保修金分别无息退还承包人。发包人在各自质量保修期满后14日内将质量保修金返还承包人，其他保修项目仍由承包人负责，直至保修期满后无息退还。双方在TJ－401《工作联系单》中约定，地下车库工程预留4%的质保金，待质保期满后30日内，一次性付清。会所、幼儿园、商业裙楼预留4%的质保金，待质保期（质保期按照国家规定执行）满后30日内一次性无息付清。根据《最高人民法院关于审理建设工程施工合同纠纷案件适用法律问题的解释（二）》第8条第1款第1项的规定，当事人约定的工程质量保证金返还期限届满的，承包人请求发包人返还工程质量保证金的，人民法院应予支持。本案中，首先，因三建公司概括主张工程款，此种情况下应认定其在主张工程款的同时包括工程质量保证金。工程质量保证金按双方合同约定的4%计算，数额为18 702 526.74元

(467 563 168.44 ×4% =18 702 526.74 元)。其中，地下车库、幼儿园的工程造价为30 613 357.32 元（29 262 938.83 元 +1 350 418.49 元 =30 613 357.32 元），因商业裙楼造价包含在1#、2#、3#、4#、11#、17#楼住宅楼的工程造价中，工程造价无法准确区分。一审法院按瑞恒公司鉴定的每栋楼的工程造价除以该楼栋的建筑面积得出每平方建筑面积的造价，再乘以商业裙楼的建筑面积，得出商业裙楼的工程造价如下：1#楼裙楼 4 559 321.76 元（25 536 241.76元 ÷26 371.10m^2 ×4708.38m^2 =4 559 321.76 元），2#楼裙楼3 066 170.92元（25 575 031.05 元 ÷24 560.17m^2 ×2944.50m^2 =3 066 170.92 元），3#楼裙楼1 323 118.14元（26 635 327.35 元 ÷21 713m^2 ×1078.60m^2 =1 323 118.14元），4#楼裙楼1 240 865.38 元（25 665 784.89 元 ÷21 604m^2 ×1044.49m^2 =1 240 865.38 元），11#楼裙楼1 826 866.05 元（30 958 792.74 元 ÷30 513m^2 ×1800.56m^2 =1 826 866.05 元），17#楼裙楼 2 640 013.70 元（32 132 925.18元 ÷32 602.70m^2 ×2678.61m^2 =2 640 013.70 元）。商业裙楼的工程造价为14 656 355.95元（4 559 321.76 元 +3 066 170.92 元 +1 323 118.14 元 +1 240 865.38 元 +1 826 866.05 元 +2 640 013.70 元 =14 656 355.95 元。）故地下车库、幼儿园、商业裙楼工程按双方约定的4%计算工程质量保证金数额为1 810 788.53 元［（30 613 357.32 元 +14 656 355.95 元）×4% =1 810 788.53 元］。其余工程的质量保证金数额为16 891 738.21 元（18 702 526.74元 −1 810 788.53 元 =16 891 738.21 元）。其次，缺陷责任期内的质量缺陷修复义务与保修期内质量保修义务不同。缺陷责任期是扣留工程质量保证金的期限，缺陷责任期内承包人承担的是质量缺陷修复义务，保修期内承包人承担的是保修义务。缺陷责任期满，发包人应当按照合同约定退还工程质量保证金。工程质量保证金的返还与保修期没有必然联系，发包人不能以保修期未届满为由拒绝向承包人返还工程质量保证金。对于缺陷责任期，《建设工程质量保证金管理办法》第2条第3款规定：“缺陷责任期一般为1年，最长不超过2年，由发、承包双方在合同中约定。”虽然双方在质量保修书中对返还工程质量保证金约定在土建、安装、防水工程各自保修期限到期后，按造价比例乘以保修金分别无息退还承包人，但防水工程质量保证金约定部分违反了《建设工程质量保证金管理办法》第2条第3款规定的缺陷责任期最长不得超过2年的规定，超过2年的期限不能认定为缺陷责任期。最后，双方在《房屋建筑工程质量保修书》中约定，质量保修期自工程竣工验收合格之日起计算。根据关于案涉施工合同的效力及结算依据的问题分析，缺陷责任期应自凯创公司占有使用案涉工程之日即2015年4月7日起计算至2017年4月6日。因双方在施工合同中约定发包人在各自质量保修期满后14日内将质量保修金返还承包人。在TJ－401《工作联系单》中约定质保金待质保期满后30日内一次性无息付清。故凯创公司应于2017年4月20日返还工程质量保证金16 815 404.28元，于2017年5月6日返还工程质量保证金1 810 788.53元。工程质量保证金是发包人从应付工程款中预留的资金，属于工程款的一部分。发包人在缺陷责任期满后应将工程质量保证金及时返还，逾期返还的应支付利息。凯创公司称应扣除4%的工程质量保证金的抗辩理由，不能成立。

案例三　哈药集团股份有限公司、黑龙江省七建建筑工程有限责任公司建设工程施工合同纠纷二审民事判决书（2020）黑民终378号

法院认为，关于如何认定质量保证金利息的起算时间。双方签订的《房屋建筑工程质量保修书》第三条约定，案涉工程缺陷责任期为24个月，缺陷责任期终止后七建公司有权请求哈药公司退还剩余的质量保证金，故哈药公司应按约定的期限返还七建公司质量保证金。而哈药公司自缺陷责任期24个月届满后，无权再依据“在保修期与缺陷责任期重合的期间，由发包人选择适用保修责任条款或者缺陷责任条款”约定，具有选择的权利，只能按照“质量保证金应一次性返还”的约定，一次性返还。至于“防水工程质量保修期为五年”的约定，只是双方关于质量保修期限的约定，与质量保证金的约定无关，哈药公司据此主张延长返还质量保证金期限，无合同及法律依据，本院不予支持。

056. 质量保证金应何时返还？

1. 问题解读及相关法律规定

为了保障工程质量，我国现行法律明确规定，与工程相关的各个单位应当采取适当的措施，对影响工程质量的因素进行防范。对于工程的发包方而言，在将工程发包时，通常会与承包方约定工程的质保金，约定在一定期限内扣留质保金，然后再按照工程质量保证金退还规定进行支付。

质量保证金，是发包人和承包人在建设工程施工合同中约定的，用来保证承包人在缺陷责任期限内对出现的质量问题进行修复的资金，作为一种对质量的保障。质量保证金，由质量保修金一词演变而来，后逐渐使用质量保证金一词。关于质量保证金的返还期限，大致分为以下两种情形：

（1）对质量保证金返还期限有约定的，返还时间为约定的返还期限届满之日；由于发包人原因建设工程未按约定期限进行竣工验收的，自承包人提交工程竣工验收报告 90 日后当事人约定的工程质量保证金返还期限届满。

（2）对质量保证金返还期限未作约定的，返还期限为自建设工程通过竣工验收之日起满二年；由于发包人原因建设工程未按约定期限进行竣工验收的，自承包人提交工程竣工验收报告 90 日起满二年返还期限届满。

· 现行法律中的相关规定 ·

《最高人民法院关于审理建设工程施工合同纠纷案件适用法律问题的解释（一）》

第十七条　有下列情形之一，承包人请求发包人返还工程质量保证金的，人民法院应予支持：

（一）当事人约定的工程质量保证金返还期限届满；

（二）当事人未约定工程质量保证金返还期限的，自建设工程通过竣工验收之日起满二年；

（三）因发包人原因建设工程未按约定期限进行竣工验收的，自承包人提交工程竣工验收报告九十日后当事人约定的工程质量保证金返还期限届满；当事人未约定工程质量保证金返还期限的，自承包人提交工程竣工验收报告九十日后起满二年。

发包人返还工程质量保证金后，不影响承包人根据合同约定或者法律规定履行工程保修义务。

《河北省高级人民法院关于印发〈建设工程施工合同案件审理指南〉的通知》

43. 当事人对质量保证金返还期限有约定的，承包人请求按照约定返还工程质量保证金的，人民法院应予支持。没有约定或约定不明的，适用《建设工程质量保证金管理办法》（建质〔2016〕295 号）第二条规定，缺陷责任期最长为 2 年。发包人应在最长缺陷责任期（2 年）期满后将质量保证金返还承包人。质量保证金的期限自工程竣工验收合格之日起算；工程因发包人原因未能竣工验收的，自承包人提交工程竣工验收报告 90 天后起算。发包人返还质量保证金后，不影响承包人依照合同约定或法律规定履行工程保修义务。

《建设工程质量保证金管理办法》

第三条 发包人应当在招标文件中明确保证金预留、返还等内容，并与承包人在合同条款中对涉及保证金的下列事项进行约定：

（一）保证金预留、返还方式；

（二）保证金预留比例、期限；

（三）保证金是否计付利息，如计付利息，利息的计算方式；

（四）缺陷责任期的期限及计算方式；

（五）保证金预留、返还及工程维修质量、费用等争议的处理程序；

（六）缺陷责任期内出现缺陷的索赔方式；

（七）逾期返还保证金的违约金支付办法及违约责任。

第十一条 发包人在接到承包人返还保证金申请后，应于 14 天内会同承包人按照合同约定的内容进行核实。如无异议，发包人应当按照约定将保证金返还给承包人。对返还期限没有约定或者约定不明确的，发包人应当在核实后 14 天内将保证金返还承包人，逾期未返还的，依法承担违约责任。发包人在接到承包人返还保证金申请后 14 天内不予答复，经催告后 14 天内仍不予答复，视同认可承包人的返还保证金申请。

2. 参考案例

案例一 **王某、江苏某某房地产开发有限公司等建设工程施工合同纠纷民事一审民事判决书**（2021）鲁 0402 民初 4584 号

一审法院认为，关于保证金及利息认定的问题，《最高人民法院关于审理建设工程施工合同纠纷案件适用法律问题的解释（一）》第十七条第一款规定："有下列情形之一，承包人请求发包人返还工程质量保证金的，人民法院应予支持：……（三）因发包人原因建设工程未按约定期限进行竣工验收的，自承包人提交工程竣工验收报告九十日后当事人约定的工程质量保证金返还期限届满。"本案中，原告未按照建设工程施工合同的约定进行施工，双方于 2021 年 1 月 10 日就案涉已施工的工程进行核算，现已满 90 日，对原告要求被告保泰房地产公司返还保证金 130 000 元的主张，本院予以支持。

案例二 **鸡西市信恒保温管制造有限责任公司、山东天幕集团总公司哈尔滨分公司建设工程施工合同纠纷民事二审民事判决书**（2021）黑 03 民终 997 号

一审法院认为，关于 5 号厂房质保金的数额和起算时间问题，在（2017）黑 0302 民初 2551 号案件的民事判决中已明确阐述："2017 年 11 月 15 日庭审中，信恒公司明确表示 5 号厂房不再需要天幕公司继续施工，应视为双方对合同的解除。合同解除后不影响结算条款的效力，不能免除承包人的质保义务，从 2017 年 11 月 15 日起计算，尚未超过一年质保期，质保金应予扣留。天幕公司与信恒公司就 5 号厂房的质量保证金返还期限约定为一年，已于 2018 年 11 月 15 日届满，故信恒公司应返还天幕公司质保金 30 713. 70 元。"

二审法院认为，天幕公司与信恒公司就案涉质保金约定返还期限为一年

（竣工验收之日起计算）。本案案涉工程虽未进行竣工验收，但双方于2017年11月15日已解除了案涉合同，合同约定质保期为一年，且返还工程质量保证金后，不影响承包人根据合同约定或者法律规定履行工程保修义务。基于此，一审法院未中止审理信恒公司与天幕公司、山东天幕集团总公司建设工程合同纠纷一案并判决信恒公司返还天幕公司质保金并无不当。

057. 质量保证金返还之后，承包人是否仍需就所承建工程承担保修责任？

1. 问题解读与相关法律规定

质量保证金返还是指发包人依据建设工程合同的约定，从应付的工程款中预留，用以保证承包人在缺陷责任期内对建设工程出现的缺陷进行维修的资金，在缺陷责任期届满后支付给承包人。质量保证金的法律性质，我国法律并无明文规定，但就其功能而言，属于用以保证承包人在缺陷责任期内对建设工程缺陷进行维修的资金，是一种资金担保方式。

工程保修，即建设工程质量保修，是指建设工程竣工验收合格后在一定的期限内，承包人对工程质量缺陷或质量瑕疵承担修复责任的制度。

质量保证金对应的是缺陷责任期，质量保修金对应的是质量保修期。缺陷责任期内承包人承担的是缺陷修复义务；质量保修期内，承包人承担的是保修义务，二者是不同的。所以，缺陷责任期满，发包人应当按照合同约定返还工程质量保证金，工程质量保证金的返还与保修期没有必然联系。发包人不能以保修期未届满为由拒绝向承包人返还工程质量保证金。发包人返还质量保证金后，不影响承包人根据合同约定或者法律规定履行工程保修义务。

· 现行法律中的相关规定 ·

《最高人民法院关于审理建设工程施工合同纠纷案件适用法律问题的解释（一）》

第十七条　有下列情形之一，承包人请求发包人返还工程质量保证金的，人民法院应予支持：（一）当事人约定的工程质量保证金返还期限届满；（二）当事人未约定工程质量保证金返还期限的，自建设工程通过竣工验收之日起满二年；（三）因发包人原因建设工程未按约定期限进行竣工验收的，自承包人提交工程竣工验收报告九十日后当事人约定的工程质量保证金返还期限届满；当事人未约定工程质量保证金返还期限的，自承包人提交工程竣工验收报告九十日后起满二年。发包人返还工程质量保证金后，不影响承包人根据合同约定或者法律规定履行工程保修义务。

《北京市高级人民法院关于审理建设工程施工合同纠纷案件若干疑难问题的解答》

31. ……建设工程施工合同中约定正常使用条件下工程的保修期限低于法律、行政法规规定的最低期限的，该约定无效。当事人就工程质量保修金返还期限有约定的，依照其约定，但不影响承包人在保修期限内承担质量保修责任；没有约定或约定不明的，工程质量保修金返还期限为工程竣工验收合格之日起二十四个月。建设工程施工合同无效，但工程经竣工验收合格并交付发包人使用的，承包人应依据法律、行政法规的规定承担质量保修责任。发包人要求参照合同约定扣留一定比例的工程款作为工程质量保修金的，应予支持。

《河北省高级人民法院关于印发〈建设工程施工合同案件审理指南〉的通知》

第四十三条　当事人对质量保证金返还期限有约定的，承包人请求按照约定返还工程质量保证金的，人民法院应予支持。没有约定或约定不明的，适用《建设工程质量保证金管理办法》（建质〔2016〕295 号）第二条规定，缺陷责任期最长为 2 年。发包人应在最长缺陷责任期（2 年）期满后将质量保证金返还承包人。质量保证金的期限自工程竣工验收合格之日起算；工程因发包人原因未能竣工验收的，自承包人提交工程竣工验收报告 90 天后起算。发包人返还质量保证金后，不影响承包人依照合同约定或法律规定履行工程保修义务。

《南宁市建设工程质量和安全生产管理办法》

第四十九条　施工单位应当向建设单位出具建设工程质量保修书，建设工程质量保修书可以对建设工程质量保证金的数额、用途和返还期限作出规定。建设工程质量保证金的返还期限先于保修期限届满的，建设工程质量保证金返还期限届满后，施工单位在建设工程保修期内仍应承担保修义务。

2. 参考案例

案例一　**中国新兴建设开发有限责任公司、海上嘉年华（青岛）置业有限公司建设工程施工合同纠纷二审民事判决书**（2018）最高法民终556号

法院认为，《建设工程质量保证金管理办法》第2条第1款规定："质量保证金为发包人与承包人在建设施工合同中约定，从应付的工程款中预留，用以保证承包人在缺陷责任期内对建设工程出现的缺陷进行维修的资金。"质量保证金的返还应遵循当事人约定，合同约定的缺陷责任期届满，发包人应当返还质量保证金。保修义务是承包人的法定义务，发包人返还保证金后，承包人仍应在法定或合同约定的保修期内承担各部分工程的保修责任。

案例二　**辽宁申博生物技术有限公司与辽宁天哺农业发展有限公司建设工程施工合同纠纷案二审民事判决书**（2018）辽09民终225号

一审法院认为，建设工程质量保证金是指发包人与承包人在建设工程承包合同中约定，从应付的工程款中预留，用以保证承包人在缺陷责任期内对建设工程出现的缺陷进行维修的资金。缺陷责任期不同于保修期。当事人约定质量保证金返还期限届满，承包人要求返还的应予支持。发包人返还工程保证金后，不影响承包人依照合同约定或法律规定履行工程保修义务。

二审法院认为，原审认定事实属实。二审判决：驳回上诉，维持原判。

058. 质量保证金约定的返还期限早于关于保修期强制性规定的最低保修期限，发包人可以据此要求待保修期满再行支付质量保证金吗？

1. 问题解读及相关法律规定

质量保证金的返还期限与保修期强制性规定的最低期限，是两个截然不同的概念。质量保证金的返还期限，与“缺陷责任期”挂钩，至于缺陷责任期的长短，则由施工合同的当事人进行约定；而保修期的最低期限，由国务院令第 714 号公布的《建设工程质量管理条例》中予以强制性规定，当事人不得加以变更。

· 现行法律中的相关规定 ·

《建设工程质量保证金管理办法》

第二条　本办法所称建设工程质量保证金（以下简称保证金）是指发包人与承包人在建设工程承包合同中约定，从应付的工程款中预留，用以保证承包人在缺陷责任期内对建设工程出现的缺陷进行维修的资金。

缺陷是指建设工程质量不符合工程建设强制性标准、设计文件，以及承包合同的约定。

缺陷责任期一般为 1 年，最长不超过 2 年，由发、承包双方在合同中约定。

《建设工程质量管理条例》

第四十条　在正常使用条件下，建设工程的最低保修期限为：

（一）基础设施工程、房屋建筑的地基基础工程和主体结构工程，为设计文件规定的该工程的合理使用年限；

（二）屋面防水工程、有防水要求的卫生间、房间和外墙面的防渗漏，为 5 年；

（三）供热与供冷系统，为2个采暖期、供冷期；

（四）电气管线、给排水管道、设备安装和装修工程，为2年。

其他项目的保修期限由发包方与承包方约定。

建设工程的保修期，自竣工验收合格之日起计算。

《最高人民法院关于审理建设工程施工合同纠纷案件适用法律问题的解释（一）》（法释〔2020〕25号）

第十七条　有下列情形之一，承包人请求发包人返还工程质量保证金的，人民法院应予支持：

（一）当事人约定的工程质量保证金返还期限届满；

（二）当事人未约定工程质量保证金返还期限的，自建设工程通过竣工验收之日起满二年；

（三）因发包人原因建设工程未按约定期限进行竣工验收的，自承包人提交工程竣工验收报告九十日后当事人约定的工程质量保证金返还期限届满；当事人未约定工程质量保证金返还期限的，自承包人提交工程竣工验收报告九十日后起满二年。

发包人返还工程质量保证金后，不影响承包人根据合同约定或者法律规定履行工程保修义务。

综上所述，质量保证金的返还期限与保修期的长短并无必然联系，发包人不得以质量保证金约定的返还期限早于关于保修期强制性规定的最低保修期限为由，要求待保修期满再行支付质量保证金。但是，此种情形下，发包人可以要求承包人承担法律规定的最低保修期内的保修义务。

2. 参考案例

案例一　**河南荣亿置业有限公司、河南省建设集团有限公司建设工程施工合同纠纷二审民事判决书**（2019）豫民终705号

法院认为，关于缺陷责任期即保修金返还的期限问题。工程保修阶段包括缺陷责任期和工程保修期，缺陷责任期内承包人承担的是缺陷修复义务，工程保修期内承包人承担的是质量保修义务。缺陷责任期满，发包人应当按

照合同约定退还保修金，保修金的返还与保修期没有必然联系。荣亿公司主张按照《建设工程质量管理条例》规定的最低保修期限确定工程保修金的返还期限，于法无据。《最高人民法院关于审理建设工程施工合同纠纷案件适用法律问题的解释（二）》第 8 条第 2 项规定："当事人未约定工程质量保证金返还期限的，自建设工程通过竣工验收之日起满二年。"本案中，荣亿公司与省建设集团在《建设工程施工协议》中约定，保修金"按照房屋建筑工程质量保修协议执行"，但双方并未签订保修协议书，也未对工程质量保证金的返还期限作出约定，根据上述司法解释的规定，本案保修金的返还期限应为两年。

案例二 **河北华隆市政工程有限公司与扬州首开衡泰置业有限公司建设工程施工合同纠纷二审民事判决书**（2015）苏民终字第 0267 号

法院认为，关于首开公司认为双方对保证金的约定不符合法律规定，工程保证金不应予以返还的主张，原审法院认为，工程质量保证金的支付期限与质量保修期是两个不同的概念，质量保证金的支付期限是双方对所扣质保金的支付作出的约定，而质量保修期是施工方对工程质量所谓维修期限的承诺，《建筑法》明确规定建筑工程实行质量保修制度。建筑工程的保修范围应当包括地基基础工程、主体结构工程、屋面防水工程、电气管线工程、上下水工程等。《房屋建筑工程质量保修办法》第 7 条对不同工程的最低保修期限作出强制性规定，并非是对保证金返还期限进行规定，故本案双方对于工程保证金返还时间的约定并不违反法律规定，故首开公司仍应按双方的约定返还质量保证金。但承包人华隆公司不能因发包人已返还质保金而免除法定期限内的保修义务。

059. 施工合同解除，是否还要遵守质保条款？

1. 问题解读及相关法律规定

建设工程施工合同往往所涉标的金额较大、履行期限较长、法律关系复杂，故而"半路夭折"的合同也不在少数。施工合同解除后，会在发、承包双方当事人之间引起有关清理和结算的一系列法律效果，其中涉及的问题之一即为质保条款的效力问题，亦即发包人和承包人与质保条款相关的权利义务是否终止的问题。换句话说，施工合同解除的情形下，发包人是否可继续依质保条款主张扣留质保金？承包人是否仍需履行保修义务？

现行法律中的相关规定

《民法典》

第五百五十八条　债权债务终止后，当事人应当遵循诚信等原则，根据交易习惯履行通知、协助、保密、旧物回收等义务。

第五百六十六条　合同解除后，尚未履行的，终止履行；已经履行的，根据履行情况和合同性质，当事人可以请求恢复原状或者采取其他补救措施，并有权请求赔偿损失。

合同因违约解除的，解除权人可以请求违约方承担违约责任，但是当事人另有约定的除外。

主合同解除后，担保人对债务人应当承担的民事责任仍应当承担担保责任，但是担保合同另有约定的除外。

第五百六十七条　合同的权利义务关系终止，不影响合同中结算和清理条款的效力。

通过上述规定可以看出，首先，合同解除后，当事人之间仍依诚实信用原则受到法律的相关拘束，学理上称为“后合同义务”，该义务性质上属于法定义务，其目的在于拘束双方当事人维护给付效果或者妥善处理合同终止事宜；其次，合同的解除并不影响结算和清理条款的效力，即结算和清理条款依然有效。

我国《建筑法》第 62 条规定了建筑工程实行质量保修制度，《建设工程质量管理条例》第 39 条再次明确了保修制度，并于第 40 条规定了建设工程的最低保修期限。按照《最高人民法院关于审理建设工程施工合同纠纷案件适用法律问题的解释（一）》第 14 条“建设工程未经竣工验收，发包人擅自使用后，又以使用部分质量不符合约定为由主张权利的，人民法院不予支持；但是承包人应当在建设工程的合理使用寿命内对地基基础工程和主体结构质量承担民事责任”的规定，不难得出，施工合同解除后，承包人仍应在法定期限内对其施工范围承担法定的保修义务。

对于质保条款是否属于结算条款，实践中出现了两种截然不同的观点：一种观点认为，工程质量保证金就其名称而言，属于保证金；就其功能而言，其是用以保证承包人在缺陷责任期内对其承建工程缺陷进行维修的资金，属于担保方式。因此，质保条款属于履约保证条款，而非结算和清理条款。另一种观点认为，质量保证金是从工程款中扣留的部分，其当然属于工程价款的组成部分，质保条款的性质属于附条件的合同，而非典型的担保，质保条款当然属于结算条款。笔者倾向于第二种观点，不能以质保条款的制度功能而替代其法律属性。施工合同的解除不影响质保条款的效力，原则上发包人可以据此主张扣留质保金，《民法典》第 806 条第 3 款亦规定“合同解除后，已经完成的建设工程质量合格的，发包人应当按照约定支付相应的工程价款”；但如果涉案工程诉至法院时缺陷责任期还尚未起算、扣留质保金悖于公平正义的，此时发包人主张扣留质保金的依据不足，不应得到支持。如《安徽省高级人民法院关于审理建设工程施工合同纠纷案件适用法律问题的指导意见（二）》第 14 条规定：“建设工程尚未竣工，合同终止履行的，已完工程质量合格，发包人主张按照合同约定扣留一定比例的工程价款作为质量保修金的，不予支持。”

2. 参考案例

案例一　福建九鼎建设集团有限公司、云南佳鸿宇合实业有限公司建设工程施工合同纠纷二审民事判决书（2020）最高法民终 337 号

法院认为，关于工程价款如何确定的问题。工程总价款 5% 的质保金是否应当扣除。福建九鼎认为合同解除后，质保金条款不再适用，故不应扣除质保金。本院认为，质保金条款属于结算条款，合同解除不影响质保金条款的效力，因此在合同约定的条件满足时，工程质量保证金才应返还施工方。虽然案涉工程未完工，但福建九鼎的质量保修义务并不因此免除。根据《建设工程施工合同》中《工程质量保修书》之约定，工程质量保修金按实际完

成工程结算总价款5%扣留5年，案涉工程于2016年1月8日完成主体封顶，至今工程未竣工验收，也未交付使用，质量保修期尚未届满，故福建九鼎主张质保金不应扣除的理由不能成立。

案例二　成都开胜建筑装饰工程有限公司、何某海、攀枝花市本色建设工程有限责任公司建设工程施工合同纠纷再审审查与审判监督民事裁定书（2018）川民申5549号

法院认为，关于质保金是否应包含在工程款中的问题。根据《建设工程质量保证金管理暂行办法》第2条第1款“本办法所称建设工程质量保证金（保修金）（以下简称保证金）是指发包人与承包人在建设工程承包合同中约定，从应付的工程款中预留，用以保证承包人在缺陷责任期间对建设工程出现的缺陷进行维修的资金”的规定，质保金是从工程款中预留，属于工程款的一部分。根据《合同法》第98条“合同权利义务终止，不影响合同中结算和清理条款的效力”的规定，开胜公司与本色公司解除合同后，不影响质保条款的效力。开胜公司与本色公司合同约定的保修期为2年，一审、二审法院审理期间工程仍处于保修期内，质保金应当从工程款中扣除。开胜公司的该再审请求不能成立，不予支持。

案例三　中建中环工程有限公司、江苏金马工程有限公司建设工程施工合同纠纷民事二审民事判决书（2020）鲁03民终4099号

法院认为，本案双方当事人二审中的争议焦点问题有：一是涉案建安合同约定的质保金付款条件是否成就……关于焦点一，依据中建公司与金马公司签订的涉案建安合同“26. 工程款（进度款）支付质保款”的约定，涉案质保款127 635.20元应在发包人即中建公司最终验收合格之日起两年支付给承包人即金马公司，该约定系双方真实意思表示，中建公司应按照约定的期限返还涉案质保金。经查明，涉案工程的最终验收时间系2019年3月7日，中建公司应在2021年3月7日返还涉案质保金。现金马公司已经按照双方的建安合同约定完成涉案工程，且涉案工程已验收合格并投入实际使用，涉案工程尚未出现质量问题，但中建公司却未按照建安合同的约定支付金马公司涉案工程的进度款，其存在违约行为。虽然依据中建公司与金马公司的约定，

尚未到中建公司支付金马公司质保金的时间，但基于中建公司的违约行为，金马公司依法解除了案涉两份合同，根据《合同法》第97条、第98条之规定，合同解除后，尚未履行的，终止履行，质保金条款不再履行，但不影响合同中结算和清理条款的效力。上诉人应当结算全部工程款，中建公司再扣留127 635.20元的质保金已经没有合同依据，一审法院判令中建公司返还金马公司包括涉案127 635.20元质保金的工程款并无不当。若涉案工程在使用过程中出现质量问题，中建公司可依据其与金马公司就工程质量约定或相应的法律规定，向金马公司另行主张相应的权利。

第五章

建设工程违约损失赔偿问题

060. 建设工程施工合同被认定无效的，一方当事人请求对方赔偿损失的，损失如何认定？

1. 问题解读及相关法律规定

施工合同无效，损失大小无法确定的，可参照合同约定确定损失大小，根据双方过错程度及过错与损失之间的因果关系等因素作出认定。

一般认为，合同无效后的赔偿责任属于缔约过失责任，而非违约责任或侵权责任。合同无效或者被撤销后，有过错的一方应当赔偿对方因此所受到的损失，这种赔偿责任在性质上属于缔约过失责任。如果双方都有过错的，应当各自承担相应的责任。

建设工程施工合同无效，当事人可主张的损失范围主要包括：对承包人而言，包括实际支出的损失（订立合同、除工程价款之外因履行合同支出的费用等）、停工、窝工损失；对发包人而言，包括实际支出的损失（订立合同、准备或者实际履行合同支出的费用等）、工期延误损失、工程质量存在问题导致的损失等。主张损失赔偿的一方当事人承担举证责任，但建设工程项目施工周期长，专业性强，有些情况下，当事人很难对其遭受的损失进行完全举证，如果严格适用举证责任规则，将导致遭受损失的一方极大的不公平。施工合同无效，合同中关于质量标准、建设工程、工程价款支付时间等条款均无效，但这些约定的内容均是当事人的真实意思表示，因此，司法解释允许当事人请求法院参照合同约定的质量标准、建设工期、工程价款支付时间等内容确定损失大小。

· 现行法律中的相关规定 ·

《民法典》

第一百五十七条　民事法律行为无效、被撤销或者确定不发生效力后，行为人因该行为取得的财产，应当予以返还；不能返还或者没有必要返还的，应当折价补偿。有过错的一方应当赔偿对方由此所受到的损失；各方都有过错的，应当各自承担相应的责任。法律另有规定的，依照其规定。

《最高人民法院关于审理建设工程施工合同纠纷案件适用法律问题的解释（一）》

第六条　建设工程施工合同无效，一方当事人请求对方赔偿损失的，应当就对方过错、损失大小、过错与损失之间的因果关系承担举证责任。损失大小无法确定，一方当事人请求参照合同约定的质量标准、建设工期、工程价款支付时间等内容确定损失大小的，人民法院可以结合双方过错程度、过错与损失之间的因果关系等因素作出裁判。

《江苏省高级人民法院建设工程施工合同案件审理指南》中对建设工程施工合同无效的法律后果进行分析：（一）建设工程施工合同订立后尚未履行前被确认无效的，按缔约过失处理。（二）建设工程施工合同所约定的工程已经开工但尚未完工时被确认无效的，按下列原则处理：第一，立即停止履行。第二，恢复原状或折价赔偿。对此应当区分三种情况：一是已完成部分工程质量低劣，无法弥补质量缺陷，存在安全隐患的，按照一般无效合同的处理原则，已经完成部分工程应该拆除，建设方支付的工程款应当返还；二是已完成部分工程质量合格或者能够以较小的代价弥补工程质量缺陷的，应该折价补偿；三是建设工程严重违反规划，或未取得项目审批的合法手续，无论工程质量是否合格，均应该拆除所建工程和返还所支付的工程款。《最高人民法院关于审理建设工程合同纠纷案件适用法律问题的解释》第3条规定，建设工程施工合同无效，且建设工程经竣工验收不合格的，按以下情形分别处理：（1）修复后的建设工程经竣工验收合格，发包人请求承包人承担修复费用的，应予支持。（2）修复后的建设工程经竣工验收不合格，承包人请求支付工程价款的，不予支持。该条文对于未履行完毕的无效合同同样适用。第三，赔偿损失。损失主要包括为准备签订、履行合同支出的费用和签订以及履行合同过程中支出的费用，包括直接费用和间接费用。在这里仍应区分情况：一是已建工程应该拆除，而建设方存在过错的，建设方对自己的损失自负，同时应赔偿施工方施工工程支付的人工费、材料费等实际支出费用；如果是施工方存在过错的，施工方对自己的损失自负，同时要赔偿建设方材料费等实际支出的费用。双方都有过错的，按过错大小各自承担相应的赔偿责任。二是已建的部分工程质量合格或可以弥补工程缺陷时，赔偿范围仅限于工程材料和人工外的实际支出费用和维修费用，仍然按照过错大小和比例承担责任。（三）建设工程施工合同已经履行完毕后被确认无效的，如果建设工程验收合格的，建设方应该参照合同约定支付施工方工程价款，但仍应追究双方的其他相应法律责任。建设工程经竣工验收不合格的，分两种情况给予不同处理：一是维修后建设工程经竣工验收合格的，建设方仍应参照合同约定支付工程款，但承包人应承担相应的维修义务，或自己维修，或负担建设方的维修费；二是维修后建设工程经竣工验收不合格的，建设方不支付施工方工程款，对此损失由施工方自行承担，同时按照双方的过错及过错大小对其他损失承担相应的赔偿责任。其他损失包括签订、履行合同和合同被确认无效后的后续费用，如拆除质量不合格的建筑物的费用、工程延期费用、材料费等。（四）建设工程施工合同被确认无效后，如果该合同属于损害国家、集体或者第三人利益情形的，应收缴财产。

2. 参考案例

案例一 **鞍山市融大房屋开发有限公司、周某安建设工程施工合同纠纷二审民事判决书**（2020）辽03民终2362号

法院认为，关于案涉工程赔偿停工、窝工损失问题，周某安向法庭提交了《由于甲方没有按合同拨款影响合同工期的说明》《关于3#、4#、5#楼不能按计划进行下道工序施工的报告》《关于3#、5#楼不能按计划进行施工的报告》、工程量确认单、工程决算书等证据，上述证据有案涉工程负责人杨某签名，是双方关于停工损失问题已达成的合意，具有真实性、关联性及合法性，可以证明案涉工程因融大公司未按时支付工程款造成停工、窝工的事实，原审判决对该组证据予以采信，对案涉工程停工、窝工损失的数额予以认定，并无不当，本院予以维持。关于周某安要求赔偿停工、窝工损失的请求是否超出诉讼时效期间的问题。本院经审查认为，双方当事人就案涉工程停工损失赔偿问题，签订工程决算书对停工损失的数额进行了确认，但未明确约定融大公司履行该债务的期限，周某安依法可以随时请求履行，但是应当给对方必要的准备时间。其诉讼时效期间应当从周某安要求履行义务的宽限期届满之日起计算，周某安提出上述诉讼请求没有超出诉讼时效期间。融大公司的此项上诉主张，没有事实及法律依据，本院不予支持。

案例二 **贺州市鑫隆房地产开发有限责任公司、陈某建设工程施工合同纠纷民事二审民事判决书**（2021）桂11民终900号

法院认为，陈某为鑫隆公司建设临时售楼营销中心以及临时设施，双方虽未签订建设施工合同，但陈某已对该项工程进行了实际施工，且工程建设已经完成，由于该建造行为违反了《城乡规划法》第44条“在城市、镇规划区内进行临时建设的，应当经城市、县人民政府城乡规划主管部门批准”的强制性规定，双方之间的合同属于无效合同。根据法律规定，对于由此造成的损失，各方都有过错的，应当各自承担相应的责任。双方均应知道在城市建设临时建筑，应当办理临时建设相关报建手续，在临时建筑报建手续未办好之前，陈某急于施工，鑫隆公司未予制止，放任结果的发生，因此双方

之间均有过错。一审综合双方的过错程度，确定由鑫隆公司承担70%的责任，陈某承担30%的责任并无不当，本院予以确认。涉案售楼部及其他附属设施的价格，由于已经被相关部门认定为违章建筑予以拆除，无法进行鉴定，一审法院依据被上诉人提交的相应证据综合认定造价并根据各自的过错程度判决并无不当。

061. 当事人约定的违约金过高如何认定，应否调整？

1. 问题解读及相关法律规定

违约金条款是合同当事人事先约定的、违约方向守约方支付一定数额的违约金，以补偿守约方损失的条款。合同严守是民法典合同编最为基础的价值，《民法典》第465条规定，依法成立的合同，受法律保护。依法成立的合同在当事人之间形成一种法律上的拘束力，合同各方均应严格遵守合同条款，违约金条款自然也不例外。但除了合同严守，合同自由、合同正义亦是合同编不懈追求的价值原则，《民法典》总则编第6条更加确定“民事主体从事民事活动，应当遵循公平原则，合理确定各方的权利和义务”。设定违约金的目的应以补偿损失为主、以惩罚作用为辅，因此，在当事人约定的违约金过高、违背公平正义的情形下，法律允许当事人请求人民法院或者仲裁机构予以酌情调整。

· 现行法律中的相关规定 ·

《民法典》

第五百八十五条　当事人可以约定一方违约时应当根据违约情况向对方支付一定数额的违约金，也可以约定因违约产生的损失赔偿额的计算方法。约定的违约金低于造成的损失的，人民法院或者仲裁机构可以根据当事人的请求予以增加；约定的违约金过分高于造成的损失的，人民法院或者仲裁机构可以根据当事人的请求予以适当减少。当事人就迟延履行约定违约金的，违约方支付违约金后，还应当履行债务。

《全国法院民商事审判工作会议纪要》（2019 年）

50.【违约金过高标准及举证责任】认定约定违约金是否过高，一般应当以《合同法》第 113 条规定的损失为基础进行判断，这里的损失包括合同履行后可以获得的利益。除借款合同外的双务合同，作为对价的价款或者报酬给付之债，并非借款合同项下的还款义务，不能以受法律保护的民间借贷利率上限作为判断违约金是否过高的标准，而应当兼顾合同履行情况、当事人过错程度以及预期利益等因素综合确定。主张违约金过高的违约方应当对违约金是否过高承担举证责任。

《最高人民法院关于当前形势下审理民商事合同纠纷案件若干问题的指导意见》

二、依法合理调整违约金数额，公平解决违约责任问题

5. 现阶段由于国内宏观经济环境的变化和影响，民商事合同履行过程中违约现象比较突出。对于双方当事人在合同中所约定的过分高于违约造成损失的违约金或者极具惩罚性的违约金条款，人民法院应根据合同法第一百一十四条第二款和《最高人民法院关于适用中华人民共和国合同法若干问题的解释（二）》（以下简称《合同法解释（二）》）第二十九条等关于调整过高违约金的规定内容和精神，合理调整违约金数额，公平解决违约责任问题。

6. 在当前企业经营状况普遍较为困难的情况下，对于违约金数额过分高于违约造成损失的，应当根据合同法规定的诚实信用原则、公平原则，坚持以补偿性为主、以惩罚性为辅的违约金性质，合理调整裁量幅度，切实防止以意思自治为由而完全放任当事人约定过高的违约金。

7. 人民法院根据合同法第一百一十四条第二款调整过高违约金时，应当根据案件的具体情形，以违约造成的损失为基准，综合衡量合同履行程度、当事人的过错、预期利益、当事人缔约地位强弱、是否适用格式合同或条款等多项因素，根据公平原则和诚实信用原则予以综合权衡，避免简单地采用固定比例等“一刀切”的做法，防止机械司法而可能造成的

实质不公平。

8. 为减轻当事人诉累，妥当解决违约金纠纷，违约方以合同不成立、合同未生效、合同无效或者不构成违约进行免责抗辩而未提出违约金调整请求的，人民法院可以就当事人是否需要主张违约金过高问题进行释明。人民法院要正确确定举证责任，违约方对于违约金约定过高的主张承担举证责任，非违约方主张违约金约定合理的，亦应提供相应的证据。合同解除后，当事人主张违约金条款继续有效的，人民法院可以根据合同法第九十八条的规定进行处理。

三、区分可得利益损失类型，妥善认定可得利益损失

9. 在当前市场主体违约情形比较突出的情况下，违约行为通常导致可得利益损失。根据交易的性质、合同的目的等因素，可得利益损失主要分为生产利润损失、经营利润损失和转售利润损失等类型。生产设备和原材料等买卖合同违约中，因出卖人违约而造成买受人的可得利益损失通常属于生产利润损失。承包经营、租赁经营合同以及提供服务或劳务的合同中，因一方违约造成的可得利益损失通常属于经营利润损失。先后系列买卖合同中，因原合同出卖方违约而造成其后的转售合同出售方的可得利益损失通常属于转售利润损失。

10. 人民法院在计算和认定可得利益损失时，应当综合运用可预见规则、减损规则、损益相抵规则以及过失相抵规则等，从非违约方主张的可得利益赔偿总额中扣除违约方不可预见的损失、非违约方不当扩大的损失、非违约方因违约获得的利益、非违约方亦有过失所造成的损失以及必要的交易成本。存在合同法第一百一十三条第二款规定的欺诈经营、合同法第一百一十四条第一款规定的当事人约定损害赔偿的计算方法以及因违约导致人身伤亡、精神损害等情形的，不宜适用可得利益损失赔偿规则。

11. 人民法院认定可得利益损失时应当合理分配举证责任。违约方一般应当承担非违约方没有采取合理减损措施而导致损失扩大、非违约方因违约而获得利益以及非违约方亦有过失的举证责任；非违约方应当承担其

遭受的可得利益损失总额、必要的交易成本的举证责任。对于可以预见的损失，既可以由非违约方举证，也可以由人民法院根据具体情况予以裁量。

《安徽省高级人民法院关于审理建设工程施工合同纠纷案件适用法律问题的指导意见（二）》

第十六条　当事人同时主张违约金和利息的，可予支持。当事人主张的总额在中国人民银行公布的同期同类贷款利率或贷款基础利率4倍范围内的，应当综合违约行为的情节、程度，给守约方造成损失的大小等因素进行确定。当事人主张的总额超出中国人民银行公布的同期同类贷款利率或贷款基础利率4倍范围的，应当举证证明实际损失的数额，人民法院按照《最高人民法院关于适用〈中华人民共和国合同法〉若干问题的解释（二）》第二十九条的规定处理。

《北京市高级人民法院关于审理建设工程施工合同纠纷案件若干疑难问题的解答》

36. 承包人同时主张逾期支付工程款的违约金和利息的，如何处理？

建设工程施工合同明确约定发包人逾期支付工程款，承包人可以同时主张逾期付款违约金和利息的，依照其约定，发包人主张合同约定的违约金和利息之和过分高于实际损失请求予以适当减少的，按照《最高人民法院关于适用〈中华人民共和国合同法〉若干问题的解释（二）》第二十九条的规定处理；没有约定或约定不明的，对承包人的主张，一般不应同时支持，但承包人有证据证明合同约定的违约金或利息单独不足以弥补其实际损失的除外。

《山东省高级人民法院关于审理建设工程施工合同纠纷案件若干问题的解答》

11. 因承包人原因导致工期延误，发包人主张违约责任或赔偿损失的，如何处理？

建设工程施工合同有效，因承包人原因导致工期延误，承包人应当按照合同约定承担违约责任；承包人请求对违约金予以调整的，应根据合同约定，综合考虑承包人的过错，履行合同预期利益、发包人实际损失等，确定违约金的数额。建设工程施工合同无效，因承包人原因导致工期延误，发包人主张赔偿损失的，由发包人举证证明因工期延误导致的实际损失。

14. 建设工程施工合同有效，发包人逾期支付工程款，承包人同时主张逾期付款违约金和利息的，如何处理？

建设工程施工合同对发包人逾期支付工程款既约定了违约金，又约定了逾期付款利息，承包人同时主张逾期付款违约金和利息的，应予支持。但发包人主张合同约定的违约金和利息之和过分高于实际损失，请求予以适当减少的，应当以实际损失为基础，兼顾合同的履行情况、当事人的过错程度以及预期利益等综合因素，根据公平原则和诚实信用原则予以确定。

2. 参考案例

案例一　武汉汉古文化产业有限公司、中国装饰股份有限公司建设工程合同纠纷二审民事判决书（2019）鄂民终1191号

法院认为，案涉《施工合同》第13.7条约定，因乙方（即中装公司）原因解除合同时，甲方（即汉古公司）将对乙方处以合同价款15%的违约金，并有进一步向乙方索赔的权利。第5条约定，合同暂定价款为1.5亿元，汉古公司据此诉请解除合同并要求中装公司承担2250万元的违约金，中装公司则认为汉古公司未遭受经济损失，其诉请的违约金计算基数及比例均过高，要求法院予以调减。原审中，汉古公司提交了与诉争工程相关的《房屋租赁合同》《关于解除〈合作协议书〉的协议》《汉古艺术馆展销、装饰及机电安装工程施工合同》、腾讯网报道等证据，以证明因中装公司违约给汉古公司造成租金损失、改建损失、商誉损失和时间成本等。中装公司则抗辩主张违约金约定过高，但未提交反驳汉古公司上述请求的相关证据；鉴于中装公司、汉古公司均为公司企业法人和商事主体，在协议订立时应当具有比一般

社会公众更高的认知水平，故双方在案涉协议签字盖章的行为即表明其对上述违约金条款内容与后果已经充分认知，原审综合考量本案合同履行情况、当事人过错程度及实际损失等因素，并根据公平原则和诚实信用原则及建筑行业市场利润水平，酌定将违约金价款调减至合同价款的5%即750万元，实体处理并无不当。中装公司上诉称应当以其完成工程量金额作为计算违约金标准的主张，缺乏事实和法律依据，本院不予支持。同时，汉古公司上诉主张原审判决调减违约金比例不当，因原审系综合考量中装公司的违约事实后酌定其应当承担的最终违约金数额，上述调减是一审行使自由裁量权的行为，且汉古公司没有充分举证证明上述调减导致双方利益明显失衡，故对汉古公司的上诉请求，本院亦不予支持。

案例二　生命力有限公司与核工业建设工程集团公司建设工程合同纠纷二审民事判决书（2011）浙甬民二终字第808号

本院认为，按照双方合同约定及相关规定，被上诉人有权单方解除合同，被上诉人于2009年7月23日向上诉人发出《终止施工合同及清退函》，且上诉人对解除合同并无异议，故原审法院判决合同已于上诉人收到该函之日即2009年7月27日解除，并无不当。上诉人上诉称，被上诉人未取得涉案工程的“三证”是导致工期滞后及合同解除的重要原因，工程开、停工及合同解除的责任完全在于被上诉人，且双方事实上已对工期作出变更，其无须承担工程逾期的违约责任。本院认为，上诉人在一审时对合同效力未提出异议，亦未提交充分证据证明因被上诉人逾期支付工程款致使施工无法进行或被上诉人同意工期顺延的相关证据，故对该诉称，本院难以采信。因涉案工程合同总价计1000万元，双方当事人约定违约金按4000元/天计算基本合理，原审法院依此判决上诉人应向被上诉人支付逾期完工违约金92万元，亦无不妥，故对上诉人关于双方约定违约金过高，应作相应调整之诉请，本院不予支持。综上所述，原审判决认定事实清楚，适用法律正确，处理并无不当，应予维持。

062. 停工、窝工损失如何计算?

1. 问题解读与相关法律规定

建设工程停（窝）工，是指施工方在进入施工现场后，不能按照总包合同约定或者分包合同约定或者开工通知书指令或者设计安排进行施工，使得施工进度慢于计划进度或者合同约定进度的现象。停工、窝工发生的原因主要有开工延迟、中间停工、工效降低、迟延验收、迟延接收以及因不可抗力等因素导致的工程停工或者工程工期延长。

在建设工程施工过程中，施工方因停工、窝工发生损失进行索赔而发生纠纷的情况经常发生。实践中，大多数建设工程施工合同都明确约定了停工、窝工损失的索赔条款，有些施工合同条款中虽然没有明确约定停窝工损失索赔，但是在施工过程中，通过工程签证、联系单、来往信函、会议纪要等双方一致认可的书面文件也可以确定施工方对因停窝工造成的损失享有索赔权。在司法实践中，该类案件的争议焦点多在于停工、窝工所造成的损失如何计算。

发生停窝工事件后，施工方除了按照合同约定的程序进行停窝工事实确认之外，还应当进行损失数额或损失计算方式的确认。实践中，有的施工方按照施工合同的约定进行了停窝工的工程签证等程序，但是，该工程签证中并没有列明造成损失的数额或者损失的计算方式。在发生争议并诉讼至法院时，施工方提交的关于损失的证据材料仅仅是自己单方记载的工人名单、数量、工资、施工机械数量及机械租赁费用，因缺乏发包方的确认而无法计算停窝工损失额，最终导致施工方索赔失败。因此，在发生停工、窝工后，施工方要保留工程交接文书、票据等，同时按照约定程序办理工期顺延签证、列明各项费用的数额，这对于如何计算损失额以及维护自身合法权益至关重要。

· 现行法律中的相关规定 ·

《民法典》

第七百九十八条　隐蔽工程在隐蔽以前，承包人应当通知发包人检查。发包人没有及时检查的，承包人可以顺延工程日期，并有权请求赔偿停工、窝工等损失。

第八百零三条　发包人未按照约定的时间和要求提供原材料、设备、场地、资金、技术资料的，承包人可以顺延工程日期，并有权请求赔偿停工、窝工等损失。

第八百零四条　因发包人的原因致使工程中途停建、缓建的，发包人应当采取措施弥补或者减少损失，赔偿承包人因此造成的停工、窝工、倒运、机械设备调迁、材料和构件积压等损失和实际费用。

第八百零五条　因发包人变更计划，提供的资料不准确，或者未按照期限提供必需的勘察、设计工作条件而造成勘察、设计的返工、停工或者修改设计，发包人应当按照勘察人、设计人实际消耗的工作量增付费用。

《第八次全国法院民事商事审判工作会议（民事部分）纪要》

第32条　因发包人未按照约定提供原材料、设备、场地、资金、技术资料的，隐蔽工程在隐蔽之前，承包人已通知发包人检查，发包人未及时检查等原因致使工程中途停、缓建，发包人应当赔偿因此给承包人造成的停（窝）工损失，包括停（窝）工人员人工费、机械设备窝工费和因窝工造成设备租赁费用等停（窝）工损失。

第33条　发包人不履行告知变更后的施工方案、施工技术交底、完善施工条件等协作义务，致使承包人停（窝）工，以致难以完成工程建设项目的，承包人催告在合理期间内履行，发包人逾期仍不履行的，人民法院视违约情形，可以依据《合同法》第二百五十九条、第二百八十三条规定裁判顺延工期，并有权要求赔偿停（窝）工损失。

《山东省高级人民法院关于审理建设工程施工合同纠纷案件若干问题的解答》

12. 因发包人原因导致工程停建、缓建，承包人主张停窝工损失的，如何处理？

因发包人原因导致工程停建、缓建，承包人主张停窝工损失的，应当举证证明；对计算停窝工损失的期间，应当综合双方履行情况合理确定。对承包人未采取措施导致损失扩大的，扩大部分的损失不予支持。

2. 参考案例

案例一 **江苏省第一建筑安装集团股份有限公司、唐山市昌隆房地产开发有限公司建设工程施工合同纠纷再审审查与审判监督民事裁定书**
（2018）最高法民申2819号

二审法院认为，案涉工程2011年7月20日的工程联系单中，监理单位已经签章确认确实存在由于昌隆公司原因导致江苏一建窝工81天的事实，但签证单中并未确定损失数额，也没有涉及停工损失的计算方法。江苏一建提供的停窝工损失证据中有相当一部分是其自己记载、单方提供的工人数量、名单、工资数额、现场机械数量等，昌隆公司对此不予认可，一审法院鉴于此前双方在施工过程中也曾发生过8天停窝工，双方协商的补偿数额为7万元，基本可以反映出停窝工给江苏一建造成的损失程度，酌定81天停窝工损失为70万元并无明显不当。

再审法院认为，案涉工程2011年7月20日的工程联系单确认了窝工事实，但并未确定损失数额，也没有涉及停工损失的计算方法，江苏一建原审提供的停窝工损失证据是其自己记载、单方提供的工人数量、名单、工资数额、现场机械数量等，且昌隆公司对此不予认可。故原审法院根据之前双方协商的8天停窝工补偿7万元的情况，酌定81天停窝工损失为70万元，并无明显不当。

案例二 **郑某颖、吉林市金晟房地产开发有限公司建设工程施工合同纠纷二审民事判决书**（2019）最高法民终1455号

关于郑某颖主张的停窝工损失和其他损失是否应当支持的问题。本院认为，一审法院根据郑某颖的申请委托中通汇泽项目管理咨询有限公司以《吉林市中京城项目三标段主体总承包工程施工合同补充协议》为依据进行工程造价鉴定，确定工程造价为44 353 995元，截至2015年12月31日金晟公司已付款3700万元，符合双方《吉林市中京城项目三标段主体总承包工程施工合同补充协议》第十条关于付款方式的约定，金晟公司不存在拖延支付工程款的情形。郑某颖未提供证据证明由于金晟公司原因导致工程停建，其主张施工期间存在停窝工损失，依据不足，本院不予支持。郑某颖虽主张因其被赶出工地、工程被迫停工、由此其与7家设备租赁商、材料供应商诉讼产生的巨额赔偿应由金晟公司承担，但金晟公司、郑某颖、案涉工程监理单位及后续施工单位隆峰公司于2016年5月31日至6月2日及6月6日，对案涉工程现状进行了现场踏查，并形成了书面踏查记录，郑某颖在“施工单位（移交方）”处签字。郑某颖关于其被赶出工地、工程被迫停工的主张，缺乏事实依据，本院不予支持。由于郑某颖并未提供证据证明其与设备租赁商、材料供应商的诉讼及承担的赔偿责任与金晟公司的行为之间存在因果关系，其关于金晟公司应承担其与7家设备租赁商、材料供应商诉讼产生的损失的主张，亦缺乏事实依据，本院不予支持。

063. 对建设工程的质量缺陷，发包人在何种情形下需承担过错责任？

1. 问题解读及相关法律规定

建设工程合同，是指承包人进行工程建设，发包人支付价款的合同。建设工程合同的客体是工程。这里的工程是指土木建筑工程和建筑业范围内的

线路、管道、设备安装工程的新建、扩建、改建及大型的建筑装修装饰活动，主要包括房屋、铁路、公路、机场、港口、桥梁、矿井、水库、电站、通信线路等。建设工程的主体是发包人和承包人。建设工程的发包人，一般为建设工程的建设单位，即投资建设该项工程的单位，通常也称作“业主”。建设工程实行总承包的，总承包单位经发包人同意，在法律规定的范围内对部分工程项目进行分包的，工程总承包单位即成为分包工程的发包人。建设工程的承包人，即实施建设工程的勘察、设计、施工等业务的单位，包括对建设工程实行总承包的单位、勘察承包单位、设计承包单位、施工承包单位和承包分包工程的单位。建设工程合同的定义，体现了合同双方当事人即发包人和承包人的基本义务。承包人的基本义务就是按质按期地进行工程建设，包括工程勘察、设计和施工。发包人的基本义务就是按照约定支付价款。

一般来说，建设工程存在质量缺陷是由承包人承担责任，但在因发包人原因而导致工程质量缺陷的情形下，由发包人承担过错责任。

· 现行法律中的相关规定 ·

《民法典》

第七百八十八条　建设工程合同是承包人进行工程建设，发包人支付价款的合同。建设工程合同包括工程勘察、设计、施工合同。

《最高人民法院关于审理建设工程施工合同纠纷案件适用法律问题的解释（一）》

第十三条　发包人具有下列情形之一，造成建设工程质量缺陷，应当承担过错责任：

（一）提供的设计有缺陷；

（二）提供或者指定购买的建筑材料、建筑构配件、设备不符合强制性标准；

（三）直接指定分包人分包专业工程。

承包人有过错的，也应当承担相应的过错责任。

《北京市高级人民法院关于审理建设工程施工合同纠纷案件若干疑难问题的解答》

29. 如何认定承包人对建设工程质量缺陷存在过错?

承包人具有下列情形之一的，应当认定其对建设工程质量缺陷存在过错:（1）承包人明知发包人提供的设计图纸、指令存在问题或者在施工过程中发现问题，而没有及时提出意见和建议并继续施工的;（2）承包人对发包人提供或指定购买的建筑材料、建筑构配件、设备等没有进行必要的检验或经检验不合格仍然使用的;（3）对发包人提出的违反法律法规和建筑工程质量、安全标准，降低工程质量的要求，承包人不予拒绝而进行施工的。前述情形下，因工程质量存在缺陷造成第三人损失的，由发包人与承包人承担连带责任。

《福建省高级人民法院关于审理建设工程施工合同纠纷案件疑难问题的解答》

12. 问:《最高人民法院关于审理建设工程施工合同纠纷案件适用法律问题的解释》第十二条第二款规定，造成建设工程质量缺陷，“承包人有过错的，也应当承担相应的过错责任”，应如何理解?

答:承包人具有下列情形的，应当认定其有过错:（1）承包人明知发包人提供的工程设计有问题或者在施工中发现设计文件和图纸有差错，而没有及时提出意见和建议，并继续进行施工的;（2）对发包人提供的建筑材料、建筑构配件、设备等未按规定进行检验或者检验不合格仍予以使用的;（3）对发包人提出的违反法律、行政法规和建筑工程质量、安全标准，降低工程质量要求，未拒绝而进行施工的。

2. 参考案例

案例一 **江西省昌水建设工程有限公司、中国京冶工程技术有限公司建设工程施工合同纠纷二审民事判决书**（2018）赣民终 496 号

二审法院认为，关于涉案工程第二次打桩的费用应由谁承担的问题。一审法院认为，因场地地质条件复杂，而非昌水公司施工不当，导致第一次打

桩不合格，需进行第二次打桩，且京冶公司在第二次打桩中进行了设计变更，因此第二次打桩属于新增工程量，并非返工，故京冶公司应承担第二次打桩的费用。京冶公司上诉称，其已向昌水公司提供了详勘报告，已提示施工现场地质复杂，需要进行现场踏勘，合同及招标文件都约定了，地质条件不确定的风险应当由昌水公司承担，因此本案场地地质复杂导致第一次打桩不合格，而导致的第二次打桩的工程费用应由昌水公司承担。昌水公司答辩称，招标过程中的详勘报告以及施工前的现场踏勘，无法全面了解和掌握深埋地下数米至几十米的岩溶发育情况及岩面起伏情况。实际上，因施工现场地下水丰富，地质条件复杂，人工挖孔挖不下去，后经建设单位、设计单位、监理单位、施工单位沟通确认变更施工工艺，采用旋挖钻孔工艺继续打桩。这些桩基不合格，是场地地质条件复杂、选择施工工艺错误导致。而第二次打桩时，重新设计的图纸是京冶公司提供，应属于新增工程量，而不是返工，费用应由京冶公司承担。本院认为，首先，从施工的实际工序来看，涉案工程打桩前需进行超前钻探，即探明桩端以下有无溶洞、破碎带、软夹层，以便决定使用何种施工工艺（人工挖孔、旋挖灌注等），并要求桩端穿过溶洞深入稳定基岩，桩基才能符合要求。其次，从招标文件及合同来看，招标文件的附件虽然已载明施工现场存在岩溶发育的风化灰岩，应进行施工勘察，但同时载明，超前钻探应采取“一桩一孔”的方式，即每个桩基下应布设一个勘察孔。在此后双方签订的《建设工程施工合同》中，京冶公司向昌水公司提供的图纸中也载明了超前钻探的为“一桩一孔”。合同后所附的价格清单中对于超前钻探的“暂估工程量”亦按照“一桩一孔”的标准进行计算（从第二次打桩“一桩三孔”的工程量对比可以看出）。再次，从第二次打桩时，京冶公司提供的变更后的设计图纸来看。该图纸将施工方案变更为“一桩三孔”的超前钻探，然后再进行桩基的施工。最后，从昌水公司提供的专家意见及监理人员一审所作证言来看，施工现场地质条件极其复杂，“一桩一孔”无法全面掌握岩面起伏落差极大、发育强烈的碳酸盐岩溶、岩石接触界面地下水丰富和土层软弱等特殊地质条件，应采取“一桩三孔”的超前钻探才能勘察出施工地质状况，从而决定采用何种施工工艺。综上可知，涉案工程的桩基必须先经超前钻探才能施工。《建设工程施工合同》虽约定昌水公司自行委托地质勘查单位完成超前钻探，但京冶公司出具的招标文件附件的勘查报告中已建议施工单位使用“一桩一孔”的超前钻探，《建设工程施工合同》所附清单的工程量也表明昌水公司在进场前，签订合同之时即约定了“一桩一孔”的超前钻探，并预估人工挖孔的工程量占绝大多数。可见本案中，昌水公司采用京冶公司建议的超前钻探方式实际上难以发现复杂的地质情况，由此采用“一桩一孔”的超前钻探产生了一系列连锁反应具有相当的因果关系，即昌水公司主要使用人工挖孔无法完成合同约定的工程量。昌水公司意识到现场施工条件复杂，与京冶公司、监理单位协商变更施工方案，最后桩基仍因不合格导致须进行第二次打桩。第二次打桩前，京冶公司提供了“一桩三孔”的超前钻探设计方案，此后昌水公司按此要求进行超前钻探，再进行桩基施工才完成工程并打到合格要求。综上所述，本院认为，根据《最高人民法院关于审理建设工程施工合同纠纷案件适用法律问题的解释》第 12 条第 1 款的规定，发包人提供的设计有缺陷造成建设工程质量缺陷的，应当承担过错责任。本案中京冶公司应对提供了与施工现场地质条件严重不符的施工方案并产生第二次打桩的后果承担过错责任。本案第二次打桩费用系京冶公司的过错产生，应由京冶公司承担费用，与第二次打桩是否系新增工程量无关。关于第二次桩基检测费用由谁负担的问题。昌水公司认为第二次打桩的检测属于合同约定之外的新增工程量，该笔增加的费用应当由京冶公司承担。一审法院认为，合同已约定了桩检测的固定总价包干，不进行调整。本院认为，有约定应从约定，故对一审法院的该认定予以维持。

案例二 **汕头经济特区建设发展股份有限公司与汕头市达诚建筑有限公司建设工程施工合同纠纷**（2009）粤高法民一终字第 53 号

法院认为，涉讼楼房因质量问题引起的损失，汕特建设公司、达诚建筑公司应如何进行分担问题。关于涉讼楼房质量问题产生的原因，鉴定报告的结论为：水泥质量不合格是本工程砼柱强度不合格的起因；砼质量问题处理不到位导致了楼房质量的进一步恶化；人为盐污染是导致本工程钢砼构件爆裂、楼房受损的直接原因和主要原因；混凝土抗压强度未达到设计要求是楼房受损的原因之一。根据上述鉴定结论，讼争楼房质量问题产生的原因是多方面的，既有水泥质量不合格和砼质量问题处理不到位的原因，也有人为盐污染的原因，上述原因在讼争楼房质量问题中所占比重是多少难以区分，原审法院酌情确定达诚建筑公司承担30%的赔偿责任并无明显不当。汕特建设公司主张达诚建筑公司应承担因质量问题引起的全部损失缺乏事实依据和法律依据，本院不予支持。

064. 建设工程经竣工验收合格，发包人能否起诉或反诉主张工程质量不合格要求承包人赔偿损失？

1. 问题解读及相关法律规定

建设工程竣工验收是建设工程项目施工全过程的最后一道工序，是标志建设工程项目可以投入使用的法定依据。建设工程未经竣工验收合格的，不得投入使用，所以建设工程竣工验收合格也标志着承包人履行了建设工程合同的义务，向发包人提交了合格的工程。发包人应按照合同约定履行支付工程价款的义务。但是，在工程竣工验收合格后又发现质量缺陷的，发包人可以起诉或反诉主张工程质量不合格要求承包人赔偿损失。

· 现行法律中的相关规定 ·

《民法典》

第五百七十七条　当事人一方不履行合同义务或者履行合同义务不符合约定的，应当承担继续履行、采取补救措施或者赔偿损失等违约责任。

第八百零一条　因施工人的原因致使建设工程质量不符合约定的，发包人有权请求施工人在合理期限内无偿修理或者返工、改建。经过修理或者返工、改建后，造成逾期交付的，施工人应当承担违约责任。

《最高人民法院关于审理建设工程施工合同纠纷案件适用法律问题的解释（一）》

第十二条　因承包人的原因造成建设工程质量不符合约定，承包人拒绝修理、返工或者改建，发包人请求减少支付工程价款的，人民法院应予支持。

《建设工程质量管理条例》（2019 年修订）

第三十二条　施工单位对施工中出现质量问题的建设工程或者竣工验收不合格的建设工程，应当负责返修。

第四十一条　建设工程在保修范围和保修期限内发生质量问题的，施工单位应当履行保修义务，并对造成的损失承担赔偿责任。

2. 参考案例

案例一　江苏南通二建集团有限公司与吴江恒森房地产开发有限公司建设工程施工合同纠纷案

江苏省高级人民法院二审的观点如下：

一、屋面广泛性渗漏属客观存在并已经法院确认的事实，竣工验收合格证明及其他任何书面证明均不能对该客观事实形成有效对抗，故南通二建根据验收合格抗辩屋面广泛性渗漏，其理由不能成立。其依据《建设工程质量管理条例》，进而认为其只应承担保修责任而不应重作的问题，同样不能成立。因为该条例是管理性规范，而本案屋面渗漏主要系南通二建施工过程中偷工减料形成，其交付的屋面本身不符合合同约定，故本案裁判的基本依据为民法通则、合同法等基本法律而非该条例，根据法律位阶关系，该条例在本案中只作参考。本案中屋面渗漏质量问题的赔偿责任应按谁造成、谁承担的原则处理，这是符合法律的公平原则的。

二、屋面渗漏的质量问题不在于原设计而在于南通二建偷工减料，未按设计要求施工，故应按全面设计方案修复。

案例二　南京瑞源建设工程有限公司与南京鼎雄装饰工程有限公司建设工程合同纠纷二审民事判决书（2018）苏 01 民终 9932 号

法院认为，关于东南公司出具的鉴定结论如何认定的问题。案涉工程虽经竣工验收合格，但施工方仍应对保修期内出现的质量问题承担保修责任。

本案中，案涉工程在质保期内发生漏水问题，鼎雄公司自2012年10月起多次就质量问题提出异议，要求维修，但双方多次协商，始终无法对质量问题及维修方案达成一致意见。鼎雄公司于2014年2月28日发函告知瑞源公司、佰盛公司，其将于3月4日委托鉴定机构对案涉工程进行质量鉴定，要求瑞源公司、佰盛公司派员参加。此后东南公司出具了鉴定结论。对此，本院认为，在案涉工程发现质量问题后，双方虽有多次协商，但在长达一年多的时间内仍未能对质量问题及维修方案协商一致，在此情况下，鼎雄公司委托第三方专业机构对案涉工程进行质量鉴定，并委托公证机关对鉴定机构在现场的勘验过程进行证据保全公证，也通知了瑞源公司、佰盛公司到场参加，已经尽到了善良注意义务，不违反法律规定，故应当对东南公司现场勘验时所发现的问题予以确认。

065. 超过合同约定的索赔时间，工程索赔能否得到支持？

1. 问题解读及相关法律规定

实践中，发包人与承包人在建设工程施工合同中一般会约定索赔程序及索赔期限，但很多发包人和承包人在费用索赔事由出现后，并未按照合同约定的索赔程序及索赔期限提出索赔申请，而是在双方关系恶化后通过诉讼提出赔偿请求。对于超过合同约定的索赔时间，工程索赔能否得到支持？实践中存在不同的观点。

观点一认为，在合同中设定索赔时限并且约定超过索赔时限即丧失索赔权利，是双方当事人的真实意思表示，对于承、发包双方应当具有拘束力。有的法院和仲裁机构也以此为依据，对于超过合同约定的索赔时限提出索赔请求的不予支持。

观点二认为，工程索赔权是在发生索赔事由后，请求对方赔偿损失的权利，为一项请求权，因此应当适用诉讼时效的规定，同时，依据《最高人民法院关于审理民事案件适用诉讼时效制度若干问题的规定》，当事人违反法律规定，约定延长或者缩短诉讼时效期间、预先放弃诉讼时效利益的，人民法院不予认可。此种观点认为，合同中约定超过索赔时限提出索赔请求即丧失索赔权利的，是承、发包双方通过约定的形式，改变了诉讼时效的法律规定。因此，这样的约定因违反法律规定无效，对当事人没有拘束力。并且索赔时效也并非除斥期间，因为法律并未规定当事人可以自由约定除斥期间。

对此我们认同第二种观点。理论是用于指导实践的，工程索赔的理论应当能够公平合理地解决工程实务中产生的索赔纠纷。鉴于目前国内建筑市场的实际情况，很多施工企业的合同管理和施工管理水平相对较低，如果一律按照合同通用条款及合同规定的索赔时限，处理索赔纠纷，就会使很多施工企业超过索赔时限提出索赔的请求不能得到支持，其处理结果就会显失公平。

· 现行法律中的相关规定 ·

《民法典》

第一百八十八条　向人民法院请求保护民事权利的诉讼时效期间为三年。法律另有规定的，依照其规定。

诉讼时效期间自权利人知道或者应当知道权利受到损害以及义务人之日起计算。法律另有规定的，依照其规定。但是，自权利受到损害之日起超过二十年的，人民法院不予保护，有特殊情况的，人民法院可以根据权利人的申请决定延长。

第一百九十七条　诉讼时效的期间、计算方法以及中止、中断的事由由法律规定，当事人约定无效。

当事人对诉讼时效利益的预先放弃无效。

第一百九十九条　法律规定或者当事人约定的撤销权、解除权等权利的存续期间，除法律另有规定外，自权利人知道或者应当知道权利产生之日起计算，不适用有关诉讼时效中止、中断和延长的规定。存续期间届满，撤销权、解除权等权利消灭。

《建设工程施工合同示范文本》(GF-2020-0216)

19.2 承包人索赔的处理程序

(3)承包人接受索赔处理结果的,发包人应在作出索赔处理结果答复后28天内完成支付。承包人不接受索赔处理结果的,按照第20条[争议解决]约定处理。

2. 参考案例

案例一 **山东民生建设有限公司、林芝华庭房地产开发有限责任公司建设工程施工合同纠纷再审审查与审判监督民事裁定书**(2019)最高法民申2708号

二审法院认为,关于约定的违约索赔期限已过,是否适用诉讼时效的问题。

民生公司在二审中提出根据《建设工程施工合同》通用合同条款19(3)约定"发包人应在知道或应当知道索赔事件发后28天内通过监理人向承包人提出索赔意向通知书,发包人未在前述28天内发出索赔意向通知书的,丧失要求赔付和(或)延长缺陷责任期的权利"。华庭公司提起的违约索赔诉讼,早已超过合同约定的期限,其诉讼请求应予驳回。对此,本院认为,《民法总则》第199条规定:"法律规定或者当事人约定的撤销权、解除权等权利的存续期间,除法律另有规定外,自权利人知道或者应当知道权利产生之日起计算,不适用诉讼时效中止、中断和延长的规定。"本院认为,根据该规定,适用除斥期间的权利为撤销权、解除权等形成权。本案中索赔权属于损害赔偿请求权,不适用除斥期间。因此,本案中,华庭公司请求人民法院保护其民事权利适用诉讼时效期间的规定。《民法总则》第197条第2款规定:"当事人对诉讼时效利益的预先放弃无效。"《最高人民法院关于审理民事案件适用诉讼时效制度若干问题的规定》第3条规定"当事人在一审期间未提出诉讼时效抗辩,在二审期间提出的,人民法院不予支持"。民生公司在一审中并未提出时效抗辩,对于民生公司的该项上诉请求本院不予支持。

再审法院认为,二审判决依据《民法总则》第197条第2款、第199条,

《最高人民法院关于审理民事案件适用诉讼时效制度若干问题的规定》第4条的规定，以诉讼时效利益的预先放弃无效、民生公司在一审期间并未提出诉讼时效的抗辩为由驳回民生公司诉讼时效的抗辩具有事实和法律依据。民生公司关于华庭公司未在28日内发出索赔意向通知书，丧失索赔权利的再审申请理由亦不能成立。

案例二 **四川雅眉乐高速公路有限责任公司、攀枝花公路建设有限公司建设工程施工合同纠纷再审审查与审判监督民事裁定书**（2017）最高法民申1182号

再审法院认为，关于原判决是否适用法律错误的问题。雅眉乐公司认为，攀路公司未按双方签订的施工合同中关于索赔程序的约定进行索赔，按照合同约定已经丧失了索赔权。本院认为，双方当事人虽在合同中约定"关于索赔：根据合同约定，承包人认为有权得到追加付款和（或）延长工期的，应按以下程序向发包人提出：①承包人应在知道或应当知道索赔事件发生后28天内，向监理递交索赔意向通知书，并说明发生索赔事件的事由。承包人未在前述28天内发出索赔意向通知书，丧失要求追加付款和（或）延长工期的权利；②承包人应在索赔意向通知书后28天内，向监理人正式提交索赔通知书"，但上述约定系当事人对于解决纠纷的程序性约定，并非权利的存续期间，雅眉乐公司关于攀路公司未按合同约定在28天内主张即丧失索赔权的观点不能成立，原判决适用法律并无错误。

066. 因发包人违约，承包方解除合同，可否要求赔偿未完工程利润？

1. 问题解读及相关法律规定

未完工程利润就是法律上规定的预期可得利益，在普通的商事合同中对于违约时守约方的预期可得利益是否应予赔偿在司法实践中没有太大争议，

但是鉴于建设工程施工合同的特殊性，其利润能否实现往往受很多因素的制约，具有很大的不确定性。通俗一点讲，即使施工合同完全履行了，施工人也不一定能完全实现利润，甚至还会亏损。《民法典》将“可预见性规则”作为确定可得利益损失的准用规则。但是“可预见性规则”没有统一的认定标准，这就造成在司法实践中存在很大的争议。鉴于建设工程施工合同的复杂性，除了上述基本原则外，承包人主张未完成部分工程利润能否得到法院支持还应当结合承包人的施工管理能力、建材及人工价格的涨跌等因素综合判断。

司法实践中对该问题的分歧较大，那么应该如何确定可得利益的金额问题呢？主要有以下几种方式：第一，司法鉴定，法院直接依据鉴定结果判决发包人支付承包人合同履行的预期可得利益损失；第二，“司法鉴定＋自由裁量”，法院结合工程建设的过程中存在的各种商业风险对利润影响的因素，依自由裁量权，以鉴定结论的一定比例判令发包人支付承包人预期可得利益损失；第三，依据施工合同约定的利润率确定合同履行的预期可得利益；第四，依据当地定额中的利润率确定预期可得利益。

现行法律中的相关规定

《民法典》

第五百六十六条　合同解除后，尚未履行的，终止履行；已经履行的，根据履行情况和合同性质，当事人可以请求恢复原状或者采取其他补救措施，并有权请求赔偿损失。合同因违约解除的，解除权人可以请求违约方承担违约责任，但是当事人另有约定的除外。主合同解除后，担保人对债务人应当承担的民事责任仍应当承担担保责任，但是担保合同另有约定的除外。

第五百八十四条　当事人一方不履行合同义务或者履行合同义务不符合约定，造成对方损失的，损失赔偿额应当相当于因违约所造成的损失，包括合同履行后可以获得的利益；但是，不得超过违约一方订立合同时预见到或者应当预见到的因违约可能造成的损失。

《天津仲裁委员会建设工程施工合同纠纷案件仲裁指引》

十、合同的解除（二）承包人的解除权

1. 发包人未按约定支付工程款；

2. 发包人提供的材料、构配件、设备不符合强制标准，又不予更换的；

3. 发包人不履行合同约定的协助义务，经催告的合理期限内仍未履行相应义务，致使承包人无法施工的。

合同解除后，不影响合同中结算和清算条款的效力。已完工程经验收合格的，发包方应当按照合同结算条款约定支付相应的工程款；已完工验收不合格的；发包方可以请求减少支付工程款。因一方违约导致合同解除的，违约方应当赔偿因此而给对方造成的损失。应当注意，行使解除权应当书面提前通知对方，未在法定或约定的期限内行使解除权的，该权利消灭；没有法定或约定解除权行使期限的，经对方催告在合理期限内不行使的，权力消灭。

2. 参考案例

案例一 **普洱鸿通建设工程有限公司、香格里拉县欧华水电发展有限公司建设工程施工合同纠纷再审审查与审判监督民事裁定书**（2018）最高法民申4296号

本院经审查认为，鸿通公司本案诉请的112万元利润损失属可得利益范畴。违约损害赔偿的范围虽包括可得利益损失，但根据《合同法》第113条第1款、第119条第1款之规定，该可得利益损失亦应当受到不可预见规则和减轻损失规则的限制，即该可得利益损失不得超过违反合同一方订立合同时预见到或者应当预见到的因违反合同可能造成的损失；当事人一方违约后，对方应当采取适当措施防止损失的扩大，没有采取适当措施致使损失扩大的，不得就扩大的损失要求赔偿。本案中，双方于2009年5月6日签订《白水河三级电站土建工程施工承包合同》，合同签订时案涉工程尚不具备开工条件，双方当事人对此均是明知的。而2010年11月15日，叶某龙即将鸿通公司已付履约金20万元中的6万元返还给鸿通公司周某洪。可见，鸿通公司对案涉

合同无法履行应当是有预期的。鸿通公司未提供证据证明其已为履行合同而购买机械设备、组织人员等，此虽为直接损失范畴，但亦能证明其对履行合同可以获得的利益缺乏合理预期，其请求按照合同完全履行后的利润率赔偿可得利益损失，依据不足。二审判决基于本案实际情况，对其利润损失的诉请未予支持，并无明显不当。鸿通公司的再审申请不符合《民事诉讼法》第二百条规定的情形。此外，二审判决并未认定本案构成重复诉讼，鸿通公司该项再审三张依据不足。

案例二　**吉林鑫达钢铁有限公司建设工程施工合同纠纷再审审查与审判监督民事裁定书**（2019）最高法民申5776号

法院认为，本案为建设工程施工合同纠纷。根据鑫达公司的再审申请理由，本案审查的重点是二审法院认定鑫达公司赔偿思安公司因合同被解除而遭受的可得利益损失2 271 929元是否适当。

鑫达公司（发包方）与思安公司（承包方）于2011年11月17日签订总承包合同，约定思安公司承包案涉汽拖工程设计、供货、施工，合同价款为1.999亿元。在合同履行过程中，因鑫达公司迟延支付合同约定的每笔款项，明显违约，最后导致工程停滞，双方均请求解除合同。合同解除的主要原因在鑫达公司一方，思安公司主张解除合同后剩余未完工程的预期可得利益损失，符合《合同法》第113条第1款的规定。

对于案涉可得利益损失，二审法院在审理中委托鉴定机构进行工程造价鉴定，鉴定意见表明案涉合同的建筑安装工程未完工程利润为2 271 929元。二审法院在审理中委托补充鉴定，并不违反法律规定，二审法院既然已经委托鉴定并认定事实，本案又无相反证据予以推翻，二审法院根据鉴定意见认定可得利益损失，并无不当。鑫达公司申请再审认为二审法院对可得利益损失委托补充鉴定违反法定程序，没有事实和法律依据，本院不予支持。

案例三　**江西太平洋宇洪建设有限公司、理县文泰水电开发有限责任公司建设工程施工合同纠纷二审民事判决书**（2020）最高法民终455号

法院认为，关于文泰公司应否赔偿宇洪公司合同履行完毕后的可得利益50万元的问题。宇洪公司主张由于文泰公司的原因导致案涉合同无法继续履

行，文泰公司应向其赔偿合同履行完毕后的可得利益。文泰公司对此不予认可。一审法院认为，因建设工程施工合同具有特殊性，一项工程施工能否获得预期利益，不仅要求施工方严控质量，还要求管理科学化，严格控制人工费和工程材料费的投入，节约成本。从事工程施工或盈利或亏损，存在市场风险，故宇洪公司主张案涉工程完工后的可得利益为50万元，缺乏相应的事实依据，宇洪公司的该项请求不能成立，一审法院不予支持。

067. 发包人拖欠进度款，承包人能否解除合同？

1. 问题解读及相关法律规定

工程进度款，是指在施工过程中发包人按照合同约定对付款周期内承包人完成的合同价款给予支付的款项。根据财政部、原建设部发布的《建设工程价款结算暂行办法》（财建〔2004〕369 号）第 30 条的规定，结算方式包括两种："1. 按月结算与支付。即实行按月支付进度款，竣工后清算的办法。合同工期在两个年度以上的工程，在年终进行工程盘点，办理年度结算。2. 分段结算与支付。即当年开工、当年不能竣工的工程按照工程形象进度，划分不同阶段支付工程进度款。具体划分在合同中明确。"

发包人延付工程进度款的，承包人可以解除建设工程施工合同。《民法典》第 562 条规定："当事人协商一致，可以解除合同。当事人可以约定一方解除合同的事由。解除合同的事由发生时，解除权人可以解除合同。"第 563 条规定："有下列情形之一的，当事人可以解除合同：（一）因不可抗力致使不能实现合同目的；（二）在履行期限届满前，当事人一方明确表示或者以自己的行为表明不履行主要债务；（三）当事人一方迟延履行主要债务，经催告后在合理期限内仍未履行；（四）当事人一方迟延履行债务或者有其他违约行为致使不能实现合同目的；（五）法律规定的其他情形。"具体到建设工程合同中，发包人不履行主要合同义务，经承包人催告后在合理期限内仍未履行的，承包人同样可以解除建设工程合同。

2. 参考案例

案例一　重庆市泰诚建设工程有限公司、贵州鸿远房地产开发有限公司务川分公司建设工程施工合同纠纷二审民事判决书（2020）最高法民终457号

法院认为，本案的争议焦点包括鸿远务川分公司是否应当承担逾期支付工程进度款的违约金，违约金的金额如何认定；泰诚公司是否应当支付鸿远务川分公司工程预付款利息；泰诚公司与鸿远务川分公司各自主张的因停工和工期延误造成的损失及违约金请求是否成立等。

关于鸿远务川分公司是否欠付工程款和质保金，欠付金额如何认定的问题。关于鸿远务川分公司是否应当承担逾期支付工程进度款的违约金，违约金金额如何认定的问题根据已查明的事实和争议焦点二的分析，鸿远务川分公司存在拖欠工程进度款的违约行为，应当承担逾期支付工程进度款的违约金。

关于泰诚公司是否应当支付鸿远务川分公司工程预付款利息的问题。鸿远务川分公司2015年3月16日《补充协议》约定对尚未施工的5000万元产值预先支付，与中标合同约定的垫资承包方式存在实质不同，相关约定不应履行，故请求泰诚公司以预付款4350万元为基数，从付款之日起至2019年8月1日按照人民银行同期贷款利率承担利息损失。本院认为，2015年3月16日《补充协议》是为解决拖欠工程进度款问题而达成的协议，且协议第2条明确载明鸿远务川分公司支付工程进度款5000万元而非“工程预付款5000万元”，上述约定支付款项虽然超出了当期应付工程进度款的金额，但实为鸿远务川分公司为后续施工提供资金保障所作的承诺，并不构成对中标合同中工程范围、工期、工程质量及工程价款等实质性内容的变更。鸿远务川分公司既未按《补充协议》约定时间付款，又要求泰诚公司从其付款之日起支付利息，该请求无事实和法律依据。

关于泰诚公司与鸿远务川分公司各自主张的因停工和工期延误造成的损失及违约金请求是否成立的问题。由于鸿远务川分公司原因导致工程停工，根据双方签订的合同专用条款21条“项目施工过程中，因发包人原因导致本

工程停工、停建，由此给乙方造成的损失由发包人承担”之约定，泰诚公司有权向鸿远务川分公司主张停工损失。一审法院根据本案实际情况、当事人的过错程度，酌情支持二期工程停工损失并无不当，予以确认。

案例二 **名京置业（沈阳）有限公司、江苏南通二建集团有限公司建设工程施工合同纠纷二审民事判决书**（2020）最高法民终602号

南通公司诉请解除合同、名京公司给付剩余工程款及利息等诉请，均以主张名京公司根本违约为基础；名京公司反诉南通公司赔偿因逾期竣工造成损失等，均以主张南通公司违约为基础。名京公司上诉主张己方并未根本违约、南通公司违约，经法院审理，名京公司该上诉主张不能成立，本案中名京公司违约，应承担违约责任，具体理由如下：名京公司主张其未支付剩余工程款，系针对南通公司未按约定开具发票而行使抗辩权。《补充协议》专用条款约定：“乙方在收到甲方支付款项的同时，必须提供正式的建安发票。若乙方不提供发票，甲方有权拒绝支付该笔款项且不承担任何违约责任。同时，乙方不得因此而停止工作。”但是，名京公司主张的发票应开具时间均在2015年4月22日签订《复工协议》前，在双方就案涉工程款已经发生争议并达成协议时，名京公司并未在《复工协议》中予以主张，反而在该协议中认可由于己方欠付工程款导致工程停工，名京公司现以发票未开具为由进行抗辩，明显不合常理，对其该项主张，二审法院不予支持。

关于名京公司是否拖欠工程款事宜，名京公司的抗辩理由为，进度款与结算款法律后果不同，《补充协议》约定的是进度款，名京公司并未拖欠，不构成违约。但是，《补充协议》关于工程款支付的重要条款如专用条款表述为“工程款（进度款）”，约定并未限定为进度款。并且，《停工协议》明确载明“由于甲方从2014年7月起未能按约支付工程进度款”“致使乙方无法按计划支付材料款、工人工资，进而导致工程停工”，确认了名京公司欠付进度款的事实。另外，一审法院通过组织鉴定已经认定名京公司于案涉工程停工前即已欠付工程款，因此，名京公司关于其未欠付工程款、不构成违约的上诉主张，二审法院不予支持。

关于名京公司外委工程事宜，名京公司主张2015年6月29日的《工作

联系单》与实际情况不符，南通公司未按进度完成施工，其擅自停工与名京公司外委工程无关。但是，《工作联系单》明确记载名京公司外委工程影响施工的内容，监理单位在该联系单上写明“情况基本属实”并盖章确认，较为客观，该情况亦可与南通公司向名京公司发送的多份告知函内容相互印证。因此，一审法院对此予以确认，并无不当，名京公司该项上诉主张，本院不予支持。

关于《复工协议》的违约方，名京公司主张南通公司未按《复工协议》约定，在收到第一笔300万元款项后复工，南通公司存在违约。但是，《复工协议》约定的全部复工款500万元的交付时间为“乙方（南通公司）复工前”，即2015年4月底前。名京公司在自身未于2015年4月底前支付全部500万元复工款的情况下，以南通公司2015年4月底前未复工为由进行抗辩，缺乏依据，其该项上诉主张，本院不予支持。另外，对于未完工的零星工程，南通公司关于系外委工程未完工或名京公司指令取消造成的主张，与前述名京公司外委工程未完工情况可以印证，较为客观，本院不再赘述。综上所述，一审法院认定名京公司根本违约，案涉《建设工程施工合同》及《补充协议》符合《合同法》第94条法定解除的条件应予解除，并根据《合同法》第97条的规定，认定名京公司应承担给付尚欠工程款等责任，并无不当。

068. 发包人未按约支付工程款，承包人能否因此拒绝继续施工？

1. 问题解读及相关法律规定

发包人未按约支付工程款，承包人可以因此拒绝继续施工。按约支付价款是发包人的主要义务，发包人不按约支付工程款系严重违约行为，承包人享有履行抗辩权。按约支付价款是发包人的主要义务，发包人不按约支付工程款系严重违约行为。根据我国法律法规的相关规定，当事人互负债务，没有先后履行顺序的，应当同时履行。一方在对方履行之前有权拒绝其履行请求。一方在对方履行债务不符合约定时，有权拒绝其相应的履行请求。

现行法律中的相关规定

《民法典》

第五百二十五条　当事人互负债务，没有先后履行顺序的，应当同时履行。一方在对方履行之前有权拒绝其履行请求。一方在对方履行债务不符合约定时，有权拒绝其相应的履行请求。

第五百二十六条　当事人互负债务，有先后履行顺序，应当先履行债务一方未履行的，后履行一方有权拒绝其履行请求。先履行一方履行债务不符合约定的，后履行一方有权拒绝其相应的履行请求。

第七百八十八条　建设工程合同是承包人进行工程建设，发包人支付价款的合同。

建设工程合同包括工程勘察、设计、施工合同。

2. 参考案例

案例　**合肥桃花工业园经济发展有限公司与中铁四局集团第二工程有限公司建设工程施工合同案**（2010）沪高民四（商）终字第7号

一审法院认为，《最高人民法院关于审理建设工程施工合同纠纷案件适用法律问题的解释》第9条规定，由于发包人未按约支付工程价款致使承包人无法施工，且在催告的合理期限内仍未履行相应义务的，承包人请求解除施工合同的，应予支持。因此，原审法院认为，中铁四局二公司停工及要求退场不构成违约，本案建设工程合同未能全部履行是由于合肥发展公司未能按约支付进度工程款所致。所以，合肥发展公司提出的"本案是由于中铁四局二公司单方停工和退场构成根本违约造成的"观点缺乏事实和法律依据，原审法院不予支持。

二审法院认为，由于合肥发展公司不按约支付工程进度款，中铁四局二公司在垫资无法收回且面临风险的情况下，依照合同通用条款的规定，行使停工权利并进而要求解除合同并无不当。

069. 合同约定了违约金，能否和利息一起主张？

1. 问题解读及相关法律规定

工程逾期付款违约金，是指在建设施工合同明确约定违约金的前提下，因一方违约给另一方所造成的实际损失的补偿，以及系针对工程一方违约行为的惩罚性质的法律行为。因此，工程领域的违约金首先应当是建设工程施工合同中有明确约定的，若没有约定则不存在主张违约金的合同和事实基础。所谓工程欠款利息，通常意义上是指发包方未支付承包方的工程款的占用利息，在 2019 年 8 月 20 日之前一般按照同期银行贷款基准利率标准计算，2019 年 8 月 20 日后，统一按照银行同业拆借中心公布的贷款利率标准计算。工程款利息与逾期付款违约金虽均是因逾期付款行为产生的责任，但两者性质不同。工程欠款利息属于法定孳息，而逾期付款违约金系基于双方当事人的约定，具有补偿性和惩罚性，承包人在向发包人主张工程款时，通常会一并主张工程欠款利息及逾期付款违约金，不同法院判决结果也不尽相同，如果二者相加金额不过高的话，一般会得到支持。

· 现行法律中的相关规定 ·

《民法典》

第一百八十六条　因当事人一方的违约行为，损害对方人身权益、财产权益的，受损害方有权选择请求其承担违约责任或者侵权责任。

第五百八十二条　履行不符合约定的，应当按照当事人的约定承担违约责任。对违约责任没有约定或者约定不明确，依据本法第五百一十条的规定仍不能确定的，受损害方根据标的的性质以及损失的大小，可以合理选择请求对方承担修理、重作、更换、退货、减少价款或者报酬等违约责任。

第五百八十五条　当事人可以约定一方违约时应当根据违约情况向对

方支付一定数额的违约金，也可以约定因违约产生的损失赔偿额的计算方法。约定的违约金低于造成的损失的，人民法院或者仲裁机构可以根据当事人的请求予以增加；约定的违约金过分高于造成的损失的，人民法院或者仲裁机构可以根据当事人的请求予以适当减少。当事人就迟延履行约定违约金的，违约方支付违约金后，还应当履行债务。

《最高人民法院关于审理建设工程施工合同纠纷案件适用法律问题的解释（一）》

第二十五条　当事人对垫资和垫资利息有约定，承包人请求按照约定返还垫资及其利息的，人民法院应予支持，但是约定的利息计算标准高于垫资时的同类贷款利率或者同期贷款市场报价利率的部分除外。当事人对垫资没有约定的，按照工程欠款处理。当事人对垫资利息没有约定，承包人请求支付利息的，人民法院不予支持。

第二十六条　当事人对欠付工程价款利息计付标准有约定的，按照约定处理。没有约定的，按照同期同类贷款利率或者同期贷款市场报价利率计息。

《安徽省高级人民法院关于审理建设工程施工合同纠纷案件适用法律问题的指导意见（二）》

第十六条　当事人同时主张违约金和利息的，可予支持。

当事人主张的总额在中国人民银行公布的同期同类贷款利率或贷款基础利率4倍范围内的，应当综合违约行为的情节、程度，给守约方造成损失的大小等因素进行确定。当事人主张的总额超出中国人民银行公布的同期同类贷款利率或贷款基础利率4倍范围的，应当举证证明实际损失的数额，人民法院按照《最高人民法院关于适用〈中华人民共和国合同法〉若干问题的解释（二）》第二十九条的规定处理。

《北京市高级人民法院关于审理建设工程施工合同纠纷案件若干疑难问题的解答》

36. 承包人同时主张逾期支付工程款的违约金和利息的，如何处理？

建设工程施工合同明确约定发包人逾期支付工程款，承包人可以同时主张逾期付款违约金和利息的，依照其约定，发包人主张合同约定的违约金和利息之和过分高于实际损失请求予以适当减少的，按照《最高人民法院关于适用〈中华人民共和国合同法〉若干问题的解释（二）》第二十九条的规定处理；没有约定或约定不明的，对承包人的主张，一般不应同时支持，但承包人有证据证明合同约定的违约金或利息单独不足以弥补其实际损失的除外。

《山东省高级人民法院关于审理建设工程施工合同纠纷案件若干问题的解答》

14. 建设工程施工合同有效，发包人逾期支付工程款，承包人同时主张逾期付款违约金和利息的，如何处理？

建设工程施工合同对发包人逾期支付工程款既约定了违约金，又约定了逾期付款利息，承包人同时主张逾期付款违约金和利息的，应予支持。但发包人主张合同约定的违约金和利息之和过分高于实际损失，请求予以适当减少的，应当以实际损失为基础，兼顾合同的履行情况、当事人的过错程度以及预期利益等综合因素，根据公平原则和诚实信用原则予以确定。

《浙江省高级人民法院民事审判第一庭关于审理建设工程施工合同纠纷案件若干疑难问题的解答》

二十一、承包人能否一并请求逾期支付工程款的违约金和利息？

承包人不能按照建设工程施工合同的约定，既请求发包人承担逾期支付工程款的违约金，又同时请求支付相应利息。

2. 参考案例

案例一　宁夏瑞泰房地产开发有限公司、浙江宏成建设集团有限公司建设工程施工合同纠纷民事二审民事判决书（2020）最高法民终1310号

一审法院认为，关于瑞泰公司是否应当支付工程款利息以及违约金的认定问题。

案涉4个组团协议虽没有约定欠付工程款利息条款，但按照《最高人民法院关于审理建设工程施工合同纠纷案件适用法律问题的解释》第17条“当事人对欠付工程款利息计付标准有约定的，按照约定处理；没有约定的，按照中国人民银行发布的同期同类贷款利率计算”的规定，欠付工程款利息本质上属法定孳息，不以当事人约定为前提条件。因此，宏成公司主张瑞泰公司应支付逾期付款利息，有明确的法律依据，对其主张应当予以支持。宏成公司主张按年利率21.6%计付利息，没有合同约定和法律依据，该主张不能成立，不予支持。宏成公司主张按照工程进度付款情况支付逾期付款利息，因案涉工程分为4个组团，瑞泰公司付款没有明确到具体的组团。因此，难以区分各组团工程进度款的付款情况，宏成公司主张按工程进度款计付利息无法得到支持。按照《最高人民法院关于审理建设工程施工合同纠纷案件适用法律问题的解释》第18条“利息从应付工程价款之日计付。当事人对付款时间没有约定或者约定不明的，下列时间视为应付款时间：（一）建设工程实际交付的，为交付之日；（二）建设工程没有交付的，为提交竣工结算文件之日；（三）建设工程未交付、工程价款也未结算的，为当事人起诉之日”的规定，案涉工程虽约定了工程进度款付款节点，但双方签署的“4·25”协议视为对欠付工程款的重新约定，协议约定的付款时间为应付工程款之日。案涉工程逾期付款利息计付时间应从2018年6月1日起计算至判决确定之日。案涉一组团、二组团工程造价经委托第三方审价机构审价分别为66 665 315.40元和94 471 578.45元；经一审法院主持双方协商确认三组团工程造价为91 808 399元；经委托鉴定确定四组团工程造价为64 296 894元；双方协商确定38#楼工程造价为311 000元；分包工程配合费243 380元；现场堆放的为案涉工程准备的工程材料应计入造价52 644元；为案涉工程准备的钢筋应计入的鉴定造价53 036元；宏成公司主张增加60 015元盖土网费用，应酌定考虑按50%计算为30 007.50元；以上工程造价应为317 932 254.35元，瑞泰公司已支付的款项为266 035 874.60元，下剩工程款为51 896 379.75元。案涉工程款利息应以51 896 379.15元为基数自2018年6月1日起按照中国人民银行同期同类贷款利率计算至2019年8月19日；2019年8月20日起的利息按照全国银行间同业拆借中心公布的贷款市场报价利率计算至判决确定之日止。

关于宏成公司主张的违约金24 784 169.44元能否成立的问题。2013年3月23日双方签订的《施工协议书》第11条第10项约定“房屋建设过程中，必须确保按时按量支付工程进度款。否则乙方由于工程款原因，造成工期滞缓或其他情况，其责任及赔偿均由甲方负责。如甲方不能按上述约定支付工程进度款超过20天，乙方有权停止施工，如停工后十天内还不能支付时，甲方应按每日支付乙方已完成工程款（产值）万分之五的违约金，所有相关直接、间接和预期利润等一切损失费用（含人工、机械、设备、材料、第三方等）由甲方承担赔偿损失，直至工程款项及所有损失违约金全部支付之日止，且工期相应顺延”。2014年7月5日双方签订的《施工协议书》第11条逾期付款的违约责任约定，甲方确保按实按量支付工程款，否则乙方由于工程款原因，造成工期滞缓或其他情况，其责任及赔偿均由甲方负责。2015年3月15日、2016年3月16日双方签订的《建设工程施工合同补充协议书》也做了同样的约定。依照《合同法》第114条第1款“当事人可以约定一方违约时应当根据违约情况向对方支付一定数额的违约金，也可以约定因违约产生的损失赔偿额的计算方法”的规定，案涉4个组团的协议，对违约责任作了明确约定，由于瑞泰公司没有按照协议约定的时间节点支付进度款，也没有完全按照“4·25”协议履行付款义务，其行为已经构成违约，应当向宏成公司承担违约责任。工程款利息的性质是法定孳息，违约金是合同当事人约定的承担违约责任的一种方式，二者性质不同，法律没有明确禁止当事人承担工程款利息的同时免除违约金的给付。因此，瑞泰公司应当按照案涉协议的约定，向宏成公司支付违约金。违约金应以下剩工程款51 896 379.75元为基数，自2018年6月1日起按每日5‱计算至判决确定的工程款给付之日止。

二审法院（最高人民法院）认为，第一，关于工程款利息的认定问题。

本案中，宏成公司按照各组团工程竣工验收交付之日主张工程款利息，一审判决以2018年6月1日作为工程款利息起算时间。瑞泰公司上诉主张，“4·25”协议对各组团工程款的支付时间进行了重新约定，一审判决对工程款利息的起算与双方约定不符。根据《最高人民法院关于审理建设工程施工合同纠纷案件适用法律问题的解释》第18条关于“利息从应付工程价款之日计付。当事人对付款时间没有约定或者约定不明的，下列时间视为应付款时间：（一）建设工程实际交付的，为交付之日；（二）建设工程没有交付的，为提交竣工结算文件之日；（三）建设工程未交付、工程价款也未结算的，为当事人起诉之日”的规定，宏成公司的主张具有法律依据。虽然“4·25”协议对欠付工程款的支付时间再次进行了约定，但各组团工程竣工验收交付之日均早于2018年6月1日，一审判决从2018年6月1日计算工程款利息，实则减轻了瑞泰公司的责任。瑞泰公司关于工程款利息起算时间的上诉理由不能成立，本院不予支持。

如前所述，瑞泰公司关于付款条件未成就其不应当支付工程款的上诉理由不能成立，故瑞泰公司以此作为不支付工程款利息的理由，亦不能成立，本院不予支持。

第二，关于逾期付款违约金的认定问题。

瑞泰公司就案涉工程采取分组团开发模式，与宏成公司就4个组团工程分别签订了合同。但4个组团工程均是针对瑞泰银都蓝湾二期项目，合同主体相同，建设工程均是由瑞泰公司发包、宏成公司承包；瑞泰公司向宏成公司支付工程款时，存在部分转账凭证仅注明“工程款”而未对应到各个组团工程的情形，且宏成公司出具的相应收据也未注明为哪一组团工程款；宏成公司将各组团工程款数额混同开具税务发票，而瑞泰公司并未就此提出异议；双方还针对4个组团工程欠付工程款等事宜签订了“4·25”协议，对4个组团工程款的支付进行了整体安排。因此，结合以上事实，对双方当事人就各组团工程订立的合同应作为整体进行认定，一审判决按照双方签订合同约定的违约金认定本案逾期付款违约责任，并无不当；瑞泰公司关于不应当按照其他组团违约金标准认定逾期付款违约金的上诉理由不能成立，本院不予支持。

工程款利息与逾期付款违约金虽均是因逾期付款行为产生的责任，但两者性质不同。工程款利息属于法定孳息；逾期付款违约金系基于双方当事人的约定，具有补偿性和惩罚性，能督促当事人积极履行合同，保护当事人的合理预期，促进交易安全。瑞泰公司关于工程款利息与违约金不能同时支持的上诉理由不能成立，本院不予支持。

案例二　海天建设集团有限公司、西安华峰置业有限公司等建设工程施工合同纠纷民事二审民事判决书（2021）最高法民终340号

法院认为，关于违约金与欠付工程款利息能否一并支持的问题。本案中，海天公司在主张工程款逾期付款违约金的同时又主张了迟延付款利息。《合同法》第114条第1款规定，“当事人可以约定一方违约时应当根据违约情况向对方支付一定数额的违约金，也可以约定因违约产生的损失赔偿额的计算方法”。原审法院认为，海天公司与华峰公司在《施工合同》《复工协议》中约定了违约金的计算方法，并未约定应付工程款利息。考虑到逾期付款违约金具有惩罚性，在一定程度上也具有填补损失的作用，现已按照24%的年利率标准计算了违约金，故可不再计算利息，对海天公司该项诉讼请求不予支持。

070. 诉讼中发包人以工程质量不符合约定为由要求减少工程价款的，是否需要提起反诉？

1. 问题解读及相关法律规定

建设工程价款纠纷案件中，在承包人起诉发包人支付工程价款时，发包人常常以工程质量存在问题，要求减少工程价款，或者要求支付修复费用、赔偿损失。对于发包人的上述主张，是作为反诉处理，还是作为抗辩处理，司法实践中处理方式不一。

根据《最高人民法院关于审理建设工程施工合同纠纷案件适用法律问题的解释（一）》第16条的规定，发包人以工程质量不符合合同约定或法律规定为由，要求承包方支付违约金或者赔偿修理、返工、改建的合理费用等损失，应当提起反诉。

上述《最高人民法院关于审理建设工程施工合同纠纷案件适用法律问题的解释（一）》第16条的规定，看似解决了这一争议，但在具体案件中如何

适用，仍有讨论的空间。

笔者认为，对于发包人主张修理、返工、改建的合理费用，是按抗辩还是反诉处理，应当根据发包人主张的请求权基础和数额分别处理。

根据《民法典》的规定，发包人主张请求权的基础为由于施工人的原因致使建设工程质量不符合约定的，发包人有权请求施工人在合理期限内无偿修理或者返工、改建。经过修理或者返工、改建后，造成逾期交付的，施工人应当承担违约责任。根据《最高人民法院关于审理建设工程施工合同纠纷案件适用法律问题的解释（一）》第12条的规定，由于承包人的原因造成建设工程质量不符合约定，承包人拒绝修理、返工或者改建，发包人请求减少支付价款的，人民法院应予支持。由于承包人的原因造成建设工程质量不符合约定，承包人拒绝修理、返工或者改建，发包人请求减少支付价款的，人民法院应予支持。

1. 发包人在竣工验收过程中发现工程质量存在缺陷，要求施工人修理、返工、改建，施工人不履行或不适当履行上述义务，发包人自行修复或委托他人修复后工程通过竣工验收，发包人要求在工程价款中扣除修复费用，或者要求施工人赔偿损失。

发包人主张以工程通过竣工验收前支付的修复费用抵扣工程款的，应当按抗辩处理。

发包人要求承包人承担修复费用的主张虽然可以构成一个独立的诉，但是该主张未超出承包人的诉讼请求范围，发包人对该项主张有权以抗辩形式提出，亦有权提起反诉，发包人对此有选择权，应当尊重发包人的意见。在发包人选择以抗辩形式主张从工程款中扣除该笔质量修复费用时，法院应当作为抗辩进行审理，不应要求发包人另行提起反诉。但发包人要求承包人赔偿修复费用等损失的，应当根据《最高人民法院关于审理建设工程施工合同纠纷案件适用法律问题的解释（一）》第16条的规定，按照反诉处理。

2. 工程已通过竣工验收，发包人主张施工人在施工过程中存在未按照设计文件施工，使用不符合合同约定的建筑材料、建筑构配件、设备，偷工减料等违约行为，要求减少工程价款。发包人以工程质量问题仅主张减少价款的，应当按抗辩处理。向发包人交付质量符合约定的工程，是承包人的基本合同义务，在工程质量未达到合同约定标准时，发包人主张减少价款的，不构成一个独立的诉，故无须提出反诉。

根据《最高人民法院关于审理买卖合同纠纷案件适用法律问题的解释》第31条的规定，出卖人履行交付义务后诉请买受人支付价款，买受人以出卖人违约在先为由提出异议的，人民法院应当下列情况分别处理，买受人拒绝支付违约金、拒绝赔偿损失或者主张出卖人应当采取减少价款等补救措施的，属于提出抗辩。

上述规定根据《民法典》第646条的规定，可参照适用于建设工程施工合同。

· 现行法律中的相关规定 ·

《安徽省高级人民法院关于审理建设工程施工合同纠纷案件适用法律问题的指导意见（二）》

第六条　尚未竣工验收或使用的建设工程，承包人主张工程价款，发包人以工程质量不符合合同约定或者国家质量标准为由，主张减少工程价款或者扣除修复费用的，属于抗辩。

工程已经竣工验收合格，发包人又以工程质量不合格为由，主张承包人承担违约责任的，应当提起反诉。

《北京市高级人民法院关于审理建设工程施工合同纠纷案件若干疑难问题的解答》

28. 发包人主张工程质量不符合合同约定的，应按反诉还是抗辩处理？

承包人要求支付工程款，发包人主张工程质量不符合合同约定给其造成损害的，应按以下情形分别处理：

（1）建设工程已经竣工验收合格，或虽未经竣工验收，但发包人已实际使用，工程存在的质量问题一般应属于工程质量保修的范围，发包人以此为由要求拒付或减付工程款的，对其质量抗辩不予支持，但确因承包人原因导致工程的地基基础工程或主体结构质量不合格的除外；发包人反诉或另行起诉要求承包人承担保修责任或者赔偿修复费用等实际损失的，按建设工程保修的相关规定处理。

（2）工程尚未进行竣工验收且未交付使用，发包人以工程质量不符合合同约定为由要求拒付或减付工程款的，可以按抗辩处理；发包人要求承包人支付违约金或者赔偿修理、返工或改建的合理费用等损失的，应告知其提起反诉或另行起诉。

（3）发包人要求承包人赔偿因工程质量不符合合同约定而造成的其他财产或者人身损害的，应告知其提起反诉或另行起诉。

《福建省高级人民法院关于审理建设工程施工合同纠纷案件疑难问题的解答》

10. 问：因承包人的过错造成建设工程质量不符合约定，承包人拒绝修理、返工或者改建，发包人以工程质量不符合约定为由请求减少支付工程价款的，是否必须反诉？工程未经竣工验收交付使用的，发包人以工程质量不符合约定为由请求减少支付工程款，应否支持？

答：发包人可以以此抗辩，请求在工程价款中扣减修理、返工或者改建的合理费用；也可以提起反诉，请求承包人支付修理、返工或者改建的合理费用。但发包人要求承包人赔偿因工程质量不符合约定而造成的其他财产或者人身损害的，应当提起反诉。

工程未经竣工验收，发包人擅自使用后，又以质量不符合约定为由请求减少支付工程价款的，不予支持。

《河北省高级人民法院关于印发〈建设工程施工合同案件审理指南〉的通知》

38. 承包人提起的建设工程施工合同纠纷中，发包人以工程质量不符合合同约定或规定、工期延误等为由，要求承包人支付违约金或者赔偿修理、返工或者改建的合理费用等损失的，告知发包人应提起反诉，与本诉一并审理。承包人提起建设工程施工合同纠纷后，发包人在其他法院另行起诉承包人主张上述权利的，人民法院应告知发包人在前诉中提起反诉。发包人坚持立案的，后立案的法院应主动将案件移送到先立案的法院合并审理。

《江苏省高级人民法院建设工程施工合同案件审理指南（2010）》

八、建设工程的质量

（一）发包人工程质量问题的主张，有的属于反诉，有的属于抗辩

发包单位（发包人）以工程质量问题为由要求施工单位（承包人）支付违约金或赔偿金的，应当提起反诉。

发包人以质量不符约定为由仅请求拒付或减付工程款的，或者合同中明确约定可以直接将工程质量违约金或赔偿金从应付工程款中扣减的，属于抗辩，无须反诉。

建设工程案件中，发包人以工程质量问题为由请求拒付、减付工程款，以及请求承包人支付违约金或赔偿损失，是否必须另行反诉，一直存在争议。对此，应当根据发包人主张的内容，区分情况对待：

（1）发包方以工程质量存在问题为由要求承包人支付违约金或赔偿金的，其诉求不仅明确而且具体，具备民事诉讼法“诉”的全部条件，属于独立的诉。发包人不提出反诉的，原则上不在本诉中审查。

（2）发包人以质量不符约定为由请求拒付或减付工程款，但没有提出承包人因质量不符合约定应当承担的违约金或赔偿金的，其请求不具备民事诉讼法“诉”的全部条件，只是对承包人请求的一种对抗理由，根据《民事诉讼法》第108条的规定，这种情形下的诉求视为抗辩权的行使，发包人无须提起反诉，对发包人这一抗辩意见应当审查。发包人抗辩成立的，应当直接支持其意见。

（3）如双方在合同中明确约定可以直接将工程质量违约金或赔偿金从应付工程款中扣减的，发包人提出扣减请求的，因双方已有了明确的约定，故该请求可以应视为抗辩，发包人也无须提起反诉。

《山东省高级人民法院关于审理建设工程施工合同纠纷案件若干问题的解答》

8. 承包人起诉主张工程款，发包人以工程质量不合格为由提出抗辩的，如何处理？

发包人就工程质量不符合合同约定或者法律规定的进行抗辩的，应当

区别情况处理。建设工程经竣工验收合格后，承包人主张工程款，发包人以工程质量不合格主张付款条件不成就或者拒付工程款的，不予支持。建设工程未经竣工验收，发包人擅自使用的，发包人以工程质量不合格主张付款条件不成就或者拒付工程款的，不予支持，确因承包人原因导致工程的地基基础、主体结构质量不合格的除外。上述情形不能免除承包人在工程保修期内的保修责任和合理使用期内的损害赔偿责任。

《四川省高级人民法院关于审理建设工程施工合同纠纷案件若干疑难问题的解答》

31. 如何处理发包人提出的工程质量问题？

承包人诉请支付工程价款，发包人主张工程质量不符合合同约定或者国家强制性质量规范标准，要求减少工程价款的，按抗辩主张处理；发包人要求承包人赔偿损失的，应以反诉的方式提出或另行起诉。

建设工程已经竣工验收合格，或虽未竣工验收，但发包人已实际使用，如工程质量问题属于承包人施工原因导致的地基基础工程或工程主体结构质量问题，发包人要求拒付或延期支付工程价款的，应予支持；如发包人提出的工程质量问题属于保修范围，发包人要求拒付或减付工程款的，不予支持。

工程尚未进行竣工验收且未交付使用，发包人以工程质量不符合合同约定或者国家强制性质量规范标准为由要求拒付或减付工程款，经查证属实的，应予支持；发包人要求承包人支付违约金或者赔偿修理，返工或改建的合理费用等损失的，应以反诉的方式提出或另行起诉。

因承包人原因致使工程质量不符合合同约定，发包人要求承包人承担保修责任或者赔偿修复费用等实际损失的，按保修的相关规定处理。承包人拒绝修复、在合理期限内不能修复或者发包人有正当理由拒绝承包人修复，发包人另行委托他人修复后要求承包人承担合理修复费用的，应予支持。发包人未通知承包人或无正当理由拒绝由承包人修复而另请他人修复的，所发生的修复费用由发包人自行承担。

《浙江省高级人民法院民事审判第一庭关于审理建设工程施工合同纠纷案件若干疑难问题的解答》

九、发包人以工程质量为由提出的对抗性主张，究竟是抗辩还是反诉？

承包人诉请给付工程价款，发包人以工程质量不符合合同约定或国家强制性的质量规范标准为由，要求减少工程价款的，按抗辩处理；发包人请求承包人赔偿损失的，按反诉处理。

2. 参考案例

案例一　**黄某、张掖市三只兔装饰设计工程有限公司装饰装修合同纠纷案民事二审民事裁定书**（2021）甘民申2982号

法院认为，关于申请人提出被申请人的装修存在质量问题存在违约，应当赔偿申请人的损失的再审理由，《最高人民法院关于审理建设工程施工合同纠纷案件适用法律问题的解释（一）》第16条规定，发包人在承包人提起的建设工程施工合同纠纷案件中，以建设工程质量不符合合同约定或者法律规定为由，就承包人支付违约金或者赔偿修理、返工、改建的合理费用等损失提出反诉的，人民法院可以合并审理。

案例二　**肖某成、张某建设工程分包合同纠纷民事二审民事判决书**（2022）苏03民终2733号

法院认为，案涉《单项工程施工协议》并未约定质保金与质保期，肖某成主张本案所涉款项为质保金，无事实依据，本院不予采纳。张某依据（2019）苏0311民初3240号生效判决提起本案诉讼，主张案涉债权，有事实与法律依据，本院予以支持。《最高人民法院关于审理建设工程施工合同纠纷案件适用法律问题的解释（一）》第16条规定，发包人在承包人提起的建设工程施二合同纠纷案件中，以建设工程质量不符合合同约定或者法律规定为由，就承包人支付违约金或者赔偿修理、返工、改建的合理费用等损失提出反诉的，人民法院可以合并审理。肖某成在本案中虽提起反诉，但一审法

院未合并审理，并在判决书中告知另行起诉，不违反法律规定。肖某成主张一审程序违法，本院不予支持。

案例三　曹某、新疆汉易生态农业科技开发有限公司建设工程施工合同纠纷一审民事判决书（2021）新2922民初250号

法院认为，本案争议焦点为，被告是否应当向原告支付工程款398 672元及资金占用利息30 697.74元。原被告2018年11月14日签订的51座大棚劳务承包协议书，不违反法律规定，合法有效，本院予以确认。原告主张被告支付剩余工程款398 672元（1 780 000元－已付工程款），被告以向原告支付了原告施工部分的劳务费1 541 133元（除经过曹某支付的以外，还有直接向曹某班组支付的劳务费），且曹某施工未完工，质量不合格，且原告拒绝再进行施工和维修，不认可还应当向原告支付工程款，经新疆有色冶金设计研究院有限公司进行工程造价鉴定，对原告施工的51座温室大棚需要修复的劳务费共计133 414.34元应当在支付工程款中扣除，综上所述，本院确认被告应当向原告支付剩余工程款105 452.66元（1 780 000元－已付1 541 133元－维修人工费133 414.34元），对原告主张超过本院确认的部分，没有事实和法律依据，本院不予支持。原告主张被告支付资金占用利息30 697.74元，被告不认可，因原告未按照合同约定完成工作量，也存在违约行为，原被告双方应就各自的违约行为承担责任，原告的该主张，本院不予支持。

第六章

建设工程期限问题

071. 建设工程的开工日期、竣工日期怎么认定？

1. 问题解读及相关法律规定

建设工程按阶段一般划分为决策阶段、实施阶段和使用阶段。施工阶段是整个项目的核心阶段，也是变数最多、最容易起纠纷的阶段。施工阶段一般时间跨度长、市场变化大、不可控因素多，此阶段的风险控制点多而烦琐。所以开工日期与竣工日期是建设工程中时间节点的重中之重。

开工、竣工是一个项目施工阶段的开端与结束。若一个项目正常开展，应当在发包方办理完成施工许可证后由发包方或者监理单位发出开工通知，开工通知载明的时间即为正式开工的时间，工期也从此时开始计算。但是实践当中并非都能如此合规地开展项目，因此开工时间的确定对于参建单位关于工程价款、违约责任的认定起到了关键作用。比如通过确定开工时间和竣工时间能够确定总工期，若总工期超过合同约定工期，发包方则能够追究承包方的违约责任；通过确定实际开工时间，若承包方应发包方要求提前安排工人、机械进场，则能够主张相应的窝工费用等。工程竣工日期则直接与发包人给付承包人工程款的条件、时间，工程款利息起算时间、违约金计算数额以及建筑物风险转移等问题密切相关。实践中，工程的实际竣工日期往往与《建设工程施工合同》中约定的竣工日期存在时间差，因此如何确定竣工日期也尤为重要。

· 现行法律中的相关规定 ·

《民法典》

第七百九十五条　施工合同的内容一般包括工程范围、建设工期、中间交工工程的开工和竣工时间、工程质量、工程造价、技术资料交付时间、材料和设备供应责任、拨款和结算、竣工验收、质量保修范围和质量保证期、相互协作等条款。

《最高人民法院关于审理建设工程施工合同纠纷案件适用法律问题的解释（一）》

第二条第一款　招标人和中标人另行签订的建设工程施工合同约定的工程范围、建设工期、工程质量、工程价款等实质性内容，与中标合同不一致，一方当事人请求按照中标合同确定权利义务的，人民法院应予支持。若发承包双方签订了无效合同，并且无其他证据证明实际开工时间的，则应当按照公示原则根据中标合同进行确定。

《最高人民法院关于审理建设工程施工合同纠纷案件适用法律问题的解释（一）》

第八条　当事人对建设工程开工日期有争议的，人民法院应当分别按照以下情形予以认定：

（一）开工日期为发包人或者监理人发出的开工通知载明的开工日期；开工通知发出后，尚不具备开工条件的，以开工条件具备的时间为开工日期；因承包人原因导致开工时间推迟的，以开工通知载明的时间为开工日期。

（二）承包人经发包人同意已经实际进场施工的，以实际进场施工时间为开工日期。

（三）发包人或者监理人未发出开工通知，亦无相关证据证明实际开工日期的，应当综合考虑开工报告、合同、施工许可证、竣工验收报告或者竣工验收备案表等载明的时间，并结合是否具备开工条件的事实，认定开工日期。

第九条　当事人对建设工程实际竣工日期有争议的，人民法院应当分别按照以下情形予以认定：

（一）建设工程经竣工验收合格的，以竣工验收合格之日为竣工日期；

（二）承包人已经提交竣工验收报告，发包人拖延验收的，以承包人提交验收报告之日为竣工日期；

（三）建设工程未经竣工验收，发包人擅自使用的，以转移占有建设工程之日为竣工日期。

《北京市高级人民法院关于审理建设工程施工合同纠纷案件若干疑难问题的解答》

25. 工程开竣工日期如何确定？

建设工程施工合同实际开工日期的确定，一般以开工通知载明的开工时间为依据；因发包人原因导致开工通知发出时开工条件尚不具备的，以开工条件具备的时间确定开工日期；因承包方原因导致实际开工时间推迟的，以开工通知载明的时间为开工日期；承包人在开工通知发出前已经实际进场施工的，以实际开工时间为开工日期；既无开工通知也无其他相关证据能证明实际开工日期的，以施工合同约定的开工时间为开工日期。

发包人、承包人、设计和监理单位四方在工程竣工验收单上签字确认的时间，可以视为《解释》第十四条第（一）项规定的竣工日期，但当事人有相反证据足以推翻的除外。

《河北省高级人民法院关于印发〈建设工程施工合同案件审理指南〉的通知》

第46条　发包人未取得施工许可证，但承包人已实际开工的，应以实际开工之日为开工日期，合同另有约定的除外。因未取得施工许可证而被行政主管部门责令停止施工的，可作为工期顺延的事由。

《安徽省高级人民法院关于审理建设工程施工合同纠纷案件适用法律问题的指导意见（二）》

第三条　建设工程的开工日期应依据开工令、开工报告记载的时间予以认定。当事人认为实际开工时间与开工令、开工报告记载的时间不符的，应当承担举证责任。

因发包人原因导致延误开工的，以实际开工时间作为开工日期；因承包人原因导致延误开工的，以开工令、开工报告记载的时间作为开工日期。

既无开工令、开工报告，又无法查明实际开工时间的，依据合同约定的开工日期予以认定。

第五条　承包人已经按照合同约定或者《建筑法》第六十一条规定，向发包人提交竣工验收报告、其承包部分完整的工程技术经济资料和经签署的工程保修书，发包人拖延验收的，以上述资料提交齐全之日为竣工日期。但工程质量不合格的除外。

《深圳仲裁委关于审理建设工程施工合同案件若干问题的意见》

第三条第（一）项　开工时间规定：建设工程开工时间一般以发包人签发的《开工报告》确认的时间为准。但如果发包人签发的《开工报告》确认的开工时间早于建设行政主管部门颁发的《施工许可证》确认的开工时间，则以建设行政主管部门颁发的《施工许可证》确定的开工时间作为建设工程开工时间；如果发包人签发《开工报告》后，迟延向承包人提交施工资料、施工场地，则开工时间以发包人实际提交施工资料、施工场地的时间计算。

第四条　关于工程验收和工程质量规定

（一）发包人或监理单位已组织验收并在填写的《建筑工程验收报告书》或相关文件上签字确认验收合格的，应认定工程验收合格，对工程中存在的质量问题作保修期内质量问题处理，发包人以工程存在质量问题为由，要求裁决不支付或缓支付工程款的，仲裁庭不予支持。

（二）发包人接到承包人竣工验收报告后，无正当理由不组织验收的，经过一定合理时间（30 天）后应视为工程已竣工验收，发包人以工程未验收或存在质量问题为由，要求裁决不支付或缓支付工程款的，仲裁庭不予支持。

（三）一方当事人提出工程质量鉴定申请，仲裁庭认为确有必要的，可以委托有资质的鉴定单位对有争议部分质量问题进行鉴定，鉴定费由提出申请的一方当事人全额预交。

（四）建设工程未竣工验收，发包人已擅自使用的，如发包人以工程质量不符合约定为由，主张减低工程造价款的，不予支持。但承包人在施工过程中确有不按图纸施工，擅自改变约定的建筑材料、构配件、设备的品种、规格等情形，发包人要求核减原材料差价的，应予支持。

《天津仲裁委员会建设工程施工合同纠纷案件仲裁指引》

六、工程价款纠纷

6 当事人对建设工程实际竣工日期有争议的，按照以下情形分别处理：

（一）建设工程经竣工验收合格的，以竣工验收合格之日为竣工日期；

（二）承包人已经提交竣工验收报告，发包人拖延验收的，以承包人提交验收报告之日为竣工日期；

（三）建设工程未经竣工验收，发包人擅自使用的，以转移占有建设工程之日为竣工日期。

2. 参考案例

案例一　上海海怡建设（集团）有限公司建设工程施工合同纠纷审判监督民事裁定书（2019）沪民申1304号

法院认为，首先，虽然恒利益建公司在民事起诉状中对开工日期表述为2012年11月20日，但在庭审过程中其否认该时间为实际开工日期，并提供了经双方盖章确认的“工程开工审批表”予以证明。海怡公司提出所盖图章是材料章，不具有证明效力的意见，依据不足，本院不予采纳。其次，海怡公司认为根据上海上咨工程造价咨询有限公司出具的“工程进度款付款建议书”所涉的付款内容可以推断出实际开工日期为2012年12月20日。本院认为，该证据不是确认开工时间的直接证据，不具有反驳双方盖章确认的“工程开工审批表”的效力。双方当事人以“工程开工审批表”的形式确认了开工日期，一审、二审法院据此认定开工时间并无不当，本院予以确认。

案例二 **天津市津南区八里台镇大孙庄村村民委员会与福建省永泰建筑工程公司建设工程施工合同纠纷申请再审民事裁定书**（2015）民申字第263号

法院认为，关于实际开工日期的认定。诉争双方对开工日期存在争议，本案合同约定开工日期为2010年11月3日，村委会主张依据双方签订的补充协议确认开工日期为2010年11月5日，而永泰公司主张以《工程开工报审表》及《开工报告》载明的2011年3月18日作为开工日期。因2010年12月22日村委会才取得限期施工许可证，此前并不具备开工条件，故村委会主张实际开工日期为2010年11月5日，理据不足。一审、二审法院结合永泰公司打桩设备进场时间、开始打桩时间以及村委会取得限期施工许可证的时间等情况，认为以2010年12月22日作为开工日期为宜，该认定并无不当。

案例三 **抚顺市中源建筑工程有限公司、抚顺长青羊绒业科技发展有限公司建设工程施工合同纠纷再审审查与审判监督民事裁定书**（2019）最高法民申1535号

法院认为，关于案涉工程竣工日期的认定。抚顺仲裁委员会在抚仲字（2008）第062号裁决中认定，2008年6月，中源公司完成合同约定的全部施工任务并于2008年7月3日向长青公司递交工程竣工验收报告。根据《最高人民法院关于适用〈中华人民共和国民事诉讼法〉的解释》第93条的规定，已为仲裁机构生效裁决所确认的事实，当事人无须举证证明，当事人有相反证据足以推翻的除外。上述生效仲裁裁决已认定羊绒加工车间于2008年6月完工，中源公司于2008年7月3日将竣工验收报告提交给长青公司。长青公司并未提供相反证据推翻生效仲裁裁决认定的事实，且中源公司提交长青公司负责工程项目的委托代理人刘某祥于2008年7月14日签收羊绒加工车间竣工验收报告的收据进一步佐证：中源公司已于2008年7月将羊绒加工车间竣工验收报告提交给长青公司。

《最高人民法院关于审理建设工程施工合同纠纷案件适用法律问题的解释》第14条第2项规定，当事人对建设工程实际竣工日期有争议的，承包人已经提交竣工验收报告，发包人拖延验收的，以承包人提交验收报告之日为

竣工日期。中源公司于2008年7月将羊绒加工车间竣工验收报告提交给长青公司，长青公司未组织竣工验收，主张应待中源公司承包的四项工程全部完工后统一组织验收，但双方在《建设工程施工合同》中并无4项工程需统一组织竣工验收的约定。4份《建设工程施工合同》为相互独立的施工合同，中源公司在羊绒加工车间竣工后向长青公司提交竣工验收报告，要求长青公司组织竣工验收，符合法律规定。长青公司关于4项工程项目需全部竣工后统一组织验收的主张，没有合同和法律依据。羊绒加工车间工程项目的竣工时间应认定为2008年7月，合同约定的竣工日期为2007年10月30日，二审法院认定工程迟延竣工时间达3年6个月，认定事实错误。

案例四　**甘肃源祥房地产开发有限公司建设工程施工合同纠纷再审审查与审判监督民事裁定书**（2019）最高法民申3879号

法院认为，关于竣工日期的认定。《最高人民法院关于审理建设工程施工合同纠纷案件适用法律问题的解释》第14条第3项规定："建设工程未经竣工验收，发包人擅自使用的，以转移占有建设工程之日为竣工日期。"根据甘肃源祥公司在二审庭审中的陈述，其认可于2016年9月11日对案涉工程举行封顶仪式。根据《最高人民法院关于适用〈中华人民共和国民事诉讼法〉的解释》第92条第1款"一方当事人在法庭审理中，或者在起诉状、答辩状、代理词等书面材料中，对于己不利的事实明确表示承认的，另一方当事人无需举证证明"之规定，二审法院根据甘肃源祥公司的庭审陈述认定封顶事实，继而认定封顶之日即2016年9月11日为竣工日期并无不当。

072. 承包人未按约定工期完工，发包人能否要求解除合同?

1. 问题解读及相关法律规定

合同解除，是指合同当事人一方或者双方依照法律规定或者当事人的约定，依法解除合同效力的行为。合同一旦签约，即产生法律效力。合同解除的方式分为单方解除和协议解除，从解除的依据可以划分为约定解除和法定解除。在承包人未按约定工期完工的情况下，如果双方均同意解除合同，合同可以解除，这属于协议解除。如果由于承包人原因导致不能按期完工，且承包人已经明确表明或者以实际行动表明不会再继续施工的，发包人可以要求解除合同。如果发包人催告后，在合理期限内承包人仍未继续施工，致使合同目的不能实现的，发包人可以要求解除合同。

· 现行法律中的相关规定 ·

《民法典》

第五百六十二条　当事人协商一致，可以解除合同。

当事人可以约定一方解除合同的事由。解除合同的事由发生时，解除权人可以解除合同。

第五百六十三条　有下列情形之一的，当事人可以解除合同：

（一）因不可抗力致使不能实现合同目的；

（二）在履行期限届满前，当事人一方明确表示或者以自己的行为表明不履行主要债务；

（三）当事人一方迟延履行主要债务，经催告后在合理期限内仍未履行；

（四）当事人一方迟延履行债务或者有其他违约行为致使不能实现合同目的；

（五）法律规定的其他情形。

以持续履行的债务为内容的不定期合同，当事人可以随时解除合同，但是应当在合理期限之前通知对方。

《福建省高级人民法院关于审理建设工程施工合同纠纷案件疑难问题的解答》

7. 问：依据《合同法》第九十六条的规定，当事人一方行使约定或者法定解除权时，应当通知对方，合同自通知到达对方时解除，对方有异议的，可以请求人民法院或者仲裁机构确认解除合同的效力。建设工程施工合同的当事人未通知对方的，能否径行向人民法院提起解除合同之诉？

答：一方当事人向人民法院起诉请求解除建设工程施工合同的，人民法院不得以未通知对方为由不予受理。

8. 问：一方当事人认为符合合同解除条件，但并未起诉请求解除合同，或者认为合同已经解除，而起诉请求对方承担恢复原状、采取其他补救措施、赔偿损失等合同解除的法律责任，审理后查明其解除合同之主张并未通知对方或者通知并未到达对方的，如何处理？

答：审理中查明解除合同之主张并未通知对方或者通知并未到达对方的，应当告知当事人可以增加解除合同之诉讼请求。告知后，当事人仍不请求解除合同的，应当驳回其诉讼请求。当事人增加解除合同之诉讼请求的，人民法院可以另行给予双方当事人一定的举证期限。

9. 问：根据《合同法》第二百八十七条，建设工程合同一章没有规定的，适用承揽合同的有关规定，而《合同法》第二百六十八条规定，定作人可以随时解除承揽合同。建设工程施工合同的发包人能否据此行使任意解除权？

答：发包人行使解除权必须符合《最高人民法院关于审理建设工程施工合同纠纷案件适用法律问题的解释》第八条的规定，不宜任意扩大解除权的行使。

《天津仲裁委员会建设工程施工合同纠纷案件仲裁指引》

十、合同的解除

（一）发包人的解除权

1. 承包人明确表示或者以行为表明不履行合同主要义务的。

2. 承包人在合同约定的期限内没有完工，且在发包人催告的合理期限内仍未完工的。

3. 承包人已经完成的建设工程质量不合格，并拒绝修复的。

4. 工程主体结构验收或者工程竣工验收不合格，且承包人拒绝修复或者无法修复的。

5. 承包人将承包的工程非法转包、违法分包的。

（1）承包方将其全部工程转给他人承包的；

（2）承包方将其承包的全部工程肢解后以分包名义转给他人承包的；

（3）承包方将主体工程转给他人承包的；

（4）承包方将工程分包给不具备相应资质条件的单位的；

（5）分包单位将其承包的工程再行分包的；

（6）合同中未约定，又未经建设单位认可，承包人将部分专业工程分包给他人的。

2. 参考案例

案例一 **韩城市祥凯置业有限责任公司与陕西建工第一建设集团有限公司建设工程施工合同纠纷二审民事判决书**（2021）陕民终281号

法院认为，关于案涉建设工程施工合同应否予以解除的问题。陕一建按照双方约定的时间进场施工，2014年6月28日完成工程主体封顶，后因祥凯公司迟延支付工程款，陕一建已停工并退场，祥凯公司遂安排第三人实际进场施工，该工程现已交付并投入使用，依据上述事实，该案涉建设工程施工合同已无继续履行的可能，《民法典》第563条规定："有下列情形之一的，当事人可以解除合同：……（四）当事人一方迟延履行债务或者有其他违约行为致使不能实现合同目的的……"一审法院予以支持陕一建关于解除案涉建设工程施工合同的诉请，并无不当。

案例二 **齐河鑫丰置业有限公司、贵州建工第八建设集团有限公司建设工程施工合同纠纷二审民事判决书**（2022）鲁14民终290号

法院认为，关于一审法院判决解除《建设工程施工合同》是否正确的问题，本院认为，本案鑫丰公司起诉请求确认的是《建设工程施工合同》已经依据其发出的《合同解除通知函》而通知解除，且明确法律依据为《民法典》第563条第1款第4项。但是，《合同解除通知函》中载明的解除《建设工程施工合同》的主要理由是，贵州八建公司撤场、项目处于事实停工状态、合同无法履行，其中并未载明贵州八建公司撤场的原因，不能体现系基于"当事人一方迟延履行债务或者有其他违约行为致使不能实现合同目的"的理由而解除合同。因此，不能认定《建设工程施工合同》已经通知解除。

但是，由于贵州八建公司在合同履行过程中未能保证持续施工，可能不能完全履行合同义务、实现合同目的，且鑫丰公司已经同第三人达成施工合意、第三人已经进场施工，涉案《建设工程施工合同》已经履行不能，所以一审法院判决解除《建设工程施工合同》并无不当。

案例三　连云港博然机电工程有限公司、范某娅建设工程施工合同纠纷民事二审民事判决书（2021）苏07民终4437号

一审法院认为，关于《天加水机及空气能系统销售及安装合同》是否符合合同解除条件及合同解除违约方的认定问题。范某娅与博然机电公司签订的《天加水机及空气能系统销售及安装合同》及附件系双方真实意思表示，不违反法律法规的强制性规定，应属合法有效，双方均应按照合同约定履行各自义务。范某娅依约履行了部分工程款给付义务，博然机电公司在签订合同后未按照合同约定期限完成阶段性工程，其在收到范某娅要求其限期继续施工、逾期将终止合同并要求其赔偿损失的书面通知后，亦向范某娅发出书面回复告知书，认为系范某娅房屋违建、拒付二期工程款致无法继续施工，且在庭审中提交了相同的答辩意见，一审法院认为博然机电公司博然公司拒绝继续施工的理由不能成立，理由为：第一，庭审中范某娅与博然机电公司确认无争议部分项目的工程造价为47 876元；范某娅对博然机电公司已施工的有争议部分工程造价经鉴定，鉴定意见为22 084.27元，可知博然机电公司已施工部分的工程造价共计69 960.27元；博然机电公司已购到达安装现场未安装的案涉工程设备的价值为：高温水箱（4T）1个，合同报价为7200元、膨胀水箱（1T）1个，合同报价为4500元、太阳能真空管29箱（10支/箱），合同报价为4350元（15元/支×29箱×10支/箱）、联箱6付，合同报价为7200元、支架6付，合同报价为3000元，合计26 250元。以上三项合计96 210.27元。由此可见，即使加上到达现场未安装的案涉工程设备的价值，博然机电公司也未能完成一期工程款的等额工程量，而根据范某娅与博然机电公司签订的《天加水机及空气能系统销售及安装合同》，博然机电公司需在完成一期工程款等额工程量后方可要求范某娅支付二期工程款，故博然机电公司关于其已实际完成的工程量价值160 824元、范某娅拒不按合

同约定支付二期工程款60 000元是导致合同无法履行的根本原因的辩解意见，与客观事实不符，一审法院不予采纳。第二，东海县行政执法局出具的停工通知书等材料均在《天加水机及空气能系统销售及安装合同》约定的完工期限即2019年6月25日之后，博然机电公司未能举出其在案涉工程施工期间即接到相关职能部门停工通知的相关证据，博然机电公司关于因房屋违建问题导致装修无法进展的辩解意见一审法院不予采纳。第三，范某娅在案涉房屋的行政处罚处理完毕后书面催告博然机电公司限期继续施工、逾期将终止合同并要求其赔偿损失，此时案涉工程继续施工不存在法律或行政上的障碍，博然机电公司仍以房屋违建问题拒绝继续施工的辩解意见一审法院不予采纳。因博然机电公司拒绝继续施工的理由均不能成立，导致范某娅的合同目的不能实现，范某娅要求解除合同并要求违约方博然机电公司返还超付工程款、赔偿损失的诉讼请求于法有据，一审法院根据本案案情，对范某娅合理合法部分的诉求予以支持。综合上述款项的认定，博然机电公司还应返还范某娅超付工程款为40 789.73元（132 000元－47 876元－22 084.27元－26 250元＋5000元）。

二审法院认为，双方的合同约定，范某娅在合同签订后预付一期款132 000元，定主机设备应付二期款60 000元，博然机电公司需在完成一期工程款等额工程量后方可要求范某娅支付二期工程款。根据双方确认的无争议工程造价及苏建恒鉴〔2021〕001号鉴定意见，博然机电公司完成工程量未到132 000元，此时尚不具备支付二期款条件，但博然机电公司向范某娅催要二期款并停工，违反合同约定，应承担违约责任。博然机电公司主张因涉案建筑存在违建部分，影响其施工。本院认为，根据现场情况，违建部分为该建筑东侧大门处增建的入户门厅及西侧楼外增建的钢制楼梯，博然机电公司施工工程为中央空调、空气能及太阳能新风系统，未有证据证明违建部分影响博然机电公司施工以及执法部门在博然机电公司施工期间通知其停工。双方合同约定工期50天，博然机电公司于2019年5月13日进场施工，至2019年7月1日应完成施工，东海县综合行政执法局作出通知均在该时间之后，故博然机电公司主张涉案建筑违建导致其无法施工的上诉理由不能成立，本院不予支持。博然机电公司主张涉案工程水电没有全部到位，其无法继续施工的上诉理由缺乏证据支持，本院不予采纳。

073. 承包人已经提交竣工验收报告，发包人拖延验收的，竣工日期如何确定？

1. 问题解读及相关法律规定

以承包人提交验收报告之日为竣工日期。承包人已经提交竣工验收报告，发包人拖延验收的，竣工日期可以分为合同中约定的竣工日期和实际竣工日期。

确定竣工日期是确定实际工期的前提。实际竣工日期的确定直接涉及工程款的支付及利息的起算、逾期竣工违约金的数额、工程风险的转移等核心问题。

在建设工程实践中，发包方主观上还是更希望工程能够早日完工并进行投入使用的，而且一般还会在合同中约定承包人延误工期的索赔条款，从而敦促承包人按期完工，但是在个别案件中发包人因工程款资金不足、公司内部人员结构发生变化等情况，出于不同目的会在承包人提交验收申请后故意拖延，迟迟不组织竣工验收，导致承包人拿不到工程款，尤其是垫资施工的单位，有的甚至最终被发包人拖垮。如果承包人已经提交竣工验收报告，发包人拖延验收的，以承包人提交验收报告之日为竣工日期，同时提交其已提交竣工验收报告且发包人拖延验收的证据，包括：（1）已向发包人提交竣工验收资料的证据；（2）发包人签收或者拒收竣工验收资料的证据；（3）承包人催告发包人尽快履行验收义务的证据等。

· 现行法律中的相关规定 ·

《民法典》

第一百五十九条　附条件的民事法律行为，当事人为自己的利益不正当地阻止条件成就的，视为条件已经成就。

……

第七百九十九条　建设工程竣工后，发包人应当根据施工图纸及说明书、国家颁发的施工验收规范和质量检验标准及时进行验收。验收合格的，发包人应当按照约定支付价款，并接收该建设工程。建设工程竣工经验收合格后，方可交付使用；未经验收或者验收不合格的，不得交付使用。

《最高人民法院关于审理建设工程施工合同纠纷案件适用法律问题的解释（一）》

第九条　当事人对建设工程实际竣工日期有争议的，人民法院应当分别按照以下情形予以认定：（一）建设工程经竣工验收合格的，以竣工验收合格之日为竣工日期；（二）承包人已经提交竣工验收报告，发包人拖延验收的，以承包人提交验收报告之日为竣工日期；（三）建设工程未经竣工验收，发包人擅自使用的，以转移占有建设工程之日为竣工日期。

第二十一条　当事人约定，发包人收到竣工结算文件后，在约定期限内不予答复，视为认可竣工结算文件的，按照约定处理。承包人请求按照竣工结算文件结算工程价款的，人民法院应予支持。

《建设工程质量管理条例》

第十六条第一款　建设单位收到建设工程竣工报告后，应当组织设计、施工、工程监理等有关单位进行竣工验收。建设工程竣工验收应当具备下列条件：（一）完成建设工程设计和合同约定的各项内容；（二）有完整的技术档案和施工管理资料；（三）有工程使用的主要建筑材料、建筑构配件和设备的进场试验报告；（四）有勘察、设计、施工、工程监理等单位分别签署的质量合格文件；（五）有施工单位签署的工程保修书。

《天津仲裁委员会建设工程施工合同纠纷案件仲裁指引》

六、工程价款纠纷

6. 当事人对建设工程实际竣工日期有争议的，按照以下情形分别处理：

（一）建设工程经竣工验收合格的，以竣工验收合格之日为竣工日期；

（二）承包人已经提交竣工验收报告，发包人拖延验收的，以承包人提交验收报告之日为竣工日期；

（三）建设工程未经竣工验收，发包人擅自使用的，以转移占有建设工程之日为竣工日期。

《江苏省高级人民法院建设工程施工合同案件审理指南（2010）》

3. 竣工日期的认定

建设工程经过竣工验收且合格的，方能视为建设工程最终完成即竣工。如双方签字确认竣工日期的，应以双方确认的日期为竣工日期。《最高人民法院关于审理建设工程施工合同纠纷案件适用法律问题的解释》第14条对竣工日期的确定作了具体规定，当事人对建设工程实际竣工日期有争议的，视三种不同情形分别予以认定：（1）建设工程竣工验收合格的，以竣工验收合格之日为竣工日期。（2）承包人已经提交竣工验收报告，发包人拖延验收的，以承包人提交验收报告之日为竣工日期，其基本理论基础为“建设单位为了自己的利益恶意阻止条件成就的，应当视为条件成就”，否则也不利于保护承包人的利益。认定“发包人恶意拖延验收”可以参照相关规定，例如，《建筑装饰施工合同（甲种本）》第32条明确：“甲方代表在收到乙方送交的竣工验收报告7天内无正当理由不组织验收，或验收后7天内不予批准且不能提出修改意见，视为竣工验收报告的日期，需修改后才能达到竣工要求的，应为乙方修改后提请甲方验收的日期”；2001年11月5日建设部《建筑工程施工发包与承包计价管理办法》中规定：“发包方应当在收到竣工结算文件后的约定期限内予以答复。逾期未答复的，竣工结算文件视为已被认可。发承包双方在合同中对上述事项的期限没有明确约定的，可认为其约定期限均为28日。”实务中还需注意的是，适用此项规定的前提是发包人无正理由拖延验收，如果因建设工程存在质量问题、承包人提交的验收报告不符合要求，尚不符合竣工验收条件，发包人拒绝通过竣工验收的，则应另当别论。（3）建设工程未经竣工验收，发包人擅自使用的，以转移占有建设工程之日为竣工日期。

《福建省高级人民法院关于审理建设工程施工合同纠纷案件疑难问题的解答》

13. 问：承包人已经提交竣工验收报告，发包人拖延验收，而验收后工程质量不合格需要返工的，能否以承包人提交验收报告之日为竣工日期？

答：《最高人民法院关于审理建设工程施工合同纠纷案件适用法律问题的解释》第十四条第（二）项规定的“承包人已经提交竣工验收报告，发包人拖延验收的，以承包人提交验收报告之日为竣工日期”是指工程经竣工验收合格的情形。发包人拖延验收，而验收的工程质量不合格，经修改后才通过竣工验收，当事人对建设工程实际竣工日期有争议的，以承包人修改后提请发包人验收之日作为竣工日期。但在计算承包人的实际施工工期时，应当扣除发包人拖延验收的期间。

《安徽省高级人民法院关于审理建设工程施工合同纠纷案件适用法律问题的指导意见（二）》

第五条　承包人已经按照合同约定或者《建筑法》第六十一条规定，向发包人提交竣工验收报告、其承包部分完整的工程技术经济资料和经签署的工程保修书，发包人拖延验收的，以上述资料提交齐全之日为竣工日期。但工程质量不合格的除外。

2. 参考案例

案例一　阜新新兴房地产开发有限公司建设工程施工合同纠纷再审审查与审判监督民事裁定书（2020）最高法民申661号

一审法院认为，涉案工程分为一期和二期。根据合同约定，一期工程已经建设单位、监理单位、施工单位、设计单位四方作出《1#－3#，〈单位（子公司）工程质量竣工验收记录〉》，四方一致表示，1#～3#楼竣工验收完毕。对于二期工程，2014年7月24日，中国新兴公司已向阜新新兴公司申请验收，但未经过建设单位、监理单位、施工单位、设计单位等四方验收。根据合同约定，未经过四方签字验收视为未验收，因此，二期工程未竣工验收。根据此前合同的履行情况和建设工程合同的性质，涉案的二期工程虽未进行竣工验收，但施工方已向建设方提出竣工验收的申请，说明已基本完成涉案工程的建设，现本案没有证据证明未完成竣工验收应归责于施工方。因此，涉案工程应进行竣工结算并由建设方向施工方支付工程款。

二审法院认为，本案工程分为一期和二期。关于一期工程，根据合同约定，一期工程已经建设单位、监理单位、施工单位、设计单位四方作出《1#－3#,〈单位（子公司）工程质量竣工验收记录〉》，四方一致表示，1#～3#楼竣工验收完毕。关于二期工程，根据本案查明的事实，2014年7月24日，中国新兴公司已向阜新新兴公司申请验收，阜新新兴公司并未对该申请予以回复。《最高人民法院关于审理建设工程施工合同纠纷案件适用法律问题的解释》第14条第2项规定，承包人已经提交竣工验收报告，发包人拖延验收的，以承包人提交验收报告之日为竣工日期。双方的建设工程施工合同第32.3条亦约定，发包人在收到承包人送交的竣工验收报告后28天内不组织验收的，视为竣工验收报告已被认可。因此，二期工程虽未进行竣工验收，但施工方已向建设方提出竣工验收的申请，说明已基本完成涉案工程的建设，由于阜新新兴公司原因未组织验收。因此，涉案工程应按前述法律规定视为竣工，并具备结算条件。

再审法院认为，2012年10月8日，中国新兴建设开发总公司与阜新新兴公司签订了《建设工程施工合同》，约定案涉工程由中国新兴公司进行施工。案涉工程分为一期和二期。其中，一期工程经建设单位阜新新兴公司、施工单位中国新兴公司、监理单位阜新市建设监理总公司、设计单位棕榈建筑规划设计（北京）有限公司确认，四方于2012年12月28日签署《1#－3#,〈单位（子公司）二程质量竣工验收记录〉》，一致表示1#～3#楼竣工验收完毕。对于二期工程，中国新兴公司已于2014年7月24日向阜新新兴公司申请验收，阜新新兴公司并未对该申请予以回复。根据《最高人民法院关于审理建设工程施工合同纠纷案件适用法律问题的解释》第14条第2项的规定和双方的建设施工合同第32.3条的约定，中国新兴公司已向阜新新兴公司提出竣工验收的申请，由于阜新新兴公司的原因未组织验收，应视为验收并具备结算条件。

案例二 **拉萨兴旺房地产开发有限公司、陈某龙建设工程施工合同纠纷再审审查与审判监督民事裁定书**（2019）最高法民申2046号

二审法院认为，拉萨兴旺公司与陈某龙、次旦某措签订施工合同后，案涉工程于2015年8月10日开工，2016年11月完工；同年11月13日，在监理江阳公司、拉萨兴旺公司、陕西精华公司和陈某龙的共同参与下，对案涉工程进行了初步验收并提出了存在的问题；2016年11月14～21日，陈某龙组织专业人员对初验存在的问题进行了整改；同年11月24日，陕西精华公司向拉萨兴旺公司、江阳公司递交报告，要求对案涉工程进行终验，但至今没有进行终验。本院认为，按照建筑行业惯例，工程验收应由承建方在竣工后提出验收报告，发包方组织相关部门进行验收，可见，工程竣工验收的组织权和决定权均由拉萨兴旺公司掌控，陕西精华公司提出验收报告后，拉萨兴旺公司怠于行使验收权限和实施验收行为，对此造成的后果应由拉萨兴旺公司承担。

工程质量保证金（以下简称保证金），也称工程信誉保证金，是指发包人与承包人在建设工程承包合同中约定，从应付的工程款中预留，用以保证承包人在缺陷责任期内对建设工程出现的缺陷进行维修的资金。根据《建设工程质量保证金管理办法》的规定，缺陷责任期一般为1年，最长不超过2年，由发包方和承包方在合同中约定；并同时应该约定保证金的预留、返还方式、预留比例、期限等；缺陷责任期从工程通过竣工验收之日起计，由于发包人原因导致工程无法按规定期限进行竣工验收的，在承包人提交竣工验收报告90天后，工程自动进入缺陷责任期。就本案来说，双方合同中仅约定了保证金预留比例，其他均未明确约定；且该工程并未进行最终验收但已经投入使用，依据上述办法的规定，从2016年11月24日竣工初验后提出终验报告起算，至今已基本达到2年即法定的保证金预留最长期限，使得预留保证金失去了意义和依据。故拉萨兴旺公司主张从工程余款中扣除预留保证金的理由，于法无据，本院不予支持。

再审法院认为，关于质保金的认定问题。《建设工程质量保证金管理办法》第2条、第8条规定，缺陷责任期一般为1年，最长不超过2年，由发、

承包双方在合同中约定；缺陷责任期从工程通过竣工验收之日起计。案涉工程于2015年8月10日开工，2016年11月完工。2016年11月13日，兴旺公司、精华公司及陈某龙对案涉工程进行了初步验收并提出存在的问题。陈某龙整改后，精华公司于同年11月24日向兴旺公司及监理机构递交报告，要求对案涉工程进行终验，但兴旺公司至今未组织终验。根据《最高人民法院关于审理建设工程施工合同纠纷案件适用法律问题的解释》第14条第2款关于“承包人已经提交竣工验收报告，发包人拖延验收的，以承包人提交验收报告之日为竣工日期”之规定，案涉工程实际竣工日期应认定为2016年11月24日。由于双方合同仅约定了质保金预留比例，其他未明确约定，依法缺陷责任期应自2016年11月24日起计，至2018年11月24日2年最长缺陷责任期已经届满。二审法院据此对兴旺公司关于从工程余款中扣除质保金的主张不予支持，具有事实和法律依据。

074. 发包人能否以承包人未在约定期限内提出工期顺延申请为由主张工期不顺延？

1. 问题解读及相关法律规定

发包人可以以承包人未在约定期限内提出工期顺延申请为由主张工期不顺延，但前提是合同约定承包人未在约定期限内提出工期顺延申请则视为工期不顺延。如果并未在合同约定或者发包人事后同意，承包人有合理抗辩理由的，则应该顺延工期。

笔者认为以下情形属于合理抗辩：

（1）系客观原因导致承包人未在合同约定的期限内提出延期申请；

（2）发生法律规定的免责事件，但事件导致延期的时间暂时无法确定，无法在事件发生后的规定时间提出索赔请求。

· 现行法律中的相关规定 ·

《民法典》

第四百九十七条第二项　有下列情形之一的，该格式条款无效：

（一）具有本法第一编第六章第三节和本法第五百零六条规定的无效情形；

（二）提供格式条款一方不合理地免除或者减轻其责任、加重对方责任、限制对方主要权利；

（三）提供格式条款一方排除对方主要权利。

第八百零三条　发包人未按照约定的时间和要求提供原材料、设备、场地、资金、技术资料的，承包人可以顺延工程日期，并有权请求赔偿停工、窝工等损失。

第八百零四条　因发包人的原因致使工程中途停建、缓建的，发包人应当采取措施弥补或者减少损失，赔偿承包人因此造成的停工、窝工、倒运、机械设备调迁、材料和构件积压等损失和实际费用。

《最高人民法院关于审理建设工程施工合同纠纷案件适用法律问题的解释（一）》

第十条　当事人约定顺延工期应当经发包人或者监理人签证等方式确认，承包人虽未取得工期顺延的确认，但能够证明在合同约定的期限内向发包人或者监理人申请过工期顺延且顺延事由符合合同约定，承包人以此为由主张工期顺延的，人民法院应予支持。

当事人约定承包人未在约定期限内提出工期顺延申请视为工期不顺延的，按照约定处理，但发包人在约定期限后同意工期顺延或者承包人提出合理抗辩的除外。

《浙江省高级人民法院民事审判第一庭关于审理建设工程施工合同纠纷案件若干疑难问题的解答》

六、如何认定工期顺延？

发包人仅以承包人未在规定时间内提出工期顺延申请而主张工期不能顺延的，该主张不能成立。但合同明确约定不在规定时间内提出工期顺延申请视为工期不顺延的，应遵从合同的约定。

《河北省高级人民法院关于印发〈建设工程施工合同案件审理指南〉的通知》

七、工程质量、质保金返还及保修责任

47. 工期延误的责任应该由造成工期延误的过错一方承担，发包人仅以承包人未在合同约定的期限内提出工期顺延申请而主张工期不能顺延的，人民法院不予支持。

《北京市高级人民法院关于审理建设工程施工合同纠纷案件若干疑难问题的解答》

三、建设工程工期和质量责任的认定

26. 工期顺延如何认定？

因发包人拖欠工程预付款、进度款、迟延提供施工图纸、场地及原材料、变更设计等行为导致工程延误，合同明确约定顺延工期应当经发包人签证确认，经审查承包人虽未取得工期顺延的签证确认，但其举证证明在合同约定的办理期限内向发包人主张过工期顺延，或者发包人的上述行为确实严重影响施工进度的，对承包人顺延相应工期的主张，可予支持。

《安徽省高级人民法院关于审理建设工程施工合同纠纷案件适用法律问题的指导意见》

四、违约责任的确定

15. 承包人以发包人未按合同约定支付工程进度款为由主张工期顺延权，发包人以承包人未按合同约定办理工期顺延签证抗辩的，如承包人举证证明其在合同约定的办理工期顺延签证期限内向发包人提出过顺延工期的要求，或者举证证明因发包人迟延支付工程进度款严重影响工程施工进度，对其主张，可予支持。

因发包人迟延支付工程进度款而认定承包人享有工期顺延权的，顺延期间自发包人拖欠工程进度款之日起至进度款付清之日止。

《安徽省高级人民法院关于审理建设工程施工合同纠纷案件适用法律问题的指导意见（二）》

第四条　承包人未能提供顺延工期的签证等书面文件，但能够证明工程存在延期开工、不具备施工条件、设计变更、工程量增加、发包人指定的分包工程迟延完工、不可抗力等不可归责于承包人的原因，影响施工进度的，可以允许承包人相应顺延工期。

《江苏省高级人民法院建设工程施工合同案件审理指南（2010）》

六、建设工程施工合同条款

（一）关于工程日期

2. 工程日期的顺延

上述提及的因发包人和外部原因致使承包人无法按时开工，承包人可以顺延开工日期，导致工程日期顺延之外，在履行合同过程中，如果出现以下情形，承包人可以顺延工程日期：

（1）根据《合同法》第278条的规定，隐蔽工程在隐蔽以前，承包人应当通知发包人检查，发包人没有及时检查的，承包人可以顺延工程日期；（2）根据《合同法》第283条的规定，发包人未按照约定的时间和要求提供原材料、设备、场地、资金、技术资料的，承包人可以顺延工程日期；（3）根据《最高人民法院关于审理建设工程施工合同纠纷案件适用法律问题的解释》第15条的规定，建设工程竣工前，当事人对工程质量发生争议，工程质量经鉴定合格的，鉴定期间为顺延工期期间；（4）发包人在履行合同过程中变更设计，造成承包人停工、缓建、返工、改建，或者因发包人的要求而增加工程量；（5）建设工程勘察、设计合同中，发包人未按照约定的时间和要求提供有关基础资料、文件；建设工程施工合同中，因自然灾害、恶劣气候、流行性疾病以及非承包人引起的纠纷等原因，致使承包人无法在短期内恢复履行合同。

2. 参考案例

案例一　中铁十九局集团有限公司、哈密市和翔工贸有限责任公司建设工程施工合同纠纷二审民事判决书（2020）最高法民终348号

一审法院认为，双方当事人在《施工承包合同》第13条中约定，由于哈密和翔公司原因使甲供材料出现短缺，致使施工不能正常进行，经哈密和翔公司和监理确认，计划可适当削减，中铁十九局应在上述情况发生后14日内，就延误的计划以书面形式提出报告，经哈密和翔公司以及监理确认后方可削减计划。中铁十九局虽提交了落款日期为2013年7月5日的《关于申请补偿因柴油中断造成停工损失的报告》，拟证实其在2013年7月5日，即停工发生后的14日内向哈密和翔公司提出索赔。因哈密和翔公司对该报告的真实性不认可，中铁十九局亦未提交证据证明其将该报告向哈密和翔公司送达。故中铁十九局主张其于停工发生后的14日内向哈密和翔公司提出索赔的事实该院不予确认，其现主张哈密和翔公司赔偿其因停工造成的损失亦与双方合同约定不符，该院不予支持。

二审法院认为，根据《施工承包合同》第13条中13.1（3）情形下关于"因以下原因造成计划延误、且无法通过调整消除对年度工程进度计划的影响时，经甲方（哈密和翔公司）和监理确认，计划可适当削减：（3）因甲方原因使甲供材料出现短缺，致使施工不能正常进行"以及13.2款中关于"乙方（中铁十九局）在第13.1款情况发生后14日内，就延误的计划以书面形式提出报告，经甲方（哈密和翔公司）和监理确认后方可削减计划"的约定，中铁十九局并未能提交经过哈密和翔公司和监理确认过的证据证明其主张，故中铁十九局关于一审法院认定哈密和翔公司存在未按时供应火工品导致中铁十九局停工的事实又引用《施工承包合同》第13条规定判决中铁十九局失权有误的请求，本院不予支持。

案例二　河南军安建工集团有限公司、宝丰县康龙置业有限公司建设工程施工合同纠纷二审民事判决书（2019）豫04民终3383号

一审法院认为，依据《建设工程施工合同》第三部分专用条款第13条

13.1 双方约定工期顺延的其他情况："A 因以下原因造成工期延误，经监理工程师及甲方人员确认，工期相应顺延：重大设计变更和重大工程量增加（费用在30 000元以上的）……G 因承包人原因造成不能按合同工期竣工的，每延误一天罚款5000元。"本案中，军安公司作为施工方，虽然存在康龙公司要求变更设计的情形，但双方没有一个明确的工期顺延天数的签证，军安公司在举证期限内未申请工期鉴定，致使对案件争议的工期无法通过鉴定结论予以认定，故军安公司应对工期逾期向康龙公司支付违约金1 355 000元（271天×5000元）。

二审法院认为，关于工期顺延违约金1 355 000元是否应当扣除问题。本院认为，本案所涉《建设工程施工合同》专用条款第3条第13.1约定："A 因以下原因造成工期延误，经监理工程师及甲方人员确认，工期相应顺延：重大设计变更和重大工程量增加（费用在30 000元以上的）……B 承包人在上述情况发生后14天内，将工程延期原因、天数、详细计算过程以书面形式通知发包人和监理工程师，超过14天承包人无权再就此提出工期索赔。C 因非发包人直接原因造成工程停工，经双方确认，可以顺延工期，但不调整合同价格……G 因承包人原因造成不能按合同工期竣工的，每延误一天罚款5000元。"由于合同仅约定承包人提出工期顺延申请的期限及未在该期限内提出顺延申请则承包人军安公司丧失就工期问题向康龙公司主张索赔的权利，但未明确约定未在约定时间内提出申请视为工期不顺延或者视为放弃权利，故军安公司就工期顺延问题，应当承担的责任是不能就工期问题向康龙公司主张索赔，而非相反由康龙公司按照每日5000元的标准对军安公司进行罚款。

075. 什么条件可以主张工期顺延?

1. 问题解读及相关法律规定

工期顺延是指在建设工程施工合同履行过程中，发生了法定或者约定的事实情形导致工期延误，经承包人申请，发包人同意或者经法院、仲裁机构认定，使得工期作相应顺延。发包人认可工期顺延或者经法院、仲裁机构认定为工期顺延，承包人无须承担工期违约责任。

工期顺延的情形主要可归纳如下：(1) 发包人未能按专用条款的约定提供图纸及开工条件，导致承包人无法施工的，从发包人提供施工必需资料之日起算工期。(2) 发包人未能按约定日期支付工程预付款、进度款，致使施工不能正常进行的。(3) 工程师未按合同约定提供所需指令、批准等，致使施工不能正常进行。(4) 设计变更，因变更设计而导致承包人无法施工的。(5) 工程量增加，导致工程量增加。(6) 一周内非承包人原因停水、停电、停气造成停工累计 8 小时。(7) 不可抗力。(8) 合同专用条款中约定或发包人同意工期顺延的其他情况。(9) 隐蔽工程在隐蔽前，施工企业发出检查通知，建设单位未及时检查。(10) 建设单位未按照约定时间和要求提供原材料、设备、场地等。

如果发生工期顺延情形，承包人应在工期可以顺延的情况发生后 14 天内，将延误的内容和因此发生的追加合同价款向工程师提出书面报告。工程师在收到报告后 14 天内予以确认，逾期既不予确认也不提出修改意见，视为同意工期顺延。

· 现行法律中的相关规定 ·

《民法典》

第一百八十条　因不可抗力不能履行民事义务的，不承担民事责任。

第五百二十六条　当事人互负债务，有先后履行顺序，应当先履行债务一方未履行的，后履行一方有权拒绝其履行请求。先履行一方履行债务不符合约定的，后履行一方有权拒绝其相应的履行请求。

第七百九十七条　发包人在不妨碍承包人正常作业的情况下，可以随时对作业进度、质量进行检查。

第七百九十八条　隐蔽工程在隐蔽以前，承包人应当通知发包人检查。发包人没有及时检查的，承包人可以顺延工程日期，并有权请求赔偿停工、窝工等损失。

《最高人民法院关于审理建设工程施工合同纠纷案件适用法律问题的解释（一）》

第十条　当事人约定顺延工期应当经发包人或者监理人签证等方式确认，承包人虽未取得工期顺延的确认，但能够证明在合同约定的期限内向发包人或者监理人申请过工期顺延且顺延事由符合合同约定，承包人以此为由主张工期顺延的，人民法院应予支持。

当事人约定承包人未在约定期限内提出工期顺延申请视为工期不顺延的，按照约定处理，但发包人在约定期限后同意工期顺延或者承包人提出合理抗辩的除外。

第十一条　建设工程竣工前，当事人对工程质量发生争议，工程质量经鉴定合格的，鉴定期间为顺延工期期间。

《浙江省高级人民法院民事审判第一庭关于审理建设工程施工合同纠纷案件若干疑难问题的解答》

六、如何认定工期顺延？

发包人仅以承包人未在规定时间内提出工期顺延申请而主张工期不能顺延的，该主张不能成立。但合同明确约定不在规定时间内提出工期顺延申请视为工期不顺延的，应遵从合同的约定。

《深圳仲裁委关于审理建设工程施工合同案件若干问题的意见》

三、关于开工时间和工期顺延

（二）工期顺延的确认。

施工过程中因发包人拖欠工程预付款、进度款、变更设计造成工程停工、窝工或因不可抗力因素造成工程停工的，工期顺延计算。

《河北省高级人民法院关于印发〈建设工程施工合同案件审理指南〉的通知》

46. 发包人未取得施工许可证，但承包人已实际开工的，应以实际开工之日为开工日期，合同另有约定的除外。因未取得施工许可证而被行政主管部门责令停止施工的，可作为工期顺延的事由。

47. 工期延误的责任应该由造成工期延误的过错一方承担，发包人仅以承包人未在合同约定的期限内提出工期顺延申请而主张工期不能顺延的，人民法院不予支持。

《北京市高级人民法院关于审理建设工程施工合同纠纷案件若干疑难问题的解答》

26. 工期顺延如何认定？

因发包人拖欠工程预付款、进度款、迟延提供施工图纸、场地及原材料、变更设计等行为导致工程延误，合同明确约定顺延工期应当经发包人签证确认，经审查承包人虽未取得工期顺延的签证确认，但其举证证明在合同约定的办理期限内向发包人主张过工期顺延，或者发包人的上述行为确实严重影响施工进度的，对承包人顺延相应工期的主张，可予支持。

《安徽省高级人民法院关于审理建设工程施工合同纠纷案件适用法律问题的指导意见》

四、违约责任的确定

15. 承包人以发包人未按合同约定支付工程进度款为由主张工期顺延权，发包人以承包人未按合同约定办理工期顺延签证抗辩的，如承包人举证证明其在合同约定的办理工期顺延签证期限内向发包人提出过顺延工期的要求，或者举证证明因发包人迟延支付工程进度款严重影响工程施工进度，对其主张，可予支持。

因发包人迟延支付工程进度款而认定承包人享有工期顺延权的，顺延期间自发包人拖欠工程进度款之日起至进度款付清之日止。

2. 参考案例

案例一　**建设工程施工合同纠纷二审民事判决书**（2013）浙绍民终字第905号

一审法院认为，根据双方的合同约定，合同工期如遇重大设计变更调整工程而影响施工进度的等方面情形，且经甲方、乙方、监理三方在7天内协商签证（不能过后补签），才可作相应工期顺延。然而原告针对自己顺延工期的主张未能提供有关工期顺延的签证加以证明，故对原告有关延误的工期可全部顺延的主张不予采信。

二审法院认为，合同第15条约定："……工程延误工期的，由乙方（亚厦××）承担违约责任，扣除履约保证金的30%；同时执行以下措施：延误工期一个月内，每逾期一天，支付罚金伍千元；逾期超过一个月，甲方（米兰某某）有权终止（中止）合同，且履约保证金不予退还。"合同同时约定，合同工期为120个日历天，而实际施工工期为2011年5月20日至2012年10月24日，计524天，被上诉人亚厦××延误工期404天，理应承担违约责任。

案例二 **铜陵有色金属集团铜冠建筑安装股份有限公司、江西自立环保科技有限公司建设工程施工合同纠纷再审审查与审判监督民事裁定书**（2020）最高法民申210号

一审法院认为，自立公司在案涉工程的施工过程中，存在多家设计单位提供图纸、变更图纸、提交图纸不及时以及多次停电、增加工程量的情况，铜冠公司主张因此产生工期延误具有合理性，且自立公司在本案中不能举证证明工期延误与铜冠公司的施工行为具有关联以及铜冠公司对工期延误具有过错，故对自立公司主张逾期竣工违约金的诉讼请求不予支持。

二审法院认为，根据《最高人民法院关于审理建设工程施工合同纠纷案件适用法律问题的解释（二）》第6条的规定，承包人主张工期顺延，应当提交发包人或者监理人的签证，或者提供工程延期的申请，只要该申请具有合理性，即可认定工程延期。建设工程施工过程中，工期顺延具有专业性、复杂性、动态性，本条司法解释之所以要求承包人提出工期顺延的申请，主要是督促承包人及时主张工期顺延，以避免事后难以对工期顺延的事实进行认定。本案中铜冠公司既没有提供申请工期顺延签证的证据，也没有对为何没有提供签证进行合理说明，仅以工程设计变更、停水停电等事由进行抗辩，该抗辩虽具有一定的合理性，但是并不足以有效证明案涉工程逾期200余天竣工的事实。本院综合考虑到自立公司施工图纸变化影响工程施工进程的具体天数难以确定，为公平保护双方当事人的合法权益，以合同约定的工程总

价与实际完成经鉴定机构鉴定总价差额与合同约定工程总价的比值作为系数，再以该系数乘以合同总工期计算工期顺延日为88天。

再审法院认为，本案铜冠公司未能提供证据证明发包人或监理人已确认工期顺延或其在顺延事由发生后按约提出申请，应承担举证不能的不利后果。二审判决基于本案工程施工图纸确有变更，但该变更对工期影响天数难以确定等情形，从平衡双方当事人的利益考虑，以合同约定的工程总价与实际完成经鉴定机构鉴定总价差额和合同约定工程总价的比值作为系数，再以该系数乘以合同总工期，计算工期顺延天数为88天，相对公平合理，不违反法律规定。

076. 发包人未对隐蔽工程及时进行检查，承包人能否据此顺延工期？

1. 问题解读及相关法律规定

发包人未对隐蔽工程及时进行检查，承包人可以据此顺延工期。隐蔽工程是指建筑物、构筑物、在施工期间将建筑材料或构配件埋于物体之中后被覆盖，外表看不见的实物。如地基工程、给排水工程、电气管线工程等分部分项工程均为隐蔽工程，通俗地讲只要是通过建成以后的建筑外表看不到的工程内容，都叫隐蔽工程。

由于隐蔽工程覆盖以后，无法直接从外观获取施工信息，后期再对隐蔽工程涉及的材料、技术标准、施工质量、施工面积等方面进行检查验收的难度较大。一旦产生争议，现场勘验及司法鉴定的难度较大，甚至存在无法鉴定的可能。同时由于隐蔽工程的自身特点，一旦覆盖并进入下道工序后，如果发现质量问题需要返工维修，则会对现有的施工现场造成破坏，极易造成较大的经济损失并延长施工时间。如果在隐蔽工程“隐蔽”以前不做好相关检查验收手续，可能会导致该部分工程量及对应的工程款无法得到发包人认可，甚至无法得到法律支持。

因此《民法典》赋予了承包人“停工权”，即只要承包人通知了发包人及监理单位进行检查验收，在承包人发出验收通知后，发包人及监理单位有义务按照通知书的时间对隐蔽工程进行检查验收。没有正当理由拒绝验收且没有申请延期验收的，按照《民法典》第798条的规定，承包人有权对该部分隐蔽工程停止施工等待验收，待验收期间可以顺延工期，并有权要求发包人赔偿停工、窝工等损失。

· 现行法律中的相关规定 ·

《民法典》

第五百七十七条　当事人一方不履行合同义务或者履行合同义务不符合约定的，应当承担继续履行、采取补救措施或者赔偿损失等违约责任。

第七百九十七条　发包人在不妨碍承包人正常作业的情况下，可以随时对作业进度、质量进行检查。

第七百九十八条　隐蔽工程在隐蔽以前，承包人应当通知发包人检查。发包人没有及时检查的，承包人可以顺延工程日期，并有权请求赔偿停工、窝工等损失。

《建设工程质量管理条例》

第三十条　施工单位必须建立、健全施工质量的检验制度，严格工序管理，作好隐蔽工程的质量检查和记录。隐蔽工程在隐蔽前，施工单位应当通知建设单位和建设工程质量监督机构。

《江苏省高级人民法院建设工程施工合同案件审理指南（2010）》

2. 工程日期的顺延

上述提及的因发包人和外部原因致使承包人无法按时开工，承包人可以顺延开工日期，导致工程日期顺延之外，在履行合同过程中，如果出现以下情形，承包人可以顺延工程日期：

（1）根据《合同法》第278条的规定，隐蔽工程在隐蔽以前，承包人应当通知发包人检查，发包人没有及时检查的，承包人可以顺延工程日期；……

2. 参考案例

案例一　徐某义、徐某辉等建设工程施工合同纠纷民事二审民事判决书（2021）鲁02民终9558号

一审法院认为，本案所涉工程大部分为隐蔽工程。根据法律规定，隐蔽工程在隐蔽以前，承包人应当通知发包人检查。发包人没有及时检查的，承包人可以顺延工程日期，并有权请求赔偿停工、窝工等损失。现双方未按法律规定对隐蔽工程进行检查并确认相关工程量和工程价款，双方对此均有过错，其中泰能公司作为发包方应负主要责任，徐某义、徐某辉作为实际施工人应付次要责任。

二审法院认为，案涉工程系民生工程，应当经过严格的竣工验收程序方可投入使用，现工程早已投入使用，泰能公司作为发包人应当掌握相关工程资料及验收资料，但其均未能提供，二审中其称现有情况下其也不知道该如何结算，一审法院认定泰能公司对于不能提供资料导致无法正常结算应当承担主要过错责任，徐某义、徐某辉承担次要过错责任，并综合案件实际情况，以鉴定结论为基础酌定70%作为徐某义、徐某辉的施工造价，该认定并无不当。本院予以确认。

案例二　四川双龙安装工程有限公司、云南空港百事特商务有限公司建设工程合同纠纷二审民事判决书（2017）云01民终1244号

一审法院认为，本案中，涉案工程于2012年4月1日开工，于2013年9月14日竣工，2013年12月4日通过竣工验收。2013年9月14日，被告承包工程范围内的百事特悦航酒店一楼大堂吊顶中央空调风机盘管发生爆裂渗水，导致工行云南省分行自助设备ATM三台及其配套设备损坏。事故发生时，被告所承包的空调安装工程尚未通过验收，亦未交付原告，仍然属于被告的管理范围，且原、被告约定，工程已竣工但未交付发包人之前，承包人按专用条款约定负责已完工程的保护工作。另，本案原、被告之间属建设工程施工合同关系，而原告与案外人工行云南省分行之间属租赁合同关系，基于租赁关系，原告按照法院的判决向案外人工行云南省分行承担了由被告所

致的损害后果。对此，原告取得了赔偿权利人的法律地位。原告赔偿了工行云南省分行的损失后，有权依据其与被告之间的合同关系向被告追偿。

二审法院认为，《合同法》第 278 条明确规定“隐蔽工程在隐蔽以前，承包人应当通知发包人检查”，上诉人并未举证证明发生事故的隐蔽工程大厅中央空调风机盘管在隐蔽以前，已经通过被上诉人检查。该隐蔽工程一经隐蔽，即应由施工人对该工程材料和工程质量承担责任。现本案已经明确，事故的原因为大堂吊顶中央空调风机盘管发生爆裂渗水所致，存在违约行为，因此，上诉人应当对该工程质量瑕疵所造成的损失承担赔偿责任。

077. 工程在竣工验收之前发包人已经投入使用的，其能否以工程未经过竣工验收为由拒付工程款，竣工日期如何确定？

1. 问题解读及相关法律规定

发包人不能以此为由拒付工程款。建设工程未经竣工验收，发包人擅自使用的，以转移占有建设工程之日为竣工日期。

· 现行法律中的相关规定 ·

《最高人民法院关于审理建设工程施工合同纠纷案件适用法律问题的解释（一）》

第九条　当事人对建设工程实际竣工日期有争议的，人民法院应当分别按照以下情形予以认定：

（一）建设工程经竣工验收合格的，以竣工验收合格之日为竣工日期；

（二）承包人已经提交竣工验收报告，发包人拖延验收的，以承包人提交验收报告之日为竣工日期；

（三）建设工程未经竣工验收，发包人擅自使用的，以转移占有建设工程之日为竣工日期。

《天津仲裁委员会建设工程施工合同纠纷案件仲裁指引》

六、工程价款纠纷

6. 当事人对建设工程实际竣工日期有争议的，按照以下情形分别处理：

（一）建设工程经竣工验收合格的，以竣工验收合格之日为竣工日期；

（二）承包人已经提交竣工验收报告，发包人拖延验收的，以承包人提交验收报告之日为竣工日期；

（三）建设工程未经竣工验收，发包人擅自使用的，以转移占有建设工程之日为竣工日期。

2. 参考案例

案例一 **海天建设集团有限公司与北海智弘投资有限公司、张某智等建设工程施工合同纠纷民事一审民事判决书**（2020）桂 0503 民初 381 号

一审法院认为，海天公司于 2018 年 1 月 15 日至 11 月 12 日陆续向智弘公司移交涉案工程项目的房屋钥匙，智弘公司存在涉案工程未竣工验收即擅自使用的情形，案涉工程总价款为 407 968 597.43 元。本案中，截至庭审时，虽然没有证据证实涉案工程已经竣工验收，但根据《最高人民法院关于审理建设工程施工合同纠纷案件适用法律问题的解释（一）》第 9 条第 3 项“当事人对建设工程实际竣工日期有争议的，人民法院应当分别按照以下情形予以认定：……（三）建设工程未经竣工验收，发包人擅自使用的，以转移占有建设工程之日为竣工日期”的规定，海天公司向智弘公司移交涉案工程房屋钥匙的最终时间即 2018 年 11 月 12 日应依法认定为涉案工程的竣工时间。

案例二　宜昌微特智慧谷孵化管理有限公司、宜昌雅正智能装饰有限公司建设工程施工合同纠纷民事二审民事判决书（2021）鄂05民终2341号

一审法院认为，雅正装饰公司与微特智慧谷公司双方签订的《油漆工程承包合同》是双方的真实意思表示，合法有效，双方均应当按照合同履行自己的义务。雅正装饰公司组织工人和设备、材料进场完成了施工任务，微特智慧谷公司应当按照约定为雅正装饰公司办理工程结算手续，并按照合同约定的进度支付工程施工款。微特智慧谷公司故意拖延导致工程无法办理竣工结算手续的，自工程实际竣工并确定工程量之日起，视为雅正装饰公司取得了工程竣工结算手续。雅正装饰公司提供的证据可以形成证据链，证实工程于2020年8月31日完成了工程量的核算，微特智慧谷公司应当在2020年9月1日给雅正装饰公司办理工程验收手续，并按结算总额的95%办理施工费的付款手续。

二审法院认为，微特智慧谷公司与雅正装饰公司签订的《油漆工程承包合同》约定："工程验收合格后办理最终结算，金额以《报价清单表》为依据据实核算。"案涉宜昌市工业设计中心大楼室内外油漆工程的工程量已于2020年8月31日进行了核算，且微特智慧谷公司已实际使用该大楼，故微特智慧谷公司在没有证据证明其有正当理由未与雅正装饰公司办理最终结算手续的情况下，一审法院认定其应于工程量核算次日为雅正装饰公司办理验收手续以及支付下欠的工程款的时间并无不当。

078. 发包人任意压缩工期，承包人如何应对？

1. 问题解读及相关法律规定

建设工期是承包人完成施工任务的期限，工期直接关涉发承包双方的重大权利义务，是施工合同的必备条款之一；而工期过短则容易引发施工安全事故、造成工程质量缺陷等，严重损害社会公共利益。因此，为满足科学合理确定建筑安装工程工期的需要，我国住房和城乡建设部组织修编并印发了《建筑安装工程工期定额》，部分地方政府也据此作出了“定额工期”的相关细化规定。定额工期是合理确定施工合同工期的基础依据。

《建设工程质量管理条例》第10条第1款规定：“建设工程发包单位不得迫使承包方以低于成本的价格竞标，不得任意压缩合理工期。”原国务院法制办曾在《建设工程质量管理条例释义》中解释到：“合理工期是指在正常建设条件下，采取科学合理的施工工艺和管理方法，以现行的建设行政主管部门颁布的工期定额为基础，结合项目建设的具体情况，而确定的使投资方，各参加单位均获得满意的经济效益的工期，合理工期要以工期定额为基础确定，但不一定与定额工期完全一致，可依施工条件等作适当调整，这是因为定额工期反映的是社会平均水平，是经选取的各类典型工程经分析整理后综合取得的数据，由于技术的进步，完成一个既定项目所需的时间会缩短，工期会提前。判断工期是否合理的关键是使投资方、各参建单位都获得满意的经济效益。建设单位不能为了早日发挥项目的效益，迫使承包单位大量增加人力、物力投入、赶工期，损害承包单位的利益。实际工作中，盲目赶工期，简化工序，不按规程操作，导致建设项目出现问题的情况很多，这是应该制止的。”

根据上述规定，发包人不得任意压缩合理工期，而合理工期的判断以工期定额为基础。在发包人任意压缩工期的情形下，承包人可以采取以下措施予以应对。

（1）在施工合同中明确约定赶工措施费。例如，浙江省《关于贯彻执行〈全国统一建筑安装工程工期定额〉的通知》（浙建建〔2001〕92号）规定：“国家工期定额和调整后的工期系数是建设单位和施工单位确定建筑安装工程工期的依据，是签定建筑安装施工合同、确定合理工期及施工索赔的基础，也是施工企业编制施工组织设计、确定投标工期、安排施工进度的指导性依据。如建设单位要求缩短工期，应按浙江省建筑安装工程费用定额的有关规定计算赶工措施费等，并在合同中予以确定。”在签订施工合同时，承包人应重点关注赶工措施费条款的约定，以维护自身合法权益。

（2）诉讼中发包人提出工期索赔时，承包人可以申请工期鉴定。《最高人民法院关于审理建设工程施工合同纠纷案件适用法律问题的解释（一）》第31条规定：“当事人对部分案件事实有争议的，仅对有争议的事实进行鉴定，但争议事实范围不能确定，或者双方当事人请求对全部事实鉴定的除外。”承包人在诉讼中，可通过收集并整理合同及合同前资料、进度计划、索赔事件以及其他数据资料，申请并启动工期鉴定，以降低工期违约的风险。

（3）提出工期条款无效的抗辩，以对抗发包人的索赔主张。《建设工程质量管理条例》第10条关于发包人不得任意压缩合理工期的规定，虽有观点认为其属于管理性规定而非效力性强制性规定［如（2013）浙嘉民终字第459号、（2017）苏05民终9667号］，但最高人民法院关于印发《第八次全国法院民事商事审判工作会议（民事部分）纪要》的通知第30条明确指出，“当事人违反工程建设强制性标准，任意压缩合理工期、降低工程质量标准的约定，应认定无效”。发包人任意压缩合理工期，不仅是对承包人合法权益的过分限制，更是损害了社会公共利益，应当认定其行为无效。

（4）向相应的政府主管部门举报、投诉。《建设工程质量管理条例》第56条规定：“违反本条例规定，建设单位有下列行为之一的，责令改正，处20万元以上50万元以下的罚款：……（二）任意压缩合理工期的……”《建设工程安全生产管理条例》第55条规定：“违反本条例的规定，建设单位有下列行为之一的，责令限期改正，处20万元以上50万元以下的罚款；造成重大安全事故，构成犯罪的，对直接责任人员，依照刑法有关规定追究刑事责任；造成损失的，依法承担赔偿责任：……（二）要求施工单位压缩合同约定的工期的……”故承包人也可通过举报、投诉等途径维权。

2. 参考案例

案例一　永安市海宇建设有限责任公司、超然（福建）新材料科技有限公司建设工程施工合同纠纷二审民事案（2018）闽04民终1102号

法院认为，关于逾期竣工违约金应否计算的问题。根据双方的合同约定，案涉工程的施工工期为130日。但在实际施工过程中，由于超然公司变更设计、增加工程量，且未能按合同约定的时间提供施工图纸、办理相关许可证、拨付工程进度款等因素，客观上造成案涉工程无法在130日内完成施工，工期理应予以顺延工期。虽然海宇公司对工期顺延没有按照约定程序办理相关手续，但是2011年10月31日，超然公司负责人在海宇公司出具的《承诺书》上签字，表明超然公司认可该《承诺书》中海宇公司承诺的工程在2011年12月15日完成，若逾期每日罚款1000元；超然公司确保2011年8月和9月工程进度款及时到位，2011年10月、11月、12月的工程进度款应在收到海宇公司申请后7日内到款，否则工期顺延的内容。诉讼中，根据双方提供的证据材料证实，双方均未按照《承诺书》的内容执行到位。因海宇公司提出案涉工程存在压缩工期的事实，一审法院根据鉴定机构作出的案涉工程定额工期鉴定结论以及《福建省建筑安装工程工期定额管理规定》和2011年《全国民事审判工作会议纪要》的有关规定，如果案涉工程存在严重压缩工期的事实，有关工期及工期违约的约定应属无效，因此，超然公司要求支付工期迟延违约金的主张不予支持的意见，并无不当，本院予以维持；超然公司提出的该上诉理由不足以证明其主张，不予支持。

案例二　中建三局第一建设工程有限责任公司、中建三局第一建设工程有限责任公司广西分公司建设工程施工合同纠纷再审民事判决书

（2018）最高法民再163号

法院认为，中建三局还主张，《建设工程施工合同》中580日历天的工期条款因违反行政法规“不得任意压缩合理工期”的强制性规定而无效。对此，本院认为，一方面，定额工期通常依据施工规范、典型工程设计、施工企业的平均水平等多方面因素制订，虽具有合理性，但在实际技术专长、管理水平和施工经验存在差异的情况下，并不能完全准确反映不同施工企业在不同工程项目中的合理工期；另一方面，本案中，中建三局作为大型专业施工企业，基于对自身施工能力及市场等因素的综合考量，经与金胤公司平等协商，在《建设工程施工合同》中约定580日历天的工期条款，系对自身权利的处分，亦为其真实意思表示，在无其他相反证据证明的情况下，不能当然推定金胤公司迫使其压缩合理工期。中建三局的该项再审主张亦缺乏事实依据，不能成立，本院不予支持。

案例三 **浙江国泰建设集团有限公司与桐乡乌镇小城故事景区投资发展有限公司建设工程合同纠纷一审民事判决书**（2018）浙04民初220号

法院认为，关于国泰公司是否存在逾期竣工行为，如果存在，其应当承担的逾期竣工违约金数额问题。小城公司依据〔2019〕04号鉴定意见、《补充协议》第2条第2款第4项约定要求国泰公司承担420万元的逾期竣工违约金。对此，本院认为，首先，小城公司的鉴定要求是对“案涉工程未完成工程量需要的施工时间”，虽然鉴定机构据此出具了鉴定意见，但该鉴定是以定额工期为计算依据、是建立在国泰公司继续施工的基础之上。但实际施工时，施工单位可以通过增加人员、设备等追赶工期，亦可通过合理安排、穿插施工以缩短工期，故国泰公司未来完工工期具有不确定性。其次，双方《补充协议》关于工期的约定无效。案涉工程一期定额工期为627天，合同工期为540天；二期定额工期为615天，合同工期为480天。按照开工报告及《补充协议》，一期工程开工时间为2017年4月28日，二期工程开工时间为2017年7月28日，而案涉项目均需在2018年6月20日前具备竣工验收条件，则一期工程实际工期为419天；二期工程实际工期为328天。相比于定额工期，一期工期压缩33.17%，二期工期压缩46.67%，均比定额工期提前30%以上，属于违反工程建设强制性标准，任意压缩合理工期，按照《八民会纪要》第30条的规定，应认定为无效。故小城公司以无效工期主张国泰公司存在逾期行为并称国泰公司恶意停工以逃避延误工期责任，不能成立。最后，以现有的国泰公司完工情况论，即便国泰公司存在逾期行为，根据在案证据，在国泰公司施工过程中，小城公司存在施工图纸不全、出图不及时、多次图纸变更，其中8#楼基坑支护设计方案、图纸未经专家论证以及图纸多次修改；将17#19#楼基坑支护工程发包给诚辉公司致使工程停工；19#楼因设计变更多次补桩；拖延核价、备料采购不及时等情况，客观上影响了国泰公司的施工进度，可相应顺延工期。小城公司提出国泰公司明知施工中存在困难还与其签订《补充协议》承诺工期，说明国泰公司已考虑了施工中的不利因素。但案涉工程图纸的多次变更、17#19#楼基坑支护工程的另行发包、19#楼补桩等几大影响工期的因素均发生在双方签订《补充协议》后，小城公司以国泰公司签订《补充协议》即表明后者愿意承担小城公司原因造成的工期延误责任，依据不足。综合以上三项内容，本院认为，小城公司以“案涉工程未完成工程量需要的施工时间”的鉴定意见简单认为国泰公司必然逾期竣工，要求国泰公司承担逾期竣工违约金的诉请，依据不足，不应予以支持。

第七章

建设工程鉴定问题

079. 当事人已经达成结算协议，一方在诉讼中要求对工程造价进行鉴定，法院是否支持？

1. 问题解读及相关法律规定

结算协议是发包人与承包人就工程价款达成一致意见签订的协议（合同），对当事人双方具有约束力，如果不存在无效或者可撤销的情况，在诉讼中一方要求对工程造价进行鉴定的，已经没有必要，法院不予准许，应该按照结算协议确定工程价款。

· 现行法律中的相关规定 ·

《民法典》

第五百零二条　依法成立的合同，自成立时生效，但是法律另有规定或者当事人另有约定的除外。依照法律、行政法规的规定，合同应当办理批准等手续的，依照其规定。未办理批准等手续影响合同生效的，不影响合同中履行报批等义务条款以及相关条款的效力。应当办理申请批准等手续的当事人未履行义务的，对方可以请求其承担违反该义务的责任。依照法律、行政法规的规定，合同的变更、转让、解除等情形应当办理批准等手续的，适用前款规定。

《最高人民法院关于审理建设工程施工合同纠纷案件适用法律问题的解释（一）》

第二十九条　当事人在诉讼前已经对建设工程价款结算达成协议，诉讼中一方当事人申请对工程造价进行鉴定的，人民法院不予准许。

2. 参考案例

案例一　青海豪都华庭房地产开发有限公司、中天建设集团有限公司建设工程施工合同纠纷二审民事判决书（2020）最高法民终1147号

法院认为，根据双方当事人的诉辩意见，本案二审的争议焦点为，豪都华庭公司是否欠付中天公司工程款。关于案涉工程造价问题。《最高人民法院关于审理建设工程施工合同纠纷案件适用法律问题的解释（二）》第12条规定：当事人在诉讼前已经对建设工程价款结算达成协议，诉讼中一方当事人申请对工程造价进行鉴定的，人民法院不予准许。本案中，中天公司提交《豪都华庭工程二期竣工决算书》上下册，其中上册首页为《基本建设结算审核定案单》，定案单落款处加盖施工单位中天公司、发包人豪都华庭公司印章，签章日期为2015年10月13日。该决算书形成于案涉工程竣工验收移交使用且工程量结算书亦全部移交豪都华庭公司之后，定案单载明中天公司报审金额为269 028 603.90元，豪都华庭公司经审核核减31 226 538.61元，最终审定金额237 477 195.80元，符合工程款结算的一般流程及模式。虽然经鉴定豪都华庭公司签章处王某宁的签字非本人所签，但豪都华庭公司的印章真实。豪都华庭公司在定案单中加盖公司印章，即表明其对定案单中的工程造价金额予以认可。豪都华庭公司否认双方进行了决算并形成决算书和定案单，但没有证据推翻定案单中豪都华庭公司印章的真实性，亦无证据证明在定案单中加盖印章并非出于豪都华庭公司的真实意愿。因此，一审法院采信该定案单作为认定案涉工程造价的依据，未予支持豪都华庭公司关于应通过鉴定确定案涉工程造价的主张，并无不当。豪都华庭公司申请鉴定定案单中其公司印章与定案单文字形成时序等事项，均不能推翻印章的真实性，一

审法院未予准许，并无不当。

案例二 **河南恒和置业有限公司、中天建设集团有限公司建设工程施工合同纠纷二审民事判决书**（2019）最高法民终255号

法院认为，关于案涉《审核报告》《单方造价测算分析表》是否应当作为认定案涉工程价款的依据的问题。2012年9月17日、2013年6月26日，恒和公司与中天公司签订两份建设工程施工合同。2014年，恒和公司与德汇公司签订《建设工程造价咨询合同》，委托德汇公司对案涉工程进行结算审核。2014年11月3日，德汇公司出具《审核报告》，王某波在该《审核报告》上签字并加盖恒和公司印章。王某波代表恒和公司从事的上述行为均发生在其担任恒和公司法定代表人期间，上述行为的法律后果均应由恒和公司承受。案涉建设工程施工合同签订后，中天公司依约对案涉工程进行了施工，恒和公司也已向中天公司支付工程价款9500万元。恒和公司未否认建设工程施工合同的真实性。本案审理过程中，恒和公司亦认可案涉建设工程施工合同上加盖的恒和公司印章与《审核报告》上的印章系同一枚印章。故恒和公司关于《审核报告》上恒和公司印章并非其在工商部门备案的印章，不能代表恒和公司的真实意思的上诉理由，缺乏事实依据，本院不予支持。恒和公司与德汇公司签订《建设工程造价咨询合同》，委托德汇公司对案涉工程项目提供的造价咨询服务是“建设工程结算审核”。案涉《审核报告》第四项审核说明第1点载明“本次审核按照完成主楼及裙楼主体结构封顶并全部竣工验收考虑，进行结算审核”。《审核报告》的审核依据既包含了双方签署的建设工程施工合同，又包含了中天公司编制的《恒和国际商务会展中心工程结算书》等。恒和公司关于案涉《审核报告》系预算报告不能作为结算依据的主张不能成立。恒和公司未提交案涉工程质量存在问题的初步证据。一审期间，恒和公司亦未对案涉工程质量提出异议。二审庭审结束后，恒和公司才向本院邮寄提交《工程质量鉴定申请书》，依照《最高人民法院关于民事诉讼证据的若干规定》第25条的规定，对其提出的工程质量鉴定申请，本院不予准许。恒和公司以案涉工程质量问题未查明，不应确认应付工程款及相

应利息的上诉理由不能成立。德汇公司根据恒和公司的委托，于2014年11月3日对案涉工程造价出具《审核报告》。中天公司、恒和公司法定代表人均在《审核报告》中的审核汇总表上签字并盖章确认，说明双方已经就案涉工程价款达成一致意见。《最高人民法院关于审理建设工程施工合同纠纷案件适用法律问题的解释（二）》第12条规定，当事人在诉讼前已经对建设工程价款结算达成协议，诉讼中一方当事人申请对工程造价进行鉴定的，人民法院不予准许。故对恒和公司提出的工程造价鉴定申请，本院不予准许。一审判决恒和公司就案涉已完工工程向中天公司支付工程价款并无不当。恒和公司与中天公司在案涉建设工程施工合同的补充条款中约定，由于甲方（恒和公司）或政府部门等非乙方（中天公司）原因造成本项目不能获得中州杯等奖项，本合同第14.1条款中约定的总价款优惠点4%调整为0，即不优惠。截至本案一审庭审结束时，恒和公司对案涉工程仍未取得建设工程规划许可证、建设工程施工许可证等建设手续，导致案涉两份建设工程施工合同均无效，且恒和公司拖延支付工程价款，致使案涉工程停工。恒和公司对案涉工程未获得中州杯等奖项存在较大过错。恒和公司关于《审核报告》未按约定下浮4%，不能作为本案证据的上诉理由不能成立，本院不予支持。中天公司2014年12月1日向焦作中院提交《关于恒和国际商务会展中心在建工程拍卖联系函》的目的是主张优先受偿权，并非向恒和公司确认已完工工程价款，不能推翻双方当事人已就案涉工程价款达成一致意见的事实。德汇公司根据恒和公司的委托，依据三方对审的结果，向恒和公司出具《单方造价测算分析表》，并据此出具最终的《审核报告》。《单方造价测算分析表》和《审核报告》中的数据一致。一审判决将《审核报告》和《单方造价测算分析表》作为案涉工程价款结算依据并无不当。综上所述，恒和公司关于一审判决将《审核报告》《单方造价测算分析表》作为本案证据使用，不符合法律规定的上诉理由不能成立，本院不予支持。

080. 当事人诉前选定鉴定机构进行了工程造价鉴定，诉讼中当事人能否申请重新鉴定？

1. 问题解读及相关法律规定

一方当事人不认可诉前单方选定鉴定机构出具的咨询意见申请重新鉴定的，法院一般会予以准许。单方委托鉴定机构得出的结论只能作为一种书证使用，而不属于《民事诉讼法》第66条规定的“鉴定意见”。在单方委托鉴定的情况下，尽管其鉴定结论在客观上也可能不利于委托方当事人，但是在主观上鉴定人却因委托方当事人之需并支付费用而为之鉴定，鉴定人和委托方当事人之间形成的是一种聘用合同关系，很容易使对方当事人产生对鉴定人的不信任，其公正性受到极大程度的怀疑。

· 现行法律中的相关规定 ·

《最高人民法院关于民事诉讼证据的若干规定》

第四十一条　对于一方当事人就专门性问题自行委托有关机构或者人员出具的意见，另一方当事人有证据或者理由足以反驳并申请鉴定的，人民法院应予准许。

《最高人民法院关于审理建设工程施工合同纠纷案件适用法律问题的解释（一）》

第三十条　当事人在诉讼前共同委托有关机构、人员对建设工程造价出具咨询意见，诉讼中一方当事人不认可该咨询意见申请鉴定的，人民法院应予准许，但双方当事人明确表示受该咨询意见约束的除外。

《安徽省高级人民法院关于审理建设工程施工合同纠纷案件适用法律问题的指导意见（二）》

第十七条　一方当事人主张以自行委托中介机构作出的审核意见作为确定建设工程造价的依据，另一方有异议的，审核人员应当出庭接受质询。

审核人员无正当理由拒不出庭的，审核意见不得作为定案依据。

第十八条　出具审核意见的审核人员已出庭接受质询，如果审核意见存在《最高人民法院关于民事诉讼证据的若干规定》第二十七条（现第四十条）第一款规定情形，且不能通过该条第二款规定解决，当事人又申请司法鉴定的，可予支持。

《北京市高级人民法院关于审理建设工程施工合同纠纷案件若干疑难问题的解答》

33. 当事人在诉前共同委托鉴定的效力如何认定？

当事人诉前已经共同选定具有相应资质的鉴定机构对建设工程作出了相应的鉴定结论，诉讼中一方当事人要求重新鉴定的，一般不予准许，但有证据证明该鉴定结论具有《最高人民法院关于民事诉讼证据的若干规定》第二十七条第一款规定的情形除外。

《河北省高级人民法院关于印发〈建设工程施工合同案件审理指南〉的通知》

23. 当事人诉前共同委托具有鉴定资质的鉴定机构对涉案工程的工程造价作出鉴定结论，诉讼中一方当事人要求重新鉴定的，人民法院一般不予准许，但有证据推翻该鉴定结论的除外。承包方提出结算申请后，发包人单方委托鉴定，后承包方以发包人委托鉴定结论为依据起诉要求支付工程款的，按诉前共同委托鉴定处理。

《江苏省高级人民法院建设工程施工合同案件审理指南（2010）》

2. 坚持规范建筑市场秩序原则。一是严格建筑市场主体准入制度。在以下几种情形认定建设工程施工合同无效：承包人未取得建筑施工企业资质或者超越资质等级的；没有资质的实际施工人借用有资质的建筑施工企业名义的；建设工程必须进行招标而未招标或者中标无效的；承包单位将工程进行转包或者违法分包的。二是规范“黑白合同”。当事人就同一建设工程另行订立的建设工程施工合同与经过备案的中标合同实质性内容不一致的，应当以备案的中标合同作为结算工程价款的根据。中标合同约定的工程价款低于成本价的，建设工程施工合同无效。三是规范工程鉴定。

建设工程竣工并经验收合格后，承包人要求发包人支付工程价款，发包人对工程质量提出异议并要求对工程进行鉴定的，法院不予支持。建设工程竣工但未经验收，承包人要求发包人支付工程价款，发包人对工程质量提出异议并要求进行鉴定的，法院应予支持。当事人诉前已经共同选定具有相应资质的鉴定机构对建设工程作出了鉴定结论，诉讼中一方当事人要求重新鉴定的，法院不予支持。

《山东省高级人民法院关于审理建设工程施工合同纠纷案件若干问题的解答》

5. 当事人申请对工程造价、工期及停窝工损失、建设工程质量等进行鉴定的，如何审查？

当事人就建设工程造价、工期及停窝工损失、建设工程质量等事实发生争议，申请鉴定的，应当审查申请鉴定的事项与争议事实的关联性，判断鉴定的必要性。具有下列情形之一，且没有相反证据予以反驳或者推翻的，不予准许：

（1）当事人对申请鉴定的争议事项已达成协议的；

（2）当事人对申请鉴定的争议事项已共同委托有关机构、人员出具咨询意见且双方明示接受该咨询意见的；……

《四川省高级人民法院关于审理建设工程施工合同纠纷案件若干疑难问题的解答》

四、工程造价鉴定

32. 当事人在诉前、诉中自行委托鉴定的效力如何认定？

当事人诉前或诉中自行共同选定具有相应工程造价鉴定资质的鉴定机构对建设工程进行造价鉴定并出具了鉴定意见，一方当事人要求重新进行鉴定的，不予支持。但有证据证明该鉴定意见具有《最高人民法院关于民事诉讼证据的若干规定》第二十七条第一款规定的情形除外。

当事人诉前或诉中单方选定具有相应工程造价鉴定资质的鉴定机构对建设工程进行造价鉴定并出具了鉴定意见，一方当事人有证据证明该鉴定意见具有《最高人民法院关于民事诉讼证据的若干规定》第二十七条第一款规定的情形，该鉴定意见不予采信。

《天津仲裁委员会建设工程施工合同纠纷案件仲裁指引》

九、工程司法鉴定

双方对工程质量发生争议或造价约定不明确的，可以申请鉴定。当事人约定按照固定价结算工程价款，一方当事人请求对建设工程造价进行鉴定的，不予支持。当事人对部分案件事实有争议的，仅对有争议的事实进行鉴定，但争议事实范围不能确定，或者双方当事人请求对全部事实鉴定的除外。当事人对鉴定结论有异议提出重新鉴定应符合下列条件：……5. 一方当事人自行委托有关部门作出的鉴定结论，另一方当事人有证据足以反驳、推翻的。但对有缺陷的鉴定结论，可以通过补充鉴定、重新质证或者补充质证等方法解决的，不予重新鉴定。

《浙江省高级人民法院民事审判第一庭关于审理建设工程施工合同纠纷案件若干疑难问题的解答》

十七、启动工程量和工程价款鉴定程序，应该注意哪些问题?

当事人对工程价款存在争议，不能协议一致，也无法采取其他方式确定的，可以根据当事人的申请，对工程造价进行鉴定；双方当事人均不申请鉴定的，应向负有举证责任的当事人一方进行释明，其仍不申请鉴定的，由其承担举证不能的法律后果。

诉讼前已经由当事人共同选定具有相应资质的鉴定机构对工程价款进行了鉴定，诉讼中一方当事人要求重新鉴定的，不予准许，但确有证据证明鉴定结论具有《最高人民法院关于民事诉讼证据的若干规定》第二十七条第一款规定的情形除外。

通过对最高人民法院司法解释及各地高级人民法院的解答对比发现，关于双方共同选定的第三方出具的意见的，地方高级人民法院的观点都是认可的，除非有违反证据规定的情况才允许重新申请鉴定，而最高人民法院的司法解释确是同意重新申请鉴定除非双方明确表示受该咨询意见约束。我们认为，最高人民法院的司法解释明确区分了鉴定意见和咨询意见，鉴定意见与咨询意见最大的不同在于前者的委托人是司法机关或仲裁机构，鉴定机构的鉴定行为发生在诉讼过程中，所形成的鉴定意见本身就是《民事诉讼法》规定的8种证据形式之一；而后者的委托人是当事人等民事主体，咨询机构的咨询行为发生在诉讼程序之外，所形成的咨询意见本身并非鉴定意见，属于民事委托合同中受托人完成的工作成果。由于咨询意见与鉴定意见分属不同证据类型，故不存在可以直接替代的关系，不能仅以有咨询意见为由，剥夺当事人申请鉴定的程序权利。当然，如果双方已明确表示接受该咨询意见结果，则意味着双方都认可该咨询意见作为证据具有足够的真实性、合法性、关联性。如当事人一方事后再申请鉴定，已与其之前的自认相矛盾，人民法院从诉讼诚信出发，可以鉴定没有意义为由，对其鉴定申请，不予准许。

2. 参考案例

案例一 **河南空港城置业有限公司、亚翔建设集团有限公司建设工程施工合同纠纷再审审查与审判监督民事裁定书**（2020）最高法民申2939号

法院认为，关于空港城公司欠付亚翔公司工程款的数额问题。

《最高人民法院关于审理建设工程施工合同纠纷案件适用法律问题的解释（二）》第13条规定："当事人在诉讼前共同委托有关机构、人员对建设工程造价出具咨询意见，诉讼中一方当事人不认可该咨询意见申请鉴定的，人民法院应予准许，但双方当事人明确表示受该咨询意见约束的除外。"本案中，空港城公司与亚翔公司于2016年10月26日签订《协议书》，其中第4条约定，关于案涉工程项目结算问题，双方按造价咨询公司的工程造价鉴定结果执行。2017年8月7日，双方共同委托的河南联创工程造价管理有限公司出具《民航·国际馨苑住宅小区A地块已完工程结算报告》（以下简称《已完工程结算报告》），对亚翔公司已完成工程造价作出结论。鉴于空港城公司和亚翔公司已经在《协议书》中明确表示接受咨询意见的约束，因此，联创工程造价公司出具的《已完工程结算报告》对双方具有约束力。原审法院尊重当事人意思自治，依据《已完工程结算报告》结论，认定亚翔公司已完成工程的造价为325 636 366.10元，认定事实清楚。其中，亚翔公司自认已经收到工程款的数额为181 429 900元。空港城公司虽提交了《河南空港城

置业有限公司支付A地块项目部分款项明细表》，用以证明已支付亚翔公司工程款201 041 877.16元，但该证据仅为汇总表格且系复印件，空港城公司无相应转账支付凭证能够印证该明细表的内容，因此，原审法院对空港城公司的该项主张不予支持，并无不当。

案例二　贵州新建业工程有限责任公司、六盘水新城房地产开发有限公司建设工程施工合同纠纷再审审查与审判监督民事裁定书（2020）最高法民申2361号

法院认为，关于江源电力公司出具的审核报告能否采信的问题。

在新建业公司撤回司法鉴定申请，请求由双方当事人自行委托第三方对案涉工程价款进行审计时，一审法院已向新建业公司释明法律后果，新建业公司表示清楚第三方审计结果具有约束力，同意以该审计结果作为定案依据。新建业公司与新城公司自行委托江源电力公司对案涉工程造价进行审计，系其对自身权利的处分。江源电力公司出具的审计结论对双方均具有约束力。对于新建业公司主张江源电力公司超越资质出具审计报告，该审计报告无效的问题。江源电力公司系新建业公司与新城公司共同委托，新建业公司对江源电力公司资质及进行分段审计的情况应当知晓，在江源电力公司出具审计结论后，新建业公司单方不予认可，该行为有违诚实信用原则。对于新建业公司主张江源电力公司系新城公司单方付费委托，审核报告部分工程款项审核为负数，审计报告不中立、不公平的问题。现有证据表明江源电力公司是新城公司与新建业公司共同委托，审计费由谁承担系双方的内部约定，不能以此认定新城公司单方委托。部分工程款项的审核也系江源电力公司依据工程实际情况作出的审计，不存在新建业公司所称该审核报告不中立、不公平的问题。对于新建业公司主张遗漏20项签证、1项施工内容及未按合同约定计算人工费的问题，经审查，江源电力公司在一审中已对此作出回复，新建业公司主张的施工内容未计入的原因在于新建业公司未能提供签证原件或无签证；施工合同文本中“人工按98定额单价每工时加30元人民币”的签署有误，根据工程施工阶段贵州省建设厅2011年11月7日颁发的黔建建通〔2011〕564号文，即该项目所调增人工费用应在98定额20元/日的基础上

每工日调增30元，而不是每工时加30元。江源电力公司前述解释具有合理性，按此计算人工费及工程款并无不当。新城公司支付的工程进度款并非双方实际结算的工程款，不能以此否认审核报告的真实性。对于新建业公司提出审计遗漏了凤蝶土建部分已结算但未付工程款4 962 014.32元的问题。经审查，因新城公司与新建业公司对于凤蝶4#、5#楼土建工程已经结算，故该部分工程造价未纳入江源电力公司工程造价审计范围，原审法院在认定新建业公司应收工程款时，已将江源电力公司审计得出的工程造价加上了新城公司与新建业公司就凤蝶4#、5#楼的结算工程款，原审判决不存在新建业公司所称遗漏工程款的问题。

081. 诉讼中当事人委托法院指定鉴定机构对系争工程进行了鉴定，当事人能否对鉴定意见有异议要求重新鉴定?

1. 问题解读及相关法律规定

若不存在鉴定机构或者鉴定人员不具备相关的鉴定资格资质、鉴定程序严重违法、鉴定结论明显依据不足或经过质证认定有不能作为证据使用情形的，一般不允许当事人申请重新鉴定。

· 现行法律中的相关规定 ·

《最高人民法院关于民事诉讼证据的若干规定》

第四十条　当事人申请重新鉴定，存在下列情形之一的，人民法院应当准许：

（一）鉴定人不具备相应资格的；

（二）鉴定程序严重违法的；

（三）鉴定意见明显依据不足的；

（四）鉴定意见不能作为证据使用的其他情形。

存在前款第一项至第三项情形的，鉴定人已经收取的鉴定费用应当退还。拒不退还的，依照本规定第八十一条第二款的规定处理。

对鉴定意见的瑕疵，可以通过补正、补充鉴定或者补充质证、重新质证等方法解决的，人民法院不予准许重新鉴定的申请。

重新鉴定的，原鉴定意见不得作为认定案件事实的根据。

2. 参考案例

案例一 **山西利民种业有限公司、山阴县宁玉种子经销部等侵害植物新品种权纠纷民事二审民事裁定书**（2021）最高法知民终1044号

本院认为，当事人就专门性问题单方自行委托专业机构或者个人出具的书面意见，虽然不属于民事诉讼法所称的由人民法院经由司法鉴定程序所获得的鉴定意见，但法律并未排除其作为证据的资格。对一方当事人就专门性问题自行委托有关机构或者人员出具的意见，一般可参照法律和司法解释关于鉴定意见的审查规则和准用私文书证的质证规则，结合具体案情，对其证明力从严进行审查。《最高人民法院关于知识产权民事诉讼证据的若干规定》第23条规定："人民法院应当结合下列因素对鉴定意见进行审查：……（三）鉴定方法和鉴定程序是否规范，技术手段是否可靠；（四）送检材料是否经过当事人质证且符合鉴定条件；……"《最高人民法院关于民事诉讼证据的若干规定》第40条第1款规定："当事人申请重新鉴定，存在下列情形之一的，人民法院应当准许：……（二）鉴定程序严重违法的；（三）鉴定意见明显依据不足的；（四）鉴定意见不能作为证据使用的其他情形。"该条第4款规定："重新鉴定的，原鉴定意见不得作为认定案件事实的根据。"该规定第41条规定："对于一方当事人就专门性问题自行委托有关机构或者人员出具的意见，另一方当事人有证据或者理由足以反驳并申请鉴定的，人民法院应予准许。"依据上述规定，如自行委托取得的书面意见由具有相应资格的机构和人员作出、检测程序合法、对照样品来源可靠、检测方法科学，经质证对方未提出足以反驳的相反证据，一般可以确认其证明力。但是如果经审查，该意见存在程序严重违法、对照样品来源不明等重大错误，或者当事人提交了足以推翻意见的相反证据的，人民法院可不予采信。

本案中，登海公司单方委托河南中农检测技术有限公司出具的检验报告存在对照样品无样品编号、未注明对照样品来源等问题，无法确认是否为审定品种的标准样品，检验结论存在明显疑点。利民公司、宁玉经销部在原审中已明确对此提出异议，主张涉案检验报告不能作为认定事实的依据。原审法院未就此进行核实而径行确认该证据效力，在此基础上作出的原审判决属认定基本事实不清，应在重新审理中予以纠正。

案例二 **中国能源建设集团西北电力建设甘肃工程有限公司、甘肃华电福新能源有限公司与曾某璞、华电福新能源股份有限公司建设工程施工合同纠纷民事裁定书**（2020）甘民终630号

本院认为，本案一审中，对于甘肃大地工程咨询有限公司出具的《工程造价鉴定意见》，能源建设甘肃公司与甘肃福新公司就鉴定机构认定的道路总长以及宽度和厚度、石方开挖量、取费依据等提出异议，并提供了相应证据。鉴定人员虽出庭接受了询问，但未能给予科学的根据以证明其异议不能成立。作为《民事诉讼法》（2017年）第63条规定的8种法定证据类型之一，对鉴定意见是否采信，审判人员同样要对其证明力进行审查判断。综合本案证据，诉争鉴定意见存在明显依据不足，符合《最高人民法院关于民事诉讼证据的若干规定》第40条规定的当事人申请重新鉴定，人民法院应当准许的情形。而一审法院以能源建设甘肃公司、甘肃福新公司未提交证据证明鉴定依据的证据材料不具有客观真实性为由，对其重新鉴定的申请不予支持，并对《工程造价鉴定意见》中载明的工程造价7 870 088元予以确认显属认定事实不清。

082. 鉴定材料和鉴定机构出具的鉴定意见需要经当事人质证吗?

1. 问题解读及相关法律规定

鉴定意见是在诉讼案件中，鉴定机构接受人民法院的委托运用自己的专业知识对案件中的有关专门性问题进行鉴别、分析所作出的结论。属于《民

事诉讼法》（2021 年）第 66 条规定的 8 种证据形式之一，在建筑工程合同纠纷等民商事诉讼中，更是一种非常重要的证据形式。同时根据《民事诉讼法》第 71 条的规定，证据应当在法庭上出示，并由当事人互相质证。对涉及国家秘密、商业秘密和个人隐私的证据应当保密，需要在法庭出示的，不得在公开开庭时出示。因此鉴定材料和鉴定机构出具的鉴定意见需要经当事人质证才能作为认定案件事实的依据。

· 现行法律中的相关规定 ·

《最高人民法院关于审理建设工程施工合同纠纷案件适用法律问题的解释（一）》

第三十三条　人民法院准许当事人的鉴定申请后，应当根据当事人申请及查明案件事实的需要，确定委托鉴定的事项、范围、鉴定期限等，并组织当事人对争议的鉴定材料进行质证。

第三十四条　人民法院应当组织当事人对鉴定意见进行质证。鉴定人将当事人有争议且未经质证的材料作为鉴定依据的，人民法院应当组织当事人就该部分材料进行质证。经质证认为不能作为鉴定依据的，根据该材料作出的鉴定意见不得作为认定案件事实的依据。

《最高人民法院关于民事诉讼证据的若干规定》

第三十四条第一款　人民法院应当组织当事人对鉴定材料进行质证。未经质证的材料，不得作为鉴定的根据。

《四川省高级人民法院关于审理建设工程施工合同纠纷案件若干疑难问题的解答》

四、工程造价鉴定

36. 对于人民法院委托鉴定的鉴定机构作出的鉴定意见如何进行审核认定?

受人民法院委托鉴定的鉴定机构的鉴定意见作出后，人民法院应当组织双方当事人对鉴定意见进行质证。当事人对鉴定意见有异议或者人民法院认为鉴定人有必要出庭的，鉴定机构应当委派鉴定人出庭作证。当事人对鉴定意见提出异议的，鉴定人应当针对异议问题进行回复。人民法院经审查认为当事人提出的异议成立的，应当告知鉴定机构补充鉴定或予以调整，异议不成立的，对该鉴定意见予以采信。经人民法院通知，鉴定人拒不出庭作证的，鉴定意见不得作为认定事实的根据。

《山东省高级人民法院关于审理建设工程施工合同纠纷案件若干问题的解答》

6. 如何组织对建设工程鉴定意见进行质证和审查?

鉴定意见应当经当事人质证才能作为认定事实的依据，可由当事人对鉴定机构或鉴定人的资质、鉴定范围是否准确、鉴定程序是否合法、鉴定材料是否可靠、鉴定方法是否科学、鉴定意见是否存在错漏等发表质证意见。具有下列情形之一的，鉴定意见不能作为认定事实的依据：（1）鉴定人员与一方当事人存在利害关系，影响鉴定的公正性的；（2）鉴定人员未实际参与鉴定，仅在鉴定报告上署名的；（3）经人民法院通知，鉴定人拒不出庭作证的；（4）其他不应采信的情形。

2. 参考案例

案例 **湖北凯元置业有限公司、钟某平等建设工程施工合同纠纷民事再审民事裁定书**（2021）鄂09民再12号

法院再审认为，根据凯元公司申请再审的主要理由，即一审法院委托对涉案工程鉴定程序存在违法的事由。经查明，一审法院委托湖北拓展工程造价咨询有限责任公司作出的工程造价鉴定意见书，所依据的鉴定资料未经各方当事人质证。依照《最高人民法院关于民事诉讼证据的若干规定》第34条“人民法院应当组织当事人对鉴定材料进行质证。未经质证的材料，不得作为鉴定的根据”的规定，再审申请人凯元公司提出的该项再审理由成立，本案原审认定事实的主要依据存在失效和缺乏证明力的情形。

083. 一审未申请鉴定，二审再申请鉴定，法院如何处理？

1. 问题解读及相关法律规定

申请鉴定属于举证方式之一，应当遵守法律规定。一审阶段未提出工程质量鉴定申请而在二审阶段提出的，二审时应对其是否“确有必要”进行严格审查。

· 现行法律中的相关规定 ·

《最高人民法院关于审理建设工程施工合同纠纷案件适用法律问题的解释（一）》

第三十二条　当事人对工程造价、质量、修复费用等专门性问题有争议，人民法院认为需要鉴定的，应当向负有举证责任的当事人释明。当事人经释明未申请鉴定，虽申请鉴定但未支付鉴定费用或者拒不提供相关材料的，应当承担举证不能的法律后果。

一审诉讼中负有举证责任的当事人未申请鉴定，虽申请鉴定但未支付鉴定费用或者拒不提供相关材料，二审诉讼中申请鉴定，人民法院认为确有必要的，应当依照民事诉讼法第一百七十条第一款第三项的规定处理。

《最高人民法院关于民事诉讼证据的若干规定》

第三十条　人民法院在审理案件过程中认为待证事实需要通过鉴定意见证明的，应当向当事人释明，并指定提出鉴定申请的期间。

符合《最高人民法院关于适用〈中华人民共和国民事诉讼法〉的解释》第九十六条第一款规定情形的，人民法院应当依职权委托鉴定。

《最高人民法院关于民事诉讼证据的若干规定》

第三十一条　当事人申请鉴定，应当在人民法院指定期间内提出，并预交鉴定费用。逾期不提出申请或者不预交鉴定费用的，视为放弃申请。

对需要鉴定的待证事实负有举证责任的当事人，在人民法院指定期间内无正当理由不提出鉴定申请或者不预交鉴定费用，或者拒不提供相关材料，致使待证事实无法查明的，应当承担举证不能的法律后果。

2. 参考案例

案例一 **深圳市百路通电梯有限公司、杜某强建设工程施工合同纠纷民事二审民事判决书**（2022）粤 13 民终 385 号

一审法院认为，原告认为其因案涉工程不合格造成了严重的经济损失，但不能向法院举证证明损失发生的事实依据，经法院释明，原告坚持不同意通过鉴定确定其损失情况，根据“谁主张，谁举证”的原则，原告对其主张应当承担举证不能的法律后果。因此，原告请求被告赔偿损失 180 000 元，证据不足，一审法院不予支持。

二审法院认为，本案中，上诉人主张案涉工程存在质量问题并请求杜某强赔偿 180 000 元，应当以工程的质量问题所需修复而产生的经济损失，作为认定事实的基础，上述待证的事实属于专业判断事项，需要通过专业的鉴定意见证明，原审法院已经明确告知上诉人因杜某强未在指定期限内预交鉴定费，于 2021 年 9 月 30 日撤回其委托申请，并且对上诉人进行释明，对案涉工程存在的质量问题进行修复是否申请鉴定，上诉人明确表示不申请，视为放弃鉴定申请，致使待证事实无法查明，按照上述规定，上诉人应承担举证不能的法律后果。二审期间，上诉人再次提出申请鉴定申请，已经超过人民法院指定的鉴定期限，应当不予准许。

案例二 **罗某波、绵阳安诚建筑劳务有限公司等建设工程分包合同纠纷民事二审民事裁定书**（2021）川 01 民终 16938 号

一审法院认为，对欠付工程款，民工班组长董某忠亦是以诉讼方式向安诚公司主张，故罗某波虽与挂靠安诚公司的王某良、杨某林签有分包合同，但罗某波再行分包时是以安诚公司名义，民工班组长亦是向安诚公司主张权利，因此，分包合同实际履行的相对人应为安诚公司与民工班组长，有权向

安诚公司主张劳务款权利的应为民工班组长而非罗某波，对罗某波向安诚公司、王某良、杨某林主张工程欠款的诉讼请求，本院不予支持。若罗某波在工程中有垫资，其可基于相应法律关系向相关债务人主张。

二审法院认为，本案中，案涉《劳务分包合同》由王某良作为甲方，与乙方罗某波签订，并加盖了安诚公司天和睿城项目部印章，罗某波可以根据该合同主张其权利、义务。且依据《最高人民法院关于审理建设工程施工合同纠纷案件适用法律问题的解释（一）》第32条第2款“一审诉讼中负有举证责任的当事人未申请鉴定，虽申请鉴定但未支付鉴定费用或者拒不提供相关材料，二审诉讼中申请鉴定，人民法院认为确有必要的，应当依照民事诉讼法第一百七十条第一款第三项的规定处理”之规定，二审中，罗某波申请了工程造价鉴定。故，依照《中华人民共和国民事诉讼法》相关规定，裁定如撤销成都市青白江区人民法院（2021）川0113民初777号民事判决；本案发回成都市青白江区人民法院重审。

084. 工程竣工前当事人就工程质量发生争议的，鉴定期间如何处理？

1. 问题解读及相关法律规定

工程竣工前或者施工过程中，如果发包人认为工程质量有问题与承包人发生争议，就需要对工程质量进行鉴定，对工程质量的鉴定可否作为顺延工期的理由，主要以工程质量是否合格作为判断标准。如果工程质量经鉴定是合格的，则应将鉴定期间作为顺延工期期间；反之如果工程质量经鉴定不合格，则工期不应当顺延，承包人逾期竣工的，应当承担相应的违约责任。

· 现行法律中的相关规定 ·

《民法典》

第五百七十七条　当事人一方不履行合同义务或者履行合同义务不符

合约定的，应当承担继续履行、采取补救措施或者赔偿损失等违约责任。

第八百零一条　因施工人的原因致使建设工程质量不符合约定的，发包人有权请求施工人在合理期限内无偿修理或者返工、改建。经过修理或者返工、改建后，造成逾期交付的，施工人应当承担违约责任。

第八百零四条　因发包人的原因致使工程中途停建、缓建的，发包人应当采取措施弥补或者减少损失，赔偿承包人因此造成的停工、窝工、倒运、机械设备调迁、材料和构件积压等损失和实际费用。

《最高人民法院关于审理建设工程施工合同纠纷案件适用法律问题的解释（一）》

第十一条　建设工程竣工前，当事人对工程质量发生争议，工程质量经鉴定合格的，鉴定期间为顺延工期期间。

2. 参考案例

案例　**陕西佳明房地产开发有限公司与杨凌金泰建设有限公司建设工程施工合同纠纷二审民事判决书**（2013）陕民一终字第00128号

法院认为，关于金泰公司是否应向佳明公司赔偿公寓楼逾期交付违约金的问题。双方签订的《建设工程施工合同》通用条款第26.4款约定，发包人不按合同约定支付工程款（进度款），双方又未达成延期付款协议，导致施工无法进行，承包人可停止施工，由发包人承担违约责任。双方2009年4月10日签订的《补充合同（二）》约定，本补充合同签订之日后10个工作日内，甲方一次性支付给乙方工程款肆佰万元整（400万元），乙方须在甲方付款后3日内恢复施工。乙方恢复施工后，甲方应按月支付80%的工程进度款，不得延误和拖欠，交工日期为2009年8月10日。佳明公司于2009年4月28日支付金泰公司工程款400万元，金泰公司于2009年5月15日亦恢复施工。此后，双方签订的《备忘录》载明“双方就杨凌绿谷财富中心建设项目拖欠工程款一事，经磋商，由建设方总经理梁某向施工方经理李某作如下承诺”的内容反映出佳明公司存在拖欠工程款的事实，该《备忘录》“一、从即日起至2009年7月10日（限一周），建设方向施工方确保支付工程款400

万元整，力争付至500万元；同时完成全部室外工程结算和高层公寓楼整体进度概算，经确认后的数额作为按比例支付工程款的依据。二、建设方支付工程款1000万元，施工方积极配合其完善和协助办理已竣工结算的餐饮、商业和超市楼工程的相关手续，落实以上房屋产权的整体移交。三、鉴于以上承诺，施工方暂不组织全面停工”的约定表明如佳明公司未全面履行其上述两项承诺，金泰公司则可以停工。《备忘录》签订后，在《补充合同（二）》约定的交工日期2009年8月10日之前，佳明公司仅支付390万元，尚有1110万元未付。即使将之后佳明公司2009年8月29日支付金泰公司的300万元，9月29日支付的200万元以及佳明公司支付的工程款170万元（其中应扣除支付的室内外消防系统安装工程款60万元）和以房抵工程款的1 821 752元，均计为履行《备忘录》约定的款项，仍有3 178 248元未付。佳明公司未按约定支付工程款，金泰公司依约可以停止施工。故金泰公司未在双方约定的交工日期2009年8月10日交工并不构成违约。原审关于金泰公司未在双方约定的交工日期2009年8月10日交工构成违约，应当按照双方的约定承担违约金的认定，与事实不符，显属不当。另外，在2011年7月，金泰公司完成公寓楼工程全部施工后，即向佳明公司正式提交竣工验收申请，佳明公司在组织进行分户验收过程中，发现高层公寓楼楼板和墙面有裂缝，经设计单位、勘察单位、监理单位及施工单位察看现场，设计单位建议委托检测单位进行检测，根据检测报告结论再进行下一步工作。勘察单位的意见为不同意竣工验收，待主体结构全面检测整改合格后方可进行竣工验收。当事人双方协商同意对公寓楼及室外工程的质量进行鉴定。如前所述，鉴定结论表明金泰公司施工的公寓楼及室外工程的质量合格仅存在部分瑕疵问题，而该质量瑕疵问题并不影响双方进行竣工验收交接该工程，因此，质量鉴定所造成的工程交付延期，金泰公司没有责任。但2012年9月4日质量检测报告送达金泰公司后，金泰公司却拒不交付公寓楼，及至2014年8月28日，经本院调解，金泰公司方将公寓楼及室外工程交付佳明公司。由于金泰公司对属于不动产的公寓楼并不依法享有留置权，故其在上述期间内拒不交付公寓楼的行为显然构成违约，依约应向佳明公司支付迟延交房违约金每日2000元（自2012年9月4日起至2014年8月28日公寓楼实际交付之日止）。

085. 建设工程施工合同已经约定工程价款为固定价，一方能否就工程造价提出鉴定申请？

1. 问题解读及相关法律规定

建设工程施工合同已经约定工程价款为固定价，一方原则上不能提出鉴定申请，但一定情形下可以申请鉴定。

固定价款是指合同总价或单价在合同约定的风险范围内不可调整的价格。发包方与承包方往往具有建设工程施工及结算的经验，作为承包方在约定固定价时应全面考虑市场风险、技术成本、利润空间等因素，在没有证据表明双方当事人存在合同修改、设计变更、工程量调整的情况下，已经考虑了履行合同时将会存在的价格、人工、时间、原材料等各种因素的风险，所以应当尊重双方当事人的这种意思自治，按照发承包双方约定的包干总价结算工程款。但发承包双方对固定价结算的约定模糊、不明确，工程量本身存在争议无法确定的情况下，可以根据案件的具体情形申请鉴定或者工程未完工，可对已完成工程进行工程造价鉴定。

· 现行法律中的相关规定 ·

《民法典》

第五百三十三条　合同成立后，合同的基础条件发生了当事人在订立合同时无法预见的、不属于商业风险的重大变化，继续履行合同对于当事人一方明显不公平的，受不利影响的当事人可以与对方重新协商；在合理期限内协商不成的，当事人可以请求人民法院或者仲裁机构变更或者解除合同。

人民法院或者仲裁机构应当结合案件的实际情况，根据公平原则变更或者解除合同。

《最高人民法院关于审理建设工程施工合同纠纷案件适用法律问题的解释（一）》

第二十八条　当事人约定按照固定价结算工程价款，一方当事人请求对建设工程造价进行鉴定的，人民法院不予支持。

《北京市高级人民法院关于审理建设工程施工合同纠纷案件若干疑难问题的解答》

11. 固定总价合同履行中，当事人以工程发生设计变更为由要求对工程价款予以调整的，如何处理?

建设工程施工合同约定工程价款实行固定总价结算，在实际履行过程中，因工程发生设计变更等原因导致实际工程量增减，当事人要求对工程价款予以调整的，应当严格掌握，合同对工程价款调整有约定的，依照其约定；没有约定或约定不明的，可以参照合同约定标准对工程量增减部分予以单独结算，无法参照约定标准结算的，可以参照施工地建设行政主管部门发布的计价方法或者计价标准结算。

主张工程价款调整的当事人应当对合同约定施工的具体范围、实际工程量增减的原因、数量等事实承担举证责任。

12. 固定价合同履行过程中，主要建筑材料价格发生重大变化，当事人要求对工程价款予以调整的，如何处理?

建设工程施工合同约定工程价款实行固定价结算，在实际履行过程中，钢材、木材、水泥、混凝土等对工程造价影响较大的主要建筑材料价格发生重大变化，超出了正常市场风险的范围，合同对建材价格变动风险负担有约定的，原则上依照其约定处理；没有约定或约定不明，该当事人要求调整工程价款的，可在市场风险范围和幅度之外酌情予以支持；具体数额可以委托鉴定机构参照施工地建设行政主管部门关于处理建材差价问题的意见予以确定。

因一方当事人原因导致工期延误或建筑材料供应时间延误的，在此期间的建材差价部分工程款，由过错方予以承担。

13. 固定总价合同履行中，承包人未完成工程施工的，工程价款如何确定？

建设工程施工合同约定工程价款实行固定总价结算，承包人未完成工程施工，其要求发包人支付工程款，经审查承包人已施工的工程质量合格的，可以采用“按比例折算”的方式，即由鉴定机构在相应同一取费标准下分别计算出已完工程部分的价款和整个合同约定工程的总价款，两者对比计算出相应系数，再用合同约定的固定价乘以该系数确定发包人应付的工程款。

当事人就已完工程的工程量存在争议的，应当根据双方在撤场交接时签订的会议纪要、交接记录以及监理材料、后续施工资料等文件予以确定；不能确定的，应根据工程撤场时未能办理交接及工程未能完工的原因等因素合理分配举证责任。

《河北省高级人民法院关于印发〈建设工程施工合同案件审理指南〉的通知》

11. 合同约定固定价款的，因发包人原因导致工程变更的，承包人能够证明工程变更增加的工程量不属于合同约定包干价范围之内的，有约定的，按约定结算工程价款，没有约定的，可以参照合同约定标准对工程量增减部分予以单独结算，无法参照约定标准结算可以参照施工地建设行政主管部门发布的计价方法或者计价标准结算。主张调整的当事人对合同约定的施工具体范围、实际工程量增减的原因、数量等事实负有举证责任。

12. 建设工程施工合同约定工程款实行固定价，如建设工程尚未完工，当事人对已完工程造价产生争议的，可将争议部分的工程造价委托鉴定，但应以合同约定的固定价为基础，根据已完工工程占合同约定施工范围的比例计算工程款。即由鉴定机构在同一取费标准下分别计算出已完工程部分的价款和整个合同约定工程的总价款，两者对比计算出相应系数，再用合同约定的固定价乘以该系数，确定工程价款。当事人一方主张以定额标准作为造价鉴定依据的，人民法院不予支持。

《江苏省高级人民法院建设工程施工合同案件审理指南（2010）》

七、建设工程施工合同工程款的认定

（一）已完工部分验收合格工程的工程款结算

建设工程施工合同履行过程中，当事人双方约定解除或单方法定解除合同，承包方主张其已完工程的工程款。因工程未完工，如何结算该部分工程款，往往涉及鉴定标准的把握。

在工程没有全部完工的情况下，有两种不同的方式来确认工程款，一是根据实际完成的工程量，以建设行政管理部门颁发的定额取费，核定工程价款，并参照合同约定最终确定工程价款；此时，对工程造价鉴定不涉及到甩项部分，只须鉴定其完工部分即可。二是确定所完工程的工程量占全部工程量的比例，按所完工程量的比例乘以合同约定的固定价款得出工程价款。此时，对工程造价鉴定涉及到甩项部分，即对涉案工程总造价进行鉴定。第一种方法较为经济，也是较为常用的一种方法，一般用于工程没有总体竣工验收；第二种方法鉴定费用较高，一般用于工程竣工验收合格。上述两种方式均具有一定的合理性，应尽量寻求双方当事人意见的一致，如无法取得一致时由人民法院酌情确定。

《山东省高级人民法院关于审理建设工程施工合同纠纷案件若干问题的解答》

4. 建设工程施工合同约定工程价款按照固定总价结算，当事人主张施工范围、工程量增减的，如何处理？

合同约定按照固定总价结算工程价款，实际施工未超出约定施工范围的，应当适用固定价结算。当事人主张施工范围增减的，按照以下情形分别处理：

……

（3）工程尚未完工的，合同约定固定总价，承包人要求支付工程款的，对于能够确定已完工工程占合同约定施工范围比例的工程，应以合同约定的固定价为基础按比例折算；无法确定已完工比例的，双方对工程造价有争议的，可将争议部分工程造价委托鉴定。

……

《四川省高级人民法院关于审理建设工程施工合同纠纷案件若干疑难问题的解答》

25. 约定工程价款实行固定总价结算的施工合同在未全部完成施工即终止履行的工程价款如何结算?

约定工程价款实行固定总价结算的建设工程施工合同在未全部完成施工即终止履行，承包人已施工的工程质量合格，承包人要求发包人支付工程价款的，由双方协商确定已施工的工程价款，协商不成的，由鉴定机构根据工程设计图纸、施工图纸、施工签证、交接记录等资料以及现场勘验结果，对已完成工程量占合同工程量比例计算系数，再用合同约定的固定价款乘以该系数确定发包人应付的工程价款。

《天津仲裁委员会建设工程施工合同纠纷案件仲裁指引》

六、工程价款纠纷

5. 双方约定按照固定价款结算的，从其约定。

九、工程司法鉴定

双方对工程质量发生争议或造价约定不明确的，可以申请鉴定。当事人约定按照固定价结算工程价款，一方当事人请求对建设工程造价进行鉴定的，不予支持。当事人对部分案件事实有争议的，仅对有争议的事实进行鉴定，但争议事实范围不能确定，或者双方当事人请求对全部事实鉴定的除外。……

2. 参考案例

案例一　王某成、许昌市腾飞房地产开发有限公司建设工程施工合同纠纷再审审查与审判监督民事裁定书（2018）最高法民申4513号

一审法院认为，因王某成与建筑公司签订的《建筑工程施工内部承包合同》中双方约定采取一次包死的总承包形式，涉案合同的价款为124 991 000元。最终合同价必须在2011年11月31日前对完预算，否则该暂定价计为合同价。本案目前双方没有对完预算，双方约定工程采取一次包死的总承包形式，应理解为双方对签订合同时约定的施工范围内的工程量采取固定价结算工程

价款。根据《最高人民法院关于审理建设工程施工合同纠纷案件适用法律问题的解释》第22条："当事人约定按照固定价结算工程价款，一方当事人请求对建设工程造价进行鉴定的，不予支持"的规定，王某成请求对涉案工程进行鉴定，原审法院不予准许。

二审法院认为，双方对原设计图范围内工程款的价格约定的是固定价，原审法院依据《最高人民法院关于审理建设工程施工合同纠纷案件适用法律问题的解释》第22条之规定，不予准许王某成对涉案工程进行鉴定的请求，程序合法。

再审法院认为，《最高人民法院关于审理建设工程施工合同纠纷案件适用法律问题的解释（一）》第22条规定："当事人约定按照固定价结算工程价款，一方当事人请求对建设工程造价进行鉴定的，不予支持。"由于《建筑工程施工内部承包合同》为固定价合同，双方约定对签订合同时施工范围内的工程量采取固定价结算工程价款，因此原判决对王某成提出对涉案工程进行鉴定的请求不予准许，适用法律正确，程序合法。

案例二　河南润发路桥置业发展有限公司、曹某平建设工程施工合同纠纷再审审查与审判监督民事裁定书（2017）最高法民申3287号

一审法院认为，在施工中，因润发公司未及时拨付工程款，造成工期迟延，原材料价格与合同约定有明显变化。对涉及价款经鉴定，该涉案工程造价为13 195 517.06元，可以认定。

二审法院认为，双方对已完成的工程量意见不一致，润发公司认为最多完成了50%，曹某平、赵某认为最少完成了90%，只差门窗没有安装。在此情况下，周口市川汇区人民法院所作的造价鉴定，是对曹某平、赵某实际完成的每项工程的造价鉴定，一审法院适用该鉴定确定工程款是比较客观的，并无不当。

再审法院认为，润发公司主张，在双方的合同约定按照固定价结算工程款的情况下，原审不应启动鉴定程序对工程量和工程造价进行鉴定，该做法违反了《最高人民法院关于审理建设工程施工合同纠纷案件适用法律问题的解释》第22条关于"当事人约定按照固定价结算工程价款，一方当事人请

求对建设工程造价进行鉴定的，不予支持”的规定。但上述规定在工程量无争议情况下当然应予遵循，而在工程量本身存在争议无法确定的情况下，应否鉴定还应根据案件的具体情形具体分析。本案中，案涉工程并非全部由曹某平、赵某完成，润发公司亦未及时拨付工程款造成工期迟延，同时还存在原材料价格与合同约定发生明显变化的事实，因此工程量与工程价款已失去直接按照合同约定认定的条件。原审中，润发公司也并非反对司法鉴定，只是主张鉴定范围应限于曹某平、赵某完成工程量占总工程量的比例，应付工程价款则按照已完成比例乘以合同约定的总造价 12 420 096 元计算得出。但建设工程所涉项目众多，材料价格各不相同，在不计算价格的情况下，无法确认某部分工程占总工程量的比例。原审基于上述情况要求润发公司提供仅鉴定工程量比例而不鉴定工程造价的类似鉴定报告，但润发公司未能提交。此种情况下，原审根据曹某平、赵某的申请，委托鉴定机构对案涉工程量以及工程价款进行鉴定，并无不当。

086. 建设工程施工合同约定了计价方式或计价标准，能否对工程款结算再进行司法鉴定？

1. 问题解读及相关法律规定

建设工程的结算款是指发承包双方根据合同约定，对合同工程在实施中、终止时及已完工后进行的合同款计算、调整和确认后得出的款项。承包人完成全部项目的施工或者施工合同被解除后，正常情况下，发承包双方应当依据合同约定对已完工程造价进行结算，以确定最终结算款；如无法自行达成结算并引发诉讼或仲裁的，亦可申请法院或者仲裁机构委托造价咨询机构对已完工程造价进行鉴定，由法院或者仲裁机构依据鉴定意见、合同约定等确定结算款。

当事人在合同中约定了工程款的计价方式或者计价标准，在仅对工程款结算发生争议时，法院不可以允许对工程款结算进行司法鉴定。因合同签订时基于当事人的合意，是合同双方当事人的真实意思表示，如果以司法鉴定的方式确定工程款，就等同于改变双方的合同内容，则会有违合同意思自治的原则。因此，在建设工程施工合同中约定了计价方式或者计价标准，应以当事人的约定为准，如果当事人对工程量或者工程范围均无异议，可以以约定的计价方式或计价标准计算出工程款的，法院不应允许对工程款结算进行司法鉴定；如果当事人对计价方式或计价标准没有约定或约定不明，或者对计价方式或计价标准进行了约定，但对工程量或者工程范围存有异议，无法计算工程款的，可以对工程款结算进行司法鉴定。

· 现行法律中的相关规定 ·

《民法典》

第五百一十条　合同生效后，当事人就质量、价款或者报酬、履行地点等内容没有约定或者约定不明确的，可以协议补充；不能达成补充协议的，按照合同相关条款或者交易习惯确定。

《最高人民法院关于审理建设工程施工合同纠纷案件适用法律问题的解释（一）》

第十九条　当事人对建设工程的计价标准或者计价方法有约定的，按照约定结算工程价款。因设计变更导致建设工程的工程量或者质量标准发生变化，当事人对该部分工程价款不能协商一致的，可以参照签订建设工程施工合同时当地建设行政主管部门发布的计价方法或者计价标准结算工程价款。建设工程施工合同有效，但建设工程经竣工验收不合格的，依照民法典第五百七十七条规定处理。

第二十八条　当事人约定按照固定价结算工程价款，一方当事人请求对建设工程造价进行鉴定的，人民法院不予支持。

《北京市高级人民法院关于审理建设工程施工合同纠纷案件若干疑难问题的解答》

32. 当事人申请对工程造价进行鉴定的，如何处理？

当事人对工程价款存在争议，既未达成结算协议，也无法采取其他方式确定工程款的，法院可以根据当事人的申请委托有司法鉴定资质的工程造价鉴定机构对工程造价进行鉴定；当事人双方均不申请鉴定的，法院应当予以释明，经释明后对鉴定事项负有举证责任的一方仍不申请鉴定的，应承担举证不能的不利后果。

《重庆市高级人民法院关于建设工程造价鉴定若干问题的解答》

一、关于鉴定的启动

1. 当事人在何种情形下可以申请通过鉴定方式确定建设工程造价？

具有下列情形之一，当事人申请进行建设工程造价鉴定，人民法院经审查认为根据当事人举示的证据不能自行确定建设工程造价的，可予准许：（1）合同约定采用固定总价方式确定工程造价，同时对固定总价包含的风险范围、风险费用的计算方法以及风险范围以外的合同价格的调整方法作出了约定，需要确定风险范围以外的工程造价的。（2）合同约定采用固定单价方式确定工程造价，需要通过鉴定方式确定工程造价的。（3）合同约定采用成本加酬金方式确定工程造价，需要通过鉴定方式确定建设成本及酬金的。（4）合同约定采用可调价格方式确定工程造价，需要通过鉴定方式确定工程造价的。（5）建设工程未完工，需要通过鉴定方式确定已完工程造价的。（6）合同未约定工程价款的确定方法，需要通过鉴定方式确定工程造价的。（7）人民法院认为需要通过鉴定方式确定工程造价的其他情形。

2. 当事人已经办理结算，又申请通过鉴定方式确定建设工程造价的，如何处理？

当事人已经办理结算，形成结算文件，又申请通过鉴定方式确定建设工程造价的，人民法院不予准许。但有证据证明双方达成的结算文件无效、被依法撤销的除外。

《四川省高级人民法院关于审理建设工程施工合同纠纷案件若干疑难问题的解答》

四、工程造价鉴定

33. 如何把握工程造价鉴定的启动原则？

当事人对工程价款存在争议，既未达成结算协议，也无法采取其他方式确定工程价款的，人民法院可以根据当事人的申请，委托有司法鉴定资质的工程造价鉴定机构对工程造价进行鉴定；当事人双方均不申请鉴定的，人民法院应当予以释明，经释明后对工程造价负有举证责任的当事人在人民法院指定的期限内无正当理由仍不申请鉴定，致使工程造价无法认定的，应当对工程造价承担举证不能的不利后果。为了查明案件事实，人民法院也可以根据案件情况，依职权启动司法鉴定程序。当事人应依照人民法院的要求提交鉴定资料、预交鉴定费用、选定鉴定机构，否则，承担相应的不利后果。

《浙江省高级人民法院民事审判第一庭关于审理建设工程施工合同纠纷案件若干疑难问题的解答》

三、如何认定当事人就工程价款计价方法所约定的条款的效力？

建设工程施工合同约定的工程价款的确定方法虽然与建设工程计价依据不一致，但并不违反法律、行政法规强制性规定的，该约定应认定有效。

十七、启动工程量和工程价款鉴定程序，应该注意哪些问题？

当事人对工程价款存在争议，不能协议一致，也无法采取其他方式确定的，可以根据当事人的申请，对工程造价进行鉴定；双方当事人均不申请鉴定的，应向负有举证责任的当事人一方进行释明，其仍不申请鉴定的，由其承担举证不能的法律后果。诉讼前已经由当事人共同选定具有相应资质的鉴定机构对工程价款进行了鉴定，诉讼中一方当事人要求重新鉴定的，不予准许，但确有证据证明鉴定结论具有《最高人民法院关于民事诉讼证据的若干规定》第二十七条第一款规定的情形除外。一审诉讼期间对工程价款进行了鉴定，当事人在二审诉讼期间申请重新鉴定或补充鉴定的，不予准许，但确有证据证明鉴定结论具有《最高人民法院关于民事诉讼证据的若干规定》第二十七条第一款规定情形的除外。二审诉讼期间，双方当事人均同意鉴定的，可予准许，但可能损害社会公共利益或第三人利益的除外。人民法院应避免随意、盲目委托鉴定和不必要的多次、重复鉴定。根据双方当事人的合同约定或者现有证据，足以认定工程量和工程价款的，不应再就工程价款委托鉴定。

2. 参考案例

案例一 **沈阳鸿才建筑劳务有限公司、南京中贸商业地产集团建设有限公司建设工程施工合同纠纷再审审查与审判监督民事裁定书**（2017）最高法民申1245号

再审法院认为，原审判决关于涉案劳务分包工程价款的认定符合本案事实。

首先，涉案劳务分包工程价款应当按照合同约定计算。《合同法》第8条规定，依法成立的合同，对当事人具有法律约束力。当事人应当按照约定履行自己的义务，不得擅自变更或者解除合同。本案中，双方订立的《建设工程劳务分包合同》明确约定劳务分包工程价款以鸿才公司实际完成的面积乘以固定单价的方式计算且不得变更。该合同合法有效，双方均应按约履行。且鸿才公司向中贸公司出具的承诺书载明的劳务费数额也是按照涉案合同约定的单价计算，与涉案合同约定相互印证，涉案劳务分包工程价款依法应当按照合同约定计算，原审判决对涉案劳务分包工程价款的认定合法有据。鸿才公司申请再审称涉案三份承诺书是在受到欺诈、胁迫情况下签署的，不是其真实意思表示，但未提供证据进行证明，其主张不能成立。

其次，涉案《工程造价鉴定报告》不应予以采信。《最高人民法院关于审理建设工程施工合同纠纷案件适用法律问题的解释》第16条规定，当事人对建设工程的计价标准或者计价方法有约定的，按照约定结算工程价款。因设计变更导致建设工程的工程量或者质量标准发生变化，当事人对该部分工程价款不能协商一致的，可以参照签订建设工程施工合同时当地建设行政主管部门发布的计价方法或者计价标准结算工程价款。建设工程施工合同有效，但建设工程经竣工验收不合格的，工程价款结算参照本解释第三条规定处理。第22条规定，当事人约定按照固定价结算工程价款，一方当事人请求对建设工程造价进行鉴定的，不予支持。本案中，双方签订的劳务分包合同明确约定按固定单价结算，而鸿才公司未提交证据证明其实际施工内容存在设计变更、质量标准变化等情形。因此，鸿才公司关于应按照鉴定报告结算的主张，无事实和法律依据，不能成立。

案例二 高某峰、河南浩丰建设有限公司建设工程施工合同纠纷再审审查与审判监督民事裁定书（2021）豫民申1063号

再审法院经审查认为，关于生效判决依据鉴定意见确定工程价款是否正确的问题。涉案劳务分包合同第四条第一款中约定“该承包单价按建筑面积以平方米单价劳务包干”“综合单价为34元/平方米”。根据《最高人民法院关于审理建设工程施工合同纠纷案件适用法律问题的解释》第16条的规定，当事人对建设工程的计价标准或者计价方法有约定的，按照约定结算工程价款。本案中，双方在涉案合同中明确约定了建设工程的计价办法，虽然肖某青主张合同价格中不包含暖气安装，但其未提供相应证据证明该主张，故生效判决依据造价鉴定意见的结论确定工程价款违反了法律规定存在不妥。因此，裁定指令河南省郑州市中级人民法院再审本案。

第八章

建设工程优先受偿权问题

087. 如何行使优先受偿权?

1. 问题解读及相关法律规定

优先受偿权是法律规定的特定债权人优先于其他债权人甚至优先于其他物权人受偿的权利。

建设工程价款优先受偿权是承包人向发包人主张工程价款债权的法定权利，建设工程价款优先受偿权制度，对于矫正发包人与承包人的地位失衡，解决建筑实践中工程款的拖欠问题具有重要意义。

行使建设工程价款优先受偿权应当符合法定程序和方式。

（1）履行催告程序。承包人应向发包人发出书面催告通知，要求其在合理期限内支付工程价款。催告的合理期限，采用《建设工程施工合同示范文本》的，催告期限为28天，属于约定期限。没有约定的，可根据工程价款的标的大小掌握合理期限。一般来说，最长为两个月（60天）。

（2）行使前提条件。建设工程质量合格。

（3）行使方式。除承包人对建设工程折价、拍卖所得价款优先受偿外，还可以签订“以物抵债”协议和特别程序予以行使。

（4）行使期限。2020年《最高人民法院关于审理建设工程施工合同纠纷案件适用法律问题的解释（一）》第41条规定承包人应当在合理期限内行使建设工程价款优先受偿权，但最长不得超过18个月。自发包人应当给付建设工程价款之日起算。

（5）行使范围。建设工程价款包括承包人为建设工程应当支付的工作人员报酬、材料款等实际支出的费用，不包括承包人因发包人违约造成的损失。

· 现行法律中的相关规定 ·

《民法典》

第八百零七条　发包人未按照约定支付价款的，承包人可以催告发包人在合理期限内支付价款。发包人逾期不支付的，除根据建设工程的性质不宜折价、拍卖外，承包人可以与发包人协议将该工程折价，也可以请求人民法院将该工程依法拍卖。建设工程的价款就该工程折价或者拍卖的价款优先受偿。

《最高人民法院关于审理建设工程施工合同纠纷案件适用法律问题的解释（一）》

第三十五条　与发包人订立建设工程施工合同的承包人，依据民法典第八百零七条的规定请求其承建工程的价款就工程折价或者拍卖的价款优先受偿的，人民法院应予支持。

第三十六条　承包人根据民法典第八百零七条规定享有的建设工程价款优先受偿权优于抵押权和其他债权。

第三十八条　建设工程质量合格，承包人请求其承建工程的价款就工程折价或者拍卖的价款优先受偿的，人民法院应予支持。

第三十九条　未竣工的建设工程质量合格，承包人请求其承建工程的价款就其承建工程部分折价或者拍卖的价款优先受偿的，人民法院应予支持。

第四十条　承包人建设工程价款优先受偿的范围依照国务院有关行政主管部门关于建设工程价款范围的规定确定。

承包人就逾期支付建设工程价款的利息、违约金、损害赔偿金等主张优先受偿的，人民法院不予支持。

第四十一条　承包人应当在合理期限内行使建设工程价款优先受偿权，但最长不得超过十八个月，自发包人应当给付建设工程价款之日起算。

《浙江省高级人民法院民事审判第一庭关于审理建设工程施工合同纠纷案件若干疑难问题的解答》

二十二、建设工程施工合同无效情形下，谁有权行使优先受偿权?

建设工程施工合同无效，但工程经竣工验收合格，承包人可以主张工程价款优先受偿权。分包人或实际施工人完成了合同约定的施工义务且工程质量合格，在总承包人或转包人怠于行使工程价款优先受偿权时，就其承建的工程在发包人欠付工程价款范围内可以主张工程价款优先受偿权。

《天津仲裁委员会建设工程施工合同纠纷案件仲裁指引》

七、工程价款优先受偿

发包人逾期支付工程款，经承包人书面催告后在合理期限内仍未支付工程款，承包人可以主张工程款优先受偿。

1. 主体方面一般限于与工程范围内的建设工程勘察、设计、施工承包人之间，不包括提供技术服务的工程监理和买卖合同的供应商，总承包人怠于行使优先权导致分包人权利受损时，实务中可以酌情考虑分包人代为行使优先受偿权。

2. 客体方面承包人只能就其承包的工程、发包人未支付的工程款行使优先受偿权，包括承包人独立完成的、参与完成的或约定完成的工程，不包括承包人承建的发包人的其他建设工程款。不宜折价、拍卖的以及学校、医院、政府机关办公楼、道路、桥梁等公益建筑均不适用工程价款优先受偿权。

3. 受偿范围和期限，仅包括承包人因承包工程而实际支出的费用，包括人员工资、材料款、机械台班费、各种税费等。利息、停窝工损失、违约金等均不属于优先受偿的范围。

4. 工程款优先受偿权的适用限制

①消费者交付购买商品房的全部或大部分款项后，承包人对该商品房的价款优先受偿权不得对抗买受人。

②数个工程款优先受偿权之间平等享有优先受偿权，不分时间先后。

③承包人能否在保全财产未被处置之前主张提前行使工程款优先受偿

权尚存争议。

《四川省高级人民法院关于审理建设工程施工合同纠纷案件若干疑难问题的解答》

五、建设工程价款的优先受偿

37. 如何确定享有优先受偿权的主体？

建设工程施工合同有效，发包人未按照约定支付价款的，承包人可以催告发包人在合理期限内支付价款，发包人逾期不支付的，承包人可以向人民法院提起诉讼，并有权依据《中华人民共和国合同法》第二百八十六条之规定，要求建设工程的价款就该承建的建设工程折价或拍卖的价款优先受偿。

建设工程施工合同无效，但建设工程经竣工验收合格，或者未经竣工验收但已经实际使用，实际施工人请求其工程价款就承建的建设工程折价或拍卖的价款优先受偿的，应予支持。

装饰装修工程属于建设工程，可以适用《中华人民共和国合同法》第二百八十六条的规定，但装饰装修工程的发包人不是该建筑物的所有权人或者承包人与该建筑物的所有权人之间没有合同关系的除外。享有优先受偿权的承包人只能在建筑物因装饰装修而增加价值的范围内优先受偿。

38. 如何界定优先受偿权的范围？

建设工程经验收合格，工程的直接成本、间接成本、利润和税金属于优先受偿范围。

承包人、实际施工人支付的履约保证金、工程质量保证金、发包人应当支付的违约金等不属于优先受偿范围。

承包人、实际施工人请求确认对建设工程占用范围内的土地使用权享有优先受偿权的，不予支持。

39. 承包人、实际施工人不享有优先受偿权的情形有哪些？

具有下列情形之一，承包人、实际施工人请求工程价款就承建的建设工程折价或拍卖的价款优先受偿的，不予支持：

（一）经竣工验收不合格的工程；

（二）建设工程属于为公益目的建设的教育设施、医疗设施及其他社会公益设施；

（三）建设工程属于国家机关已投入使用的办公用房或者军事建筑；

（四）建设工程属于设备安装等附属工程；

（五）消费者购买承包人承建的商品房，并已经办理商品房产权变更或预告登记，或者消费者已交付购买商品房的全部或者大部分款项的。

《山东高院民一庭关于审理建设工程施工合同纠纷案件若干问题的解答》

10. 施工合同无效，承包人主张对涉案工程价款享有优先受偿权，如何处理？

建设工程价款优先受偿权不受施工合同效力的影响，施工合同无效，承包人仍可享有建设工程价款优先受偿权。

11. 承包人主张建设工程价款优先受偿权的起算时间如何确定？

行使建设工程价款优先受偿权的期限自发包人应当给付工程价款之日起算。当事人对应付款时间有明确约定的，按照当事人约定。无明确约定的，可以参照《最高人民法院关于审理建设工程施工合同纠纷案件适用法律问题的解释》第十八条规定审查处理。

《河北省高级人民法院关于印发〈建设工程施工合同案件审理指南〉的通知》

六、建设工程优先受偿权

33. 建设工程施工合同无效、但建设工程质量合格，承包人主张建设工程价款就该工程折价或拍卖的价款优先受偿的，人民法院应予以支持；分包人或实际施工人在总包人或非法转包人怠于主张工程价款时，主张建设工程价款就该工程折价或拍卖的价款优先受偿的，人民法院应予支持。

34. 承包人享有的优先受偿权的建设工程价款范围是指承包人完成的工作成果所产生的费用，包括直接费、间接费、利润、税金及工作人员报酬、材料款等实际支出的费用，不包括因发包人违约所产生的损失。利息属于工程价款的法定孳息，承包人主张未付工程价款利息属于工程价款属于优先受偿权范围的，应予支持。土地使用权不属于优先受偿权的客体，承包人请求对建设工程占用范围内的土地使用权的价值享有优先受偿权的，不予支持。

《安徽省高级人民法院关于审理建设工程施工合同纠纷案件适用法律问题的指导意见》

17. 建设工程施工合同无效，但工程经竣工验收合格的，承包人主张工程价款优先受偿权，可予支持。

18. 分包人或实际施工人完成了合同约定的施工义务且工程质量合格的，在总包人或非法转包人怠于主张工程价款优先受偿权时，就其承建的工程在发包人欠付的工程款范围内主张工程价款优先受偿权，可予支持。

《安徽省高级人民法院关于审理建设工程施工合同纠纷案件适用法律问题的指导意见（二）》

第二十二条　承包人仅对建设工程占用的土地使用权主张优先受偿权的，不予支持。

第二十三条　因发包人原因导致承包人施工期间停窝工产生的工人工资、设备租赁等费用，承包人将该费用与工程价款一并主张优先受偿权的，应予支持。

2. 参考案例

案例一　**山西龙鑫恒泰能源焦化有限公司、中冶天工集团有限公司再审审查与审判监督民事裁定书**（2021）最高法民申2026号

一审法院认为，在履行合同过程中，经双方协商一致终止合同的履行，并于2008年7月15日形成了《关于认定山西龙鑫恒泰焦化工程结算的报告》，并于7月16日由原被告双方最终盖章确认，应视为双方对终止合同达成合意，并对工程最终价款进行了确认，该日期应视为双方约定的工程竣工日期，应从2008年7月16日开始计算原告方行使建设工程价款优先受偿权的期限。原告于2008年11月1日即向被告龙鑫公司以快递形式发送《通

知》，要求被告在2008年年底前支付剩余工程款29 152 602.85元，否则将依法行使建设工程价款优先受偿权，该《通知》中原告对建设工程价款优先受偿权明确作出了声明，应视为原告在法定期限内对于行使该优先受偿权作出了明示，后原告持续多次向被告主张建设工程价款优先受偿权，故原告应享有对剩余工程价款29 152 602.85元的优先受偿权。

二审法院认为，2008年7月15日，双方在《关于认定山西龙鑫恒泰焦化工程结算的报告》中确认该工程已完工，并对工程结算进行了认定，工程结算值为134 068 081.52元，7月16日由双方最终盖章确认，应视为双方对终止合同达成合意，并对工程最终价款进行了确认，三份建设工程施工合同所涉及的工程已结束，该日期应视为双方约定的工程竣工日期。2008年1月8日、2008年11月1日、2010年8月30日、2010年10月26日、2012年10月24日、2014年10月23日、2016年10月20日中冶天工先后向被告发出工程催款函，并在催款函中宣示该项优先受偿权，一审法院认定中冶天工在法定期限内行使了其享有的建设工程价款优先受偿权，并无不当，本院予以支持。

再审法院认为，2008年7月15日，双方在《关于认定山西龙鑫恒泰焦化工程结算的报告》中确认该工程已完工，对工程结算款进行了认定，并于2008年7月16日最终盖章确认，故原审判决将该日期视为双方约定的工程竣工日期，从2008年7月16日起计算中冶天工行使优先权的期限，并无不当。在案证据证明，2008年1月8日、2008年11月1日、2010年8月30日、2010年10月26日、2012年10月24日、2014年10月23日、2016年10月20日中冶天工先后向龙鑫能源发出工程催款函，并在催款函中主张了该项优先受偿权。因此，原审法院认定中冶天工在法定期限内行使了优先权，并无不当。龙鑫能源虽对中冶天工向其发出的工程催款函不予认可，但其提交的证据不足以推翻在案证据已证明的事实，故对龙鑫能源的该再审申请理由，本院不予采纳。

另外，原《合同法》第286条规定："发包人未按照约定支付价款的，承包人可以催告发包人在合理期限内支付价款。发包人逾期不支付的，除按照建设工程的性质不宜折价、拍卖的以外，承包人可以与发包人协议将该工程折价，也可以申请人民法院将该工程依法拍卖。建设工程的价款就该工程折价或者拍卖的价款优先受偿。”从该法条规定内容看，并未规定建设工程价款优先受偿权必须以何种方式行使，因此只要中冶天工在法定期间内向龙鑫能源主张过优先受偿的权利，即可认定其已经行使了优先权。龙鑫能源称中冶天工仅在“催款函”中宣示优先受偿的权利，不属于建设工程价款优先受偿权的行使方式，没有法律依据。

案例二　**山西能投光伏农业发展有限公司、中国葛洲坝集团机电建设有限公司建设工程施工合同纠纷二审民事判决书**（2019）最高法民终250号

一审法院认为，关于第四个争议焦点，《合同法》第286条规定，发包人未按照约定支付价款的，承包人可以催告发包人在合理期限内支付价款，发包人逾期不支付的，除按照建设工程的性质不宜折价、拍卖的以外，承包人可以与发包人协议将该工程折价，也可以申请人民法院将该工程依法拍卖。建设工程的价款就该工程折价或者拍卖的价款优先受偿。原审法院查明的案件事实为：光伏农业公司未按照双方约定如期支付工程价款，双方又未能协议取得一致的解决方案形成本案诉讼。依据《合同法》第286条之规定，葛洲坝机建公司作为承包人对涉案项目电站工程依法拍卖价款享有法定优先受偿权。

二审法院认为，依照《最高人民法院关于审理建设工程施工合同纠纷案件适用法律问题的解释（二）》第22条之规定“承包人行使建设工程价款优先受偿权的期限为六个月，自发包人应当给付建设工程价款之日起算”，本案优先受偿权起算时间应为2017年11月15日，故至葛洲坝机建公司2018年3月7日提起本案诉讼时，并未超过6个月的建设工程价款优先受偿权行使期限。根据《最高人民法院关于建设工程价款优先受偿权问题的批复》第3条之规定，可以享受建设工程价款优先受偿权的建筑工程价款包括承包人为建设工程应当支付的工作人员报酬、材料款等实际支出的费用，不包括承包人因发包人违约所造成的损失，故原审判决判令葛洲坝集团机建公司对其应受领的违约金就案涉项目工程享有优先受偿权不当，本院予以纠正。

088. 承包人行使优先受偿权有无期限限制？

1. 问题解读及相关法律规定

《最高人民法院关于审理建设工程施工合同纠纷案件适用法律问题的解释（一）》第41条规定："承包人应当在合理期限内行使建设工程价款优先受偿权，但最长不得超过十八个月，自发包人应当给付建设工程价款之日起算。"

因此，承包人行使优先受偿权有期限限制，自发包人应当给付建设工程价款之日起算，最长不得超过18个月，且该时间为除斥期间，不适用诉讼时效终止、中断或者延长的规定。尽管之前的司法解释规定了优先受偿权的期限为6个月，自发包人应当给付建设工程价款之日起算，鉴于新法优于旧法，在之前的司法解释已经废止的情况下，应当适用新的司法解释的规定。法律保护权利人的利益，但需要权利人及时行使权利，否则，超过法定期限，义务人提出抗辩，法院将不予支持。

2. 参考案例

案例一 **广州市第四建筑工程有限公司、佛山众盈丰房地产开发有限公司建设工程施工合同纠纷民事二审民事判决书**（2020）粤民终3024号

法院认为，《最高人民法院关于审理建设工程施工合同纠纷案件适用法律问题的解释（一）》第41条规定："承包人应当在合理期限内行使建设工程价款优先受偿权，但最长不得超过十八个月，自发包人应当给付建设工程价款之日起算。"本案中，根据已查明的事实，案涉工程已于完成竣工验收备案，且广州四建行使建设工程价款优先受偿权亦未超出行使权利的法定期限，故广州四建主张其对案涉工程折价或拍卖的价款享有优先受偿权，符合上述法律规定，原审法院予以支持正确，本院予以维持。

案例二　都匀强臣房地产开发有限公司、贵州建工集团第六建筑工程有限责任公司建设工程施工合同纠纷二审民事判决书（2020）黔民终1209号

法院认为，优先受偿权主要是通过赋予承包人优先受偿权达到保护建筑工人权益的目的，故适用《最高人民法院关于审理建设工程施工合同纠纷案件适用法律问题的解释（一）》第41条更有利于保护民事主体的合法权益。本案建设工程施工合同正常履行完毕，双方经过竣工、验收、结算，在对工程款进行了确定的情况下，行使优先受偿权的起算时间与利息起算时间应当为同一时间节点2019年5月9日，一审法院优先受偿权的起算时间认定错误，但结论正确，贵州建工第六公司就案涉工程享有优先受偿权。

案例三　深圳洪涛集团股份有限公司、哈密秋天商贸有限公司破产债权确认纠纷民事二审民事判决书（2021）兵民终43号

法院认为，根据《最高人民法院关于审理建设工程施工合同纠纷案件适用法律问题的解释（一）》第41条"承包人应当在合理期限内行使建设工程价款优先受偿权，但最长不得超过十八个月，自发包人应当给付建设工程价款之日起算"的规定，洪涛公司在2018年10月31日申报债权时并未申报建设工程价款优先受偿权，直至2021年7月10日洪涛公司才主张建设工程价款优先受偿权，已超过前述法律规定的主张建设工程价款优先受偿权的期限，故洪涛公司的上诉理由不能成立。

089. 装饰装修工程是否属于优先受偿权的范围?

1. 问题解读及相关法律规定

《最高人民法院关于审理建设工程施工合同纠纷案件适用法律问题的解释（一）》第37条规定："装饰装修工程具备折价或者拍卖条件，装饰装修工程的承包人请求工程价款就该装饰装修工程折价或者拍卖的价款优先受偿

的，人民法院应予支持。”

另据《最高人民法院关于装修装饰工程款是否享有合同法第二百八十六条规定的优先受偿权的函复》（2004年12月8日）的规定：“福建省高级人民法院：装修装饰工程属于建设工程，可适用《中华人民共和国合同法》第二百八十六条关于优先受偿权的规定，但装修装饰工程的发包人不是该建筑的所有权人或者承包人与该建筑物的所有权人之间没有合同关系的除外。”

因此，装饰装修工程属于优先受偿权的范围。需要注意，被告应是该装饰装修工程的所有权人。

2. 参考案例

案例一 **新疆北山羊建设工程有限公司、新疆金粮源置业有限公司建设工程施工合同纠纷民事二审民事判决书**（2021）新01民终4898号

法院认为，一审法院判决金粮源公司应当在2021年5月1日向北山羊公司支付工程款，北山羊公司现主张优先受偿权亦未超过法律规定的期限，故北山羊公司主张在6 973 100.62元工程款的范围内，对其施工的外墙保温工程折价或拍卖的价款享有优先受偿权的诉讼请求，本院予以支持。

案例二 **苏州金螳螂建筑装饰股份有限公司、江阴澄星实业集团有限公司装饰装修合同纠纷民事一审民事判决书**（2021）苏02民初86号

法院认为，装饰装修工程依附于主体工程，装饰装修工程折价或者拍卖应符合工程整体需要折价或者拍卖等条件。本案中，金螳螂公司主张的是澄星大厦万豪酒店装修工程的工程款及优先权，在另案中江苏江中集团有限公司已对其施工的澄星大厦工程款提起诉讼并主张优先权，故本案装修工程具备折价或者拍卖的条件。涉案工程已竣工验收，且金螳螂公司行使优先受偿权在合理期限内，故本院确认金螳螂公司对澄星大厦万豪酒店装修工程折价或者拍卖的价款在澄星集团欠付工程款156 079 244.33元范围内享有优先受偿权。

案例三　中国建设银行股份有限公司武城支行、武城县嘉洋企业管理服务有限公司等申请执行人执行异议之诉民事二审民事裁定书（2021）鲁14民终3609号

法院认为，本案装饰装修工程具备折价或者拍卖条件，嘉洋公司关于优先受偿权的请求依法应予支持，但优先受偿权的工程范围限于嘉洋公司施工完成的涉案工程，不包括嘉洋公司未施工的其他工程。嘉洋公司对其施工完成的涉案装饰装修工程折价、拍卖的价款在2 470 551元范围内优先受偿。

案例四　青岛弘海装饰工程有限公司、青岛智善置业有限公司装饰装修合同纠纷民事一审民事判决书（2021）鲁02民初826号

法院认为，结合上述规定，原告施工了案涉装修工程，且与发包人订立了相关建设工程施工合同，其主张对其工程价款就该装饰装修工程折价或者拍卖的价款优先受偿，本院予以支持。对于优先受偿权的范围，如前所述，对于高于正常市场价格的部分结算价款，原被告可自行履行，不宜认定其具有对抗其他债权人债权的优先效力，不应纳入享有工程价款优先受偿权的范围。综上所述，本院认定原告享有工程价款优先受偿权的价款范围应当限于本案依法委托司法鉴定单位作出的鉴定意见中符合正常市场价格的部分结算价款，原告应享有优先受偿权的金额范围应为46 876 260. 58元。

案例五　吉安市登云装饰工程有限公司、吉安尚汇贸易有限公司等装饰装修合同纠纷民事一审民事判决书（2020）赣08民初134号

法院认为，当事人对装饰装修工程享有优先权的，前提必须是装饰装修工程具备折价或者拍卖条件。原告就涉案工程主张享有优先受偿权，由于涉案工程系商铺的附着物，而被告登云公司又非商铺的所有权人，涉案工程当前并不具备折价或者拍卖条件，原告主张优先受偿权，本院不予支持。

090. 优先受偿权的起算时间如何确定?

1. 问题解读及相关法律规定

《最高人民法院关于审理建设工程施工合同纠纷案件适用法律问题的解释（一）》第41条规定：“承包人应当在合理期限内行使建设工程价款优先受偿权，但最长不得超过十八个月，自发包人应当给付建设工程价款之日起算。”因此，优先受偿权自发包人应当给付建设工程价款之日起算，应当给付建设工程价款之日为合同约定的付款条件成就之日。

《民法典》第511条规定：“当事人就有关合同内容约定不明确，依据前条规定仍不能确定的，适用下列规定：……（四）履行期限不明确的，债务人可以随时履行，债权人也可以随时请求履行，但是应当给对方必要的准备时间。”因此，对于合同没有约定付款条件或者约定不明的，债务人可以随时履行，债权人也可以随时请求履行，查询的判例显示，优先受偿权起算时间为判决确认的工程款给付之日，可以是起诉之日，也可以是递交结算文件之日。

2. 参考案例

案例一 **泰安市岱岳区录旺苗木专业合作社、山东奥阳农业开发有限公司建设工程施工合同纠纷民事二审民事判决书**（2022）鲁14民终144号

法院认为，本案中，因涉案工程一直处于烂尾状态，即涉案工程未竣工，故承包人行使建设工程价款优先受偿权自发包人应当给付建设工程价款之日起算，参照《最高人民法院关于审理建设工程施工合同纠纷案件适用法律问题的解释》（已失效）（法释〔2004〕14号）第18条的规定，因本案中涉及的建设工程未交付，工程价款也未结算，发包人奥阳公司应当给付建设工程价款之日为当事人起诉之日。

案例二　**四川华神钢构有限责任公司、四川禾邦旭东制药有限公司民事二审民事判决书**（2021）川20民终944号

法院认为，华神钢构公司提交的《禾太制药新建综合制剂车间项目关于土方工程结算事宜》证实，至2020年4月29日，双方当事人进行结算并达成诸多结果意见，才为华神钢构公司相应工程款的主张提供依据，则应认定支付至97%工程结算价款的时间在2020年4月29日以后，且依约应当在禾邦旭东公司后续签发结算书的30天之内。该时间点作为建设工程优先受偿权的起算时间。

案例三　**北京城建集团有限责任公司、沈阳首开国盛投资有限公司建设工程施工合同纠纷二审民事判决书**（2020）最高法民终1042号

法院认为，本案中，首开公司应付工程款之日为城建公司提交工程结算文件之日即2013年10月18日，而城建公司一审期间于2019年12月16日增加诉讼请求，主张工程价款优先受偿权，已超过法律规定的6个月的行使期限。一审法院认为城建公司的建设工程优先受偿权从案涉工程价款确定之日起算，缺乏依据，本院予以纠正。首开公司关于工程价款优先受偿权超过行使期限的主张成立，本院予以支持。

案例四　**武汉中生建工集团有限公司、武汉中生建工集团有限公司阳新分公司建设工程施工合同纠纷二审民事判决书**（2020）最高法民终766号

法院认为，经一审查明，园晟公司与中生公司阳新分公司在本案诉讼中即2015年11月6日方才编制《建设工程造价编审表》，共同确认案涉工程造价，至诉讼前双方并未结算工程价款，故本案应以中生公司、中生公司阳新分公司起诉之日作为园晟公司应付工程款的时间。

案例五　**江苏南通二建集团有限公司、东营市万方置业有限公司建设工程施工合同纠纷二审民事判决书**（2020）最高法民终738号

法院认为，本案中，南通二建起诉请求法院判决解除合同并支付工程款，起诉之时应作为应当给付工程款之日。因此，南通二建起诉主张对其已施工

的工程享有建设工程价款优先受偿权，未超过法定期间，应予以支持。

案例六 **福建省港口工程有限公司、中国工商银行股份有限公司福州台江支行执行分配方案异议之诉二审民事判决书**（2019）闽民终 1142 号

法院认为，2015 年 9 月 6 日生效的厦门海事法院（2015）海法商初字第 384 号民事判决，确认解除《港口工程施工合同》并判令连江县晓沃陆岛交通码头有限公司应于判决生效之日起 10 日内向港口公司支付拖欠的工程款。该判决确认的工程款给付之日作为港口公司行使建设工程款优先受偿权期限的起算日。

091. 可否以调解书形式确定工程价款优先受偿权？

1. 问题解读及相关法律规定

建设工程价款优先受偿权，是指建设工程施工合同中承包人所享有的、在发包人未按照合同约定支付工程款时，就该工程折价或者拍卖的价款享有优先受偿的权利。《民法典》第 807 条规定："发包人未按照约定支付价款的，承包人可以催告发包人在合理期限内支付价款。发包人逾期不支付的，除根据建设工程的性质不宜折价、拍卖外，承包人可以与发包人协议将该工程折价，也可以请求人民法院将该工程依法拍卖。建设工程的价款就该工程折价或者拍卖的价款优先受偿。"《最高人民法院关于审理建设工程施工合同纠纷案件适用法律问题的解释（一）》第 36 条规定："承包人根据民法典第八百零七条规定享有的建设工程价款优先受偿权优于抵押权和其他债权。"

建设工程价款优先受偿权作为一种法定的优先权利，旨在解决建筑领域拖欠工程款的紧迫问题，维护承包人及其背后广大农民工的切身利益。在建设工程合同纠纷中，正是因为工程价款优先权具有"优先性"，能够提高承包人收回工程款的概率，承包人往往在诉讼或仲裁程序中一并请求法院或仲裁机构对该项权利予以确认；也是因为工程价款优先权具有较强的优先力，

其往往关涉其他第三方的利益，如对工程享有抵押权的银行等金融机构、与开发商签订购房合同的买受人等，因此，法院或仲裁机构在对承包人是否享有优先受偿权以及行使该权利是否符合法定期限、优先受偿的范围等相关问题予以实质审查后，通常以判决书或裁决书的形式予以确认。

《最高人民法院关于审理建设工程施工合同纠纷案件适用法律问题的解释（一）》第35条规定："与发包人订立建设工程施工合同的承包人，依据民法典第八百零七条的规定请求其承建工程的价款就工程折价或者拍卖的价款优先受偿的，人民法院应予支持。"

对于能否以调解书的形式确定工程价款优先权，我国法律并没有明确规定，在理论和司法实践中，出现了不同的观点。持否定论者主要认为，调解过程往往不予公开，调解中容易涉及虚假诉讼，因此存在当事人恶意串通，损害银行及其他债权人利益的风险。持肯定论者认为，在法律法规未作出禁止性规定的前提下，法院可以以调解书的形式确认工程价款优先权。

笔者同意后者的观点。首先，建设工程价款优先受偿权属于承包人的法定权利，建设工程合同纠纷不属于法律规定的"不得调解"的范围；其次，根据《民法典》第807条的规定，既然承包人可以与发包人以折价的形式实现优先权，那么在诉讼过程中，如果双方就工程欠款达成了协议，自然也可以以调解书的方式对工程款优先权进行确认；最后，在承包人与发包人恶意串通，取得了确认承包人享有工程价款优先权的调解书的情形下，权益受到损害的第三人亦可通过执行异议、第三人撤销之诉等途径得到救济。综上所述，不能因噎废食，否定法院以调解书形式确认工程价款优先权的路径，否则将无形中增加当事人的诉累，不利于当事人权益的保护。

2. 参考案例

案例一　**深圳市茂商会小额贷款有限公司、吉安市卓越建筑工程有限公司债权人撤销权纠纷再审审查与审判监督民事裁定书**（2019）最高法民申275号

法院认为，根据案件基本事实及法律规定，茂商会公司的申请再审事由

不能成立，理由如下：建设工程价款优先受偿权系法定优先权，对于在人民法院调解书中明确建设工程价款享有优先受偿权的情形，法律及司法解释并未予以禁止。故原判决认定相关民事调解书确认卓越公司对厂房基础的变卖、拍卖款享有优先受偿权并未违反法律、法规及司法解释的强制性规定，适用法律并无不当。

案例二　即墨国际商贸城实业发展有限公司、青岛国秀建筑工程有限公司等民事再审民事裁定书（2021）最高法民再357号

法院认为，本案的争议焦点为即墨商贸公司是否具备提起本案第三人撤销之诉的起诉条件，原审以即墨商贸公司不具备第三人撤销之诉的主体资格为由裁定驳回起诉是否正确。

第一，关于即墨商贸公司是否具备第三人撤销之诉的主体资格问题。根据《民事诉讼法》第56条的规定，提起第三人撤销之诉的原告，限定于对被诉请撤销案件的诉讼标的有独立请求权，或者虽然没有独立请求权，但案件的处理结果同他有法律上的利害关系。本案中，即墨商贸公司基于与青岛澳润百货有限公司、三元豪第公司、胡某水、王某英借款合同纠纷案（2016）鲁民初43号生效判决确认其对三元豪第公司名下的39套房产享有抵押优先权。该抵押房产与国秀建筑公司与三元豪第公司建设工程施工合同纠纷（2016）鲁02民初1020号调解书确认的工程价款优先权所涉及的在建房屋是同一房屋，两案属于不同法律关系，即墨商贸公司对（2016）鲁02民初1020号调解书的诉讼标的不享有独立请求权，但即墨商贸公司作为抵押权人，与该案调解书的处理结果存在法律上的利害关系，属于无独立请求权第三人。故即墨商贸公司符合提起第三人撤销之诉的主体条件。

第二，关于（2016）鲁02民初1020号调解书内容是否存在错误，且损害即墨商贸公司民事权益的问题。即墨商贸公司认为（2016）鲁02民初1020号调解书涉嫌虚假诉讼，国秀建筑公司实际并不享有工程价款优先受偿权。为此，即墨商贸公司向原审法院提交了国秀建筑公司和三元豪第公司的工商登记、三元豪第公司承诺书，涉案39套房屋房权证以及即墨市通济街道办事处关于大润发超市及豪第九号二期规划、施工许可证和房权证等有关问

题的批复等证据材料，初步证明国秀建筑公司与三元豪第公司系关联公司，国秀建筑公司在案涉工程竣工交付使用数年后起诉主张工程价款优先权，已超过法定期间。即墨商贸公司提交了（2016）鲁02民初1020号调解书内容错误的初步证明材料，符合第三人撤销之诉的起诉条件。

第三，即墨商贸公司在2019年10月11日一审法院通知其39套房屋拍卖款被案外人依据调解书中优先权提取后，即提起本案第三人撤销之诉，符合第三人撤销之诉的程序条件。

综上所述，原一审、二审裁定以主体不适格为由裁定驳回即墨国际商贸城实业发展有限公司的起诉，适用法律不当，本院予以纠正。依照《中华人民共和国民事诉讼法》的相关规定裁定撤销。指令山东省青岛市中级人民法院对本案进行审理。

092. 分包人是否享有建设工程价款优先受偿权？

1. 问题解读及相关法律规定

分包人不享有建设工程价款优先受偿权。参照《建设工程施工合同（示范文本）》（GF－2017－0201）第二部分通用合同条款1.1.2.6的定义，分包人是指按照法律规定和合同约定，分包部分工程或工作，并与承包人签订分包合同的具有相应资质的法人。《上海市建设工程施工分包管理办法》第2条第3款规定："本办法所称……分包人是指承接建设工程施工过程中专业工程或者劳务作业的建筑业企业。"因此，分包人是与承包人签订分包合同，负责专业或劳务作业施工的法人。

《民法典》第807条规定："发包人未按照约定支付价款的，承包人可以催告发包人在合理期限内支付价款。发包人逾期不支付的，除根据建设工程的性质不宜折价、拍卖外，承包人可以与发包人协议将该工程折价，也可以请求人民法院将该工程依法拍卖。建设工程的价款就该工程折价或者拍卖的价款优先受偿。"因此，就建设工程折价、拍卖，法律规定承包人享有优先受偿权，并未规定分包人享有优先受偿权。

《民法典》第 119 条规定："依法成立的合同，对当事人具有法律约束力。"因此，分包人与发包人没有合同关系，承包人与分包人有合同关系，在没有法律规定的情况下，分包人无权就发包人的建设工程进行折价、拍卖，也不对发包人的建设工程折价、拍卖的价款享有优先受偿权。

2. 参考案例

案例一 **新乡牧骄置业有限公司、张某道建设工程施工合同纠纷二审民事判决书**（2019）豫民终 95 号

法院认为，根据《最高人民法院关于审理建设工程施工合同纠纷案件适用法律问题的解释（二)》第 17 条的规定，依法享有建设工程价款优先受偿权的主体必须是与发包人存在直接施工合同关系的承包人，实际施工人及分包人均不具有优先受偿权。本案张某道在与牧骄公司、中科公司签订退场协议前，其施工是基于与中科公司之间签订的《工程项目内部承包合同》，张某道与牧骄公司之间并不存在直接的建设工程施工合同关系。因此，张某道作为实际施工人，对其前期施工工程折价或者拍卖的价款不具有优先受偿权。

案例二 **江苏德之佳建设集团有限公司（原南通德佳窗业幕墙有限责任公司）与徐州连润建设集团股份有限公司（原江苏长安建设集团有限公司)、徐州市铜山区城市建设投资有限责任公司建设工程施工合同纠纷二审民事判决书**（2019）苏 03 民终 1162 号

法院认为，根据《最高人民法院关于审理建设工程施工合同纠纷案件适用法律问题的解释二》第 17 条的规定，也就是说只有与发包人签订施工合同的承包人才有权享有工程价款优先受偿权。如果发包人与总包人签订合同，总包人再与分包人签订合同，根据合同性对性原理，发包人与分包人之间没有直接的权利义务关系，即发包人对分包人没有支付工程款的义务，则分包人不享有工程价款优先受偿权。本案中，虽然经发包人城投公司同意，总包人长安公司与德佳公司签订分包合同，但是德佳公司与发包人城投公司之间不存在直接的合同关系，且德佳公司也不是发包人指定的分包人，故德佳公

司主张建设工程价款优先受偿权，不符合上述法律规定，一审法院对其请求不予支持，亦无不当。

案例三 **江西省路桥建设集团股份有限公司、刘某仔执行异议之诉二审民事判决书**（2019）赣民终489号

法院认为，江西路桥主张建设工程价款优先受偿权不能成立。首先，建设工程价款优先受偿权的权利主体是与发包人订立建设工程施工合同的承包人，江西路桥作为分包人，通常情况不享有优先受偿权；其次，作为发包人的江西高速已将工程款支付了吉林路桥，履行了工程款支付义务，本案不存在工程折价或者拍卖的必要和前提；最后，江西路桥主张其对江西高速未支付的款项都享有建筑工程优先受偿权，对已支付的款项更应享有优先权。因该工程款没有特定化，江西路桥不能追及吉林路桥主张优先受偿权。江西路桥上述推理缺乏理论和法律依据。因此，江西路桥就本案执行标的不享有足以排除强制执行的民事权益，一审法院驳回其诉请并无不当。

案例四 **重庆巨亨建筑劳务有限公司与北城致远集团有限公司、遵义同一房地产开发有限公司建设工程施工合同纠纷一审民事判决书**（2015）黔高民初字第41号

法院认为，享有建设工程价款优先受偿权的基础是建设工程施工合同，享有优先受偿权的主体是建设工程的承包人，本案的案涉合同为劳务分包合同，巨亨公司作为劳务分包人主张劳务工程价款优先受偿权缺乏法律依据，本院对巨亨公司享有工程劳务款优先受偿权的请求不予支持。

093. 建设工程抵押权与承包人的优先受偿权竞合时，何者优先？

1. 问题解读及相关法律规定

《民法典》第807条规定：“发包人未按照约定支付价款的，承包人可以催告发包人在合理期限内支付价款。发包人逾期不支付的，除根据建设工程

的性质不宜折价、拍卖外，承包人可以与发包人协议将该工程折价，也可以请求人民法院将该工程依法拍卖。建设工程的价款就该工程折价或者拍卖的价款优先受偿。”《民法典》该条规定了承包人享有建设工程价款的优先受偿权。

《民法典》第 394 条规定：“为担保债务的履行，债务人或者第三人不转移财产的占有，将该财产抵押给债权人的，债务人不履行到期债务或者发生当事人约定的实现抵押权的情形，债权人有权就该财产优先受偿。”《民法典》该条规定了抵押权人就抵押物享有优先受偿权。

《最高人民法院关于审理建设工程施工合同纠纷案件适用法律问题的解释（一）》第 36 条规定：“承包人根据民法典第八百零七条规定享有的建设工程价款优先受偿权优于抵押权和其他债权。”前述规定表明，承包人的优先受偿权的效力优先于设立在建设工程上的抵押权和发包人其他债权人所享有的普通债权。因此，在建设工程抵押权与承包人的优先受偿权竞合时，承包人的优先受偿权优于抵押权。

2. 参考案例

案例一　霞浦县农村信用合作联社、福建省九建建筑工程有限公司等对下级法院执行异议裁定的复议执行裁定书（2022）闽 09 执复 18 号

法院认为，在原执行程序中，申请执行人福建省九建建筑工程有限公司工程价款优先权，案涉价款由抵押权人即第三人霞浦县农村信用合作联社领取。《最高人民法院关于审理建设工程施工合同纠纷案件适用法律问题的解释（一）》第 36 条规定，“承包人根据民法典第八百零七条规定享有的建设工程价款优先受偿权优于抵押权和其他债权”，本院再审判决确认“福建省九建建筑公司在德诺纸业（福建）有限公司拖欠建设工程价款中的 6 365 560 元，对德诺纸业（福建）有限公司案涉二期地块的拍卖款享有优先受偿权”，按照该判决内容，复议申请人霞浦县农村信用合作联社应将领取的 6 365 560 元案款交至福鼎法院依法处理。本案虽不符合法律关于执行回转的直接规定，但福鼎法院参照上述有关执行回转的规定执行，并无不当。

案例二　**云南蒙自农村商业银行股份有限公司、红河建设集团有限公司等建设工程合同纠纷执行异议执行裁定书**（2021）云25执异8号

法院认为，本案中红建集团系被执行人鸿海公司“瀛洲河畔三期”工程（位于蒙自市学海路）的施工人，其在所欠工程款的范围内享有建设工程价款优先受偿权，而蒙自农商行对鸿海公司提供的瀛洲河畔项目1栋一、二单元1~24号的在建工程享有抵押优先权，红建集团的受偿顺位优于蒙自农商行的受偿顺位，本院根据债权人的法定受偿顺位，将被执行人的案涉财产优先抵偿给红建集团是符合法律规定的。

案例三　**中国农业银行股份有限公司丹东分行、中建二局第三建筑工程有限公司建设工程施工合同纠纷执行审查类执行裁定书**（2021）辽06执异50号

法院认为，本案中，异议人农行丹东分行虽然对涉案的4幢在建工程设定了抵押权，但被执行人丹东博恩房地产公司没有在合理期限支付工程款，申请执行人依据生效的法律文书对其建设的工程拍卖的价款享有优先受偿权，且该享有的建设工程价款优先受偿权优于抵押权和其他债权。据此，本院作出的（2018）辽06执15号之六执行裁定并无不当，异议人也未提交证据证明涉案的4幢在建工程并非申请执行人中建二局三公司施工建设，其异议理由不能成立。

案例四　**恩施州名锟建筑安装工程有限公司、湖北城峰置业有限责任公司等建设工程合同纠纷执行异议执行裁定书**（2021）鄂2827执异10号

法院认为，案外人中国农业银行股份有限公司来凤县支行对在建工程虽然享有抵押权，但依据《最高人民法院关于审理建设工程施工合同纠纷案件适用法律问题的解释》第36条“承包人根据民法典第八百零七条规定享有的建设工程价款优先受偿权优于抵押权和其他债权”的规定，其优先受偿权并不优于本案中申请执行人恩施州名锟建筑安装工程有限公司建筑工程价款的优先受偿权。综上所述，案外人中国农业银行股份有限公司来凤县支行的

异议理由不能成立，亦不具有足以阻止执行标的转让、交付的实体权利，对执行标的不享有足以排除强制执行的权益，其异议请求本院不予支持。

094. 因债权转让从承包人处受让取得工程款债权，债权人能否主张承包人享有的工程价款优先受偿权？

1. 问题解读及相关法律规定

债权转让，又称债权移转或债权让与，是指债权人通过协议即债权转让合同，将其债权全部或部分地转让给第三人的行为。

建设工程价款优先受偿权并非具有人身专属性的权利，建设工程价款主债权转让的，建设工程价款优先受偿权一并转让，主债权受让人可主张就相关建设工程优先受偿。

· 现行法律中的相关规定 ·

《民法典》

第五百四十五条　债权人可以将债权的全部或者部分转让给第三人，但是有下列情形之一的除外：

（一）根据债权性质不得转让；

（二）按照当事人约定不得转让；

（三）依照法律规定不得转让。

当事人约定非金钱债权不得转让的，不得对抗善意第三人。当事人约定金钱债权不得转让的，不得对抗第三人。

第五百四十六条　债权人转让债权，未通知债务人的，该转让对债务人不发生效力。

债权转让的通知不得撤销，但是经受让人同意的除外。

第五百四十七条　债权人转让债权的，受让人取得与债权有关的从权利，但是该从权利专属于债权人自身的除外。

受让人取得从权利不因该从权利未办理转移登记手续或者未转移占有而受到影响。

第五百四十八条　债务人接到债权转让通知后，债务人对让与人的抗辩，可以向受让人主张。

第五百四十九条　有下列情形之一的，债务人可以向受让人主张抵销：

（一）债务人接到债权转让通知时，债务人对让与人享有债权，且债务人的债权先于转让的债权到期或者同时到期；

（二）债务人的债权与转让的债权是基于同一合同产生。

第五百五十条　因债权转让增加的履行费用，由让与人负担。

第八百零七条　发包人未按照约定支付价款的，承包人可以催告发包人在合理期限内支付价款。发包人逾期不支付的，除根据建设工程的性质不宜折价、拍卖外，承包人可以与发包人协议将该工程折价，也可以请求人民法院将该工程依法拍卖。建设工程的价款就该工程折价或者拍卖的价款优先受偿。

《最高人民法院关于审理建设工程施工合同纠纷案件适用法律问题的解释（一）》

第三十六条　承包人根据民法典第八百零七条规定享有的建设工程价款优先受偿权优于抵押权和其他债权。

第四十一条　承包人应当在合理期限内行使建设工程价款优先受偿权，但最长不得超过十八个月，自发包人应当给付建设工程价款之日起算。

《江苏省高级人民法院建设工程施工合同案件审理指南（2010）》

七、建设工程施工合同工程款的认定

（二）建设工程价款优先受偿权

……

建设工程款优先受偿权属于法定抵押权，担保的是工程款债权，主债权转让的，担保物权应一并转让。根据法律条文的表述并不能确定工程款优先受偿权具有人身专属性，故工程款债权转让给他人的，优先受偿权应随之转让。

《山东高院民一庭关于审理建设工程施工合同纠纷案件若干问题的解答》

12. 工程款债权的受让人主张对建设工程价款优先受偿权一并受让，如何处理？

建设工程价款优先受偿权依附于工程款债权，属于从属性权利，承包人将建设工程价款债权转让的，建设工程价款优先受偿权随之转让。

2. 参考案例

案例一 **佛山市南海圣城仓储有限公司、甘某辉建设工程施工合同纠纷二审民事判决书**（2018）粤民终 1603 号

一审法院认为，智楷公司承建圣城公司位于佛山市某某村的厂房及办公室的土建部分，圣城公司已于 2014 年 1 月 21 日验收并实际使用，圣城公司承诺支付拖欠的工程款，并对因延误工期、材料价升、窝工等造成的损失对智楷公司进行一次性补偿，对拖欠的工程款按月息 2% 支付利息对智楷公司进行补偿。因圣城公司已进入破产清算，智楷公司将上述债权转让给甘某辉，故一审法院应判决确认甘某辉享有对圣城公司的上述债权。

智楷公司于 2016 年 9 月 5 日提起诉讼主张建设工程优先权，没有超出双方协议约定的付款期限之日起 6 个月，甘某辉主张建设工程款优先权的请求应予支持。

二审法院认为，本案《建设工程承包合同》虽然无效，但本案所涉建设工程由圣城公司与智楷公司于 2014 年 1 月 21 日竣工验收并已交付圣城公司使用，圣城公司未有证据证明其对工程质量持有异议，应视为该工程质量符合要求，甘某辉请求建设工程价款优先受偿权并不违反法律、行政法规的强制性规定。建筑工程价款优先受偿权是法定优先权，其功能就是担保未付的

建设工程价款得到优先受偿。《最高人民法院关于建设工程价款优先受偿权问题的批复》第3条规定，建筑工程价款包括承包人为建设工程应当支付的工作人员报酬、材料款等实际支出的费用，不包括承包人因发包人违约所造成的损失。对于建设工程价款中涉及应当支付的工作人员报酬、材料款等实际支出的费用，承包人享有优先受偿权。承包方的建设工程价款优先受偿权并不受施工合同的效力影响。原承包人智楷公司主张本案的建设工程价款优先受偿权时，应当支付的工作人员报酬、材料款等实际支出已经发生，因此，原承包人智楷公司对被拖欠的建设工程价款依法享有优先受偿权。甘某辉是本案债权的受让者，对于圣城公司拖欠的工程价款，甘某辉依法主张建设工程价款优先受偿权，应予支持。

案例二　**王某燕、闫某毛再审审查与审判监督民事裁定书**（2021）最高法民申35号

一审法院认为，关于闫某毛是否有优先受偿权的问题。黎阳公司对东成公司温县新东未来城1号、2号、3号楼及人防、商铺、地下车库工程以折价或拍卖的价款，在19 372 188.8元范围内享有的优先受偿权，黎阳公司将该债权转让给闫某毛。根据《最高人民法院关于建设工程价款优先受偿权问题的批复》第3条的规定，“建设工程价款包括承包人为建设工程应当支付的工作人员的报酬、材料款等实际支出的费用，不包括承包人因发包人违约造成的损失”。从该规定可以看出，建设工程价款优先受偿的范围具有专属性，只能是为建设工程应当支付的工作人员的报酬、材料款等实际支出的费用。同时，建设工程款优先受偿权属于法定抵押权，担保的是工程款债权，主债权转让的，担保物权一并转让。从法律条文的表述中并不能确定工程款优先受偿权具有人身专属性，故工程款债权转让给他人的，优先受偿权也随之转让。因此，闫某毛作为黎阳公司承建的温县新东未来城工程建设工程款的实际出资人，在取得黎阳公司的债权后自然取得相关债权的优先受偿权。

二审法院认为，《合同法》第81条规定：“债权人转让权利的，受让人取得与债权有关的从权利，但该从权利专属于债权人自身的除外。”法律、法规并未禁止建设工程债权转让，也未明确规定建设工程价款优先受偿权专

属于承包人。本案中，黎阳公司自愿将生效判决书确定的全部债权一并转让，闫某毛作为黎阳公司承建案涉工程的全额投资人，依据债权转让协议，在受让黎阳公司的债权后取得建设工程价款优先受偿权。

《最高人民法院关于人民法院办理执行异议和复议案件若干问题的规定》第28条解决的是一般不动产买受人与金钱债权的申请执行人发生冲突时，对无过错不动产买受人的特别保护，一定程度上已经是对债权平等原则的突破，不能够排除申请执行人基于建设工程价款优先受偿权的强制执行。本案中，王某燕购买的案涉房产为商铺，并非用于居住，不属于消费者，不符合《最高人民法院关于人民法院办理执行异议和复议案件若干问题的规定》第29条的规定，不能依据《最高人民法院关于人民法院办理执行异议和复议案件若干问题的规定》第28条排除闫某毛基于建设工程价款优先受偿权对案涉房产的强制执行的规定。

再审法院认为，本案中，闫某毛系作为黎阳公司承建案涉工程的全额投资人受让案涉工程款债权及相关权利，一审、二审判决基于债权转让并结合闫某毛系全额投资人身份的事实，认定建设工程价款主债权转让的，建设工程价款优先受偿权一并转让，闫某毛取得相关工程款债权优先受偿权并不违反上述法律规定。王某燕的相关申请理由不能成立。

095. 发包人与承包人约定承包人放弃或者限制建设工程价款优先受偿权，发包人能否据此主张承包人不享有建设工程价款优先受偿权？

1. 问题解读及相关法律规定

建设工程价款优先受偿权的放弃，是指承包人放弃其对发包人就建设工程折价或者拍卖的价款享有优先受偿的权利，承包人放弃权利后，其对发包人享有的工程款债权成为普通金钱债权，清偿顺序列后于有担保的债权，与其他无担保的普通债权处于同一清偿顺位。

民事财产权利可以由当事人约定放弃，只要放弃行为属于当事人的真实意思表示，且不违反法律效力性强制性规定，按照民法意思自治的原则，该放弃行为当然有效。但意思自治原则是基本原则，并不是绝对的原则，也不能盲目扩大，并非所有的约定放弃优先受偿权的行为都是有效的。若约定放弃优先受偿权损害了建筑工人的利益，使承包人无充分的责任财产支付建筑工人工资等债务，则该放弃或限制优先权的行为无效。

现行法律中的相关规定

《民法典》

第七条　民事主体从事民事活动，应当遵循诚信原则，秉持诚实，恪守承诺。

第一百三十二条　民事主体不得滥用民事权利损害国家利益、社会公共利益或者他人合法权益。

第一百四十三条　具备下列条件的民事法律行为有效：

（一）行为人具有相应的民事行为能力；

（二）意思表示真实；

（三）不违反法律、行政法规的强制性规定，不违背公序良俗。

第一百五十四条　行为人与相对人恶意串通，损害他人合法权益的民事法律行为无效。

《最高人民法院关于审理建设工程施工合同纠纷案件适用法律问题的解释（一）》

第四十二条　发包人与承包人约定放弃或者限制建设工程价款优先受偿权，损害建筑工人利益，发包人根据该约定主张承包人不享有建设工程价款优先受偿权的，人民法院不予支持。

2. 参考案例

案例一　中国华融资产管理股份有限公司福建省分公司、苏州市凤凰建筑安装工程有限公司合同纠纷二审民事判决书（2019）最高法民终1951号

一审法院认为，建设工程价款优先受偿权属于法定权利，民事主体对其民事权利享有处分权应以不违反法律禁止性规定和社会公序良俗、不损害他

人利益为前提。《合同法》第286条赋予承包人该项权利，实质是为了保护建筑工人的利益。《最高人民法院关于审理建设工程施工合同纠纷案件适用法律问题的解释（二）》第23条亦明确规定，承包人处分其该项民事权利若损害建筑工人的权益，则人民法院对承包人不享有建设工程价款优先受偿权的主张不予支持。

现法院已裁定受理债权人对苏州凤凰公司的破产清算申请，说明苏州凤凰公司缺乏偿债能力，因此，若苏州凤凰公司放弃其建设工程价款优先受偿权，则其责任财产必然减少，从而对其偿债能力造成更加恶劣影响，损害建筑工人利益。故即使《承诺书》并非附条件之承诺或所附条件已成就，因苏州凤凰公司放弃优先权之承诺损害建筑工人利益，一审法院对华融福建省分公司关于该放弃优先权的条款有效之主张不予支持。

二审法院认为，在本案中，若还允许苏州凤凰公司基于意思自治放弃建设工程价款优先受偿权，必然使其整体清偿能力恶化影响正常支付建筑工人工资，从而导致侵犯建筑工人利益。华融福建省分公司虽主张政府部门垫付的建筑工人工资已经通过执行款项得到了受偿，但是苏州凤凰公司取得相应执行款正是其行使建设工程价款优先受偿权的结果。一审法院认定《承诺书》中苏州凤凰公司放弃优先受偿权的相关条款因损害建筑工人利益而无效，并无错误。

案例二　南通四建集团有限公司与南通润通置业有限公司建设工程施工合同纠纷一审民事判决书（2013）通中民初字第0046号

一审法院认为，由于建设工程价款往往涉及材料款和农民工工资等，材料款债权在一定程度上具有所有权取回权的性质，而农民工工资债权则具有基本生存保障的性质，法律创设建设工程价款优先受偿权即是为了保护这些特定法益，如果承包人放弃优先受偿权将损害这些特定法益，则承包人的放弃行为应属无效。但是如果承包人放弃优先受偿权的同时，已经有一定的担保措施确保承包人工程款的有效实现，则承包方放弃优先受偿权的行为可以认定为有效。

四建公司放弃该部分建设工程价款优先受偿权，本身就是为了保障这些特定法益得以实现而为，其承诺放弃工程款优先受偿权的条件即润通公司向农商行公司贷款4000万元用于支付其工程款已于承诺函出具之次日成就，故其放弃优先受偿权的行为应为有效。

096. 实际施工人是否享有建设工程价款优先受偿权？

1. 问题解读及相关法律规定

建设工程优先受偿权，是指承包人对于建设工程价款就该工程折价或者拍卖的价款享有优先受偿的权利，优先于一般的债权。建设工程价款优先受偿权制度，对于矫正发包人与承包人的地位失衡、解决建筑实践中的工程款拖欠问题具有重要意义，在转包、违法分包以及借用资质订立的建设工程施工合同中，实际施工人索取工程款的纠纷更为复杂。在司法实践中，实际施工人以诉讼方式主张建设工程价款优先受偿权纠纷的案件大量存在。由于2004年《最高人民法院关于审理建设工程施工合同纠纷案件适用法律问题的解释》、2018年《最高人民法院关于审理建设工程施工合同纠纷案件适用法律问题的解释》、2021年颁布施行的《最高人民法院关于审理建设工程施工合同纠纷案件适用法律问题的解释（一）》并未对实际施工人是否享有建设工程价款优先受偿权作出明确规定，人民法院在审查由实际施工人提出享有工程价款优先受偿权的请求时，也存在不同裁判思路，各地裁判不一。有法院认为，实际施工人是最终完成建设工程的主体，对工程建设进行了实际投入，应当受到建设工程价款优先受偿权的保护，否则将违背建设工程价款优先受偿权制度的功能，违反公平原则。但是，也有法院认为，建设工程价款优先受偿权要以存在合法有效的施工合同为基础，实际施工人是违法合同主体，不具有享有建设工程价款优先受偿权的合法性事由。根据现行司法解释的相关规定，建设工程价款优先受偿权的主体被限定为与发包人订立施工合同的承包人，由于与发包人并不存在直接的施工合同关系，优先受偿权的主体不应包括实际施工人。

· 现行法律中的相关规定 ·

《民法典》

第八百零七条　发包人未按照约定支付价款的，承包人可以催告发包人在合理期限内支付价款。发包人逾期不支付的，除根据建设工程的性质不宜折价、拍卖外，承包人可以与发包人协议将该工程折价，也可以请求人民法院将该工程依法拍卖。建设工程的价款就该工程折价或者拍卖的价款优先受偿。

《最高人民法院关于审理建设工程施工合同纠纷案件适用法律问题的解释（一)》

第三十五条　与发包人订立建设工程施工合同的承包人，依据民法典第八百零七条的规定请求其承建工程的价款就工程折价或者拍卖的价款优先受偿的，人民法院应予支持。

第四十三条　实际施工人以转包人、违法分包人为被告起诉的，人民法院应当依法受理。实际施工人以发包人为被告主张权利的，人民法院应当追加转包人或者违法分包人为本案第三人，在查明发包人欠付转包人或者违法分包人建设工程价款的数额后，判决发包人在欠付建设工程价款范围内对实际施工人承担责任。

第四十四条　实际施工人依据民法典第五百三十五条规定，以转包人或者违法分包人怠于向发包人行使到期债权或者与该债权有关的从权利，影响其到期债权实现，提起代位权诉讼的，人民法院应予支持。

《最高人民法院民事审判第一庭 2021 年第 21 次专业法官会议纪要》中法官会议意见：依据《中华人民共和国民法典》第八百零七条、《最高人民法院关于审理建设工程施工合同纠纷案件适用法律问题的解释(一)》第三十五条的规定，只有与发包人订立建设工程施工合同的承包人才享有建设工程价款优先受偿权。实际施工人不属于“与发包人订立建设工程施工合同的承包人”，不享有建设工程价款优先受偿权。

《北京市高级人民法院关于审理建设工程施工合同纠纷案件若干疑难问题的解答》

20. 不具有资质的挂靠施工人主张欠付工程款的，如何处理？挂靠人又将工程分包、转包给他人施工，施工人主张欠付工程款的，如何处理？

不具有资质的实际施工人（挂靠施工人）挂靠有资质的建筑施工企业（被挂靠人），并以该企业的名义签订建设工程施工合同，被挂靠人怠于主张工程款债权的，挂靠施工人可以以自己名义起诉要求发包人支付工程款，法院原则上应当追加被挂靠人为诉讼当事人，发包人在欠付工程款范围内承担给付责任。因履行施工合同产生的债务，被挂靠人与挂靠施工人应当承担连带责任。挂靠人承揽工程后，以被挂靠人名义将工程分包、转包给他人施工，施工人主张欠付工程款的，按照《北京市高级人民法院审理民商事案件若干问题的解答之五》第四十七条规定处理。

《天津市高级人民法院关于审理建设工程施工合同纠纷案件相关问题的审判委员会纪要》

第4条 关于优先受偿权的认定：依据《最高人民法院关于审理建设工程施工合同纠纷案件适用法律问题的解释（二）》第十七条规定，享有建设工程价款优先受偿权的主体是与发包人订立施工合同的承包人。实际施工人向发包人主张建设工程价款优先受偿权的，应在查明实际施工人与发包人之间是否存在直接合同关系的基础上，依法认定。

《安徽省高级人民法院关于审理建设工程施工合同纠纷案件适用法律问题的指导意见》

关于工程价款优先受偿权的保护中指出，分包人或实际施工人完成了合同约定的施工义务且工程质量合格的，在总包人或非法转包人怠于主张工程价款优先受偿权时，就其承建的工程在发包人欠付的工程款范围内主张工程价款优先受偿权，可予支持。

《河北省高级人民法院建设工程施工合同案件审理指南》

第33条 建设工程施工合同无效、但建设工程质量合格，承包人主张建设工程价款就该工程折价或拍卖的价款优先受偿的，人民法院应予以支持；分包人或实际施工人在总包人或非法转包人怠于主张工程价款时，主张建设工程价款就该工程折价或拍卖的价款优先受偿的，人民法院应予支持。

2. 参考案例

案例一 曹某兴、黄某荣等建设工程施工合同纠纷民事申请再审审查民事裁定书（2021）最高法民申 5733 号

再审法院认为，本案审查的焦点问题是，曹某兴、黄某荣是否享有工程价款优先受偿权的问题。

关于实际施工人是否享有工程价款优先受偿权问题。《最高人民法院关于适用〈中华人民共和国民法典〉时间效力的若干问题》第 1 条第 2 款规定："民法典施行前的法律事实引起的民事纠纷案件，适用当时的法律、司法解释的规定，但是法律、司法解释另有规定的除外。"本案事实发生于《民法典》实施之前，应当适用《民法典》实施前的相关法律规定予以处理。原《合同法》第 286 条规定，发包人未按照约定支付价款的，承包人可以催告发包人在合理期限内支付价款。发包人逾期不支付的，除按照建设工程的性质不宜折价、拍卖的以外，承包人可以与发包人协议将该工程折价，也可以申请人民法院将该工程依法拍卖。建设工程的价款就该工程折价或者拍卖的价款优先受偿。根据该规定，工程价款优先受偿权的请求主体只能为承包人。本案中，根据原审法院查明的事实，系昌源公司作为承包人与富泰公司于 2010 年 2 月 3 日签订《协议书》承包涉案工程，而再审申请人曹某兴、黄某荣为案涉工程的实际施工人，而非承包方。《最高人民法院关于审理建设工程施工合同纠纷案件适用法律问题的解释》第 26 条第 2 款规定，发包人只在欠付工程价款的范围内对实际施工人承担责任，即实际施工人有条件向发包人主张工程价款，但并未规定实际施工人享有工程价款的优先受偿权。因此，福建高院认为曹某兴、黄某荣作为实际施工人不享有工程价款优先受偿权，并无不当。

案例二　**吴某全、重庆市丰都县第一建筑工程公司建设工程施工合同纠纷再审民事判决书**（2019）最高法民再258号

再审法院认为，关于吴某全是否享有工程价款优先受偿权的问题，吴某全主张依据《最高人民法院关于审理建设工程施工合同纠纷案件适用法律问题的解释》第26条第2款的规定，其应享有工程价款优先受偿权。本案中，吴某全与丰都一建公司签订的《建设工程内部承包合同》为无效合同，吴某全并非承包人而是实际施工人。《最高人民法院关于审理建设工程施工合同纠纷案件适用法律问题的解释》第26条第2款规定的是发包人只在欠付工程价款的范围内对实际施工人承担责任，即实际施工人有条件地向发包人主张工程价款，但并未规定实际施工人享有工程价款的优先受偿权。《合同法》第286条仅规定承包人享有工程价款优先受偿权，未规定实际施工人也享有该项权利。因此，吴某全主张其享有工程价款优先受偿权并无事实和法律依据，二审不予支持并无不当。

097. 未竣工的建设工程质量合格，承包人请求其承建工程的价款就其承建工程部分折价或者拍卖的价款优先受偿的人民法院是否支持？

1. 问题解读及相关法律规定

建设工程价款的组成及支付主要包括预付款的支付、进度款的支付、竣工后付款、工程尾款的支付等，工程竣工验收只是发包人支付部分工程款的节点，并非支付所有工程款的前提。

工程是否未竣工不影响工程价款优先权的行使，只要工程质量合格，承包人就能享有建设工程价款优先受偿权。

竣工的工程和未竣工的工程，只要建设工程质量合格，承包人行使优先受偿权的，法院应予以支持。即强调承包人享有优先受偿权的条件为“工程质量合格”，而与工程的实际完成进度无关。

实践中对未竣工工程"工程质量"是否合格，分不同情形认定情况不同。

（1）工程全部施工完毕的，须经建设单位、施工单位、监理单位、设计单位四方验收合格出具四方验收单。

（2）若工程未经验收，建设单位擅自使用的（一般难以界定部分使用还是全部使用），推定为工程质量合格。

（3）若未经验收且无擅自使用情形，则工程质量是否合格须经鉴定予以确认。

（4）进行部分施工的施工单位，须能够证实其施工的部分，如分部分项工程，隐蔽工程，消防工程等施工合格；否则，在未使用的情形下，依然采用鉴定的方式认定工程质量是否合格。

· 现行法律中的相关规定 ·

《民法典》

第三百九十五条　债务人或者第三人有权处分的下列财产可以抵押：

……

（五）正在建造的建筑物、船舶、航空器；

……

第八百零七条　发包人未按照约定支付价款的，承包人可以催告发包人在合理期限内支付价款。发包人逾期不支付的，除根据建设工程的性质不宜折价、拍卖外，承包人可以与发包人协议将该工程折价，也可以请求人民法院将该工程依法拍卖。建设工程的价款就该工程折价或者拍卖的价款优先受偿。

《最高人民法院关于审理建设工程施工合同纠纷案件适用法律问题的解释（一）》

第三十八条　建设工程质量合格，承包人请求其承建工程的价款就工程折价或者拍卖的价款优先受偿的，人民法院应予支持。

第三十九条　未竣工的建设工程质量合格，承包人请求其承建工程的价款就其承建工程部分折价或者拍卖的价款优先受偿的，人民法院应予支持。

《浙江省高级人民法院民事审判第一庭关于审理建设工程施工合同纠纷案件若干疑难问题的解答》

八、如何把握工程质量鉴定程序的启动？

要严格把握工程质量鉴定程序的启动。建设工程未经竣工验收，发包人亦未擅自提前使用，发包人对工程质量提出异议并提供了初步证据的，可以启动鉴定程序。

二十二、建设工程施工合同无效情形下，谁有权行使优先受偿权？

建设工程施工合同无效，但工程经竣工验收合格，承包人可以主张工程价款优先受偿权。分包人或实际施工人完成了合同约定的施工义务且工程质量合格，在总承包人或转包人怠于行使工程价款优先受偿权时，就其承建的工程在发包人欠付工程价款范围内可以主张工程价款优先受偿权。

《四川省高级人民法院关于审理建设工程施工合同纠纷案件若干疑难问题的解答》

三、建设工程价款的确定及交付

31. 如何处理发包人提出的工程质量问题？

承包人诉请支付工程价款，发包人主张工程质量不符合合同约定或者国家强制性质量规范标准，要求减少工程价款的，按抗辩主张处理；发包人要求承包人赔偿损失的，应以反诉的方式提出或另行起诉。

建设工程已经竣工验收合格，或虽未竣工验收，但发包人已实际使用，如工程质量问题属于承包人施工原因导致的地基基础工程或工程主体结构质量问题，发包人要求拒付或延期支付工程价款的，应予支持；如发包人提出的工程质量问题属于保修范围，发包人要求拒付或减付工程款的，不予支持。

工程尚未进行竣工验收且未交付使用，发包人以工程质量不符合合同约定或者国家强制性质量规范标准为由要求拒付或减付工程款，经查证属实的，应予支持；发包人要求承包人支付违约金或者赔偿修理，返工或改建的合理费用等损失的，应以反诉的方式提出或另行起诉。

因承包人原因致使工程质量不符合合同约定，发包人要求承包人承担保修责任或者赔偿修复费用等实际损失的，按保修的相关规定处理。承包人拒绝修复、在合理期限内不能修复或者发包人有正当理由拒绝承包人修复，发包人另行委托他人修复后要求承包人承担合理修复费用的，应予支持。发包人未通知承包人或无正当理由拒绝由承包人修复而另请他人修复的，所发生的修复费用由发包人自行承担。

《山东省高级人民法院关于审理建设工程施工合同纠纷案件若干问题的解答》

8. 承包人起诉主张工程款，发包人以工程质量不合格为由提出抗辩的，如何处理?

发包人就工程质量不符合合同约定或者法律规定的进行抗辩的，应当区别情况处理。建设工程经竣工验收合格后，承包人主张工程款，发包人以工程质量不合格主张付款条件不成就或者拒付工程款的，不予支持。建设工程未经竣工验收，发包人擅自使用的，发包人以工程质量不合格主张付款条件不成就或者拒付工程款的，不予支持，确因承包人原因导致工程的地基基础、主体结构质量不合格的除外。上述情形不能免除承包人在工程保修期内的保修责任和合理使用期内的损害赔偿责任。

《江苏省高级人民法院建设工程施工合同案件审理指南（2010）》

一、审理建设工程施工合同纠纷应当坚持的基本原则

2. 坚持规范建筑市场秩序原则。

建设工程竣工但未经验收，承包人要求发包人支付工程价款，发包人对工程质量提出异议并要求进行鉴定的，法院应予支持。

六、建设工程施工合同条款

（一）关于工程日期

3. 竣工日期的认定

（3）建设工程未经竣工验收，发包人擅自使用的，以转移占有建设工程之日为竣工日期。建设工程质量关系到人身、财产安全甚至公共安全，根据《建筑法》、《建设工程质量管理条例》等规定，建设工程经验

收合格的，方可交付使用；使用未经竣工验收合格的建设工程属应受处罚的违法行为，发包人对此亦应当明知，但是发包人仍然使用未经竣工验收的建设工程，应认定其已经以其行为认可了建设工程质量合格或者自愿承担质量瑕疵和风险，也表明发包人已经实现了合同目的，发包人再以未经竣工验收合格为由，拒付承包人工程款，不太合适。所以，《最高人民法院关于审理建设工程施工合同纠纷案件适用法律问题的解释》第 13 条也规定："建设工程未经竣工验收，发包人擅自使用后，又以使用部分质量不符合约定为由主张权利的，不予支持；但是承包人应当在建设工程的合理使用寿命内对地基基础工程和主体结构质量承担民事责任。"两条规定具有相同的立法基础。

《河北省高级人民法院关于印发〈建设工程施工合同案件审理指南〉的通知》

40. 建设工程经过竣工验收合格后，承包人主张工程款的发包人又以工程质量不合格主张付款条件不成就或者拒付工程款的，人民法院不予支持。

41. 建设工程未经竣工验收或未经验收合格，发包人擅自使用后，承包人主张工程款的，发包人又以使用部分质量不合格主张付款条件不成就或者拒付工程款的，人民法院不予支持。但确因承包人原因导致建设工程的地基基础工程和主体结构存在质量问题的除外。

42. 未完工程中，承包人主张其已完成部分的工程款的，后续工程已经由第三方施工完毕，并竣工验收合格的，发包人又以承包人施工部分的工程质量不合格主张付款条件不成就或者拒付工程款的，人民法院不予支持。后续工程已经由第三方施工完毕但未进行竣工验收，或者未由第三方继续施工，但分部分项验收合格的，发包人以承包人施工部分的工程质量不合格主张付款条件不成就或者拒付工程款的，人民法院不予支持。人民法院可在承包人已完工程价款中按合同约定比例暂扣质保金，暂扣质保金的时间最长不超过两年。但确因承包人原因导致建设工程的地基基础工程和主体结构存在质量问题的除外。

《北京市高级人民法院关于审理建设工程施工合同纠纷案件若干疑难问题的解答》

13. 固定总价合同履行中，承包人未完成工程施工的，工程价款如何确定?

建设工程施工合同约定工程价款实行固定总价结算，承包人未完成工程施工，其要求发包人支付工程款，经审查承包人已施工的工程质量合格的，可以采用“按比例折算”的方式，即由鉴定机构在相应同一取费标准下分别计算出已完工程部分的价款和整个合同约定工程的总价款，两者对比计算出相应系数，再用合同约定的固定价乘以该系数确定发包人应付的工程款。

28. 发包人主张工程质量不符合合同约定的，应按反诉还是抗辩处理?

承包人要求支付工程款，发包人主张工程质量不符合合同约定给其造成损害的，应按以下情形分别处理：

（1）建设工程已经竣工验收合格，或虽未经竣工验收，但发包人已实际使用，工程存在的质量问题一般应属于工程质量保修的范围，发包人以此为由要求拒付或减付工程款的，对其质量抗辩不予支持，但确因承包人原因导致工程的地基基础工程或主体结构质量不合格的除外；发包人反诉或另行起诉要求承包人承担保修责任或者赔偿修复费用等实际损失的，按建设工程保修的相关规定处理。

……

《安徽省高级人民法院关于审理建设工程施工合同纠纷案件适用法律问题的指导意见》

14. 建设工程施工合同无效，但工程经竣工验收合格并交付发包人使用的，承包人应承担相应的工程保修义务和责任，发包人可参照合同约定扣留一定比例的工程款作为工程质量保修金。

《安徽省高级人民法院关于审理建设工程施工合同纠纷案件适用法律问题的指导意见（二）》

第十四条　建设工程尚未竣工，合同终止履行的，已完工程质量合格，发包人主张按照合同约定扣留一定比例的工程价款作为质量保修金的，不予支持。

2. 参考案例

案例一　会昌县富兴房地产开发有限公司、江西省祥云建设工程有限责任公司建设工程施工合同纠纷二审民事判决书（2019）赣民终23号

一审法院认为，建设工程承包人行使优先权的期限为6个月，自建设工程竣工之日或者建设工程合同约定的竣工之日起计算。根据以上法律规定及《最高人民法院关于建设工程价款优先受偿权问题的批复》，可以明确，承包人优先受偿的范围应限于承包人为建设工程应当支付的工作人员报酬、材料款等实际支出的费用。据此，富兴公司尚欠祥云公司的16 837 893元工程款应属于以上批复明确的可以优先受偿的范围。

二审法院认为，本案诉争工程虽为未竣工工程，但未竣工的建设工程质量合格的，承包人对其承建工程的价款就其承建工程部分折价或者拍卖的价款也享有优先受偿权。

案例二　吉林省吉电房地产开发有限责任公司与长春新星宇建筑安装有限责任公司建设工程施工合同纠纷二审民事判决书（2018）吉民终81号

一审法院认为，关于新星宇公司要求吉电公司返还质保金2 761 263. 9元问题。因案涉工程于2017年5月才实际交付，尚未达到返还质保金的时限，故其此主张不予支持，可待质保期后，再行主张。至于工程款优先受偿权一节，因新星宇主张行使优先权尚未超过法定期限，对此主张予以支持。

二审法院认为，关于新星宇公司是否具有建设工程价款优先受偿权问题。案涉工程虽尚未竣工验收，但此系吉电公司逾期支付工程进度款造成，且吉

电公司对案涉工程已占有并对外销售，且吉电公司在接收工程时并未对工程质量问题提出异议，可视为工程质量合格，本案给付工程款的条件已成就。本案合同约定竣工日期为 2013 年 11 月 30 日，案涉工程确未如期施工完成，但此系吉电公司逾期支付工程进度款导致，故新星宇公司行使优先权的期限应自合同终止履行之日起算。在这种情况下，一审法院认定合同终止履行之日为 2017 年 5 月，并以此作为新星宇公司行使建设工程价款优先受偿权的起算时间，于法有据。

第九章

建设工程劳动用工问题

098. 工人违规操作导致受伤算工伤吗?

1. 问题解读及相关法律规定

工人在进行施工作业的时候，通常是有相应操作规程的，特别是一些比较危险的工种，需要工人严格按工作规程来做，如果违反工作规程，有可能造成人身损害，那么违章作业受伤是否属于工伤？答案是肯定的，违规操作导致受伤属于工伤。

首先需要明确“工伤”的概念。工伤，是指劳动者在从事职业活动或者与职业活动有关的活动时所遭受的不良因素的伤害和职业病伤害。

我国《工伤保险条例》第 14 条规定：“职工有下列情形之一的，应当认定为工伤：（一）在工作时间和工作场所内，因工作原因受到事故伤害的；（二）工作时间前后在工作场所内，从事与工作有关的预备性或者收尾性工作受到事故伤害的；（三）在工作时间和工作场所内，因履行工作职责受到暴力等意外伤害的；（四）患职业病的；（五）因工外出期间，由于工作原因受到伤害或者发生事故下落不明的；（六）在上下班途中，受到非本人主要责任的交通事故或者城市轨道交通、客运轮渡、火车事故伤害的；（七）法律、行政法规规定应当认定为工伤的其他情形。”

第 16 条规定：“职工有下列情形之一的，不得认定为工伤或者视同工伤：（一）因犯罪或者违反治安管理伤亡的；（二）醉酒导致伤亡的；（三）自残或者自杀的。”

从上述法律规定可以得出结论，我国在落实工伤认定、工伤保险待遇的过程中，实行的是工伤者“无过错责任”原则，即受伤者在享受工伤保险待遇时，不以受伤者是否违反了操作规程等原因而受到影响。也就是说企业以工伤是劳动者自己的违规操所造成的为理由推卸责任，拒绝给受伤职工工伤待遇，这是错误的。

当然，我们应区别意外疏忽和蓄意违章两种情况，凡属意外疏忽，即使职工在劳动过程中负伤、致残、死亡负有责任或过错，一般都应认定为工伤，并享受工伤保险待遇；如果属于违法犯罪行为、自杀自残行为、斗殴、酗酒、蓄意违章造成伤残亡的，不应认定为工伤。而蓄意违章一般是指恶劣的故意行为，包括凭主观臆断，制造事故达到个人目的的违章行为等。

综上所述，工人在施工过程中，应该自觉地遵守安全生产规章制度，不进行违章作业，并且要随时制止他人进行违章作业，积极参加安全生产的各种活动，主动提出改进安全工作的意见，促进爱护和正确使用机器设备、工具及个人防护用品。但是否有违规操作，和认定工伤无关。工伤认定采取的是无过错原则，即使违规所致，符合工伤认定标准的也属于工伤。

2. 参考案例

案例一　南通六宏建筑工程有限公司与南通市通州区人力资源和社会保障局、杨某行政确认二审行政判决书（2020）苏 06 行终 480 号

法院认为，根据各方当事人的诉辩意见以及一审判决的内容，本案的争议焦点为，被诉认定工伤决定认定杨某所受伤害为工伤是否具有事实根据和法律依据，该焦点主要在于六宏公司是否是案涉工伤保险责任的承担主体，这种责任的承担，是基于与杨某存在劳动关系还是基于违法转包而产生。《工伤保险条例》第 14 条第 1 项规定，在工作时间和工作场所内，因工作原因受到事故伤害的，应当认定为工伤。本案中，2019 年 4 月 14 日，杨某在六宏公司承接的汉腾公司混凝土预制构件工程工地拆模过程中被行吊上晃动的钢模划伤，导致右手指末节压砸性离断伤。由于杨某受伤并非醉酒、吸

毒或自残等行为所致，故无论杨某是否存在违规操作行为，均可认定为工伤。

案例二　涉县亨大建筑工程有限责任公司与昆明市人力资源和社会保障局劳动和社会保障行政管理（劳动、社会保障）一审行政判决书

（2015）呈行初字第24号

法院认为，根据《工伤保险条例》的规定，职工因工作遭受事故伤害或患职业病称为工伤。建立工伤保险制度的目的在于保障职工因工作遭受事故伤害或患职业病时能获得医疗救治和经济补偿。职工所受伤害应当与履行工作职责有必然联系。杨某宁与涉县亨大建筑工程公司存在事实劳动关系，此事实原、被告及第三人均予以认可。根据《工伤保险条例》第14条第1项规定："在工作时间和工作场所内因工作原因受到事故伤害的"应认定为工伤。规定中的"工作时间"是指法律规定或者单位要求职工工作的时间，包括不定时工作制的时间、合法加班的时间以及完成单位临时安排的工作时间。"工作场所"是指覆盖工人因工作需在场或前往，并在雇主直接或间接控制下的一切地点。本案杨某宁作为用人单位的支架工，在用人单位承建的工地隧道内施工过程中受伤，其受伤的地点在其工作区域，即"工作场所"；受伤时系杨某宁的工作时间，即"工作时间"，受伤原因系施工过程中在隧道内被塌方的土块砸下，导致左腿骨折，属于"工作原因"。工伤认定过程中，只要受伤职工的受伤情形符合"在工作时间、工作场所，与工作有关"的情形且不具备《工伤保险条例》第16条规定的故意犯罪、醉酒或吸毒、自残或者自杀任一情形，均应当认定工伤。所以，杨某宁在工作时间，工作地点，由于工作原因受伤，无论是否存在违规操作，被告根据《工伤保险条例》第14条第1项规定认定杨某宁为工伤有事实及法律依据，本院依法予以支持。原告涉县亨大建筑工程公司请求撤销被告昆明人社局对杨某宁受伤情形作出的编号14080145号认定工伤决定的诉讼请求无事实及法律依据，本院依法不予支持。

099. 包工头及包工头雇佣的农民工与分包单位之间是否存在劳动关系?

1. 问题解读及相关法律规定

在建筑行业，存在大量非法的劳务分包情况，承包人在接到工程后将劳务分包给没有资质的个人，也就是我们常说的包工头，而包工头通常又雇佣农民工具体施工。那么包工头招用的农民工与承包人之间是否成立劳动关系，尽管人社部和最高人民法院的多个文件规定有相关的规定，但是并未明确，以致各地法院对此的认识和判决未能统一，但是笔者认为双方并不存在劳动关系。劳动关系的本质特征是隶属性（从属性），即用人单位与劳动者之间存在管理与被管理的关系，用人单位依法制定的各项劳动规章制度适用于劳动者，劳动者受用人单位的劳动管理，从事用人单位安排的有报酬的劳动。农民工是由包工头招用，服从包工头的管理，工资与包工头协商确定，与承包人没有关系，更别说达成合意了。认定农民工与承包人成立劳动关系并不符合劳动关系的本质特征和成立条件。

最高人民法院印发《全国民事审判工作会议纪要》第59条明确，发包人将工程发包给承包人，承包人又转包或者分包给实际施工人，实际施工人招用的劳动者请求确认与发包人之间存在劳动关系的，不予支持。

最高人民法院关于对《全国民事审判工作会议纪要》第59条作出进一步释明的答复：关于实际施工人招用的劳动者与承包人也就是建筑施工企业之间是否存在劳动关系，理论与实践中存在两种截然相反的观点：第一种观点认为，实际施工人与其招用的劳动者之间应认定为雇佣关系，但实际施工人的前一手具有用工主体资格的承包人、分包人或转包人与劳动者之间既不存在雇佣关系，也不存在劳动关系。理由是：建筑施工企业与实际施工人之间只是分包、转包关系，劳动者是由实际施工人雇用的，其与建筑施工企业之间并无建立劳动关系或雇佣关系的合意。另一种观点则认为，应认定实际施工人的前一手具有用工主体资格的承包人、分包人或转包人与劳动者之间存在劳动关系，因为认定他们之间存在劳动关系，有利于对劳动者保护。

我们同意第一种观点。主要理由如下。

首先，实际施工人的前一手具有用工主体资格的承包人、分包人或转包人与劳动者之间并没有建立劳动关系的意思表示，更没有建立劳动关系的合意。我国《劳动合同法》第 3 条明确规定，建立劳动关系必须遵循自愿原则。自愿就是指订立劳动合同完全是出于劳动者和用人单位双方的真实意思，是双方协商一致达成的，任何一方不得将自己的意志加给另一方。自愿原则包括订不订立劳动合同由双方自愿、与谁订立劳动合同由双方自愿、合同的内容取决于双方的自愿。现实生活中，劳动者往往不知道实际施工人的前一手具有用工主体资格的承包人、转包人或分包人是谁，承包人、转包人或分包人同样也不清楚该劳动者是谁，是否实际为其工程提供了劳务。在这种完全缺乏双方合意的情形下，直接认定二者之间存在合法的劳动关系，不符合实事求是原则。如果实际施工人的前一手具有用工主体资格的承包人、分包人或转包人根本没有与劳动者订立劳动合同的意思，我们通过仲裁或者司法判决方式强行认定他们之间存在劳动关系，则等于违背了《劳动合同法》总则中对自愿原则的规定。

其次，如果认定实际施工人的前一手具有用工主体资格的承包人、分包人或转包人与劳动者之间存在劳动关系，那么，将由具有用工主体资格的承包人、分包人或转包人对劳动者承担劳动法上的责任，而实际雇佣劳动者并承担管理职能的实际施工人反而不需要再承担任何法律责任了，这种处理方式显然不符合公平原则。如果我们许可这样的做法，实际施工人反而很容易逃避相应的法律责任。此外，如果强行认定实际施工人的前一手具有用工主体资格的承包人、分包人或转包人与劳动者之间存在劳动关系，还会导致产生一系列无法解决的现实难题：劳动者会要求与承包人、分包人或转包人签订书面劳动合同；要求为其办理社会保险手续；要求支付不签订书面劳动合同而应支付的双倍工资，等等。这些要求显而易见都是不应当得到支持的。

再次，《关于确立劳动关系有关事项的通知》第 4 条之所以规定可认定承包人、分包人或转包人与劳动者之间存在劳动关系，其用意是惩罚那些违反

《建筑法》的相关规定任意分包、转包的建筑施工企业。我们认为，承包人、分包人或转包人违反了《建筑法》的相关规定，应当承担相应的行政责任或民事责任。不能为了达到制裁这种违法发包、分包或者转包行为的目的，就可以任意超越《劳动合同法》的有关规定，强行认定本来就不存在的劳动关系。

最后，虽然不认定实际施工人的前一手具有用工主体资格的承包人、分包人或转包人与劳动者之间存在劳动关系，并不意味着劳动者的民事权益得不到保护。

需要注意的是，认定双方不存在劳动关系，并不意味建筑企业无须承担任何责任。《劳动合同法》第 94 条规定："个人承包经营者违反本法规定招用劳动者，给劳动者造成损害的，发包的组织与个人承包经营者承担连带赔偿责任。"《最高人民法院关于审理工伤保险行政案件若干问题的规定》第 3 条第 1 款第 4 项规定：用工单位违反法律、法规规定将承包业务转包给不具备用工主体资格的组织或者自然人，该组织或者自然人聘用的职工从事承包业务时因工伤亡的，用工单位为承担工伤保险责任的单位。

《劳动和社会保障部关于确立劳动关系有关事项的通知》第 4 条规定，建筑施工、矿山企业等用人单位将工程（业务）或经营权发包给不具备用工主体资格的组织或自然人，对该组织或自然人招用的劳动者，由具备用工主体资格的发包方承担用工主体责任。

2. 参考案例

案例一 **刘某刚上诉北京南坤建筑工程劳务分包有限公司劳动争议一案北京市第二中级人民法院**（2016）京 02 民终 7166 号

法院认为，根据查明的事实，张某英系由案外人李某玉招用到上上佳园小区工地从事建筑小工劳务，并由李某玉管理及支付劳务报酬，张某英不知晓南坤公司，且现有证据不足以证实张某英与用工方之间存在除劳务报酬之外体现劳动关系权利义务的其他约定及事实，由此可以证实张某英与南坤公司之间并不存在建立劳动关系的意思表示及事实，故刘某刚要求确认张某英与南坤公司存在劳动关系，缺乏依据，不予支持。刘某刚仅以张某英为上上佳园小区工地提供了劳务的事实要求确认与南坤公司存在劳动关系，理由不充分，本院难以采纳。

案例二　**赵某星与北京博泰城宇建筑工程有限公司劳动争议二审民事判决书北京市第二中级人民法院**（2021）京02民终17182号

法院认为，赵某星上诉提出的诉讼请求均系基于其与博泰公司存在劳动关系，要求博泰公司依照劳动合同关系承担法律义务。博泰公司针对赵某星的上诉请求抗辩否认双方之间存在劳动合同关系，故赵某星应首先就双方之间存在劳动关系进行举证。经查，赵某星与博泰公司之间未签订书面劳动合同，也未有口头劳动合同。赵某星在博泰公司承包的几个工程项目的工地上从事劳务，双方之间不存在长期固定的劳动关系，博泰公司并未定期向赵某星发放劳动报酬，没有形成管理被管理的隶属关系。赵某星提交的证据证明向其发放劳动报酬的系公司的项目分包人，赵某星认可在发放劳动报酬前其预支取过生活费。综合本案的事实及证据，赵某星与博泰公司之间符合劳务关系的行业特征，双方之间未形成劳动合同关系。赵某星基于其与博泰公司之间成立劳动合同关系提出的上诉请求，本院不予支持。

案例三　**邓某成、唐某琪等与舟曲县青峰建筑安装有限责任公司、唐某追索劳动报酬纠纷再审民事判决书**（2018）甘民再88号

法院认为，关于青峰公司是否应当承担支付责任的问题。经审理查明，青峰公司将其承建的部分工程分包给唐某，唐某又将其承包工程的主体劳务分包给邓某成，从而形成青峰公司与唐某之间的违法分包关系以及唐某与邓某成之间的劳务合同关系。虽然青峰公司分包给唐某的工程中的主体劳务部分由邓某成组织工人完成，但是基于三方各自签订的合同，青峰公司与唐某进行结算并支付工程款，唐某与邓某成结算并支付工人工资，青峰公司与邓某成等人不存在直接的法律关系或合同关系，其不负有其向邓某成等人支付劳务工资的责任。邓某成等5人主张根据《建设领域农民工工资支付管理暂行办法》第12条规定，青峰公司将工程违法分包给不具备用工主体资格的唐某，青峰公司应承担清偿拖欠工人工资的连带责任，但该办法第1条规定："本办法适用于在中华人民共和国境内的建筑业企业和与之形成劳动关系的

农民工”，而本案中邓某成等人与青峰公司既未签订书面劳动合同，也未形成事实上的劳动关系，不适用《建设领域农民工工资支付管理暂行办法》的规定，故青峰公司对唐某拖欠邓某成等人的劳务工资不承担连带责任。

100. 包工头拖欠工人工资，发包人是否需要支付？

1. 问题解读及相关法律规定

当前，建筑业已成为吸纳农村富余劳动力的主要行业之一，广大农民工进入建筑业，促进了农村劳动力就业结构调整，增加了农民收入。但是，由于建筑领域存在劳动力供大于求、拖欠工程款以及劳务用工行为不规范等问题，造成当前一些包工头拖欠和克扣农民工工资的现象仍然存在，侵害了农民工的合法权益。特别是建筑业转包、分包现象比较普遍，法律关系比较复杂，导致农民工维权更是难上加难。

为了保障农民工合法权益，《劳动合同法》第 94 条规定：“个人承包经营违反劳动合同法招用劳动者，给劳动者造成损害的，发包的组织与个人承包经营者承担连带责任。”《建设工程安全生产管理条例》第 20 条规定：“施工单位从事建设工程的新建、扩建、改建和拆除等活动，应当具备国家规定的注册资本、专业技术人员、技术装备和安全生产等条件，依法取得相应等级的资质证书，并在其资质等级许可的范围内承揽工程。”一般而言包工头属于个人，没有相应资质，这就意味着发包人与包工头之间属于非法发包。

此外，原劳动和社会保障部《关于确立劳动关系有关事项的通知》第 4 条指出：“建筑施工、矿山企业等用人单位将工程（业务）或经营权发包给不具备用工主体资格的组织或自然人，对该组织或自然人招用的劳动者，由具备用工主体资格的发包方承担用工主体责任。”即如果发包违法，发包人必须对实际施工者的损害担责。故根据上述相关法律规定，工人有权要求发包人支付工资。

2. 参考案例

案例一　**王某虎与孙某成等9人劳务合同纠纷二审民事判决书**（2014）承民终字第01947号

法院认为，原审法院关于上诉人未能提供相关证据证实是否已付清全部款项，上诉人承包工程时未能提供相关建筑资质，又将工程转包给无建筑资质的原审被告郭某伟，上诉人存在过错，应承担工人工资给付的连带责任的判决认定并无不当，且上诉人王某虎与原审被告郭某伟均在被上诉人工资欠条上签字。上诉人主张不应承担本案工人工资的连带给付责任的上诉请求不能成立，法院不予支持。

案例二　**中国南海工程有限公司北京分公司与郑某勋、李某伟劳动争议一审民事判决书**（2017）冀0125民初2295号

法院认为，原告南海分公司将自己承建的伯爵世家工程分包给第三人尹某军，尹某军包工包料组织工人施工，工人工资由其发放。尹某军本人没有相应资质，其不符合用工条件。原告作为具有一定资质的企业，应对承包工程的施工人的资质进行审查，其将工程违反规定承包给不具备用工主体的个人，应承担清偿拖欠工资的连带责任。根据《劳动合同法》第94条的规定，个人承包经营者违反劳动合同法招用劳动者，给劳动者造成损害的，发包的组织与个人承包经营者承担连带责任。因此，原告将涉案工程交给第三人个人承包组织工人施工建设，原告应对欠付本案13名被告及其他案件在内共计77名的工人工资承担清偿拖欠工资的连带责任。本案实际施工人尹某军，其所施工建设的工程未施工完毕，原告与第三人对已施工完成的工程量未达成一致意见，也未委托第三方评定，其与开发商核定的第三人完成的工程量，第三人不认可。原告依据与开发商核定的工程量给付第三人工程款2 582 660元已经全部按合同履行完毕的主张，不能成立。因第三人在开发商支取的119万元款项中，明确载明支取工人工资39万元，应由第三人支付给工人。原告应在欠付本案及其他案件77名工人工资数额1 624 985元扣减39万元后，剩余1 234 985元内承担连带清偿责任，优先解决工人工资。